FORMANT

500 BEAUX VOLUMES IN-OCTAVO

CHOISIS PARMI

LES MEILLEURS OUVRAGES ANCIENS ET MODERNES

PUBLIÉE

PAR NAPOLÉON CHAIX.

COLLECTION NAPOLÉON CHAIX.

ŒUVRES

COMPLÈTES

DE J. RACINE

TOME TROISIÈME.

PARIS

CHEZ NAPOLÉON CHAIX ET Cie,

IMPRIMEURS-ÉDITEURS.

1864.

ŒUVRES DIVERSES

EN VERS ET EN PROSE.

LE PAYSAGE

ou

PROMENADE DE PORT-ROYAL DES CHAMPS.

ODE PREMIÈRE.

LOUANGE DE PORT-ROYAL EN GÉNÉRAL.

Saintes demeures du silence,
Lieux pleins de charmes et d'attraits,
Port où, dans le sein de la paix,
Règne la Grâce et l'Innocence;
Beaux déserts qu'à l'envi des cieux,
De ses trésors plus précieux
    A comblé la nature,
Quelle assez brillante couleur
    Peut tracer la peinture
De votre adorable splendeur?

Les moins éclatantes merveilles
De ces plaines ou de ces bois
Pourraient-elles pas mille fois
Épuiser les plus doctes veilles?
Le soleil vit-il dans son cours
Quelque si superbe séjour
    Qui ne vous rende hommage?
Et l'art des plus riches cités

A-t-il la moindre image
De vos naturelles beautés?

Je sais que ces grands édifices
Que s'élève la vanité,
Ne souillent point la pureté
De vos innocentes délices.
Non, vous n'offrez point à nos yeux
Ces tours qui, jusque dans les cieux,
  Semblent porter la guerre,
Et qui, se perdant dans les airs,
  Vont encor sous la terre
Se perdre dedans les enfers.

Tous ces bâtiments admirables,
Ces palais partout si vantés,
Et qui sont comme cimentés
Du sang des peuples misérables;
Enfin tous ces augustes lieux,
Qui semblent faire autant de dieux
  De leurs maîtres superbes,
Un jour trébuchant avec eux,
  Ne seront sur les herbes
Que de grands sépulcres affreux.

Mais toi, solitude féconde,
Tu n'as rien que de saints attraits,
Qui ne s'effaceront jamais
Que par l'écroulement du monde :
L'on verra l'émail de tes champs
Tant que la nuit, de diamants
  Sèmera l'hémisphère;
Et tant que l'astre des saisons
  Dorera sa carrière,
L'on verra l'or de tes moissons.

Que si, parmi tant de merveilles,
Nous ne voyons point ces beaux ronds,
Ces jets où l'onde, par ses bonds,
Charme les yeux et les oreilles,
Ne voyons-nous pas dans tes prés,
Se rouler sur des lits dorés
    Cent flots d'argent liquide,
Sans que le front du laboureur,
    A leur course rapide,
Joigne les eaux de sa sueur?

La nature est inimitable;
Et quand elle est en liberté,
Elle brille d'une clarté
Aussi douce que véritable.
C'est elle qui, sur ces vallons,
Ces bois, ces prés et ces sillons,
    Signale sa puissance;
C'est elle par qui leurs beautés,
    Sans blesser l'innocence,
Rendent nos yeux comme enchantés.

ODE II.

LE PAYSAGE EN GROS.

Que je me plais sur ces montagnes,
Qui, s'élevant jusques aux cieux,
D'un diadème gracieux
Couronnent ces belles campagnes!
O Dieu, que d'objets ravissants
S'y viennent offrir à mes sens!

De leurs riches vallées,
Quel amas brillant et confus,
De beautés rassemblées,
Éblouit mes yeux éperdus!

De là j'aperçois les prairies,
Sur les plaines et les coteaux,
Parmi les arbres et les eaux,
Étaler leurs pompes fleuries.
Deçà je vois les pampres verts
Enrichir cent tertres divers
De leurs grappes fécondes;
Et là les prodigues guérets,
De leurs javelles blondes,
Border les prés et les forêts.

Dessus ces javelles fertiles,
Et dessus cet or tout mouvant,
Je vois aussi l'air et le vent
Promener leurs souffles tranquilles;
Et comme on voit l'onde en repos
Souvent refriser de ses flots
La surface inconstante,
Je vois de ces pompeux sillons
La richesse flottante
Ondoyer dessus ces vallons.

Je vois ce sacré sanctuaire,
Ce grand temple, ce saint séjour,
Où Jésus encor chaque jour
S'immole pour nous à son père.
Muse, c'est à ce doux Sauveur
Que je dois consacrer mon cœur,
Mes travaux et mes veilles :
C'est lui de qui le puissant bras

Fit toutes ces merveilles
Qui nous fournissent tant d'appas.

Ainsi d'un facile langage,
L'on voit ce temple spacieux
S'élevant dessus tous les lieux,
Leur demander un humble hommage,
Et semble aller au firmament,
Publier encor hautement
  A ces sphères roulantes,
Qu'ainsi qu'en l'azur lumineux
  De leurs voûtes brillantes,
Dieu loge en son sein bienheureux.

Je vois ce cloître vénérable,
Ces beaux lieux du ciel bien aimés,
Qui de cent temples animés,
Cachent la richesse adorable.
C'est dans ce chaste paradis
Que règne en un trône de lis
  La virginité sainte :
C'est là que mille anges mortels,
  D'une éternelle plainte,
Gémissent aux pieds des autels.

Sacré palais de l'Innocence,
Astres vivants, chœurs glorieux,
Qui faites voir de nouveaux cieux
Dans ces demeures de silence,
Non, ma plume n'entreprend pas
De tracer ici vos combats,
  Vos jeûnes et vos veilles :
Il faut pour en bien révérer
  Les augustes merveilles,
Et les taire et les adorer.

Je vois les altières futaies,
De qui les arbres verdoyants
Dessous leurs grands bras ondoyants,
Cachent les buissons et les haies :
L'on dirait même que les cieux
Posent sur ces audacieux
    Leur pesante machine,
Et qu'eux, d'un orgueil nonpareil,
    Prêtent leur forte échine
A ces grands trônes du soleil.

Je vois les fruitiers innombrables
Tantôt rangés en espaliers,
Tantôt ombrager les sentiers
De leurs richesses agréables.
Mais allons dans tous ces beaux lieux
Voir, d'un regard plus curieux,
    Leur pompe renfermée ;
Et vous, souffrez, riches déserts,
    Que mon âme charmée
Contemple vos trésors divers.

ODE III.

DESCRIPTION DES BOIS.

Que ces vieux royaumes des ombres,
Ces grands bois, ces noires forêts,
Cachent de charmes et d'attraits
Dessous leurs feuillages si sombres !
C'est dans ce tranquille séjour
Que l'on voit régner nuit et jour

La paix et le silence ;
C'est là qu'on dit que nos aïeux,
Au siècle d'innocence,
Goûtaient les délices des cieux.

C'est là que cent longues allées
D'arbres toujours riches et verts,
Se font voir en cent lieux divers,
Droites, penchantes, étoilées.
Je vois mille troncs sourcilleux
Soutenir le faîte orgueilleux
De leurs voûtes tremblantes ;
Et l'on dirait que le saphir,
De deux portes brillantes
Ferme ces vrais lieux de plaisir.

C'est sous ces épaisses feuillées
Que l'on voit les petits oiseaux,
Ces chantres si doux et si beaux,
Errer en troupes émaillées ;
C'est là que ces hôtes pieux,
Par leurs concerts harmonieux,
Enchantent les oreilles,
Et qu'ils célèbrent sans souci
Les charmantes merveilles
De ces lieux qu'ils ornent aussi.

Là, d'une admirable structure,
On les voit suspendre ces nids,
Ces cabinets si bien bâtis,
Dont l'art étonne la nature ;
Là, parfois, l'un sur son rameau
Entraîne le petit fardeau
D'une paille volante ;
L'autre console, en trémoussant,

Sa famille dolente,
De quelque butin ravissant.

Là, l'on voit la biche légère,
Loin du sanguinaire aboyeur,
Fouler, sans crainte et sans frayeur,
Le tendre émail de la fougère.
Là, le chevreuil, champêtre et doux,
Bondit aussi dessus les houx,
   En courses incertaines;
Là, les cerfs, ces arbres vivants,
   De leurs bandes hautaines,
Font cent autres grands bois mouvants.

C'est là qu'avec de doux murmures
L'on entend les petits Zéphyrs,
De qui les tranquilles soupirs
Charment les peines les plus dures.
C'est là qu'on les voit tour à tour
Venir baiser avec amour
   La feuille tremblotante;
Là, pour joindre aux chants des oiseaux
   Leur musique éclatante,
Ils concertent sur les rameaux.

Là, cette chaleur violente
Qui, dans les champs et les vallons,
Brûle les avides sillons,
Se fait voir moins fière et plus lente.
L'œil du monde voit à regret
Qu'il ne peut percer le secret
   De ces lieux pleins de charmes :
Plus il y lance de clartés,
   Plus il leur donne d'armes
Contre ses brûlantes beautés.

ODE IV.

L'ÉTANG.

Que c'est une chose charmante
De voir cet étang gracieux,
Où, comme en un lit précieux,
L'onde est toujours calme et dormante !
Mes yeux, contemplons de plus près
Les inimitables portraits
   De ce miroir humide ;
Voyons bien les charmes puissants
   Dont sa glace liquide
Enchante et trompe tous les sens.

Déjà je vois sous ce rivage
La terre, jointe avec les cieux,
Faire un chaos délicieux
Et de l'onde et de leur image.
Je vois le grand astre du jour
Rouler, dans ce flottant séjour,
   Le char de la lumière ;
Et, sans offenser de ses feux
   La fraîcheur coutumière,
Dorer son cristal lumineux.

Je vois les tilleuls et les chênes,
Ces géants de cents bras armés,
Ainsi que d'eux-mêmes charmés,
Y mirer leurs têtes hautaines ;
Je vois aussi leurs grands rameaux

Si bien tracer dedans les eaux
　　Leur mobile peinture,
Qu'on ne sait si l'onde, en tremblant,
　　Fait trembler leur verdure,
Ou plutôt l'air même et le vent.

Là, l'hirondelle voltigeante,
Rasant les flots clairs et polis,
Y vient, avec cent petits cris,
Baiser son image naissante.
Là, mille autres petits oiseaux
Peignent encore dans les eaux
　　Leur éclatant plumage :
L'œil ne peut juger au dehors
　　Qui vole ou bien qui nage
De leurs ombres et de leurs corps.

Quelles richesses admirables
N'ont point ces nageurs marquetés,
Ces poissons aux dos argentés,
Sur leurs écailles agréables!
Ici je les vois s'assembler,
Se mêler et se démêler
　　Dans leur couche profonde;
Là, je les vois (Dieu! quels attraits!)
　　Se promenant dans l'onde,
Se promener dans les forêts.

Je les vois en troupes légères,
S'élancer de leur lit natal;
Puis tombant, peindre en ce cristal
Mille couronnes passagères.
L'on dirait que, comme envieux
De voir nager dedans ces lieux
　　Tant de bandes volantes,

Perçant les remparts entr'ouverts
 De leurs prisons brillantes,
Ils veulent s'enfuir dans les airs.

Enfin, ce beau tapis liquide
Semble enfermer entre ses bords
Tout ce que vomit de trésors
L'Océan sur un sable aride :
Ici l'or et l'azur des cieux
Font, de leur éclat précieux,
 Comme un riche mélange ;
Là l'émeraude des rameaux,
 D'une agréable frange,
Entoure le cristal des eaux.

Mais quelle soudaine tourmente,
Comme de beaux songes trompeurs,
Dissipant toutes les couleurs,
Vient réveiller l'onde dormante ?
Déjà ses flots entre-poussés
Roulent cent monceaux empressés
 De perles ondoyantes,
Et n'étalent pas moins d'attraits
 Sur leurs vagues bruyantes
Que dans leurs tranquilles portraits.

ODE V.

LES PRAIRIES.

Mon Dieu, que ces plaines charmantes,
Ces grands prés si beaux et si verts,

Nous présentent d'appas divers
Parmi leurs richesses brillantes !
Ce doux air, ces vives odeurs,
Le pompeux éclat de ces fleurs
  Dont l'herbe se colore,
Semble-t-il pas dire à nos yeux
  Que le palais de Flore
Se fait voir vraiment en ces lieux ?

C'est là qu'on entend le murmure
De ces agréables ruisseaux,
Qui joignent leurs flots et les eaux
Au vif émail de la verdure.
C'est là qu'en paisibles replis,
Dans les beaux vases de leurs lits,
  Ils arrosent les herbes,
Et que leurs doux gazouillements,
  De leurs ondes superbes
Bravent les bruits les plus charmants.

Je les vois, au haut des montagnes,
Venir, d'un cours précipité,
Offrir leur tribut argenté
Dans le beau sein de ces campagnes ;
Et là, d'un pas respectueux,
Traîner en cercles tortueux
  Leurs sources vagabondes ;
Et, comme charmés des beautés
  De ces plaines fécondes,
S'y répandre de tous côtés.

Là, ces méandres agréables,
Descendant et puis remontant,
Font, dans leur voyage inconstant,
Cent labyrinthes délectables.

Souvent leurs flots en s'entr'ouvrant,
. . . . ¹
   Font cent îles fleuries;
Tantôt quittant leur lit natal,
Ils bordent les prairies
D'une ceinture de cristal.

Là, quand le jour rapporte au monde
Le beau tribut de sa clarté,
Et que l'ombre et l'obscurité
Rentrent dans leurs grottes profondes;
Là, dis-je, des portes du ciel,
On voit de perles et de miel
   Choir une riche pluie,
Et Flore, pour ce doux trésor,
   Ouvrir, toute ravie,
Cent petits bassins d'ambre et d'or.

Là l'on voit aussi sur les herbes
Voltiger ces vivantes fleurs,
Les papillons dont les couleurs
Sont si frêles et si superbes :
C'est là qu'en escadrons divers
Ils répandent dedans les airs
   Mille beautés nouvelles,
Et que les essaims abusés
   Vont chercher sous leurs ailes
Les pleurs que l'Aurore a versés.

C'est là qu'en nombreuses allées
L'on voit mille saules épais,
De remparts superbes et frais
Ceindre ces plaines émaillées :

---

¹ Le vers manque dans le manuscrit.

Oui, je les vois de tous côtés,
En laissant l'éclat argenté
   De leurs feuillages sombres,
Comme vouloir à ces ruisseaux,
    Qui dorment sous leurs ombres,
Faire d'officieux rideaux.

ODE VI.

DES TROUPEAUX, ET D'UN COMBAT DE TAUREAUX.

C'est dans ces campagnes fleuries
Qu'on voit mille troupeaux errants
Aller en cent lieux différents,
Ronger les trésors des prairies :
Les uns, charmés par leur aspect,
En retirent avec respect
   Leurs dents comme incertaines ;
Les autres d'un cours diligent,
   Vont boire en ces fontaines,
Qui semblent des coupes d'argent.

Là l'on voit les grasses génisses
Se promenant à pas comptés,
Par des cris cent fois répétés,
Témoigner leurs chastes délices ;
Là les brebis sur des buissons
Font pendre cent petits flocons
   De leur neige luisante ;
Les agneaux aussi, bondissant
   Sur la fleur renaissante,
Lui rendent leur culte innocent.

Là l'on voit, en troupes superbes,
Les jeunes poulains indomptés,
Dessous leurs pas précipités,
Faire à peine courber les herbes :
Je vois ces jeunes furieux,
Qui semblent menacer les cieux,
   D'une tête hautaine,
Et par de fiers hennissements,
   S'élançant sur la plaine,
Défier les airs et les vents.

Mais quelle horrible violence
Pousse ces taureaux envieux
A troubler la paix de ces lieux
Sacrés aux charmes du silence?
Déjà, transportés de courroux,
Et sous leurs pieds et sous leurs coups,
   Ils font gémir la terre;
Déjà leur mugissante voix,
   Comme un bruyant tonnerre,
Fait trembler les monts et les bois.

Je vois déjà leur poil qui fume,
Leurs yeux semblent étincelants;
Leurs gosiers secs et pantelants
Jettent plus de feu que d'écume;
La rage excite leur vigueur;
Le vaincu redevient vainqueur;
   Tout coup fait sa blessure :
Leur front entr'ouvert et fendu
   Fait rougir la verdure
D'un sang pêle-mêle épandu.

Parfois, l'un fuyant en arrière
Se fait voir plus faible et plus lent;

Et puis revient, plus violent,
Décharger son âpre colère :
De même un torrent arrêté
Qui d'abord suspend sa fierté,
   Remonte vers sa source,
Et puis, redoublant en fureur,
   Son indomptable course
Traîne le ravage et l'horreur.

Pendant cette rude tempête,
L'on voit les timides troupeaux
Attendre qui des deux rivaux
Les doit faire enfin sa conquête ;
Mais déjà l'un, tout glorieux,
Fait, d'un effort victorieux,
   Triompher sa furie ;
L'autre, morne et plein de douleur,
   Va loin de la prairie,
Cacher sa honte et son malheur.

Mais quittons ces tristes spectacles,
Qui n'offrent rien que d'odieux,
Pour aller visiter des lieux
Où l'on ne voit que des miracles.
Muse, si ce combat affreux
T'a presque fait, malgré mes vœux,
   Abandonner ces plaines,
Viens dans ces jardins, non de fleurs
   Inutiles et vaines,
Mais d'inestimables douceurs.

ODE VII.

LES JARDINS.

Mes yeux, pourrai-je bien vous croire?
Suis-je éveillé? Vois-je un jardin?
N'est-ce point quelque songe vain
Qui me place en ce lieu de gloire?
Je vois comme de nouveaux cieux
Où mille astres délicieux
    Répandent leur lumière,
Et semble qu'en ce beau séjour
    La terre est héritière
De tous ceux qu'a chassés le jour.

Déjà sur cette riche entrée
Je vois les parvis rougissants
Étaler les rayons luisants
De leur belle neige empourprée.
Dieu! quels prodiges inouïs!
Je vois naître dessus les lis
    L'incarnat de la rose,
Je vois la flamme et sa rougeur
    Dessus la neige éclose
Embellir même la blancheur.

Je vois cette pomme éclatante,
Ou plutôt ce petit soleil,
Ce doux abricot sans pareil,
Dont la couleur est si charmante.
Fabuleuses antiquités,

Ne nous vantez plus les beautés
    De vos pommes dorées :
J'en vois qui, d'un or gracieux
    Également parées,
Ravissent le goût et les yeux.

Je vois, sous la sombre verdure,
Ces deux fruits brillants et pompeux,
Parer les murs, comme orgueilleux
D'une inimitable bordure ;
C'est là qu'heureusement pressés,
Et l'un près de l'autre entassés
    Sur cent égales chaînes,
Ils semblent faire avec éclat,
    De leurs branches hautaines,
Cent sillons d'or et d'incarnat.

Je viens à vous, arbres fertiles,
Poiriers de pompe et de plaisirs,
Pour qui nos vœux et nos désirs
Jamais ne se sont vus stériles :
Soit vous qui, sans chercher d'appui,
Voyez sous vos superbes fruits
    Se courber vos branchages,
Soit vous qui, des riches habits
    De vos tremblants feuillages,
Faites de si vastes tapis.

Mais quelle assez vive peinture
Suffit pour tracer dignement
Tout le pompeux ameublement
Dont vous a parés la nature ?
Vous ne présentez à nos yeux
Que les fruits les plus précieux

Qu'ait cultivés Pomone;
Ils ont eu le lis pour berceau,
L'émeraude est leur trône,
L'or et la pourpre leur manteau.

Je les vois, par un doux échange,
Ici mûris, et là naissants,
De leurs fruits blonds et verdissants
Faire un agréable mélange;
J'en vois même dedans leur fleur
Garder encore la splendeur
De leur blanche couronne,
Et joindre l'espoir du printemps
Aux beaux fruits dont l'automne
Rend nos vœux à jamais contents.

Je sais quelle auguste matière
Pouvait sur mes sombres crayons
Jeter encore les rayons
De son éclatante lumière;
Mais déjà l'unique flambeau,
Allant se plonger dedans l'eau,
A fait place aux ténèbres;
Et les étoiles à leur tour,
Comme torches funèbres,
Font les funérailles du jour.

J'entends l'innocente musique
Des flûtes et des chalumeaux
Saluer l'ombre en ces hameaux
D'une sérénade rustique.
L'ombre qui, par ses doux pavots,
Venant enfin faire aux travaux
Une paisible guerre,

Fait que ces astres précieux,
Pâlissant sur la terre,
Semblent retourner dans les cieux.

N. B. Quelle différence entre ces vers et les vers d'*Athalie!* C'est ainsi que commencent les grands hommes. Outre les vers faibles qui sont dans ces odes, elles ne disent rien que de général à toute campagne, et n'ont rien de particulier à Port-Royal. D'ailleurs, on y trouve beaucoup de pointes que l'auteur aimait dans sa jeunesse, et qu'il a depuis évitées avec tant de soin. On trouve cependant dans ces odes de l'imagination et du feu. C'est un jeune homme qui se plaît à décrire la solitude dans laquelle il vit, et le fait avec de perpétuelles exclamations, en style de Malherbe et de Racan, dont il pouvait être alors rempli. (L. R.)

FIN DU PAYSAGE DE PORT-ROYAL.

ODES.

I.

LA NYMPHE DE LA SEINE.

A LA REINE.

1660.

Grande reine de qui les charmes
S'assujettissent tous les cœurs,
Et, de nos discordes vainqueurs,
Pour jamais ont tari nos larmes ;
Princesse qui voyez soupirer dans vos fers
Un roi qui de son nom remplit tout l'univers,
Et, faisant son destin, faites celui du monde,
Régnez, belle Thérèse, en ces aimables lieux
Qu'arrose le cours de mon onde,
Et que doit éclairer le feu de vos beaux yeux.

Je suis la nymphe de la Seine :
C'est moi dont les illustres bords
Doivent posséder les trésors
Qui rendaient l'Espagne si vaine.
Ils sont des plus grands rois l'agréable séjour ;
Ils le sont des plaisirs, ils le sont de l'amour.
Il n'est rien de si doux que l'air qu'on y respire.
Je reçois les tributs de cent fleuves divers ;

>   Mais de couler sous votre empire,
> C'est plus que de régner sur l'empire des mers.

>   Oh! que bientôt sur mon rivage
>   On verra luire de beaux jours!
>   Oh! combien de nouveaux Amours
>   Me viennent des rives du Tage!
> Que de nouvelles fleurs vont naître sous vos pas!
> Que je vois après vous de grâces et d'appas
> Qui s'en vont amener une saison nouvelle!
> L'air sera toujours calme et le ciel toujours clair;
>   Et près d'une saison si belle
> L'âge d'or serait pris pour un siècle de fer.

>   Oh! qu'après de rudes tempêtes
>   Il est agréable de voir
>   Que les Aquilons, sans pouvoir,
>   N'osent plus gronder sur nos têtes!
> Que le repos est doux après de longs travaux!
> Qu'on aime le plaisir qui suit beaucoup de maux!
> Qu'après un long hiver le printemps a de charmes!
> Aussi, quoique ma joie excède mes souhaits,
>   Qui n'aurait point senti d'alarmes
> Pourrait-il bien juger des douceurs de la paix?

>   J'avais perdu toute espérance,
>   Tant chacun croyait malaisé
>   Que jamais le ciel apaisé
>   Dût rendre le calme à la France :
> Mes champs avaient perdu leurs moissons et leurs fleurs;
> Je roulais dans mon sein moins de flots que de pleurs;
> La tristesse et l'effroi dominaient sur mes rives;
> Chaque jour m'apportait quelques malheurs nouveaux;
>   Mes nymphes, pâles et craintives,
> A peine s'assuraient dans le fond de mes eaux.

LA NYMPHE DE LA SEINE.

De tant de malheurs affligée,
Je parus un jour sur mes bords,
Pensant aux funestes discords
Qui m'ont si longtemps outragée ;
Lorsque d'un vol soudain je vis fondre des cieux
Amour, qui me flattant de la voix et des yeux :
« Triste nymphe, dit-il, ne te mets plus en peine ;
» Je te prépare un sort si charmant et si doux,
    » Que bientôt je veux que la Seine
» Rende tout l'univers de sa gloire jaloux.

   » Je t'amène, après tant d'années,
   » Une paix de qui les douceurs,
   » Sans aucun mélange de pleurs,
   » Feront couler tes destinées.
» Mais ce qui doit passer tes plus hardis souhaits,
» Une reine viendra sur les pas de la paix.
» Comme on voit le soleil marcher après l'aurore,
» Des rives du couchant elle prendra son cours ;
    » Et cet astre surpasse encore
» Celui que l'Orient voit naître tous les jours.

   » Non que j'ignore la vaillance
   » Et les miracles de ton roi ;
   » Et que, dans ce commun effroi,
   » Je doive craindre pour la France.
» Je sais qu'il ne se plaît qu'au milieu des hasards ;
» Que livrer des combats et forcer des remparts
» Sont de ses jeunes ans les délices suprêmes.
» Je sais tout ce qu'a fait son bras victorieux ;
    » Et que plusieurs de nos dieux mêmes
» Par de moindres exploits ont mérité les cieux.

   » Mais c'est trop peu pour son courage
   » De tous ces exploits inouïs :

» Il faut désormais que Louis
» Entreprenne un plus grand ouvrage.
» Il n'a que trop tenté le hasard des combats ;
» L'Espagne sait assez la valeur de son bras ;
» Assez elle a fourni de lauriers à sa gloire :
» Il faut qu'il en exige autre chose en ce jour :
» Et que, pour dernière victoire,
» Elle fournisse encore un myrte à son amour.

» Thérèse est l'illustre conquête
» Où doivent tendre tous ses vœux :
» Jamais un myrte plus fameux
» Ne saurait couronner sa tête.
» Le ciel, qui les avait l'un pour l'autre formés,
» Voulut que d'un même or leurs jours fussent tramés.
» Elle est digne de lui comme il est digne d'elle.
» Des reines et des rois chacun est le plus grand ;
» Et jamais conquête si belle
» Ne mérita les vœux d'un si grand conquérant.

» A son exemple, tous les princes
» Ne songeront plus désormais
» Qu'à faire refleurir la paix
» Et le calme dans leurs provinces.
» L'abondance partout ramènera les jeux,
» Les regrets et les soins s'enfuiront devant eux ;
» Toutes craintes seront pour jamais étouffées.
» Les glaives renfermés ne verront plus le jour,
» Ou bien se verront en trophées,
» Par les mains de la Paix consacrés à l'Amour.

» Cependant Louis et Thérèse
» Passeront leur âge en ces lieux ;
» Et, plus satisfaits que les dieux,

» Boiront le nectar à leur aise.
» Je leur ferai cueillir, par de longues faveurs,
» Tout ce que mon empire a de fruits et de fleurs ;
» Je bannirai loin d'eux tout sujet de tristesse ;
» Je serai dans leur cœur, je serai dans leurs yeux ;
   » Et c'est pour les suivre sans cesse
» Que tu me vois quitter la demeure des cieux.

   » Les Plaisirs viendront sur mes traces
   » Charmer tes peuples réjouis.
   » La Victoire suivra Louis,
   » Thérèse amènera les Grâces.
» Les dieux mêmes viendront passer ici leurs jours.
» Ton repos en durée égalera ton cours.
» Mars de ses cruautés n'y fera plus d'épreuves ;
» La gloire de ton nom remplira l'univers ;
   » Et la Seine, sur tous les fleuves,
» Sera ce que Thétis est sur toutes les mers.

   » Mais il est temps que je me rende
   » Vers le bel astre de ton roi ;
   » Adieu, nymphe, console-toi
   » Sur une espérance si grande.
» Thérèse va venir, ne répands plus de pleurs ;
» Prépare seulement des lauriers et des fleurs,
» Afin d'en faire hommage à sa beauté suprême. »
Ainsi finit Amour, me laissant à ces mots :
   Et je courus, à l'heure même,
Conter mon aventure aux nymphes de mes flots.

   O dieux ! que la seule pensée
   De voir un astre si charmant
   Leur fit oublier promptement
   Toute leur misère passée !

Que le Tage souffrit! Quels furent ses transports
Quand l'Amour lui ravit l'ornement de ses bords!
Et que pour lui la guerre eût été moins à craindre!
Ses nymphes, de regret, prirent toutes le deuil;
 Et si leurs jours pouvaient s'éteindre,
La douleur aurait pu les conduire au cercueil.

 Ce fut alors que les nuages
  Dont nos jours étaient obscurcis
  Devant vous furent éclaircis,
  Et n'enfantèrent plus d'orage.
Nos maux de votre main eurent leur guérison;
Vos yeux d'un nouveau jour peignirent l'horizon;
La terre, sous vos pas, devint même fertile.
Le soleil, étonné de tant d'effets divers,
 Eut peur de se voir inutile,
Et qu'un autre que lui n'éclairât l'univers.

 L'impatiente Renommée,
  Ne pouvant cacher ses transports,
  Vint m'entretenir sur ces bords
  De l'objet qui l'avait charmée.
O dieux! que ses discours accrurent mes désirs!
Que je sentis dès lors de joie et de plaisirs
A vous ouïr nommer si charmante et si belle!
Sa voix seule arrêta la course de mes eaux;
 Les Zéphyrs, en foule autour d'elle,
Cessèrent pour l'ouïr d'agiter mes roseaux.

 Tout l'or dont se vante le Tage,
  Tout ce que l'Inde sur ses bords
  Vit jamais briller de trésors,
  Semblait être sur mon rivage.
Qu'était-ce toutefois de ce grand appareil,

Dès qu'on jetait les yeux sur l'éclat nonpareil
Dont vos seules beautés vous avaient entourée?
Je sais bien que Junon parut moins belle aux dieux,
    Et moins digne d'être adorée,
Lorsqu'en nouvelle reine elle entra dans les cieux.

    Régnez donc, princesse adorable,
    Sans jamais quitter le séjour
    De ce beau rivage, où l'Amour
    Vous doit être si favorable.
Si l'on en croit ce dieu, vous y devez cueillir
Des roses que sa main gardera de vieillir,
Et qui d'aucun hiver ne craindront l'insolence;
Tandis qu'un nouveau Mars, sorti de votre sein,
    Ira couronner sa vaillance
De la palme qui croît aux rives du Jourdain.

II.

SUR LA CONVALESCENCE DU ROI.

1663[1].

Revenez, troupes fugitives,
Plaisirs, Jeux, Grâces, Ris, Amours,
Qui croyiez déjà sur nos rives
Entendre le bruit des tambours :
Louis vit; et la perfidie

---

[1] Cette ode fut composée à l'occasion de la rougeole dont Louis XIV fut attaqué le 9 juin 1663.

De l'insolente maladie
Qui l'avait osé menacer,
Pareille à ces coups de tonnerre
Qui ne font que bruire et passer,
N'a fait qu'épouvanter la terre.

Mais vous ne sauriez vous résoudre
A venir sitôt en des lieux
Où vous avez cru que la foudre
Était prête à tomber des cieux;
Et, dans la frayeur où vous êtes,
Vous avez beau voir sur vos têtes
Le ciel tout à fait éclairci,
Vous ne vous rassurez qu'à peine.
Et n'osez plus paraître ici
Que Louis ne vous y ramène.

Tel, sur l'empire de Neptune,
Paraît le timide nocher
Qu'un excès de bonne fortune
A sauvé d'un affreux rocher :
Ses yeux, où la mort paraît peinte,
Regardent longtemps avec crainte
L'horrible sommet de l'écueil;
Et le voyant si redoutable,
Il tremble encore; et le cercueil
Lui paraît presque inévitable.

Mais, à moins que d'être insensible,
Pouvait-on n'être point troublé?
Malgré leur constance invincible,
Les Vertus mêmes ont tremblé :
Elles craignaient que l'Injustice,
Levant toute barrière au Vice,
Ne leur fît des maux inouïs;

Et, sous la conduite d'Astrée,
Si nous eussions perdu Louis,
Allaient quitter cette contrée.

Vous savez que, s'il vous caresse
Pour se délasser quelquefois,
Il donne toute sa tendresse
Aux vertus dignes des grands rois,
Et qu'il suit bien d'autres maximes
Que ces princes peu magnanimes,
Qui n'aspirent à rien de beau,
Qu'un honteux loisir empoisonne,
Et qu'on voit descendre au tombeau
Sans être pleurés de personne.

En cette aventure funeste
Tout le monde a versé des pleurs ;
Jamais la colère céleste
N'avait plus effrayé les cœurs :
Non, pas même au temps de nos pères,
Lorsque les destins trop sévères
Éteignirent ce beau soleil,
Henri, dont l'éclat admirable
Promettait un siècle pareil
A celui que chante la Fable.

Ce que ni l'aïeul ni le père
N'ont point fait au siècle passé,
Aujourd'hui la France l'espère
Du grand roi qu'ils nous ont laissé :
Et si la Fortune irritée,
Par une fin précipitée,
Eût traversé notre repos,
Nous pourrions bien dire à cette heure

Que le ciel donne les héros
Seulement afin qu'on les pleure.

Je sais que sa gloire devance
Le cours ordinaire du temps,
Et que sa merveilleuse enfance
Est pleine d'exploits éclatants ;
Qu'il a plus forcé de murailles,
Plus gagné d'illustres batailles,
Que n'ont fait les plus vieux guerriers :
Aussi les Parques, étonnées,
Croyaient, en comptant ses lauriers,
Qu'il avait vécu trop d'années.

Mais enfin, quoique la Victoire
S'empresse à le couvrir d'honneur,
Il n'est point content de sa gloire,
S'il n'achève notre bonheur :
Il veut que par toute la France
La paix ramène l'abondance,
Et prévienne tous nos besoins ;
Que les biens nous cherchent en foule,
Et que sans murmures ni soins
Son aimable règne s'écoule.

Qu'il vive donc, et qu'il jouisse
Des fruits de sa haute valeur :
Que devant lui s'évanouisse
Toute apparence de douleur :
Qu'auprès des beaux yeux de Thérèse
Son grand cœur respire à son aise,
Et que, de leurs chastes amours,
Naisse une famille féconde
A qui, comblé d'heur et de jours,
Il puisse partager le monde.

Et vous, conspirez à sa joie,
Amours, Jeux, Ris, Grâces, Plaisirs,
Et que chacun de vous s'emploie
A satisfaire ses désirs :
Empêchez que son grand courage,
Qui dans mille travaux l'engage,
Ne le fasse trop tôt vieillir :
Rendez ses beaux jours toujours calmes,
Et faites-lui toujours cueillir
Autant de roses que de palmes.

III.

LA RENOMMÉE AUX MUSES.

1663.

On allait oublier les filles de Mémoire ;
    Et, parmi les mortels,
L'Ignorance et l'Erreur allaient ternir leur gloire,
    Et briser leurs autels :

Il fallait qu'un héros, de qui la terre entière
    Admire les exploits,
Leur offrît un asile, et fournît de matière
    A leurs divines voix.

Elles étaient au ciel ; et la nymphe qui vole
    Et qui parle toujours,
Ne les vit pas plutôt, qu'elle prit la parole,
    Et leur tint ce discours :

« Puisqu'un nouvel Auguste aux rives de la Seine
» Vous appelle en ce jour,
» Muses, pour voir Louis, abandonnez sans peine
» Le céleste séjour.

» Aussi bien voyez-vous que plusieurs des dieux même,
» De sa gloire éblouis,
» Prisent moins le nectar que le plaisir extrême
» D'être auprès de Louis.

» A peine marchait-il, que la fille sacrée
» Qui se plaît aux combats,
» Et Thémis, qui préside aux balances d'Astrée,
» Conduisirent ses pas.

» Les Vertus, qui dès lors suivirent leur exemple,
» Virent avec plaisir
» Que le cœur de Louis était le plus beau temple
» Qu'elles pussent choisir.

» Aussi prompte que tout, nous vîmes la Victoire
» Suivre ses étendards,
» Jurant qu'à si haut point elle mettrait sa gloire,
» Qu'on le prendrait pour Mars.

» On sait qu'elle marchait devant cet Alexandre,
» Et que, plus d'une fois,
» Elle arrêta la Paix toute prête à descendre
» Sur l'empire français.

» Mais enfin ce héros, plus craint que le tonnerre,
» Après tant de hauts faits,
» A trouvé moins de gloire à conquérir la terre
» Qu'à ramener la Paix.

» Ainsi, près de Louis, cette aimable déesse
  » Établit son séjour;
» Et de mille autres dieux, qui la suivent sans cesse,
  » Elle peupla sa cour.

» Entre les déités dont l'immortelle gloire
  » Parut en ces bas lieux,
» On vit venir Thérèse; et sa beauté fit croire
  » Qu'elle venait des cieux.

» Vous-même, en la voyant, avouerez que l'aurore
  » Jette moins de clartés,
» Eût-elle tout l'éclat et les habits encore
  » Dont vous la revêtez.

» Mais, quoique dans la paix Louis semble se plaire,
  » Quel orgueil aveuglé
» Osera s'exposer aux traits de sa colère
  » Sans en être accablé?

» Ah! si ce grand héros vous paraît plein de charmes
  » Dans le sein de la Paix,
» Que vos yeux le verront terrible sous les armes,
  » S'il les reprend jamais!

» Vous le verrez voler, plus vite que la foudre,
  » Au milieu des hasards,
» Faire ouvrir les cités, ou renverser en poudre
  » Leurs superbes remparts.

» Qu'il fera beau chanter tant d'illustres merveilles
  » Et de faits inouïs!
» Et qu'en si beau sujet vous plairez aux oreilles
  » Des peuples de Louis!

» Songez de quelle ardeur vous serez échauffées,
» Quand, pour vous écouter,
» Vous trouverez ce prince à l'ombre des trophées
» Qu'il viendra de planter !

» Ainsi le grand Achille, assis près des murailles
» Où l'on pleurait Hector,
» De ses braves aïeux écoutait les batailles,
» Et les siennes encor.

» Quoi que fasse Louis, soit en paix, soit en guerre,
» Il vous peut inspirer
» Des chants harmonieux qui de toute la terre
» Vous feront admirer.

» Qu'on ne nous parle plus de l'amant d'Eurydice :
» Quoi qu'on dise de lui,
» Le Strymon n'a rien vu que la Seine ne puisse
» Voir encore aujourd'hui.

» Je vous promets bien plus : la Fortune, sensible
» A des charmes si doux,
» Laissera désormais la rigueur inflexible
» Qu'elle eut toujours pour vous.

» En vain de vos lauriers on se parait la tête ;
» Et vos chantres fameux
» Étaient les plus sujets aux coups de la tempête,
» Et les plus malheureux.

» C'est en vain qu'autrefois les lions et les arbres
» Vous suivaient pas à pas :
» La Fortune, toujours plus dure que les marbres,
» Ne s'en émouvait pas.

» Mais ne la craignons plus : Louis contre sa haine
    » Vous protége aujourd'hui;
» Et, près de cet Auguste, un illustre Mécène[1]
    » Vous promet son appui.

» Les soins de ce grand homme apaiseront la rage
    » De vos fiers ennnemis;
» Et, quoi qu'il vous promette, il fera davantage
    » Qu'il ne vous a promis.

» Venez donc, puisque enfin vous ne sauriez élire
    » Un plus charmant séjour
» Que d'être auprès d'un roi dont le mérite attire
    » Tant de dieux à sa cour.

» Moi-même auprès de lui je ferais ma demeure
    » Si ses exploits divers
» Ne me contraignaient pas de voler à toute heure
    » Au bout de l'univers. »

Là finit son discours; et la troupe immortelle
    Qui l'avait écouté
Voulut voir le héros que la nymphe fidelle
    Leur avait tant vanté.

Sa présence effaça dans leur âme charmée
    Le souvenir des cieux;
Et, dans le même instant, la prompte Renommée
    L'alla dire en tous lieux.

---

[1] Colbert.

IV.

ODE TIRÉE DU PSAUME XVII.

Diligam te, Domine, etc.

Je t'aimerai, bonté suprême!
Mon défenseur et mon salut.
Grand Dieu! d'un cœur plein de toi-même
Daigne accepter l'humble tribut!
De mes rivaux la haine impie
Attaquait mon sceptre et ma vie;
Tu sauves ma gloire et mes jours :
En rendre grâce à ta tendresse,
C'est assurer à ma faiblesse
Un nouveau droit à tes secours.

Déjà, dans mon âme éperdue
La mort, répandant ses terreurs,
Présentait partout à ma vue
Et ses tourments et ses horreurs :
Ma perte était inévitable;
J'invoquai ton nom redoutable,
Et tu fus sensible à mes cris :
Tu vis leur trame sacrilége,
Et ta piété rompit le piége
Où leurs complots m'avaient surpris

Tu dis, et ta voix déconcerte
L'ordre éternel des éléments;
Sous tes pas la terre entr'ouverte

ODE TIRÉE DU PSAUME XVII.

Voit chanceler ses fondements.
Dans sa frayeur le ciel s'abaisse;
Devant ton trône une ombre épaisse
Te dérobe aux yeux des vivants;
Des chérubins dans le silence,
L'aile s'étend; ton char s'élance
A travers les feux et les vents.

Au devant des pâles victimes
Que poursuit ton glaive perçant,
Prête à sortir de ses abîmes,
La mer accourt en mugissant;
Intéressés à ta vengeance,
Tous les fléaux, d'intelligence,
S'unissent pour leur châtiment :
Du monde près de se dissoudre,
Le chaos, en proie à la foudre,
N'est plus qu'un vaste embrasement.

Quand tu soulèves la nature
Contre leurs projets inhumains,
Tu récompenses ma droiture
Et l'innocence de mes mains.
Malgré le siècle et ses maximes,
Tu vis mon cœur exempt de crimes :
Pouvait-il en vain t'implorer?
Dans mon transport vif et sincère,
Quels seront mes soins à te plaire,
Et mon ardeur à l'épurer!

De ton amour et de ta crainte
Ce cœur à jamais pénétré
Sera fidèle à ta loi sainte;
Et mon triomphe est assuré.
L'impie aux traits de ta justice

Croit échapper; mais le supplice
Tôt ou tard atteint les pécheurs.
Toujours propice aux âmes pures,
C'est sur nos mœurs que tu mesures
Tes châtiments et tes faveurs.

Tel est l'arrêt de ta sagesse;
Tu soutiens l'humble vertueux,
Et tu confonds la folle ivresse
Du criminel présomptueux.
C'est pour toi que je prends les armes :
Parmi le trouble et les alarmes
Éclaire ma faible raison;
Guide mes pas; et, dans mon zèle,
Il n'est rempart ni citadelle
Que je ne force en ton saint nom.

Tu me reprends, tu me consoles;
Et le miel a moins de douceur[1],
L'or est moins pur que les paroles
Que tu fais entendre à mon cœur.
Quel dieu plus saint, plus adorable,
Dans ses conseils plus admirable,
Plus magnifique en ses bienfaits!
Même au milieu de ta vengeance,
Combien de fois ton indulgence
M'en a-t-elle adouci les traits!

Tu mets un terme à ta justice,
Et ton courroux s'est apaisé;
Ta main m'enlève au précipice
Que les méchants m'avaient creusé :

---

[1] Psaume XVIII, vers. 11.

Tel ils m'ont vu dans ma jeunesse,
Par les secours de ta tendresse,
Renverser leurs desseins pervers,
Tromper leur rage, et, sur ton aile [1],
Prendre l'essor de l'hirondelle [2],
Et m'envoler dans les déserts.

Dieu des batailles, dieu terrible,
Tu m'instruis dans l'art des combats !
Je te dois la force invincible
Qui soutient mon cœur et mon bras [3] :
Ce bras, armé pour leur supplice,
Ne cessera, sous ton auspice,
De triompher et de punir.
Oui, dans le sang de tes victimes,
De leur blasphème et de leurs crimes
J'abolirai le souvenir.

Tandis qu'en proie à l'anathème,
Ils pousseront en vain des cris
Vers les humains, vers le dieu même
Dont la fureur les a proscrits,
Sous mon règne heureux et tranquille
Je verrai mon peuple docile
M'offrir le tribut de son cœur.
L'étranger, forcé de me craindre,
Sera réduit lui-même à feindre
Un zèle ardent pour son vainqueur.

---

[1] Ou, pour éviter la liaison des deux tercets :

> Tel jadis, porté sur ton aile,
> Je pris l'essor de l'hirondelle,
> Et m'envolai dans les déserts.

[2] Psaume x, vers. 1.
[3] Psaume x, vers. 1.

Tous ces succès sont ton ouvrage ;
Et tu me vois en ce grand jour,
Dieu d'Israël, en rendre hommage
A ton pouvoir, à ton amour.
Étends tes soins jusqu'à ma race ;
A mes enfants, avec ta grâce,
Transmets ma gloire et mes États :
Peux-tu signaler ta puissance
Avec plus de magnificence
Qu'en protégeant les potentats !

FIN DES ODES.

IDYLLE SUR LA PAIX[1].

1685.

Un plein repos favorise vos vœux :
Peuples, chantez la Paix, qui vous rend tous heureux.

Un plein repos favorise nos vœux :
Chantons, chantons la Paix, qui nous rend tous heureux.

Charmante Paix, délices de la terre,
 Fille du ciel, et mère des plaisirs,
  Tu reviens combler nos désirs ;
Tu bannis la terreur et les tristes soupirs,
  Malheureux enfants de la guerre.

Un plein repos favorise nos vœux :
Chantons, chantons la Paix, qui nous rend tous heureux.

 Tu rends le fils à sa tremblante mère ;
  Par toi la jeune épouse espère
D'être longtemps unie à son époux aimé ;
 De ton retour le laboureur charmé
Ne craint plus désormais qu'une main étrangère
Moissonne avant le temps le champ qu'il a semé ;
Tu pares nos jardins d'une grâce nouvelle ;
Tu rends le jour plus pur, et la terre plus belle.

---

[1] Cette pièce fut composée en 1685, à la sollicitation du marquis de Seignelay, qui donnait une fête à Louis XIV, et fut mise en musique par Lulli.

Un plein repos favorise nos vœux :
Chantons, chantons la Paix, qui nous rend tous heureux.

Mais quelle main puissante et secourable
A rappelé du ciel cette Paix adorable?

Quel dieu, sensible aux vœux de l'univers,
A replongé la Discorde aux enfers?

Déjà grondaient les horribles tonnerres
　　Par qui sont brisés les remparts;
Déjà marchait devant les étendards
　　Bellone, les cheveux épars,
Et se flattait d'éterniser les guerres
Que sa fureur soufflait de toutes parts.

Divine Paix, apprends-nous par quels charmes
Un calme si profond succède à tant d'alarmes?

Un héros, des mortels l'amour et le plaisir,
Un roi victorieux vous a fait ce loisir.

Un héros, des mortels l'amour et le plaisir,
Un roi victorieux nous a fait ce loisir.

Ses ennemis, offensés de sa gloire,
　　Vaincus cent fois, et cent fois suppliants,
　　En leur fureur de nouveau s'oubliants,
Ont osé dans ses bras irriter la victoire.

Qu'ont-ils gagné, ces esprits orgueilleux,
　　Qui menaçaient d'armer la terre entière?
Ils ont vu de nouveau resserrer leur frontière;
　　Ils ont vu ce roc sourcilleux[1],

---

[1] Luxembourg.

De leur orgueil l'espérance dernière,
De nos champs fortunés devenir la barrière.

Un héros, des mortels l'amour et le plaisir,
Un roi victorieux nous a fait ce loisir.

Son bras est craint du couchant à l'aurore :
La foudre, quand il veut, tombe aux climats gelés,
Et sur les bords par le soleil brûlés :
De son courroux vengeur, sur le rivage more [1],
    La terre fume encore.

    Malheureux les ennemis
    De ce prince redoutable !
    Heureux les peuples soumis
    A son empire équitable !

Chantons, bergers, et nous réjouissons :
    Qu'il soit le sujet de nos fêtes.
    Le calme dont nous jouissons
    N'est plus sujet aux tempêtes.
Chantons, bergers, et nous réjouissons :
    Qu'il soit le sujet de nos fêtes.
    Le bonheur dont nous jouissons
Le flatte autant que toutes ses conquêtes.

De ces lieux l'éclat et les attraits,
    Ces fleurs odorantes,
    Ces eaux bondissantes,
    Ces ombrages frais,
Sont des dons de ses mains bienfaisantes.
De ces lieux l'éclat et les attraits
    Sont des fruits de ses bienfaits.

[1] Alger.

Il veut bien quelquefois visiter nos bocages ;
  Nos jardins ne lui déplaisent pas.
  Arbres épais, redoublez vos ombrages ;
    Fleurs, naissez sous ses pas.

    O ciel, ô saintes destinées,
  Qui prenez soin de ses jours florissants,
      Retranchez de nos ans
    Pour ajouter à ses années.

Qu'il règne ce héros, qu'il triomphe toujours ;
Qu'avec lui soit toujours la paix ou la victoire ;
Que le cours de ses ans dure autant que le cours
    De la Seine et de la Loire.

Qu'il règne ce héros, qu'il triomphe toujours ;
  Qu'il vive autant que sa gloire !

HYMNES

ET

CANTIQUES SPIRITUELS.

HYMNI

BREVIARII ROMANI.

FERIA SECUNDA.

AD MATUTINUM.

Somno refectis artubus,
Spreto cubili surgimus,
Nobis, Pater, canentibus,
Adesse te deposcimus.

Te lingua primum concinat,
Te mentis ardor ambiat,
Ut actuum sequentium
Tu, sancte, sis exordium.

Cedant tenebræ lumini,
Et nox diurno sideri :
Ut culpa, quam nox intulit,
Lucis labascat munere.

Precamur iidem supplices,
Noxas ut omnes amputes,
Et ore te canentium
Lauderis in perpetuum.

HYMNES

TRADUITES

DU BRÉVIAIRE ROMAIN.

LE LUNDI.

A MATINES.

Tandis que le sommeil, réparant la nature,
    Tient enchaînés le travail et le bruit,
Nous rompons ses liens, ô clarté toujours pure!
    Pour te louer dans la profonde nuit.

Que dès notre réveil notre voix te bénisse;
    Qu'à te chercher notre cœur empressé
T'offre ses premiers vœux; et que par toi finisse
    Le jour par toi saintement commencé.

L'astre dont la présence écarte la nuit sombre
    Viendra bientôt recommencer son tour :
O vous, noirs ennemis qui vous glissez dans l'ombre,
    Disparaissez à l'approche du jour.

Nous t'implorons, Seigneur : tes bontés sont nos armes :
    De tout péché rends-nous purs à tes yeux;
Fais que, t'ayant chanté dans ce séjour de larmes,
    Nous te chantions dans le repos des cieux.

Præsta, pater piissime,
Patrique compar Unice,
Cum Spiritu Paracleto
Regnans per omne sæculum. Amen.

AD LAUDES.

Splendor paternæ gloriæ,
De luce lucem proferens,
Lux lucis, et fons luminis,
Diem dies illuminans;

Verusque sol illabere,
Micans nitore perpeti:
Jubarque Sancti Spiritus
Infunde nostris sensibus.

Votis vocemus et Patrem,
Patrem perennis gloriæ,
Patrem potentis gratiæ,
Culpam releget lubricam.

Confirmet actus strenuos,
Dentes retundat invidi,
Casus secundet asperos,
Donet gerendi gratiam.

Mentem gubernet et regat;
Casto fideli corpore,
Fides calore ferveat;
Fraudis venena nesciat.

Christusque nobis sit cibus,
Potusque noster sit fides:

Exauce, Père saint, notre ardente prière,
  Verbe, son fils, Esprit, leur nœud divin,
Dieu qui, tout éclatant de ta propre lumière,
  Règnes au ciel sans principe et sans fin.

A LAUDES.

  Source ineffable de lumière,
Verbe en qui l'Éternel contemple sa beauté,
Astre, dont le soleil n'est que l'ombre grossière,
Sacré jour, dont le jour emprunte sa clarté;

  Lève-toi, Soleil adorable,
Qui de l'éternité ne fais qu'un heureux jour;
Fais briller à nos yeux ta clarté secourable,
Et répands dans nos cœurs le feu de ton amour.

  Prions aussi l'auguste Père,
Le Père dont la gloire a devancé les temps,
Le Père tout-puissant en qui le monde espère,
Qu'il soutienne d'en haut ses fragiles enfants.

  Donne-nous un ferme courage;
Brise la noire dent du serpent envieux;
Que le calme, grand Dieu, suive de près l'orage;
Fais-nous faire toujours ce qui plaît à tes yeux.

  Guide notre âme dans ta route,
Rends notre corps docile à ta divine loi;
Remplis-nous d'un espoir que n'ébranle aucun doute,
Et que jamais l'erreur n'altère notre foi.

  Que Christ soit notre pain céleste;
Que l'eau d'une foi vive abreuve notre cœur :

Læti bibamus sobriam
Ebrietatem spiritus.

Lætus dies hic transeat;
Pudor sit ut diluculum;
Fides velut meridies;
Crepusculum mens nesciat.

Aurora cursus provehit,
Aurora totus prodeat,
In Patre totus Filius,
Et totus in verbo Pater.

Deo Patri sit gloria,
Ejusque soli Filio,
Cum Spiritu Paracleto,
Et nunc et in perpetuum. Amen.

AD VESPERAS.

Immense cœli conditor,
Qui mixta ne confunderent,
Aquæ fluenta dividens,
Cœlum dedisti limitem:

Firmans locum cœlestibus,
Simulque terræ rivulis
Ut unda flammas temperet,
Terræ solum ne dissipent;

Infunde nunc piissime,
Donum perennis gratiæ;
Fraudis novæ ne casibus
Nos error atterat vetus.

Ivres de ton esprit, sobres pour tout le reste,
Daigne à tes combattants inspirer ta vigueur.

Que la pudeur chaste et vermeille
Imite sur leur front la rougeur du matin ;
Aux clartés du midi que leur foi soit pareille ;
Que leur persévérance ignore le déclin.

L'aurore luit sur l'hémisphère :
Que Jésus dans nos cœurs daigne luire aujourd'hui,
Jésus, qui tout entier est dans son divin Père,
Comme son divin Père est tout entier en lui.

Gloire à toi, Trinité profonde,
Père, Fils, Esprit saint : qu'on t'adore toujours,
Tant que l'astre des temps éclairera le monde,
Et quand les siècles même auront fini leur cours.

A VÊPRES.

Grand Dieu, qui vis les cieux se former sans matière,
  A ta voix seulement ;
Tu séparas les eaux, leur marquas pour barrière
  Le vaste firmament.

Si la voûte céleste a ses plaines liquides,
  La terre a ses ruisseaux,
Qui, contre les chaleurs, portent aux champs arides
  Le secours de leurs eaux.

Seigneur, qu'ainsi les eaux de ta grâce féconde
  Réparent nos langueurs ;
Que nos sens désormais vers les appas du monde
  N'entraînent plus nos cœurs.

Lucem fides adaugeat,
Sic luminis jubar ferat;
Ut vana cuncta terreat,
Hanc falsa nulla comprimant.

Præsta, Pater piissime,
Patrique compar Unice,
Cum Spiritu Paracleto
Regnans per omne sæculum. Amen.

FERIA TERTIA.

AD MATUTINUM.

Consors paterni luminis.
Lux ipse lucis, et dies,
Noctem canendo rumpimus,
Assiste postulantibus.

Aufer tenebras mentium;
Fuga catervas dæmonum;
Expelle somnolentiam,
Ne pigritantes obruat.

Sic, Christe, nobis omnibus.
Indulgeas credentibus,
Ut prosit exorantibus,
Quod præcinentes psallimus.

Præsta, Pater piissime,
Patrique compar Unice,
Cum Spiritu Paracleto
Regnans per omne sæculum. Amen.

Fais briller de ta foi les lumières propices
    A nos yeux éclairés :
Qu'elle arrache le voile à tous les artifices
    Des enfers conjurés.

Règne, ô Père éternel, Fils, sagesse incréée,
    Esprit saint, Dieu de paix,
Qui fais changer des temps l'inconstante durée,
    Et ne changes jamais.

LE MARDI.

A MATINES.

Verbe, égal au Très-Haut, notre unique espérance,
    Jour éternel de la terre et des cieux,
De la paisible nuit nous rompons le silence,
    Divin Sauveur, jette sur nous les yeux.

Répands sur nous le feu de ta grâce puissante ;
    Que tout l'enfer fuie au son de ta voix ;
Dissipe ce sommeil d'une âme languissante,
    Qui la conduit dans l'oubli de tes lois.

O Christ ! sois favorable à ce peuple fidèle,
    Pour te bénir maintenant assemblé ;
Reçois les chants qu'il offre à ta gloire immortelle ;
    Et de tes dons qu'il retourne comblé.

Exauce, Père saint, notre ardente prière,
    Verbe son fils, Esprit leur nœud divin,
Dieu qui, tout éclatant de ta propre lumière,
    Règnes au ciel sans principe et sans fin.

AD LAUDES.

Ales diei nuncius
Lucem propinquam præcinit :
Nos excitator mentium
Jàm Christus ad vitam vocat.

Auferte, clamat, lectulos,
Ægro sopore desides :
Castique, recti ac sobrii :
Vigilate : jàm sum proximus.

Jesum ciamus vocibus,
Flentes, precantes, sobrii :
Intenta supplicatio
Dormire cor mundum vetat.

Tu, Christe, somnum discute,
Tu rumpe mortis vincula,
Tu solve peccatum vetus,
Novumque lumen ingere.

Deo Patri sit gloria,
Ejusque soli Filio,
Cum Spiritu Paracleto,
Et nunc et in perpetuum. Amen.

AD VESPERAS.

Telluris ingens conditor,
Mundi solum qui eruens,
Pulsis aquæ molestiis,
Terram dedisti immobilem;

A LAUDES.

L'oiseau vigilant nous réveille ;
Et ses chants redoublés semblent chasser la nuit :
Jésus se fait entendre à l'âme qui sommeille,
Et l'appelle à la vie, où son jour nous conduit.

« Quittez, dit-il, la couche oisive
» Où vous ensevelit une molle langueur :
» Sobres, chastes et purs, l'œil et l'âme attentive,
» Veillez : je suis tout proche, et frappe à votre cœur. »

Ouvrons donc l'œil à sa lumière,
Levons vers ce Sauveur et nos mains et nos yeux,
Pleurons et gémissons : une ardente prière
Écarte le sommeil, et pénètre les cieux.

O Christ, ô soleil de justice !
De nos cœurs endurcis romps l'assoupissement ;
Dissipe l'ombre épaisse où les plonge le vice,
Et que ton divin jour y brille à tout moment !

Gloire à toi, Trinité profonde,
Père, Fils, Esprit saint : qu'on t'adore toujours,
Tant que l'astre des temps éclairera le monde,
Et quand les siècles même auront fini leur cours.

A VÊPRES.

Ta sagesse, grand Dieu ! dans tes œuvres tracée,
  Débrouilla le chaos ;
Et, fixant sur son poids la terre balancée,
  La sépara des flots.

Ut germen aptum proferens,
Fulvis decora floribus,
Fecunda fructu sisteret,
Pastumque gratum redderet :

Mentis perustæ vulnera
Munda virore gratiæ ;
Ut facta fletu diluat,
Motusque pravos atterat.

Jussis tuis obtemperet,
Nullis malis approximet,
Bonis repleri gaudeat,
Et mortis actum nesciat.

Præsta, Pater piissime,
Patrique compar Unice,
Cum Spiritu Paracleto
Regnans per omne sæculum. Amen.

FERIA QUARTA.

AD MATUTINUM.

Rerum Creator optime,
Rectorque noster, aspice :
Nos a quiete noxia,
Mersos sopore libera.

Te, Christe sancte, poscimus :
Ignosce culpis omnibus :

Par là son sein fécond, de fleurs et de feuillages
    L'embellit tous les ans,
L'enrichit de doux fruits, couvre de pâturages
    Ses vallons et ses champs.

Seigneur, fais de ta grâce, à notre âme abattue,
    Goûter les fruits heureux ;
Et que puissent nos pleurs de la chair corrompue
    Éteindre en nous les feux.

Que sans cesse nos cœurs, loin du sentier des vices,
    Suivent tes volontés :
Qu'innocents à tes yeux, ils fondent leurs délices
    Sur tes seules bontés.

Règne, ô Père éternel, Fils, sagesse incréée ;
    Esprit saint, Dieu de paix,
Qui fais changer des temps l'inconstante durée,
    Et ne changes jamais.

LE MERCREDI.

A MATINES.

Grand Dieu, par qui de rien toute chose est formée,
    Jette les yeux sur nos besoins divers ;
Romps ce fatal sommeil, par qui l'âme charmée
    Dort en repos sur le bord des enfers.

Daigne, ô divin Sauveur que notre voix implore,
    Prendre pitié des fragiles mortels,

Ad confitendum surgimus,
Morasque noctis rumpimus.

Mentes manusque tollimus,
Propheta sicut noctibus
Nobis gerendum præcipit,
Paulusque gestis censuit.

Vides malum quod fecimus,
Occulta nostra pandimus,
Preces gementes fundimus,
Dimitte quod peccavimus.

Præsta, Pater piissime,
Patrique compar Unice,
Cum Spiritu Paracleto
Regnans per omne sæculum. Amen.

AD LAUDES.

Nox et tenebræ et nubila,
Confusa, mundi et turbida,
Lux intrat, albescit polus,
Christus venit : discedite.

Caligo terræ scinditur
Percussa solis spiculo;
Rebusque jàm color redit,
Vultu nitentis sideris.

Te, Christe, solum novimus,
Te mente pura et simplici,
Flendo, et canendo, quæsumus,
Intende nostris sensibus,

Et vois comme du lit, sans attendre l'aurore,
    Le repentir nous traîne à tes autels.

C'est là que notre troupe, affligée, inquiète,
    Levant au ciel et le cœur et les mains,
Imite le grand Paul, et suit ce qu'un prophète
    Nous a prescrit dans ses cantiques saints.

Nous montrons à tes yeux nos maux et nos alarmes,
    Nous confessons tous nos crimes secrets ;
Nous t'offrons tous nos vœux, nous y mêlons nos larmes.
    Que ta bonté révoque tes arrêts !

Exauce, Père saint, notre ardente prière,
    Verbe son fils, Esprit leur nœud divin,
Dieu qui, tout éclatant de ta propre lumière,
    Règnes au ciel sans principe et sans fin.

A LAUDES.

    Sombre nuit, aveugles ténèbres,
Fuyez : le jour s'approche, et l'Olympe blanchit :
Et vous, démons, rentrez dans vos prisons funèbres :
De votre empire affreux un Dieu nous affranchit.

    Le soleil perce l'ombre obscure ;
Et les traits éclatants qu'il lance dans les airs,
Rompant le voile épais qui couvrait la nature,
Redonnent la couleur et l'âme à l'univers.

    O Christ, notre unique lumière,
Nous ne reconnaissons que tes saintes clartés !
Notre esprit t'est soumis ; entends notre prière,
Et sous ton divin joug range nos volontés.

Sunt multa fucis illita,
Quæ luce purgentur tua :
Tu lux eoi sideris
Vultu sereno illumina.

Deo Patri sit gloria,
Ejusque soli Filio,
Cum Spiritu Paracleto,
Et nunc et in perpetuum. Amen.

AD VESPERAS.

Cœli Deus sanctissime,
Qui lucidum centrum poli
Candore pingis igneo
Augens decoro lumine ;

Quarto die qui flammeam
Solis rotam constituens,
Lunæ ministras ordinem,
Vagosque cursus siderum ;

Ut noctibus, vel lumini
Diremptionis terminum,
Primordiis et mensium
Signum dares notissimum :

Illumina cor hominum ;
Absterge sordes mentium ;
Resolve culpæ vinculum ;
Everte moles criminum.

Souvent notre âme criminelle,
Sur sa fausse vertu, téméraire, s'endort ;
Hâte-toi d'éclairer, ô lumière éternelle,
Des malheureux assis dans l'ombre de la mort !

Gloire à toi, Trinité profonde,
Père, Fils, Esprit saint : qu'on t'adore toujours,
Tant que l'astre des temps éclairera le monde,
Et quand les siècles même auront fini leur cours.

A VÊPRES.

Grand Dieu, qui fais briller sur la voûte étoilée
    Ton trône glorieux,
Et d'une blancheur vive à la pourpre mêlée
    Peins le centre des cieux.

Par toi roule à nos yeux, sur un char de lumière,
    Le clair flambeau des jours,
De tant d'astres par toi la lune en sa carrière
    Voit le différent cours.

Ainsi sont séparés les jours des nuits prochaines
    Par d'immuables lois ;
Ainsi tu fais connaître à des marques certaines
    Les saisons et les mois.

Seigneur, répands sur nous ta lumière céleste,
    Guéris nos maux divers ;
Que ta main secourable, aux démons si funeste,
    Brise enfin tous nos fers.

Præsta, Pater piissime,
Patrique compar Unice,
Cum Spiritu Paracleto,
Et nunc et in perpetuum. Amen.

FERIA QUINTA.

AD MATUTINUM.

Nox atra rerum contegit
Terræ colores omnium,
Nos confitentes poscimus,
Te, juste judex cordium.

Ut auferas piacula,
Sordesque mentis abluas :
Donesque, Christe, gratia
Ut arceantur crimina.

Mens ecce torpet impia,
Quam culpa mordet noxia :
Obscura gestit tollere.
Et te, Redemptor, quærere.

Repelle tu caliginem
Intrinsecus quam maxime
Ut in beato gaudeat
Se collocari lumine.

Præsta, Pater piissime,
Patrique compar Unice,

Règne, ô Père éternel, Fils, Sagesse increée,
    Esprit saint, Dieu de paix,
Qui fais changer des temps l'inconstante durée,
    Et ne changes jamais.

LE JEUDI.

MATINES.

De toutes les couleurs que distinguait la vue,
    L'obscure nuit n'a fait qu'une couleur :
Juste juge des cœurs, notre ardeur assidue
    Demande ici tes yeux et ta faveur.

Qu'ainsi, prompt à guérir nos mortelles blessures,
    Ton feu divin, dans nos cœurs répandu,
Consume pour jamais leurs passions impures,
    Pour n'y laisser que l'amour qui t'est dû.

Effrayés des péchés dont le poids les accable,
    Tes serviteurs voudraient se relever :
Ils implorent, Seigneur, ta bonté secourable,
    Et dans ton sang cherchent à se laver.

Seconde leurs efforts, dissipe l'ombre noire
    Qui dès longtemps les tient enveloppés;
Et que l'heureux séjour d'une immortelle gloire
    Soit l'objet seul de leurs cœurs détrompés.

Exauce, Père saint, notre ardente prière,
    Verbe son fils, Esprit leur nœud divin,

Cum Spiritu Paracleto
Regnans per omne sæculum. Amen.

AD LAUDES.

Lux ecce surgit aurea :
Pallens fatiscat cæcitas,
Quæ nosmet in præceps diu
Errore traxit devio.

Hæc lux serenum conferat,
Purosque nos præstet sibi :
Nihil loquamur subdolum,
Volvamus obscurum nihil.

Sic tota decurrat dies,
Ne lingua mendax, ne manus,
Oculive peccent lubrici,
Ne noxa corpus inquinet.

Speculator adstat desuper,
Qui nos diebus omnibus,
Actusque nostros prospicit
A luce prima in vesperum

Deo Patri sit gloria,
Ejusque soli Filio,
Cum Spiritu Paracleto,
Et nunc et in perpetuum. Amen.

AD VESPERAS.

Magnæ Deus potentiæ,
Qui ex aquis ortum genus

Dieu qui, tout éclatant de ta propre lumière,
    Règnes au ciel sans principe et sans fin.

A LAUDES.

    Les portes du jour sont ouvertes,
Le soleil peint le ciel de rayons éclatants :
Loin de nous cette nuit dont nos âmes couvertes
Dans le chemin du crime ont erré si longtemps.

    Imitons la lumière pure
De l'astre étincelant qui commence son cours,
Ennemis du mensonge et de la fraude obscure ;
Et que la vérité brille en tous nos discours.

    Que ce jour se passe sans crime,
Que nos langues, nos mains, nos yeux, soient innocents ;
Que tout soit chaste en nous, et qu'un frein légitime
Aux lois de la raison asservisse les sens.

    Du haut de sa sainte demeure
Un Dieu toujours veillant nous regarde marcher ;
Il nous voit, nous entend, nous observe à toute heure ;
Et la plus sombre nuit ne saurait nous cacher.

    Gloire à toi, Trinité profonde,
Père, Fils, Esprit saint : qu'on t'adore toujours,
Tant que l'astre des temps éclairera le monde,
Et quand les siècles même auront fini leur cours.

A VÊPRES.

Seigneur, tant d'animaux par toi des eaux fécondes
    Sont produits à ton choix,

Partim remittis gurgiti,
Partim levas in aera.

Demersa limphis imprimens,
Subvecta cœlis irrigans :
Ut stirpe ab una prodita,
Diversa rapiant loca.

Largire cunctis servulis,
Quos mundat unda sanguinis;
Nescire lapsus criminum,
Nec ferre mortis tædium.

Ut culpa nullum deprimat;
Nullum levet jactantia,
Elisa mens ne concidat,
Elata mens ne corruat.

Præsta, pater piissime,
Patrique compar Unice,
Cum Spiritu Paracleto
Regnans per omne sæculum. Amen.

FERIA SEXTA.

AD MATUTINUM.

Tu Trinitatis unitas,
Orbem potenter qui regis,
Attende laudum cantica,
Quæ excubantes psallimus.

Que leur nombre infini peuple ou les mers profondes,
  Ou les airs, ou les bois.

Ceux-là sont humectés des flots que la mer roule;
  Ceux-ci, de l'eau des cieux;
Et, de la même source ainsi sortis en foule,
  Occupent divers lieux.

Fais, ô Dieu tout-puissant! fais que tous les fidèles,
  A ta grâce soumis,
Ne retombent jamais dans les chaînes cruelles
  De leurs fiers ennemis!

Que, par toi soutenus, le joug pesant des vices
  Ne les accable pas;
Qu'un orgueil téméraire en d'affreux précipices
  N'engage point leurs pas!

Règne, ô Père éternel, Fils, Sagesse incréée,
  Esprit saint, Dieu de paix,
Qui fais changer des temps l'inconstante durée,
  Et ne changes jamais!

LE VENDREDI.

A MATINES.

Auteur de toute chose, essence en trois unique,
  Dieu tout-puissant, qui régis l'univers,
Dans la profonde nuit nous t'offrons ce cantique;
  Écoute-nous, et vois nos maux divers.

Nam lectulo consurgimus
Noctis quieto tempore,
Ut flagitemus vulnerum
A te medelam omnium.

Quo fraude quidquid dæmonum
In noctibus deliquimus,
Abstergat illud cœlitus
Tuæ potestas gloriæ.

Ne corpus adsit sordidum,
Nec torpor instet cordium,
Nec criminis contagio
Tepescat ardor spiritus.

Ob hoc, Redemptor, quæsumus,
Reple tuo nos lumine,
Per quod dierum circulis,
Nullis ruamus actibus.

Præsta, pater piissime,
Patrique compar Unice,
Cum Spiritu Paracleto
Regnans per omne sæculum. Amen.

AD LAUDES.

Æterna cœli gloria,
Beata spes mortalium,
Celsi tonantis Unice,
Castæque proles Virginis,

Da dexteram surgentibus,
Exurgat et mens sobria,

Tandis que du sommeil le charme nécessaire
   Ferme les yeux du reste des humains,
Le cœur tout pénétré d'une douleur amère,
   Nous implorons tes secours souverains.

Que tes feux de nos cœurs chassent la nuit fatale;
   Qu'à leur éclat soient d'abord dissipés
Ces objets dangereux que la ruse infernale
   Dans un vain songe offre à nos sens trompés.

Que notre corps soit pur; qu'une indolence ingrate
   Ne tienne point nos cœurs ensevelis;
Que, par l'impression du vice qui nous flatte,
   Tes feux sacrés n'y soient point affaiblis.

Qu'ainsi, divin Sauveur, tes lumières célestes
   Dans tes sentiers affermissant nos pas,
Nous détournent toujours de ces piéges funestes
   Que le démon couvre de mille appas.

Exauce, Père saint, notre ardente prière,
   Verbe son fils, Esprit leur nœud divin,
Dieu qui, tout éclatant de ta propre lumière,
   Règnes au ciel sans principe et sans fin.

A LAUDES.

   Astre que l'Olympe révère,
Doux espoir des mortels rachetés par ton sang,
Verbe, fils éternel du redoutable Père,
Jésus, qu'une humble Vierge a porté dans son flanc,

   Affermis l'âme qui chancelle;
Fais que, levant au ciel nos innocentes mains,

Flagrans et in laudem Dei
Grates rependat debitas.

Ortus refulget Lucifer,
Sparsamque lucem nuntiat :
Cadit caligo noctium,
Lux sancta nos illuminet.

Manensque nostris sensibus,
Noctem repellat sæculi,
Omnique fine diei
Purgata servet pectora.

Quæsita jàm primum fides
Radicet altis sensibus,
Secunda spes congaudeat,
Quâ major extat Charitas.

Deo Patri sit gloria,
Ejusque soli Filio,
Cum Spiritu Paracleto,
Et nunc et in perpetuum. Amen.

AD VESPERAS.

Plasmator hominis Deus,
Qui cuncta solus ordinans
Humum jubes producere
Reptantis et feræ genus;

Qui magna rerum corpora,
Dictu jubentis vivida,
Ut serviant per ordinem
Subdens dedisti homini.

Nous chantions dignement et ta gloire immortelle
Et les biens dont ta grâce a comblé les humains.

    L'astre avant-coureur de l'aurore,
Du soleil qui s'approche annonce le retour;
Sous le pâle horizon l'ombre se décolore :
Lève-toi dans nos cœurs, chaste et bienheureux jour!

    Sois notre inséparable guide,
Du siècle ténébreux perce l'obscure nuit;
Défends-nous en tout temps contre l'attrait perfide
De ces plaisirs trompeurs dont la mort est le fruit.

    Que la Foi, dans nos cœurs gravée,
D'un rocher immobile ait la stabilité;
Que sur ce fondement l'Espérance élevée
Porte pour comble heureux l'ardente Charité.

    Gloire à toi, Trinité profonde,
Père, Fils, Esprit saint : qu'on t'adore toujours,
Tant que l'astre des temps éclairera le monde,
Et quand les siècles même auront fini leur cours.

A VÊPRES.

Créateur des humains, grand Dieu, souverain maître
    De ce vaste univers,
Qui, du sein de la terre, à ton ordre, vis naître
    Tant d'animaux divers,

A ces grands corps sans nombre et différents d'espèce,
    Animés à ta voix,
L'homme fut établi par ta haute sagesse,
    Pour imposer ses lois.

Repelle a servis tuis,
Quidquid per immunditiam,
Aut moribus se suggerit,
Aut actibus se interserit.

Da gaudiorum præmia,
Da gratiarum munera;
Dissolve litis vincula,
Adstringe pacis fœdera.

Præsta, Pater piissime,
Patrique compar Unice,
Cum Spiritu Paracleto
Regnans per omne sæculum. Amen.

SABBATO.

AD MATUTINUM.

Summæ Deus clementiæ,
Mundique factor machinæ,
Unus potentialiter,
Trinusque personaliter.

Nostros pius cum canticis
Fletus benigne suscipe :
Quo corde puro sordibus
Te perfruamur largius.

Lumbos, jecurque morbidum
Adure igni congruo,

Seigneur, qu'ainsi ta grâce à nos vœux accordée
    Règne dans notre cœur;
Que nul excès honteux, que nulle impure idée
    N'en chasse la pudeur.

Qu'un saint ravissement éclate en notre zèle;
    Guide toujours nos pas;
Fais d'une paix profonde, à ton peuple fidèle,
    Goûter les doux appas.

Règne, ô Père éternel, Fils, Sagesse incréée,
    Esprit saint, Dieu de paix,
Qui fais changer des temps l'inconstante durée,
    Et ne changes jamais!

LE SAMEDI.

A MATINES.

O toi qui, d'un œil de clémence,
Vois les égarements des fragiles humains;
Toi, dont l'être un en trois, et le même en puissance,
A créé ce grand tout soutenu par tes mains,

    Éteins ta foudre dans les larmes
Qu'un juste repentir mêle à nos chants sacrés;
Et que puisse ta Grâce, où brillent tes doux charmes,
Te préparer un temple à nos cœurs épurés!

    Brûle en nous de tes saintes flammes
Tout ce qui de nos sens excite les transports,

Accincti ut sint perpetim,
Luxu remoto pessimo.

Ut quique horas noctium
Nunc concinendo rumpimus,
Donis beatæ patriæ
Ditemur omnes affatim.

Præsta, Pater piissime,
Patrique compar Unice,
Cum Spiritu Paracleto
Regnans per omne sæculum. Amen.

AD LAUDES.

Aurora jam spargit polum,
Terris dies illabitur,
Lucis resultat spiculum :
Discedat omne lubricum.

Phantasma noctis decidat;
Mentis reatus subruat;
Quidquid tenebris horridum
Nos attulit culpæ, cadat.

Et manè illud ultimum
Quod præstolamur cernui;
In lucem nobis effluat,
Dum hoc canore concrepat.

Deo Patri sit gloria,
Ejusque soli Filio,
Cum Spiritu Paracleto,
Et nunc et in perpetuum. Amen.

Afin que, toujours prêts, nous puissions dans nos âmes
Du démon de la chair vaincre tous les efforts.

Pour chanter ici tes louanges,
Notre zèle, Seigneur, a devancé le jour :
Fais qu'ainsi nous chantions un jour avec tes anges
Les biens qu'à tes élus assure ton amour.

Père des anges et des hommes,
Sacré Verbe, Esprit saint, profonde Trinité,
Sauve-nous ici-bas des périls où nous sommes,
Et qu'on loue à jamais ton immense bonté.

A LAUDES.

L'aurore brillante et vermeille
Prépare le chemin au soleil qui la suit;
Tout rit aux premiers traits du jour qui se réveille :
Retirez-vous, démons qui volez dans la nuit.

Fuyez, songes, troupe menteuse,
Dangereux ennemis par la nuit enfantés,
Et que fuie avec vous la mémoire honteuse
Des objets qu'à nos sens vous avez présentés.

Chantons l'auteur de la lumière,
Jusqu'au jour où son ordre a marqué notre fin;
Et qu'en le bénissant notre aurore dernière
Se perde en un midi sans soir et sans matin.

Gloire à toi, Trinité profonde,
Père, Fils, Esprit saint : qu'on t'adore toujours,
Tant que l'astre des temps éclairera le monde,
Et quand les siècles même auront fini leur cours.

AD VESPERAS.

O lux beata Trinitas
Et principalis Unitas,
Jam sol recedit igneus,
Infunde lumen cordibus.

Te manè laudum carmine,
Te deprecemur vespere;
Te nostra supplex gloria
Per cuncta laudet sæcula.

Deo Patri sit gloria,
Ejusque soli Filio,
Cum Spiritu Paracleto,
Et nunc, et in perpetuum.
    Amen.

FINIS HYMNORUM.

A VÊPRES.

Source éternelle de lumière,
Trinité souveraine et très-sainte unité,
Le visible soleil va finir sa carrière ;
Fais luire dans nos cœurs l'invisible clarté.

Qu'au doux concert de tes louanges
Notre voix et commence et finisse le jour ;
Et que notre âme enfin chante avec tes saints anges
Le cantique éternel de ton céleste amour.

Adorons le Père suprême,
Principe sans principe, abîme de splendeur,
Le Fils, Verbe du Père, engendré dans lui-même,
L'Esprit, des deux qu'il lie, amour, don, paix, ardeur.

FIN DES HYMNES.

CANTIQUES SPIRITUELS[1].

CANTIQUE PREMIER.

A LA LOUANGE DE LA CHARITÉ.

(Tiré de la première Épître de saint Paul aux Corinthiens, ch. XIII.)

Les méchants m'ont vanté leurs mensonges frivoles ;
   Mais je n'aime que les paroles
   De l'éternelle vérité.
   Plein du feu divin qui m'inspire,
   Je consacre aujourd'hui ma lyre
   A la céleste Charité.

En vain je parlerais le langage des anges ;
   En vain, mon Dieu, de tes louanges
   Je remplirais tout l'univers :
   Sans amour, ma gloire n'égale
   Que la gloire de la cymbale
   Qui d'un vain bruit frappe les airs.

Que sert à mon esprit de percer les abîmes
   Des mystères les plus sublimes,
   Et de lire dans l'avenir ?
   Sans amour ma science est vaine,
   Comme le songe dont à peine
   Il reste un léger souvenir.

---

[1] Ils furent composés pour la communauté de Saint-Cyr, en 1694.

Que me sert que ma foi transporte les montagnes,
　　Que, dans les arides campagnes,
　　Les torrents naissent sous mes pas;
　　Ou que ranimant la poussière,
　　Elle rende aux morts la lumière,
　　Si l'amour ne l'anime pas?

Oui, mon Dieu, quand mes mains de tout mon héritage
　　Aux pauvres feraient le partage;
　　Quand même, pour le nom chrétien,
　　Bravant les croix les plus infâmes,
　　Je livrerais mon corps aux flammes,
　　Si je n'aime, je ne suis rien.

Que je vois de vertus qui brillent sur ta trace,
　　Charité, fille de la Grâce !
　　Avec toi marche la Douceur,
　　Que suit, avec un air affable,
　　La Patience inséparable
　　De la Paix, son aimable sœur.

Tel que l'astre du jour écarte les ténèbres,
　　De la nuit compagnes funèbres;
　　Telle tu chasses d'un coup d'œil
　　L'envie, aux humains si fatale,
　　Et toute la troupe infernale
　　Des vices, enfants de l'orgueil.

Libre d'ambition, simple, et sans artifice,
　　Autant que tu hais l'injustice,
　　Autant la vérité te plaît.
　　Que peut la colère farouche
　　Sur un cœur que jamais ne touche
　　Le soin de son propre intérêt?

Aux faiblesses d'autrui loin d'être inexorable,
    Toujours d'un voile favorable
    Tu t'efforces de les couvrir.
    Quel triomphe manque à ta gloire?
    L'amour sait tout vaincre, tout croire,
    Tout espérer, et tout souffrir.

Un jour Dieu cessera d'inspirer des oracles;
    Le don des langues, les miracles,
    La science aura son déclin :
    L'amour, la charité divine,
    Éternelle en son origine,
    Ne connaîtra jamais de fin.

Nos clartés d'ici-bas ne sont qu'énigmes sombres;
    Mais Dieu, sans voiles et sans ombres,
    Nous éclairera dans les cieux;
    Et ce soleil inaccessible,
    Comme à ses yeux je suis visible,
    Se rendra visible à mes yeux.

L'amour sur tous les dons l'emporte avec justice.
    De notre céleste édifice
    La Foi vive est le fondement;
    La sainte Espérance l'élève,
    L'ardente Charité l'achève,
    Et l'assure éternellement.

Quand pourrai-je t'offrir, ô Charité suprême,
    Au sein de la lumière même,
    Le cantique de mes soupirs;
    Et, toujours brûlant pour ta gloire,
    Toujours puiser et toujours boire
    Dans la source des vrais plaisirs?

CANTIQUE II.

SUR LE BONHEUR DES JUSTES, ET SUR LE MALHEUR DES RÉPROUVÉS.

(Tiré du livre de la Sagesse, ch. v.)

Heureux qui, de la sagesse
Attendant tout son secours,
N'a point mis en la richesse
L'espoir de ses derniers jours !
La mort n'a rien qui l'étonne ;
Et, dès que son Dieu l'ordonne,
Son âme, prenant l'essor,
S'élève d'un vol rapide
Vers la demeure où réside
Son véritable trésor.

De quelle douleur profonde
Seront un jour pénétrés
Ces insensés qui du monde,
Seigneur, vivent enivrés ;
Quand, par une fin soudaine,
Détrompés d'une ombre vaine
Qui passe et ne revient plus,
Leurs yeux, du fond de l'abîme,
Près de ton trône sublime
Verront briller tes élus !

« Infortunés que nous sommes,
» Où s'égaraient nos esprits ?

» Voilà, diront-ils, ces hommes,
» Vils objets de nos mépris :
» Leur sainte et pénible vie
» Nous parut une folie ;
» Mais, aujourd'hui triomphants,
» Le ciel chante leur louange,
» Et Dieu lui-même les range
» Au nombre de ses enfants.

» Pour trouver un bien fragile
» Qui nous vient d'être arraché,
» Par quel chemin difficile,
» Hélas ! nous avons marché !
» Dans une route insensée
» Notre âme en vain s'est lassée,
» Sans se reposer jamais,
» Fermant l'œil à la lumière,
» Qui nous montrait la carrière
» De la bienheureuse paix.

» De nos attentats injustes
» Quel fruit nous est-il resté ?
» Où sont les titres augustes
» Dont notre orgueil s'est flatté ?
» Sans amis et sans défense,
» Au trône de la vengeance
» Appelés en jugement,
» Faibles et tristes victimes,
» Nous y venons de nos crimes
» Accompagnés seulement. »

Ainsi, d'une voix plaintive,
Exprimera ses remords
La pénitence tardive
Des inconsolables morts.

Ce qui faisait leurs délices,
Seigneur, fera leurs supplices ;
Et, par une égale loi,
Tes saints trouveront des charmes
Dans le souvenir des larmes
Qu'ils versent ici pour toi.

CANTIQUE III.

PLAINTES D'UN CHRÉTIEN SUR LES CONTRARIÉTÉS QU'IL ÉPROUVE
AU DEDANS DE LUI-MÊME.

(Tiré de l'Épître de saint Paul aux Romains, ch. VII.)

Mon Dieu, quelle guerre cruelle !
Je trouve deux hommes en moi :
L'un veut que, plein d'amour pour toi,
Mon cœur te soit toujours fidèle ;
L'autre, à tes volontés rebelle,
Me révolte contre ta loi.

L'un, tout esprit et tout céleste,
Veut qu'au ciel sans cesse attaché,
Et des biens éternels touché,
Je compte pour rien tout le reste ;
Et l'autre par son poids funeste,
Me tient vers la terre penché [1].

Hélas ! en guerre avec moi-même,
Où pourrai-je trouver la paix ?

[1] « Voilà deux hommes que je connais bien ! » s'écria Louis XIV lorsque Racine lui lut ce cantique.

Je veux, et n'accomplis jamais.
Je veux; mais (ô misère extrême!)
Je ne fais pas le bien que j'aime,
Et je fais le mal que je hais.

O grâce, ô rayon salutaire!
Viens me mettre avec moi d'accord,
Et, domptant par un doux effort
Cet homme qui t'est si contraire,
Fais ton esclave volontaire
De cet esclave de la mort.

CANTIQUE IV.

SUR LES VAINES OCCUPATIONS DES GENS DU SIÈCLE.

(Tiré de divers endroits d'Isaïe et de Jérémie.)

Quel charme vainqueur du monde
Vers Dieu m'élève aujourd'hui?
Malheureux l'homme qui fonde
Sur les hommes son appui!
Leur gloire fuit et s'efface
En moins de temps que la trace
Du vaisseau qui fend les mers,
Ou de la flèche rapide
Qui, loin de l'œil qui la guide,
Cherche l'oiseau dans les airs.

De la sagesse immortelle
La voix tonne et nous instruit :
« Enfants des hommes, dit-elle,
» De vos soins quel est le fruit?

» Par quelle erreur, âmes vaines,
» Du plus pur sang de vos veines
» Achetez-vous si souvent,
» Non un pain qui vous repaisse,
» Mais une ombre qui vous laisse
» Plus affamés que devant?

» Le pain que je vous propose
» Sert aux anges d'aliment;
» Dieu lui-même le compose
» De la fleur de son froment.
» C'est ce pain si délectable
» Que ne sert point à sa table
» Le monde que vous suivez.
» Je l'offre à qui veut me suivre :
» Approchez. Voulez-vous vivre?
» Prenez, mangez, et vivez. »

O Sagesse! ta parole
Fit éclore l'univers,
Posa sur un double pôle
La terre au milieu des mers.
Tu dis; et les cieux parurent,
Et tous les astres coururent
Dans leur ordre se placer.
Avant les siècles tu règnes;
Et qui suis-je, que tu daignes
Jusqu'à moi te rabaisser?

Le Verbe, image du Père,
Laissa son trône éternel,
Et d'une mortelle mère
Voulut naître homme et mortel.
Comme l'orgueil fut le crime
Dont il naissait la victime,

Il dépouilla sa splendeur,
Et vint, pauvre et misérable,
Apprendre à l'homme coupable
Sa véritable grandeur.

L'âme heureusement captive
Sous ton joug trouve la paix,
Et s'abreuve d'une eau vive
Qui ne s'épuise jamais.
Chacun peut boire en cette onde,
Elle invite tout le monde;
Mais nous courons follement
Chercher des sources bourbeuses,
Ou des citernes trompeuses
D'où l'eau fuit à tout moment.

FIN DES CANTIQUES.

ÉPIGRAMMES.

I.

SUR CHAPELAIN.

Froid, sec, dur, rude auteur, digne objet de satire,
De ne savoir pas lire oses-tu me blâmer?
Hélas! pour mes péchés, je n'ai su que trop lire,
    Depuis que tu fais imprimer!

II.

SUR ANDROMAQUE.

  Le vraisemblable est peu dans cette pièce,
    Si l'on en croit et d'Olonne et Créqui :
Créqui dit que Pyrrhus aime trop sa maîtresse;
D'Olonne, qu'Andromaque aime trop son mari.

III.

SUR LA MÊME TRAGÉDIE.

  Créqui prétend qu'Oreste est un pauvre homme
    Qui soutient mal le rang d'ambassadeur;
Et Créqui de ce rang connaît bien la splendeur :
Si quelqu'un l'entend mieux, je l'irai dire à Rome[1].

[1] Créqui, ambassadeur à Rome, y avait reçu un affront, et se retira sans avoir obtenu satisfaction.

IV.

SUR L'IPHIGÉNIE DE LE CLERC.

Entre le Clerc et son ami Coras,
Deux grands auteurs rimant de compagnie,
N'a pas longtemps sourdirent grands débats
Sur le propos de leur *Iphigénie*.
Coras lui dit : « La pièce est de mon cru. »
Le Clerc répond : « Elle est mienne, et non vôtre. »
Mais aussitôt que l'ouvrage a paru,
Plus n'ont voulu l'avoir fait l'un ni l'autre.

V.

SUR L'ASPAR DE M. DE FONTENELLE.

L'origine des sifflets.

Ces jours passés, chez un vieil histrion,
Un chroniqueur émut la question
Quand dans Paris commença la méthode
De ces sifflets qui sont tant à la mode.
« Ce fut, dit l'un, aux pièces de Boyer. »
Gens pour Pradon voulurent parier.
« Non, dit l'acteur ; je sais toute l'histoire,
» Que par degrés je vais vous débrouiller :
» Boyer apprit au parterre à bâiller ;
» Quant à Pradon, si j'ai bonne mémoire,
» Pommes sur lui volèrent largement ;
» Mais quand sifflets prirent commencement,
» C'est (j'y jouais, j'en suis témoin fidelle)
« C'est à l'*Aspar* du sieur de Fontenelle. »

VI.

SUR LE GERMANICUS DE PRADON.

Que je plains le destin du grand Germanicus!
  Quel fut le prix de ses rares vertus!
  Persécuté par le cruel Tibère,
  Empoisonné par le traître Pison,
Il ne lui restait plus, pour dernière misère,
  Que d'être chanté par Pradon.

VII.

SUR LE SÉSOSTRIS DE LONGEPIERRE.

Ce fameux conquérant, ce vaillant Sésostris,
Qui jadis en Égypte, au gré des destinées,
  Véquit[1] de si longues années,
  N'a vécu qu'un jour à Paris.

VIII.

SUR LA JUDITH DE BOYER.

A sa *Judith*, Boyer, par aventure,
Était assis près d'un riche caissier;
Bien aise était : car le bon financier
S'attendrissait et pleurait sans mesure.
« Bon gré vous sais, lui dit le vieux rimeur :
» Le beau vous touche, et ne seriez d'humeur
» A vous saisir pour une baliverne. »
Lors le richard, en larmoyant, lui dit :
« Je pleure, hélas! pour ce pauvre Holoferne,
» Si méchamment mis à mort par Judith. »

---

[1] Expression usitée du temps de Racine.

IX.

SUR LA TROADE, TRAGÉDIE DE PRADON,
JOUÉE EN 1679.

Quand j'ai vu de Pradon la pièce détestable,
Admirant du destin le caprice fatal :
Pour te perdre, ai-je dit, Ilion déplorable,
    Pallas a toujours un cheval.

X.

SUR L'ASSEMBLÉE DES ÉVÊQUES, CONVOQUÉE A PARIS PAR ORDRE DU ROI.

Un ordre, hier venu de Saint-Germain,
Veut qu'on s'assemble : on s'assemble demain.
Notre archevêque et cinquante-deux autres
    Successeurs des apôtres
S'y trouveront. Or de savoir quel cas
S'y traitera, c'est encore un mystère :
    C'est seulement chose très-claire
Que nous avons cinquante-deux prélats
    Qui ne résident pas.

XI.

SUR LES COMPLIMENTS QUE LE ROI REÇUT AU SUJET DE SA CONVALESCENCE.

Grand Dieu! conserve-nous ce roi victorieux
    Que tu viens de rendre à nos larmes.
  Fais durer à jamais des jours si précieux :
    Que ce soient là nos dernières alarmes.
    Empêche d'aller jusqu'à lui
Le noir chagrin, le dangereux ennui,
Toute langueur, toute fièvre ennemie,
    Et les vers de l'Académie.

MÉLANGES.

SONNET

SUR LA NAISSANCE D'UN ENFANT DE MADEMOISELLE VITART.

Il est temps que la nuit termine sa carrière :
Un astre tout nouveau vient de naître en ces lieux ;
Déjà tout l'horizon s'aperçoit de ses feux,
Il échauffe déjà dans sa pointe première.

Et toi, fille du Jour, qui nais devant ton père,
Belle Aurore, rougis, ou te cache à nos yeux :
Cette nuit un soleil est descendu des cieux,
Dont le nouvel éclat efface ta lumière.

Toi qui dans son matin parais déjà si grand,
Bel astre, puisses-tu n'avoir point de couchant !
Sois toujours en beautés une aurore naissante.

A ceux de qui tu sors puisses-tu ressembler !
Sois digne de Daphnis et digne d'Amarante :
Pour être sans égal, il les faut égaler.

SONNET

SUR LA TROADE DE PRADON.

D'un crêpe noir Hécube embéguinée
Lamente, pleure, et grimace toujours;
Dames en deuil courent à son secours,
Oncques ne fut plus lugubre journée.

Ulysse vient, fait nargue à l'hyménée,
Le cœur féru de nouvelles amours.
Pyrrhus et lui font de vaillants discours;
Mais aux discours leur vaillance est bornée.

Après cela plus que confusion :
Tant il n'en fut dans la grande Ilion
Lors de la nuit aux Troyens si fatale.

En vain Baron attend le brouhaha,
Point n'oserait en faire la cabale :
Un chacun bâille, et s'endort, ou s'en va.

AUTRE SONNET

SUR LA TRAGÉDIE DE GENSÉRIC, DE MADAME DESHOULIÈRES.

La jeune Eudoxe est une bonne enfant,
La vieille Eudoxe une franche diablesse,
Et Genséric un roi fourbe et méchant,
Digne héros d'une méchante pièce.

Pour Trasimond, c'est un pauvre innocent,
Et Sophronie en vain pour lui s'empresse ;
Hunneric est un homme indifférent,
Qui, comme on veut, et la prend et la laisse.

Et sur le tout le sujet est traité
Dieu sait comment ! Auteur de qualité[1],
Vous vous cachez en donnant cet ouvrage.
C'est fort bien fait de se cacher ainsi ;
Mais, pour agir en personne bien sage,
Il nous fallait cacher la pièce aussi.

MADRIGAL

Mis à la tête d'un petit ouvrage de M. le duc DU MAINE, presque encore enfant.

Ne pensez pas, messieurs les beaux-esprits,
   Que je veuille, par mes écrits,
Prendre une place au temple de Mémoire.
   Vous savez de qui je suis fils :
   Il me faut donc une autre gloire,
   Et des lauriers d'un plus grand prix.

IMPROMPTU

Fait dans la chambre de BOILEAU, docteur en Sorbonne.

Contre Jansénius j'ai la plume à la main ;
Je suis prêt à signer tout ce qu'on me demande :
   Qu'il soit hérétique ou romain,
   Je veux conserver ma prébende.

[1] On avait attribué Genséric au duc de Nevers.

POUR LE PORTRAIT

D'ANTOINE ARNAULD.

Sublime en ses écrits, doux et simple de cœur,
Puisant la vérité jusqu'en son origine,
De tous ses longs combats Arnauld sortit vainqueur,
Et soutint de la foi l'antiquité divine.
De la grâce il perça les mystères obscurs;
Aux humbles pénitents traça des chemins surs;
Rappela le pécheur au joug de l'évangile.
Dieu fut l'unique objet de ses désirs constants:
L'Église n'eut jamais, même en ses premiers temps,
De plus zélé vengeur, ni d'enfant plus docile.

ÉPITAPHE

D'ANTOINE ARNAULD.

Haï des uns, chéri des autres,
Estimé de tout l'univers,
Et plus digne de vivre au siècle des apôtres
Que dans un siècle si pervers,
Arnauld vient de finir sa carrière pénible.
Les mœurs n'eurent jamais de plus grave censeur;
L'erreur, d'ennemi plus terrible;
L'Église, de plus ferme et plus grand défenseur.

CHANSON

ATTRIBUÉE A J. RACINE [1].

Vous faites des soldats au roi,
Iris, est-ce là votre emploi?
Pour vous en éviter la peine,
Qu'Amour assemble seulement
Ceux qu'il a mis dans votre chaîne,
Vous en ferez un régiment.

J'y veux entrer, mais que l'argent
Ne soit pas mon engagement:
Je n'ai pas l'âme mercenaire,
D'un seul baiser faites les frais;
Engagé par un tel salaire,
Je ne déserterai jamais.

Mais n'allez pas, pour m'accepter,
A ma taille vous arrêter;
Grand ou *petit*, cet avantage
A la valeur *ne fait en rien :*
C'est du cœur que part le courage,
Quand on aime, on sert toujours bien.

---

[1] Louis XIV ayant rendu une ordonnance par laquelle il conférait le grade de capitaine à tous ceux qui équiperaient une compagnie à leurs frais, Mme *de Fougères* se mit dans la tête de faire de son mari un capitaine. C'est à ce sujet que cette pièce fut improvisée par Racine dans une fête donnée par Mme *de Fougères.*

CHANSON

CONTRE FONTENELLE.

Adieu, ville peu courtoise,
Où je crus être adoré.
Aspar est désespéré.
Le poulailler de Pontoise
Me doit ramener demain,
Voir ma famille bourgeoise,
Me doit ramener demain,
Un bâton blanc à la main.

Mon aventure est étrange :
On m'adorait à Rouen ;
Dans *le Mercure galant*
J'avais plus d'esprit qu'un ange.
Cependant je pars demain,
Sans argent et sans louange ;
Cependant je pars demain,
Un bâton blanc à la main[1].

COUPLETS

SUR LA RÉCEPTION DE FONTENELLE A L'ACADÉMIE FRANÇAISE [2].

Or, écoutez, noble assistance,
Ce qu'à l'Académie on fit

---

[1] Ces couplets ont été attribués à Boileau et à Racine.
[2] Louis Racine doute que ces couplets soient de son père. Ils ont été imprimés pour la première fois dans une édition des œuvres de Fontenelle.

Dans la mémorable séance
Où l'on reçut un bel esprit.
    Ce qui fut dit
Par ces modèles d'éloquence
A bien mérité d'être écrit.

Quand le novice académique
Eut salué fort humblement,
D'une normande rhétorique
Il commença son compliment,
    Où sottement
De sa noblesse poétique
Il fit un long dénombrement.

Corneille, diseur de nouvelles,
Suppôt du *Mercure galant*,
Loua son neveu Fontenelle,
Et vanta le prix excellent
    De son talent;
Non satisfait des bagatelles
Qu'il dit de lui douze fois l'an.

Entêté de son faux système,
Perrault, philosophe mutin,
Disputa d'une force extrême;
Et, coiffé de son avertin[1],
    Fit le lutin,
Pour prouver clairement lui-même
Qu'il n'entend ni grec ni latin.

Doyen de pesante figure,
Qui trouves le secret nouveau
De parler aux rois en peinture,

---

[1] Maladie qui attaque les bêtes à cornes, et qui leur donne la *phrénésie*.

Et d'apostropher leur tableau,
  Ah! qu'il fait beau
De te voir dans cette posture,
Faire à Louis le pied de veau!

Si tu ne savais pas mieux faire,
Lavau, fallait-il imprimer?
Ne sors point de ton caractère,
Contente-toi de déclamer,
  Sans présumer
Que ton éloquence grossière
Sur le papier puisse charmer.

Boyer, le Clerc, couple inutile,
Grands massacreurs des Hollandais,
Porteurs de madrigaux en ville;
Moitié Gascons, moitié Français,
  Vieux Albigeois,
Allez exercer votre style
Près du successeur d'Henri trois.

Touchant les vers de Benserade,
On a fort longtemps balancé
Si c'est louange ou pasquinade :
Mais le bonhomme est fort baissé;
  Il est passé;
Qu'on lui chante une sérénade
De *Requiescat in pace.*

Prions donc, Messieurs, je vous prie,
Leur protecteur, le grand Louis,
Que du corps de l'Académie
Tous ignorants soient interdits
  Comme jadis,
Quand Richelieu, ce grand génie,
Prit les premiers quatre fois dix.

STANCES

A PARTHÉNISSE [1].

Parthénisse, il n'est rien qui résiste à tes charmes :
Ton empire est égal à l'empire des dieux ;
Et qui pourrait te voir sans te rendre les armes,
Ou bien serait sans âme, ou bien serait sans yeux.

Pour moi, je l'avouerai, sitôt que je t'eus vue,
Je ne résistai point, je me rendis à toi ;
Mes sens furent charmés, ma raison fut vaincue,
Et mon cœur tout entier se rangea sous ta loi.

Je vis sans déplaisir ma franchise asservie ;
Sa perte n'eut pour moi rien de rude et d'affreux ;
J'en perdis tout ensemble et l'usage et l'envie ;
Je me sentis esclave, et je me crus heureux.

Je vis que tes beautés n'avaient pas de pareilles ;
Tes yeux par leur éclat éblouissaient les miens ;
La douceur de ta voix enchanta mes oreilles,
Les nœuds de tes cheveux devinrent mes liens.

Je ne m'arrêtai pas à ces beautés sensibles,
Je découvris en toi de plus rares trésors ;
Je vis et j'admirai ces beautés invisibles,
Qui rendent ton esprit aussi beau que ton corps.

---

[1] Ces stances, insérées dans le *Journal général de France*, de l'abbé de Fontenay, le 2 octobre 1788, ont été attribuées à Racine. C'est la seule pièce de ce genre qu'il aurait faite ; il est permis de douter qu'elle soit de lui.

Ce fut lorsque, voyant ton mérite adorable,
Je sentis tous mes sens t'adorer tour à tour ;
Je ne voyais en toi rien qui ne fût aimable,
Je ne sentais en moi rien qui ne fût amour.

Ainsi je fis d'aimer l'heureux apprentissage ;
Je m'y suis plu depuis, j'en aime la douceur ;
J'ai toujours dans l'esprit tes yeux et ton visage,
J'ai toujours Parthénisse au milieu de mon cœur.

Oui, depuis que tes yeux allumèrent ma flamme,
Je respire bien moins en moi-même qu'en toi ;
L'amour semble avoir pris la place de mon âme,
Et je ne vivrais plus, s'il n'était plus en moi.

Vous qui n'avez point vu l'illustre Parthénisse,
Bois, fontaines, rochers, agréable séjour !
Souffrez que jusqu'ici son beau nom retentisse,
Et n'oubliez jamais sa gloire et mon amour.

AD CHRISTUM.

O qui perpetuo moderaris sidera motu,
    Fulmine qui terras imperioque regis,
Summe Deus, magnum rebus solamen in arctis,
    Una salus famulis præsidiumque tuis,
Sancte parens, facilem præbe implorantibus aurem,
    Atque humiles placidà suscipe mente preces ;
Hùc adsis tantùm, et propiùs res aspice nostras,
    Leniaque afflictis lumina mitte locis.
Hanc tutare domum, quæ per discrimina mille,
    Mille per insidias, vix superesse potest.

Aspice ut infandis jacet objectata periclis,
    Ut timet hostiles irrequieta manus.
Nulla dies terrore caret, finemque timoris
    Innovat infenso major ab hoste metus.
Undique crudelem conspiravere ruinam,
    Et miseranda parant vertere tecta solo.
Tu spes sola, Deus, miseræ. Tibi vota precesque
    Fundit in immensis nocte diesque malis.
Quem dabis æterno finem, rex magne, labori?
    Quis dabitur bellis invidiæque modus?
Nulla ne post longos requies speranda tumultus?
    Gaudia sedato nulla dolore manent?
Sicne adeò pietas vitiis vexatur inultis?
    Debita virtuti præmia crimen habet.
Aspice virgineum castis penetralibus agmen,
    Aspice devotos, sponse benigne, choros.
Hic sacra illæsi servantes jura pudoris,
    Te, veniente die, te, fugiente, vocant.
Celestem liceat sponsum superare precando :
    Fas sentire tui numina magna Patris.
Hùc quoque nos quondam tot tempestatibus actos
    Abripuit flammis gratia sancta suis.
Ast eadem insequitur mœstis fortuna periclis :
    Ast ipso in portu sæva procella furit.
Pacem, summe Deus, pacem te poscimus omnes;
    Succedant longis paxque diesque malis.
Te duce disruptas pertransiit Israël undas :
    Hos habitet portus, te duce, vera salus.
Hic nemora, hic nullis quondam loca cognita muris,
    Hic horrenda tuis laudibus antra sonant.
Hùc tua dilectas deduxit gratia turmas,
    Hinc ne unquam Stygii moverit ira noti.

FRAGMENT D'UNE ÉLÉGIE SUR UN CHIEN

NOMMÉ RABOTIN QUI GARDAIT LA COUR DE PORT-ROYAL.

Semper honor, Rabotine, tuus laudesque manebunt;
Carminibus vives tempus in omne meis.

URBIS ET RURIS DIFFERENTIA[1].

Quanquam Parisiæ celebrentur ab omnibus artes,
    Et quisque in lato carcere clausus ovet,
Nescio quid nostris arridet gratius arvis,
    Quod non in tantæ mœnibus urbis habet.
Illic assurgunt trabibus subnixa superbis
    Atria, et aurato culmine fulget apex.
Sed mihi dulcius est sylvas habitare remotas,
    Tectaque quæ sicco stramine canna tegit.
Illic ultrices posuere sedilia curæ;
    Illic insidiæ, crimina, furta latent.
Hic requies, fidum pietas hic inclyta portum
    Invenit; his lucet sanctior aura locis.
Illic sæva fames laudum; hic contemptus honorum.
    Illic paupertas; hic fugiuntur opes.
Urbicolæ ruri, nil rusticus invidet urbi.
    Oppida plena dolis, ruraque fraude carent.
Quam miserum sacris viduas virtutibus urbes,
    Quam miserum stygiis præda manere lupis!

---

[1] Cette pièce est attribuée à Racine dans le *Recueil de pièces d'histoire et de littérature*, donné en 1731, par l'abbé Granet et le père Desmolets.

Sed quid non urbes habitent quoque numima, quæris?
　Non habitat fœdos gratia pura locos.
Arcet fumus apes, expellunt crimina Christum;
　Mors vitam, clarum nox fugat atra diem.
Hìc blandum invitant tranquilla silentia somnum;
　Illìc assiduo murmure rupta quies.
Nempè micant, inquis, diversis floribus horti,
　Et lætos cantus plurima fundit avis.
Ergò dissimulas quàm dulces ruris amœni
　Deliciæ, ruris cui levis umbra placet!
Hìc vos securis, Musæ, regnatis in oris;
　Hìc vobis virtus jungitur alma comes.
Oppida non fugiunt, fateor, non arma Camenæ;
　Loricam Pallas induit atque togam.
At laxis vitium frænis grassatur in urbe,
　Atque illìc Musæ crimina sola docent.
Necquicquam pavidos circumdant mœnia reges,
　Frustrà hæret lateri, nocte dieque, manus.
Non vera his, sed falsa quies : miserosque tumultus
　Mentis non lictor, non domus ampla movet.
Quisquis amas strepitus, per me licet, urbe potire;
　Me tamen ipsa magis rura nemusque juvant.

ÉPIGRAMME

CONTRE L'ABBÉ ABEILLE, POÈTE TRAGIQUE.

　　Ci-gît un auteur peu fêté,
Qui crut aller tout droit à l'immortalité;
Mais sa gloire et son corps n'ont qu'une même bière;
　　Et lorsque Abeille on nommera,
　　Dame Postérité dira :
« Ma foi, s'il m'en souvient, il ne m'en souvient guère! »

STANCE

A LA LOUANGE DE LA CHARITÉ.

Quand tu saurais parler le langage des anges ;
Quand ta voix prédirait tous les succès futurs,
Et que perçant du ciel les voiles plus obscurs,
Tu verrais du Seigneur les mystères étranges ;
Quand ta foi te rendrait le maître des démons,
Qu'elle aurait le pouvoir de transporter les monts,
Et que de tous tes biens tu ferais des largesses ;
Quand aux tourments du feu tu livrerais ton corps,
Tu possèdes en vain tant de saintes richesses,
Si la charité manque à tes rares trésors.

FIN DES POÉSIES DIVERSES.

ÉPITAPHES.

A LA GLOIRE DE DIEU

ET A LA MÉMOIRE ÉTERNELLE

DE MICHEL LE TELLIER.

Chancelier de France, illustre par sa fidélité inviolable envers son prince, et par sa conduite toujours sage, toujours heureuse. Il fut nommé par le roi Louis XIII pour remplir la charge de secrétaire d'État de la guerre, et en commença les fonctions la première année de la régence d'Anne d'Autriche. Dans des temps si difficiles, il n'eut d'autre intérêt que son devoir, et fut regardé de tous les partis comme le plus habile et le plus zélé défenseur de l'autorité royale. Louis le Grand, ayant résolu de gouverner toutes choses par lui-même, le choisit pour être un des principaux ministres de ses volontés, et se servit de lui pour rétablir l'ordre de son État et la discipline de ses armées. Il l'éleva depuis à la dignité de chancelier.

Dans cette longue suite d'honneurs, il signala sa piété envers son Dieu, sa passion pour la gloire de son roi, et son amour pour le bien de l'État. Il fit également admirer en lui le grand sens, l'équité, la modestie. Enfin, à l'âge de lxxxiii ans, le 30 d'octobre de l'an mdclxxxv, huit jours après qu'il eut scellé la révocation de l'édit de Nantes, content d'avoir vu consommer ce grand ouvrage, et tout plein des pensées de l'éternité, il expira dans les bras de sa famille, pleuré des peuples, et regretté de Louis le Grand.

ICY GIST
MADELAINE DE LAMOIGNON,
FILLE DE CHRÉTIEN DE LAMOIGNON,
MARQUIS DE BASVILLE,
GRAND PRÉSIDENT DU PARLEMENT.
ELLE FUT UNIQUEMENT OCCUPÉE,
PENDANT UNE LONGUE VIE,
DU SOIN DE SOULAGER TOUTE SORTE DE MALHEUREUX.
IL N'Y A POINT DE PROVINCE EN FRANCE,
NI DE PAYS DANS LE MONDE,
QUI N'AIENT RESSENTI LES EFFETS
DE SA CHARITÉ.
ELLE NAQUIT LE 18 SEPTEMBRE 1609.
ELLE EST MORTE LE 14 AVRIL 1687.

ŒUVRES DIVERSES

EN PROSE.

LETTRE DE RACINE

A L'AUTEUR

DES HÉRÉSIES IMAGINAIRES

ET DES DEUX VISIONNAIRES [1].

Janvier 1666.

Monsieur,

Je vous déclare que je ne prends point de parti entre M. Desmarêts et vous. Je laisse à juger au monde quel est le visionnaire de vous deux. J'ai lu jusqu'ici vos lettres avec assez d'indifférence, quelquefois avec plaisir, quelquefois avec dégoût, selon qu'elles me semblaient bien ou mal écrites. Je remarquais que vous prétendiez prendre la place de l'auteur des Petites Lettres[2]; mais je remarquais en même temps que vous étiez beaucoup au-dessous de lui, et qu'il y avait une grande différence entre une Provinciale ou une Imaginaire.

Je m'étonnais même de voir le Port-Royal aux mains avec MM. Chamillard[3] et Desmarêts. Où est cette fierté, disais-je, qui n'en voulait qu'au pape, aux archevêques, et aux jésuites? Et j'admirais en secret la conduite de ces pères, qui vous

---

[1] On a vu l'histoire de ces Lettres et des circonstances qui les firent naître, dans les Mémoires de Louis Racine, placés à la tête de cette édition. Nous ne répéterons ici qu'une chose, c'est que Racine eût voulu les anéantir.

[2] Les Provinciales.

[3] C'était un docteur de Sorbonne. Barbier d'Aucourt lui adressa quelques lettres intitulées les Chamillardes.

ont fait prendre le change, et qui ne sont plus maintenant que les spectateurs de vos querelles. Ne croyez pas pour cela que je vous blâme de les laisser en repos. Au contraire, si j'ai à vous blâmer de quelque chose, c'est d'étendre vos inimitiés trop loin, et d'intéresser dans le démêlé que vous avez avec M. Desmarêts, cent autres personnes dont vous n'avez aucun sujet de vous plaindre.

Et qu'est-ce que les romans et les comédies peuvent avoir de commun avec le jansénisme? Pourquoi voulez-vous que ces ouvrages d'esprit soient une occupation peu honorable devant les hommes, et horrible devant Dieu? Faut-il, parce que Desmarêts a fait autrefois un roman et des comédies, que vous preniez en aversion tous ceux qui se sont mêlés d'en faire? Vous avez assez d'ennemis : pourquoi en chercher de nouveaux? Oh! que le provincial était bien plus sage que vous! Voyez comme il flatte l'Académie, dans le temps même qu'il persécute la Sorbonne. Il n'a pas voulu se mettre tout le monde sur les bras; il a ménagé les faiseurs de romans; il s'est fait violence pour les louer : car, Dieu merci, vous ne louez jamais que ce que vous faites. Et, croyez-moi, ce sont peut-être les seules gens qui vous étaient favorables.

Mais si vous n'étiez pas content d'eux, il ne fallait pas tout d'un coup les injurier. Vous pouviez employer des termes plus doux que ces mots d'*empoisonneurs publics*, et de *gens horribles parmi les chrétiens*. Pensez-vous que l'on vous en croie sur votre parole? Non, non, Monsieur : on n'est point accoutumé à vous croire si légèrement. Il y a vingt ans que vous dites tous les jours que les cinq propositions ne sont pas dans Jansénius, cependant on ne vous croit pas encore.

Mais nous connaissons l'austérité de votre morale. Nous ne trouvons point étrange que vous damniez les poëtes : vous en damnez bien d'autres qu'eux. Ce qui nous surprend, c'est de voir que vous voulez empêcher les hommes de les honorer. Hé! Monsieur, contentez-vous de donner les rangs dans l'autre monde : ne réglez point les récompenses de celui-ci. Vous l'avez quitté il y a longtemps. Laissez-le juger des choses qui lui appartiennent. Plaignez-le, si vous voulez, d'aimer des bagatelles, et d'estimer ceux qui les font; mais ne leur enviez point de misérables honneurs auxquels vous avez renoncé.

Aussi bien il ne vous sera pas facile de les leur ôter : ils en sont en possession depuis trop de siècles. Sophocle, Euripide, Térence, Homère et Virgile, nous sont encore en vénération, comme ils l'ont été dans Athènes et dans Rome. Le temps, qui a abattu les statues qu'on leur a élevées à tous, et les temples même qu'on a élevés à quelques-uns d'eux, n'a pas empêché que leur mémoire ne vînt jusqu'à nous. Notre siècle, qui ne croit pas être obligé de suivre votre jugement en toutes choses, nous donne tous les jours des marques de l'estime qu'il fait de ces sortes d'ouvrages, dont vous parlez avec tant de mépris; et, malgré toutes ces maximes sévères que toujours quelque passion vous inspire, il ose prendre la liberté de considérer toutes les personnes en qui l'on voit luire quelques étincelles du feu qui échauffa autrefois ces grands génies de l'antiquité.

Vous croyez, sans doute, qu'il est bien plus honorable de faire des *Enluminures*, des *Chamillardes*, et des *Onguents pour la brûlure*[1], etc. Que voulez-vous? tout le monde n'est pas capable de s'occuper à des choses si importantes. Tout le monde ne peut pas écrire contre les jésuites. On peut arriver à la gloire par plus d'une voie.

Mais, direz-vous, il n'y a plus maintenant de gloire à composer des romans et des comédies. Ce que les païens ont honoré est devenu horrible parmi les chrétiens. Je ne suis pas un théologien comme vous; je prendrai pourtant la liberté de vous dire que l'Église ne nous défend point de lire

---

[1] *L'Onguent pour la brûlure* est un poëme burlesque contre les jésuites, attribué à Barbier d'Aucourt.

les poëtes ; qu'elle ne nous commande point de les avoir en horreur. C'est en partie dans leur lecture que les anciens Pères se sont formés. Saint Grégoire de Nazianze n'a pas fait de difficulté de mettre la Passion de Notre-Seigneur en tragédie. Saint Augustin cite Virgile aussi souvent que vous citez saint Augustin.

Je sais bien qu'il s'accuse de s'être laissé attendrir à la comédie, et d'avoir pleuré en lisant Virgile. Qu'est-ce que vous concluez de là? Direz-vous qu'il ne faut plus lire Virgile, et ne plus aller à la comédie? Mais saint Augustin s'accuse aussi d'avoir pris trop de plaisir aux chants de l'Église. Est-ce à dire qu'il ne faut plus aller à l'église?

Et vous autres, qui avez succédé à ces Pères, de quoi vous êtes-vous avisés de mettre en français les comédies de Térence[1]? Fallait-il interrompre vos saintes occupations pour devenir des traducteurs de comédies? Encore, si vous nous les aviez données avec leurs grâces, le public vous serait obligé de la peine que vous avez prise. Vous direz peut-être que vous en avez retranché quelques libertés. Mais vous dites aussi que le soin qu'on prend de couvrir les passions d'un voile d'honnêteté ne sert qu'à les rendre plus dangereuses. Ainsi, vous voilà vous-mêmes au rang des *empoisonneurs*.

Est-ce que vous êtes maintenant plus saints que vous n'étiez en ce temps là? Point du tout. Mais, en ce temps-là, Desmarêts n'avait pas écrit contre vous. Le crime du poëte vous a irrités contre la poésie. Vous n'avez pas considéré que ni M. d'Urfé, ni Corneille, ni Gomberville, votre ancien ami, n'étaient point responsables de la conduite de Desmarêts. Vous les avez tous enveloppés dans sa disgrâce. Vous avez même oublié que Mlle de Scudéry avait fait une peinture avantageuse du Port-Royal dans sa *Clélie*. Cependant j'avais ouï dire que vous aviez souffert patiemment qu'on vous eût loués dans ce livre horrible. L'on fit venir au désert le vo-

---

[1] Le Maistre de Sacy avait traduit *l'Andrienne, les Adelphes*, et *le Phormion*.

lume qui parlait de vous. Il y courut de main en main, et tous les solitaires voulurent voir l'endroit où ils étaient traités d'*illustres*. Ne lui a-t-on pas même rendu ses louanges dans l'une des *Provinciales*, et n'est-ce pas elle que l'auteur entend, lorsqu'il parle d'une *personne qu'il admire sans la connaître* ?

Mais, Monsieur, si je m'en souviens, on a loué même Desmarêts dans ces lettres. D'abord l'auteur en avait parlé avec mépris, sur le bruit qui courait qu'il travaillait aux apologies des jésuites. Il vous fit savoir qu'il n'y avait point de part. Aussitôt il fut loué comme un homme d'honneur, et comme un homme d'esprit.

Tout de bon, Monsieur, ne vous semble-t-il pas qu'on pourrait faire sur ce procédé les mêmes réflexions que vous avez faites tant de fois sur le procédé des jésuites? Vous les accusez de n'envisager dans les personnes que la haine ou l'amour qu'on avait pour leur compagnie. Vous deviez éviter de leur ressembler. Cependant on vous a vu de tout temps louer et blâmer le même homme, selon que vous étiez content ou mal satisfait de lui. Sur quoi je vous ferai souvenir d'une petite histoire que m'a contée autrefois un de vos amis. Elle marque assez bien votre caractère.

Il disait qu'un jour deux capucins arrivèrent à Port-Royal, et y demandèrent l'hospitalité. On les reçut d'abord assez froidement, comme tous les religieux y étaient reçus. Mais enfin il était tard, et l'on ne put pas se dispenser de les recevoir. On les mit tous deux dans une chambre, et on leur porta à souper. Comme ils étaient à table, le diable, qui ne voulait pas que ces bons pères soupassent à leur aise, mit dans la tête de quelqu'un de vos messieurs, que l'un de ces capucins était un certain père Maillard, qui s'était depuis peu signalé à Rome en sollicitant la bulle du pape contre Jansénius. Ce bruit vint aux oreilles de la mère Angélique[1].

[1] Angélique Arnauld, abbesse de Port-Royal, et sœur du grand Arnauld, et de M. d'Andilly.

Elle accourt au parloir avec précipitation, et demande qu'est-ce qu'on a servi aux capucins, quel pain et quel vin on leur a donnés? La tourière lui répond qu'on leur a donné du pain blanc et du vin des messieurs. Cette supérieure zélée commande qu'on le leur ôte, et que l'on mette devant eux du pain des valets et du cidre. L'ordre s'exécute. Ces bons pères, qui avaient bu chacun un coup, sont bien étonnés de ce changement. Ils prennent pourtant la chose en patience, et se couchent, non sans admirer le soin qu'on prenait de leur faire faire pénitence. Le lendemain ils demandèrent à dire la messe, ce qu'on ne put pas leur refuser. Comme ils la disaient, M. de Bagnols entra dans l'église, et fut bien surpris de trouver le visage d'un capucin de ses parents dans celui que l'on prenait pour le père Maillard. M. de Bagnols avertit la mère Angélique de son erreur, et l'assura que ce père était un fort bon religieux, et même dans le cœur assez ami de la vérité. Que fit la mère Angélique? Elle donna des ordres tout contraires à ceux du jour de devant. Les capucins furent conduits avec honneur de l'église dans le réfectoire, où ils trouvèrent un bon déjeuner qui les attendait, et qu'ils mangèrent de fort bon cœur, bénissant Dieu qui ne leur avait point fait manger leur pain blanc le premier.

Voilà, Monsieur, comme vous avez traité Desmarets, et comme vous avez toujours traité tout le monde : qu'une femme fût dans le désordre, qu'un homme fût dans la débauche, s'ils se disaient de vos amis, vous espériez toujours de leur salut; s'ils vous étaient peu favorables, quelque vertueux qu'ils fussent, vous appréhendiez toujours le jugement de Dieu pour eux. La science était traitée comme la vertu : ce n'était pas assez, pour être savant, d'avoir étudié toute sa vie, d'avoir lu tous les auteurs; il fallait avoir lu Jansénius, et n'y avoir point lu les propositions.

Je ne doute point que vous ne vous justifiiez par l'exemple de quelque Père : car qu'est-ce que vous ne trouvez point dans les Pères? Vous nous direz que saint Jérôme a loué

Rufin comme le plus savant homme de son siècle, tant qu'il a été son ami; et qu'il traita le même Rufin comme le plus ignorant homme de son siècle, depuis qu'il se fut jeté dans le parti d'Origène. Mais vous m'avouerez que ce n'est pas cette inégalité de sentiment qui l'a mis au rang des saints et des docteurs de l'Église.

Et, sans sortir encore de l'exemple de Desmarêts, quelles exclamations ne faites-vous point sur ce qu'un homme qui a fait autrefois des romans, et qui confesse, à ce que vous dites, qu'il a mené une vie déréglée, a la hardiesse d'écrire sur les matières de la religion! Dites-moi, Monsieur, que faisait dans le monde M. le Maistre? Il plaidait, il faisait des vers; tout cela est également profane, selon vos maximes. Il avoue aussi dans une lettre qu'il a été dans le déréglement, et qu'il s'est retiré chez vous pour pleurer ses crimes. Comment donc avez-vous souffert qu'il ait tant fait de traductions, tant de livres sur les matières de la grâce? Ho, ho! direz-vous, il a fait auparavant une longue et sérieuse pénitence. Il a été deux ans entiers à bêcher le jardin, à faucher les prés, à laver les vaisselles. Voilà ce qui l'a rendu digne de la doctrine de saint Augustin. Mais, Monsieur, vous ne savez pas quelle a été la pénitence de Desmarêts. Peut-être a-t-il fait plus que tout cela. Croyez-moi, vous n'y regarderiez point de si près s'il avait écrit en votre faveur. C'était là le seul moyen de sanctifier une plume profanée par des romans et des comédies.

Enfin, je vous demanderais volontiers ce qu'il faut que nous lisions, si ces sortes d'ouvrages nous sont défendus. Encore faut-il que l'esprit se délasse quelquefois. Nous ne pouvons pas toujours lire vos livres. Et puis, à vous dire la vérité, vos livres ne se font plus lire comme ils faisaient. Il y a longtemps que vous ne dites plus rien de nouveau. En combien de façons avez-vous conté l'histoire du pape Honorius? Que l'on regarde ce que vous avez fait depuis dix ans, vos Disquisitions, vos Dissertations, vos Réflexions, vos

Considérations, vos Observations, on n'y trouvera aucune chose, sinon que les propositions ne sont pas dans Jansénius. Hé! Messieurs, demeurez-en là. Ne le dites plus. Aussi bien, à vous parler franchement, nous sommes résolus d'en croire plutôt le pape et le clergé de France que vous.

Pour vous, Monsieur, qui entrez maintenant en lice contre Desmarêts, nous ne refusons point de lire vos lettres. Poussez votre ennemi à toute rigueur. Examinez chrétiennement ses mœurs et ses livres. Feuilletez les registres du Châtelet. Employez l'autorité de saint Augustin et de saint Bernard pour le déclarer visionnaire. Établissez de bonnes règles pour nous aider à reconnaître les fous : nous nous en servirons en temps et lieu. Mais ne lui portez point de coups qui puissent retomber sur les autres; surtout, je vous le répète, gardez-vous bien de croire vos lettres aussi bonnes que les *Lettres Provinciales :* ce serait une étrange vision que celle-là. Je vois bien que vous voulez attraper ce genre d'écrire : l'enjouement de M. Pascal a plus servi à votre parti que tout le sérieux de M. Arnauld. Mais cet enjouement n'est point du tout votre caractère, vous retombez dans les froides plaisanteries des *Enluminures;* vos bons mots ne sont d'ordinaire que de basses allusions. Vous croyez dire, par exemple, quelque chose de fort agréable quand vous dites, sur une exclamation que fait M. Chamillard, que *son grand O n'est qu'un O en chiffre*; et quand vous l'avertissez de ne pas suivre le grand nombre, *de peur d'être un docteur à la douzaine,* on voit bien que vous vous efforcez d'être plaisant; mais ce n'est pas le moyen de l'être.

Retranchez-vous donc sur le sérieux, remplissez vos lettres de longues et doctes périodes, citez les Pères, jetez-vous souvent sur les injures, et presque toujours sur les antithèses : vous êtes appelé à ce style, il faut que chacun suive sa vocation.

Je suis, etc.

PREMIÈRE RÉPONSE [1]

A LA LETTRE PRÉCÉDENTE

PAR M. DUBOIS.

22 mars 1666.

Monsieur,

J'ai lu ce que vous répondez à l'auteur des *Hérésies Imaginaires* et des *Visionnaires*. Vous déclarez d'abord que vous ne prenez point de parti entre lui et Desmarêts; je vous déclare aussi que je n'y en prends point; mais je ne veux pas dire, comme vous, *que je laisse à juger au monde lequel des deux est le visionnaire*. Je ne voudrais pas que le monde crût que je ne susse pas faire un jugement si aisé, et que, voyant d'un côté l'auteur des Lettres, qui ne cite que les saints Pères, comme vous lui reprochez; et de l'autre côté, Desmarêts, qui ne dit que des folies, je ne pusse pas discerner que c'est ce dernier qui est le *visionnaire* et le fanatique. Mais cela ne doit pas vous faire croire que *je prends parti*, puisque c'est, au contraire, une preuve que je n'en prends point, et que je suis seulement pour la vérité.

Je vous dirai donc, sans aucun intérêt particulier, que le monde rit de vous entendre parler si négligemment d'un ouvrage qui a été généralement approuvé, et qui ne pouvait

---

[1] Nous croyons devoir publier les deux réponses suivantes qui sont nécessaires à l'intelligence de la seconde lettre de Racine. La première est de M. Dubois, connu par quelques traductions de Cicéron; la seconde est de Barbier d'Aucourt.

pas manquer de l'être, sous le nom de tant de saints Pères qui le remplissent de leurs plus beaux sentiments. « J'ai lu » vos lettres, dites-vous, avec assez d'indifférence, quelque- » fois avec plaisir, quelquefois avec dégoût, selon qu'elles me » semblaient bien ou mal écrites », c'est-à-dire selon que vous étiez de bonne ou de mauvaise humeur. Mais je ne m'arrête point à cela, et je crois que c'est seulement un préambule pour venir à votre but, qui est de venger la *poésie* d'un affront que vous prétendez qu'elle a reçu. *Le crime du poëte*, dites-vous à tout Port-Royal, *vous a irrité contre la poésie.*

Mais, Monsieur, s'il se trouvait qu'en effet on ne l'eût point offensée, n'aurait-on pas grand sujet de se moquer des efforts que vous faites pour la défendre? Voyez donc tout à loisir si on peut lui avoir fait quelque outrage, puisqu'on n'a pas seulement parlé d'elle. On n'a pas nommé la *poésie* dans toute la lettre; et tout ce qu'on y dit, ne regardant que les poëtes de théâtre, si c'est une injure, elle ne peut offenser que la comédie seulement, et non pas la poésie. Croyez-vous que ce soit la même chose, et prenez-vous ainsi l'espèce pour le genre?

On voit bien dès là que vous êtes un poëte de théâtre, et que vous défendez votre propre cause : car vous auriez vu plus clair dans celle d'un autre, et vous n'auriez pas confondu deux choses qui sont aussi différentes que le bien et le mal. Mais enfin, puisqu'on a seulement parlé des poëtes de théâtre, qu'a-t-on dit contre eux qui puisse vous mettre si fort en colère? On les a appelés *empoisonneurs des âmes;* c'est ce qui vous offense, et je ne sais pourquoi : car jusqu'ici ces poëtes n'ont point accoutumé de s'en offenser. Peut-être avez-vous oublié, en écrivant votre lettre, que la comédie n'a point d'autre fin que d'inspirer des passions aux spectateurs; et que les passions, dans le sentiment même des philosophes païens, sont les maladies et les poisons des âmes.

Au moins apprenez-moi comme il faut agir avec vous :

car je vois qu'on vous fâche quand on dit que les poëtes *empoisonnent;* et je crois qu'on vous fâcherait encore davantage si l'on disait que vous n'*empoisonnez* point, que votre muse est une innocente, qu'elle n'est pas capable de faire aucun mal, qu'elle ne donne pas la moindre tentation, qu'elle ne touche pas seulement le cœur, et qu'elle le laisse dans le même état où elle le trouve.

Ce discours vous devrait flatter bien sensiblement, puisqu'il est tout contraire à celui qui vous a si rudement choqué. Mais, si je ne me trompe, il vous déplaît encore plus que tout ce qu'a pu dire l'auteur des Lettres; et peut-être voudriez-vous à présent ne vous être pas piqué si mal à propos de ce qu'il a dit que les poëtes de théâtre sont des *empoisonneurs d'âmes.*

Je ne pense pas aussi que ces poëtes s'en offensent, et je crois qu'après vous il n'y en a point qui ne sachent que l'art du théâtre consiste principalement dans la composition de ces *poisons* spirituels. N'ont-ils pas toujours nommé la comédie *l'art de charmer*, et n'ont-ils pas cru, en lui donnant cette qualité, la mettre au-dessus de tous les arts? Ne voit-on pas que leurs ouvrages sont composés d'un mélange agréable d'intrigues, d'intérêts, de passions, et de personnes, où ils ne considèrent point ce qui est véritable, mais seulement ce qui est propre pour toucher les spectateurs, et pour faire couler dans leurs cœurs des passions qui les *empoisonnent* de telle sorte qu'ils s'oublient eux-mêmes, et qu'ils prennent un intérêt sensible dans des aventures imaginaires?

Mais cet *empoisonnement* des cœurs, qui les rend ou gais, ou tristes, au gré des poëtes, est le plus puissant effet de la comédie; et les poëtes n'ont garde de s'offenser quand on leur dit qu'ils *empoisonnent*, puisque c'est leur dire qu'ils excellent dans leur art, et qu'ils font tout ce qu'ils veulent faire.

Pourquoi donc trouvez-vous si mauvais ce que tous les autres ne trouvent point désagréable? Et pourquoi n'avez-vous pu souffrir que l'auteur des Lettres ait dit, en passant, que les pièces de théâtre sont *horribles, étant considérées selon les principes de la religion chrétienne et les règles de l'Évangile?* Il me semble que la vérité et la politique devaient vous obliger de souffrir cela patiemment. Car enfin, puisque tout le monde sait que l'esprit du christianisme n'agit que pour éteindre les passions, et que l'esprit du théâtre ne travaille qu'à les allumer, quand il arrive que quelqu'un dit un peu rudement que ces deux esprits sont contraires, il est certain que le meilleur pour les poëtes c'est de ne point répondre, afin qu'on ne réplique pas; et de ne point nier, afin qu'on ne prouve pas plus fortement ce qu'on avait seulement proposé.

Est-ce que vous croyez que l'auteur des Lettres ne puisse prouver ce qu'il avance? Pensez-vous que dans l'Évangile, qui condamne jusqu'aux paroles oisives, il ne puisse trouver la condamnation de ces paroles enflammées, de ces accents passionnés, et de ces soupirs ardents qui font le style de la comédie? Et doutez-vous qu'il ne soit bien aisé de faire voir que le christianisme a de l'horreur pour le théâtre, puisque d'ailleurs le théâtre a tant d'horreur pour le christianisme?

L'esprit de pénitence, qui paraît dans l'Évangile, ne fait-il pas peur à ces esprits enjoués qui aiment la comédie? Les vertus des chrétiens, ne sont-ce pas les vices de vos héros? Et pourrait-on leur pardonner une patience et une humilité évangélique? La religion chrétienne, qui règle jusqu'aux désirs et aux pensées, ne condamne-t-elle pas ces vastes projets d'ambition, ces grands desseins de vengeance, et toutes ces aventures d'amour, qui forment les plus belles idées des poëtes? Ne semble-t-il pas aussi que l'on sorte du christianisme quand on entre à la comédie? On n'y voit que la morale des païens, et l'on n'y entend que le nom des faux dieux.

Je ne veux pas pousser ces raisons plus loin, et ce que j'en ai dit est seulement pour vous faire connaître à quoi vous vous exposez d'écrire contre l'auteur des Lettres, qui peut bien en dire davantage, lui qui sait les Pères, et qui les cite si à propos.

Vous eussiez mieux fait, sans doute, de ne point relever ce qu'il a dit, et de laisser tout tomber sur Desmarêts, à qui on ne pouvait parler moins fortement, puisqu'il est assez *visionnaire* pour dire lui-même qu'il a fait les aventures d'un roman avec l'esprit de la grâce, et pour s'imaginer qu'il peut traiter les mystères de la grâce avec une imagination de roman.

Vous deviez, ce me semble, penser à cela, et prendre garde aussi à qui vous aviez affaire, parce qu'il y a des gens de toute sorte. Ce que vous dites serait bon de poëte à poëte; mais il n'est rien de moins judicieux que de le dire à l'auteur des Lettres, et à ceux que vous joignez avec lui.

Ce sont des *solitaires,* dites-vous, des *austères qui ont quitté le monde;* et parce qu'ils ont écrit cinq ou six mots contre la comédie, vous invectivez aussitôt contre eux et vous irritez cette austérité chrétienne, qui pourrait vous dire des vérités dont vous seriez peu satisfait.

Je ne comprends point par quelle raison vous avez voulu leur répondre; et il me semble qu'un poëte un peu politique ne les aurait pas seulement entendus. Est-ce que vous ne voulez pas qu'il soit permis à qui que ce soit de parler mal de la comédie? Entreprendrez-vous tous ceux qui ne l'approuveront pas? Vous aurez donc bien des apologies à faire, puisque tous les jours les plus grands prédicateurs la condamnent publiquement aux yeux des chrétiens et à la face des autels.

Mais vous n'avez pas songé à tant de choses, et vous êtes venu dire tout d'un coup : « Qu'est-ce que les romans et » les comédies peuvent avoir de commun avec le jansé- » nisme? » Rien du tout, Monsieur : et c'est pourquoi vous ne devez pas trouver fort étrange si le jansénisme n'approuve pas la comédie. Ce n'est pas, après tout, que l'auteur des Lettres ait rien dit que vous ne disiez encore plus fortement ; et vous prouvez positivement tout ce qu'il avance, quoique vous ayez dessein de prouver le contraire. Il dit que les poëtes de théâtre ne travaillent pas selon les règles de l'Évangile ; et vous soutenez qu'on leur a bâti des temples, dressé des autels, et élevé des statues : il faut donc conclure que les poëtes ont rendu les peuples idolâtres, et qu'eux-mêmes ont été les idoles. Peut-on dire plus fortement qu'ils sont des *empoisonneurs publics,* et que leurs ouvrages sont *horribles,* étant considérés selon les principes de la religion et les règles de l'Évangile ?

Tout ce que vous dites ensuite, vos raisonnements, vos comparaisons, vos histoires, et vos railleries, sont des preuves particulières de ce que l'auteur des Lettres n'a dit qu'en général ; et il n'y a personne qui n'en pût dire bien davantage, s'il voulait juger des autres poëtes par vous-même.

Que pensez-vous qu'on puisse croire de votre esprit, quand on vous entend parler des saints Pères avec un mépris si outrageant, et quand vous dites à tout Port-Royal : « Qu'est-ce que vous ne trouvez point dans les Pères ? » Comme si les Pères étaient de faux témoins, et qu'ils fussent capables de dire toutes choses. Ils ne disent pourtant pas que la comédie soit une occupation chrétienne, et vous ne trouverez pas non plus dans leurs livres cette manière méprisante dont vous traitez les saints que l'Église honore. Mais vous croyez avoir grande raison, et vous apportez l'exemple de saint Jérôme, comme si ceux de Port-Royal avaient dessein de s'en servir pour justifier une prétendue contradiction dont vous accusez leur conduite. « Vous nous direz, leur dites-
» vous, que saint Jérôme a loué Rufin comme le plus savant
» homme de son siècle, tant qu'il a été son ami ; et qu'il
» traita le même Rufin comme le plus ignorant homme de
» son siècle, depuis qu'il se fut jeté dans le parti d'Origène. »
Vous devinez mal ; ils ne vous diront point cela : ce n'est point leur pensée, c'est la vôtre. Mais quand ils auraient

voulu dire une si mauvaise raison et d'une manière si injurieuse à saint Jérôme, vous deviez attendre qu'ils l'eussent dite; et alors vous auriez eu raison de vous railler d'eux, au lieu qu'ils ont sujet de se moquer de vous.

Après ce raisonnement, vous en faites un autre pour justifier la comédie, et il y a plaisir de vous le voir pousser à votre mode. Vous croyez qu'il est invincible; et, parce que vous n'en voyez point la réponse, vous ne pouvez concevoir qu'il y en ait. Vous la demandez hardiment à l'auteur des Lettres, comme s'il ne pouvait la donner, et comme s'il était impossible de savoir ce que vous ne savez pas. « Saint » Augustin, dites-vous, s'accuse de s'être laissé attendrir à la » comédie : qu'est-ce que vous concluez de là? Direz-vous » qu'il ne faut point aller à la comédie? Mais saint Augustin » s'accuse aussi d'avoir pris trop de plaisir au chant de » l'Église. Est-ce à dire qu'il ne faut point aller à l'église?»

Ce raisonnement prouve invinciblement ce que vous dites six ou sept lignes plus haut, que vous n'êtes point théologien : on ne peut pas en douter après cela; mais on doutera peut-être si vous êtes chrétien, puisque vous osez comparer le chant de l'Église avec les déclamations du théâtre.

Qui ne sait que la divine psalmodie est une chose si bonne d'elle-même, qu'elle ne peut devenir mauvaise que par le même abus qui rend quelquefois les sacrements mauvais? Et qui ne sait au contraire que la comédie est naturellement si mauvaise, qu'il n'y a point de détour d'intention qui puisse la rendre bonne?

Avec quel esprit avez-vous donc joint deux choses plus contraires que n'étaient l'arche d'alliance et l'idole de Dagon, et qui sont aussi éloignées que le ciel l'est de l'enfer? Quoi! vous comparez l'Église avec le théâtre, les divins cantiques avec les cris des bacchantes, les saintes Écritures avec les discours impudiques, les lumières des prophètes avec des imaginations de poëtes, l'esprit de Dieu avec le démon de a comédie! Ne rougissez-vous pas et ne tremblez-vous pas d'un excès si horrible?

Non, vous n'en êtes pas seulement ému, et votre muse n'a point peur de cette effroyable impiété, ni des effets malheureux qu'elle peut produire. « Nous ne trouvons pas étrange, » dites-vous, que vous damniez les poëtes : ce qui nous sur- » prend, c'est que vous voulez empêcher les hommes de les » honorer. » C'est-à-dire que ce misérable honneur que vous cherchez parmi les hommes vous est plus précieux que votre salut : vous ne trouvez pas étrange qu'on vous damne, et vous ne pouvez souffrir qu'on ne vous estime pas; vous renoncez à la communion des saints, et vous n'aspirez qu'au partage des Sophocle et des Virgile. Qu'on dise de vous tout ce qu'on voudra, mais qu'on ne dise point que vous n'avez pas *quelques étincelles de ce feu qui échauffa autrefois ces grands génies de l'antiquité;* vous ne craignez point de mourir comme eux après avoir vécu comme eux; et vous ne pensez pas au misérable état de ces malheureux *génies* que vous regardez avec tant d'envie et d'admiration : ils brûlent perpétuellement où ils sont, et on les loue seulement où ils ne sont pas.

C'est ainsi que les saints Pères en parlent; mais il vous importe peu de ce qu'ils disent : ce ne sont point vos auteurs, et vous ne les citez que pour les accuser. Vous n'avez cité saint Jérôme que pour faire voir qu'il avait l'esprit inégal; et vous n'avez cité saint Augustin que pour montrer qu'il avait le cœur trop sensible; et vous ne citez saint Grégoire de Nazianze que pour abuser de son autorité en faveur de la comédie. « Saint Grégoire de Nazianze, dites- » vous, n'a pas fait de difficulté de mettre la Passion de No- » tre-Seigneur en tragédie. » Mais, quoi qu'il en soit, si vous prétendez vous servir de cet exemple, il faut vous résoudre à passer pour un poëte de la Passion, et à renoncer à toute l'antiquité païenne. Voyez donc ce que vous avez à faire. Voulez-vous quitter ces grands héros? Voulez-vous abandonner ces fameuses héroïnes? Si vous ne le faites, saint Grégoire de Nazianze ne fera rien pour vous, et vous l'aurez cité contre vous-même. Si vous ne suivez son exemple, vous ne pouvez employer son autorité, et vous ne sauriez dire que, parce qu'il a fait une tragédie sainte, il vous est permis d'en faire de profanes. Tout ce qu'on peut conclure de là, c'est que la poésie est bonne d'elle-même; qu'elle est capable de servir aux divins mystères, qu'elle peut chanter les louanges de Dieu, et qu'elle serait très-innocente, si les poëtes ne l'avaient point corrompue.

Cette seule raison détruit tous les faux raisonnements que vous faites et que vous concluez, en disant à tous les gens de Port-Royal que *le crime du poëte les a irrités contre la poésie*. On voit bien que vous avez voulu faire une pointe, mais vous l'avez faite de travers; et vous deviez dire, au contraire, que le crime commis contre la poésie les a irrités contre le poëte : car ils n'ont parlé que des poëtes profanes qui abusent de leur art; et ils n'ont rien dit qui pût offenser la poésie. Ils savent qu'elle n'est point mauvaise de sa nature, et qu'elle est sanctifiée par les prophètes, par les patriarches et par les Pères. David, Salomon, saint Prosper, ont fait des poésies; et, à leur exemple, ceux de Port-Royal en ont fait aussi : ils ont mis en vers français les plus augustes mystères de la religion, les plus saintes maximes de la morale chrétienne, les hymnes, les proses, les cantiques de l'Église; et ils ont fait de saints concerts que les fidèles chantent, et que les anges peuvent chanter.

Il n'y a donc point de conséquence ni de proportion de ce qu'ils font avec ce qu'ils condamnent; et c'est vainement que vous tâchez d'y en trouver, et que vous comparez la conduite de M. le Maistre avec celle de Desmarêts. En vérité, vous ne pouviez rien faire de plus contraire à cette gloire que vous poursuivez si ardemment : car quelle estime peut-on avoir pour vous, quand on voit que vous comparez si injustement deux personnes dont les actions sont autant opposées qu'elles le peuvent être?

Tout le monde sait que M. le Maistre a fait des plaidoyers que les jurisconsultes admirent, où l'éloquence défend la justice, où l'Écriture instruit, où les Pères prononcent, où les conciles décident. Et vous comparez ces plaidoyers aux romans de Desmarêts, qu'on ne peut lire sans horreur, où les passions sont toutes nues, et où les vices paraissent effrontément et sans pudeur!

Pour qui pensez-vous passer, et quel jugement croyez-vous qu'on fasse de votre conduite, quand vous offensez tous les juges en comparant le Palais avec le théâtre, la jurisprudence avec la comédie, l'histoire avec la fable, et un très-célèbre avocat avec un très-mauvais poëte?

Pouvez-vous dire que M. le Maistre a fait dans sa retraite *tant de traductions des Pères,* et le comparer avec Desmarêts, qui fait gloire de ne rien traduire, et qui ne produit que des visions chimériques? Il faut pourtant que vous acheviez cette comparaison si odieuse à tout le monde; et parce que Desmarêts avoue des crimes qu'il ne peut nier, vous en accusez aussi M. le Maistre; vous abusez indignement de son humilité, qui lui a fait dire qu'il avait été dans le déréglement, et vous ne prenez pas garde que ce qu'il appelle déréglement, c'est ce que vous appelez *souverain bien* : c'est cet honneur du siècle que vous cherchez avec tant de passion, et qu'il a fui avec tant de force. Il s'est dérobé à la gloire du monde qui l'environnait; et il est vrai que, pour s'en éloigner davantage, il a fait toutes les actions qui lui sont le plus contraires.

Mais s'il a *béché la terre,* comme vous dites, avec quel esprit osez-vous en parler comme vous faites? Et quel sentiment pouvez-vous avoir des vertus chrétiennes, puisque vous raillez publiquement ceux qui les pratiquent? Vous parleriez sérieusement et avec éloge de ces anciens Romains qui savaient cultiver la terre et conquérir les provinces, que l'on voyait à la tête d'une armée après les avoir vus à la queue d'une charrue ; et vous vous moquez d'un chrétien qui a *bêché la terre* avec la même main dont il a écrit les vies des saints et les traductions des Pères. Vous ne sauriez voir, sans rire, un homme véritablement chrétien, véritablement humble, et véritablement savant de cette science qui n'enfle point, qui n'empêchait pas l'Apôtre de travailler de ses mains au même temps qu'il prêchait l'Évangile.

Mais, après que vous avez bien raillé d'une *longue et sérieuse pénitence*, vous dites, pour achever votre comparaison, que Desmarêts a *peut-être fait plus que tout cela*. Je voudrais de tout mon cœur le pouvoir dire, mais je me tromperais, et je le démentirais en le disant. Il n'a garde de se repentir d'avoir fait des romans, puisqu'il assure lui-même qu'il les a faits avec l'esprit de Dieu ; il proteste en parlant de son roman[1] en vers, qui est rempli de fables impertinentes et de fictions impures, « que Dieu l'a si sensiblement assisté pour lui faire finir ce grand ouvrage, qu'il n'ose dire en combien peu de temps il l'a achevé. » Il attribue au Saint-Esprit tous les égarements de son imagination ; il prend pour des grâces divines les corruptions, les profanations, et les violements qu'il fait de la parole divine. Si on le veut croire, ce n'est plus lui qui parle, c'est Dieu qui parle en lui. Il est l'organe des vérités célestes et adorables ; c'est un *David*, c'est un *prophète*, c'est un *Michaël*, c'est un *Éliacin*, c'est enfin tout ce qu'un fou s'imagine. Mais il ne se l'imagine pas seulement ; il l'écrit, il l'imprime, il le publie, et on le peut voir dans les endroits de ses livres que l'auteur des Lettres a cités.

Si vous aviez fait réflexion sur toutes ces choses, je ne pense pas que vous eussiez pu comparer Desmarêts avec aucun des mortels ; il est sans doute incomparable, et il le dit lui-même ; et, s'élevant plus haut que l'Apôtre n'a jamais

---

[1] *Clovis, ou la France chrétienne*, etc.

été, il parle bien plus hardiment que lui des choses divines; il ne s'écrie point : *O altitudo!* Rien ne l'épouvante, et il entre sans crainte dans les mystères incompréhensibles de l'Apocalypse : c'est son livre ; il se plaît à dissiper, par ses lumières, les ombres mystérieuses que Dieu a répandues sur ces saintes vérités ; et, comme avec l'ombre et la lumière on fait toutes sortes de figures, aussi Desmarêts, avec le feu de son imagination et l'obscurité de l'Apocalypse, forme toutes sortes de visions et de fantômes.

C'est ainsi qu'il a fait cette grande armée de *cent quarante-quatre mille personnes*, dont il parle tant dans ses *Avis du Saint-Esprit au roi* ; et c'est ainsi qu'il a formé toutes ses conceptions chimériques et monstrueuses que l'auteur des Lettres a rapportées, et que vous témoignez avoir lues.

Mais, en vérité, pouvez-vous les avoir lues, et parler de Desmarêts comme vous faites, le défendre publiquement, et inventer pour lui tant de fausses raisons? Ne craignez-vous point qu'on dise que vous êtes un soldat de son armée, et qu'on mette dans le rang de ses visions la comparaison que vous faites de M. le Maistre avec lui? Je vois bien que tout vous est égal, la vérité et le mensonge, la sagesse et la folie, et qu'il n'y a rien de si contraire que vous n'ajustiez dans vos comparaisons.

Pour vos histoires, elles sont poétiques ; vous les avez accommodées au théâtre, et il n'y a personne qui ne sache que vous avez changé un cordelier en capucin. Mais cette fausseté, qui est si publiquement reconnue, et qui ôte la vraisemblance à tout le reste, décrédite encore moins votre histoire que la conduite que vous attribuez à la mère Angélique. On voit bien que ce n'est pas elle qui parle, et que cette sainte religieuse était bien éloignée de penser à ce que vous lui faites dire dans un conte si ridicule ; aussi n'empêcherez-vous jamais, par de telles suppositions, qu'il ne soit véritable que tous les religieux ont toujours été bien reçus à Port-Royal ; et l'on n'a que trop de témoins de la charité et de la générosité avec laquelle on y a reçu les jésuites, même dans un temps où il semblait qu'ils n'y étaient venus que pour voir les marques funestes des maux qu'ils y ont faits, et pour insulter à l'affliction de ces pauvres filles. On ne peut pas demander une plus grande preuve de l'hospitalité de Port-Royal, ni souhaiter une conviction plus forte de la fausseté de votre histoire. Je ne pense pas aussi que vous l'ayez dite pour la faire croire, mais seulement pour faire rire ; et vous n'avez été trompé qu'en ce que vous croyiez qu'on rirait de l'histoire, et qu'on ne rit que de celui qui l'a inventée.

On jugera si vos reproches sont plus raisonnables : voici le plus grand que vous faites à ceux de Port-Royal, et par lequel vous prétendez les rendre coupables des mêmes choses qu'ils condamnent dans les poëtes de théâtre. « De quoi » vous êtes-vous avisés, leur dites-vous, de mettre en fran- » çais les comédies de Térence ? » Ils se sont avisés, Monsieur, d'instruire la jeunesse dans la langue latine, qui est nécessaire pour les plus justes emplois des hommes, et de donner aux enfants une traduction pure et chaste d'un auteur qui excelle dans la pureté de cette langue. Mais, vous-même, *de quoi vous êtes-vous avisé* de leur reprocher cette traduction plutôt que celle des autres livres de grammaire qu'ils ont donnés au public, puisqu'ils ont tous une même fin, qui est l'instruction des enfants, et qu'ils viennent tous d'un même principe, qui est la charité ?

Vous voulez abuser du mot de *comédies*, et confondre celui qui les fait pour le théâtre avec celui qui les traduit seulement pour les écoles ; mais il y a tant de différence entre eux, qu'on ne peut pas tirer de conséquence de l'un à l'autre. Le traducteur n'a dans l'esprit que des règles de grammaire qui ne sont point mauvaises par elles-mêmes, et qu'un bon dessein peut rendre très-bonnes ; mais le poëte a bien d'autres idées dans l'imagination : il sent toutes les passions qu'il conçoit, il s'efforce même de les sentir afin de les mieux concevoir ; il s'échauffe, il s'emporte, il se flatte, il s'offense et se passionne jusqu'à sortir de lui-même pour entrer dans le sentiment des personnes qu'il représente ; il est quelquefois Turc, quelquefois Maure, tantôt homme, tantôt femme, et il ne quitte une passion que pour en prendre une autre ; de l'amour il tombe dans la haine, de la colère il passe à la vengeance, et toujours il veut faire sentir aux autres les mouvements qu'il souffre lui-même ; il est fâché quand il ne réussit pas dans ce malheureux dessein ; et il s'attriste du mal qu'il n'a pas fait.

Quelquefois ses vers peuvent être assez innocents ; mais la volonté du poëte est toujours criminelle ; les vers n'ont pas toujours assez de charme pour *empoisonner*, mais le poëte veut toujours qu'ils *empoisonnent;* il veut toujours que l'action soit passionnée, et qu'elle excite du trouble dans le cœur des spectateurs.

Quel rapport trouvez-vous donc entre un poëte de théâtre et le traducteur de Térence ? L'un traduit un auteur pour l'instruction des enfants, qui est un bien nécessaire ; l'autre fait des comédies, dont la meilleure qualité est d'être inutiles. L'un travaille à éclaircir la langue de l'Église, l'autre enseigne à parler le langage des fables et des idolâtres ; l'un ôte tout le poison que les païens ont mis dans leurs comédies, l'autre en compose de nouvelles, et tâche d'y mettre de nouveaux poisons ; l'un enfin fait un sacrifice à Dieu en travaillant utilement pour le bien de l'État et de l'Église, et l'autre fait un sacrifice au démon, comme dit saint Augustin, en lui donnant des armes pour perdre les âmes. Cependant vous égalez ces deux esprits ; vous ne mettez point de différence entre leurs ouvrages, et vous obligez toutes les personnes justes de vous dire, avec saint Jérôme, qu'il n'est rien de plus honteux que de confondre ce qui se fait pour le plaisir inutile des hommes avec ce qui se fait pour l'instruction des enfants : *et quod in pueris necessitatis est, crimen in se facere voluptatis.*

Reconnaissez donc, Monsieur, que la traduction de Térence est bien différente des comédies de Desmarêts, et qu'une traduction si pure, qui est une preuve de doctrine et un effet de charité, ne saurait jamais être un fondement raisonnable du reproche que vous faites à ceux que vous attaquez.

Mais vous les accusez encore avec plus d'injustice et plus d'imprudence, quand vous leur dites : « En combien de » façons avez-vous conté l'histoire du pape Honorius ? » N'est-ce pas là un reproche bien judicieux ? Vous ne dites point que cette histoire soit fausse, vous ne dites point qu'ils la rapportent mal, et vous les accusez seulement de l'avoir souvent rapportée. Mais je vous demande qui est le plus coupable, ou celui qui prêche toujours la vérité, ou celui qui résiste toujours à la vérité. Et qui doit-on accuser, ou le Port-Royal, qui a dit tant de fois une histoire véritable, ou les ennemis du Port-Royal, qui n'ont jamais répondu à cette histoire, et qui bien souvent ont fait semblant de ne la pas entendre ?

N'est-ce point cette surdité politique que vous trouvez si admirable dans les jésuites, et qui vous fait dire : « J'admi- » rais en secret la conduite de ces pères, qui vous ont fait » prendre le change, et qui ne sont plus maintenant que les » spectateurs de vos querelles ? » On ne peut pas vous répondre plus doucement, qu'en disant qu'il est très-faux que les jésuites aient fait prendre le change à Port-Royal, et qu'au contraire le Port-Royal a toujours eu une constance invincible en défendant la vérité contre tous ceux qui l'attaquent. Que si depuis quelque temps les écrits ne s'adressent pas directement aux jésuites, et s'ils ne sont plus, comme vous dites, que les spectateurs du combat, c'est parce qu'on les a mis hors d'état de combattre. On a ruiné leur dessein : on a renversé leurs prétentions; on a découvert leur secret; on a éclairci leurs équivoques; on les a enfin réduits à ne plus répondre; et assurément vous n'avez rien à reprocher au Port-Royal de ce côté-là.

Vous tournez d'un autre; et vous dites à l'auteur des *Imaginaires* qu'il a affecté le style des *Provinciales*. C'est par là que vous commencez et que vous finissez votre lettre. « Vous prétendiez, lui dites-vous, prendre la place de l'au-
» teur des Petites Lettres. Je vois bien que vous voulez
» attraper ce genre d'écrire; mais cet enjouement n'est
» point du tout votre caractère. » Je ne vous réponds pas ce que tout le monde sait, que les sujets sont bien différents, et qu'un enjouement perpétuel serait peut-être un aussi grand défaut dans les *Imaginaires,* comme il est une grande grâce dans les *Provinciales*. Je vous demande seulement pourquoi vous jugez des intentions d'un auteur, qui vous sont cachées, et pourquoi vous n'avez pas voulu juger des actions et des livres de Desmarêts, qui sont visibles à tout le monde. Ce ne peut être que par une raison fort mauvaise pour vous; n'obligez personne à la découvrir; et ne dites point de vous-même que l'auteur des Lettres a voulu écrire comme M. Pascal. Il n'a voulu faire que ce qu'il a fait; il a voulu convaincre ses lecteurs de la fausseté d'une prétendue hérésie, et il les a convaincus d'une manière qui, sans comparaison, est forte, évidente, agréable et très-facile.

On peut en juger par les efforts que vous avez faits contre lui, puisque vous avez été chercher des railleries jusque dans l'Écriture sainte. « Jetez-vous sur les injures, lui dites-
» vous, vous êtes appelé à ce style, et il faut que chacun
» suive sa vocation. » Vous pensez donc que la vocation porte au mal et aux injures. La Sorbonne dirait assurément que c'est une erreur; mais, pour moi, je dis seulement que c'est une mauvaise raillerie, et peut-être que vous serez plus touché d'avoir fait un mensonge ridicule, que d'avoir outragé la vérité.

Il paraît assez, par la profession que vous faites, et par la manière dont vous écrivez, que vous craignez moins d'offenser Dieu que de ne plaire pas aux hommes, puisque, pour flatter la passion de quelques-uns, vous vous moquez de l'Écriture, des conciles, des saints Pères, et des personnes qui tâchent d'imiter leurs vertus.

Pour justifier la comédie, qui est une source de corruption, vous raillez la pénitence, qui est le principe de la vie spirituelle; vous riez de l'humilité, que saint Bernard appelle la vertu de Jésus-Christ; et vous parlez, avec une vanité de païen, des actions les plus saintes et des ouvrages les plus chrétiens. Vous pensez qu'en nommant seulement les livres de Port-Royal, vous les avez entièrement détruits; et vous croyez avoir suffisamment répondu à tous les anciens conciles, en disant seulement qu'ils ne sont pas nouveaux.

Désabusez-vous, Monsieur, et ne vous imaginez point que le monde soit assez injuste pour juger selon votre passion : il n'y a personne, au contraire, qui n'ait horreur de voir que votre haine va déterrer les morts, et outrager lâchement la mémoire de M. le Maistre et de la mère Angélique par des railleries méprisantes et des calomnies ridicules.

Mais, quoi que vous disiez contre des personnes d'un mérite si connu dans le monde et dans l'Église, ce sera par leur vertu qu'on jugera de vos discours; on joindra le mépris que vous avez pour elles avec les abus que vous faites de l'Écriture et des saints Pères; et l'on verra qu'il faut que vous soyez étrangement passionné, et que ceux contre qui vous écrivez soient bien innocents, puisque vous n'avez pu les accuser sans vous railler de ce qu'il y a de plus saint dans la religion et de plus inviolable parmi les hommes, et sans blesser en même temps la raison, la justice, l'innocence et la piété.

SECONDE RÉPONSE

PAR M. BARBIER D'AUCOURT.

1er avril 1666.

MONSIEUR,

Je ne sais si l'auteur des *Hérésies imaginaires* jugera à propos de vous faire réponse. Je connais des gens qui auraient sujet de se plaindre s'il le faisait. Ils ont souffert avec patience qu'on ait répondu à M. Desmarêts, et je ne m'en étonne pas : un prophète mérite quelque préférence. Mais vous, Monsieur, qui n'avez pas encore prophétisé, il y aurait de l'injustice à vous traiter mieux qu'on ne les a traités. Pour moi, qui ne suis point de Port-Royal, et qui n'ai de part à tout ceci qu'autant que j'y en veux prendre, je crois que, sans vous faire d'affaire avec le père du Bosc, ni avec M. de Marandé, je vous puis dire un mot sur le sujet de votre lettre. J'espère que cela ne sera pas inutile pour en faire connaître le prix. Le monde passe quelquefois trop légèrement sur les choses; il est bon de les lui faire remarquer.

Vous avez grand soin, pour vous mettre bien dans l'esprit du lecteur, de l'avertir, avant toutes choses, que vous *ne prenez point le parti* de M. Desmarêts. C'est fort prudemment fait. Vous avez bien senti qu'il n'y a pas d'honneur à gagner. Il commence à être connu dans le monde, et vous savez ce qu'on en a dit en assez bon lieu. Mais, sans mentir, cette prudence ne dure guère. Et comment peut-on dire, dans les trois premières lignes d'une lettre, qu'on ne se déclare point pour Desmarêts, et qu'on laisse à juger au monde lequel est le *visionnaire* de lui ou de l'auteur des *Imaginaires*? En vérité, tout homme qui peut parler de cette sorte est bien déclaré.

Cela n'était pas difficile à voir; mais l'envie de dire un bon mot vous a emporté; et cette manière de dire à celui que vous attaquez qu'il est un *visionnaire* vous a paru si heureuse et si galante, que vous n'avez su vous retenir.

Mais, Monsieur, croyez-vous qu'il n'y ait qu'à dire des injures aux gens, et ne savez-vous pas qu'il y a un choix d'injures comme de louanges; qu'il faut que les unes et les autres conviennent, et qu'il n'y a rien de si misérable que de les appliquer au hasard? On a pu traiter Desmarêts de *visionnaire*, parce qu'il est reconnu pour tel, et qu'il a eu soin d'en donner d'assez belles marques. Vous voudriez bien lui faire avoir sa revanche, mais la voie que vous prenez ne vous réussira pas; on dira que vous ne vous connaissez pas en *visionnaires*, et que si jamais vous le devenez, il y a sujet de craindre que vous ne le soyez longtemps avant que de vous en apercevoir. Tout le monde convient, jusques aux ennemis de Port-Royal, et aux jésuites mêmes, que l'auteur des *Imaginaires* n'a rien qui ressente la *vision*. On ne s'est encore guère avisé de l'attaquer sur cela; et ceux même qui l'ont accusé d'hérésie se sont bien gardés de l'accuser d'extravagance : car, en matière d'hérésie, il est plus aisé d'en faire accroire, et surtout quand il s'agit d'une hérésie aussi mince et aussi difficile à apercevoir que celle qu'on reproche aux jansénistes. Il y a peu de gens capables de démêler les choses : on dispute, on embrouille; l'accusateur se sauve dans l'obscurité. Mais, en matière de folie, dès qu'il y a une accusation formée, il est sûr qu'il y aura quelqu'un de condamné. Le monde s'y connaît, il juge, il fait justice; mais il veut des preuves, et des preuves qui concluent : sinon, votre accusation sans preuve devient une preuve contre vous.

Vous voilà donc, Monsieur, réduit à la nécessité de prouver ce que vous avez avancé contre l'auteur des *Imaginaires* : autrement vous voyez bien où cela va, et vous n'en serez pas quitte pour dire que vous n'avez point jugé ; que vous vous êtes contenté de laisser à juger aux autres, et que vous n'avez point appliqué les règles que vous voulez qu'on établisse. Le monde entend ce langage ; et si vous n'avez que cela pour vous sauver, je vous tiens en grand danger.

Mais ce n'est pas votre manière que d'entrer dans le détail, et de vous embarrasser à chercher des preuves ; et cela est aisé à voir, quand vous dites à l'auteur des *Imaginaires* que vous avez lu ses Lettres, *tantôt avec plaisir, tantôt avec dégoût, selon qu'elles vous semblaient bien ou mal écrites*. Je vois bien ce que vous voulez qu'on entende par là, c'est-à-dire que vous louez ce qu'il y a de bon, et que vous blâmez ce qu'il y a de mauvais. Cette sorte de critique est fort prudente : tant que vous parlerez comme cela, vous ne vous compromettrez point. Toutefois vous prenez courage ; et, pour faire voir que vous êtes homme de bon goût, et que vous vous y connaissez, vous vous avancez jusqu'à dire qu'il y a grande différence entre les *Imaginaires* et les *Lettres-au Provincial*. Voilà un grand effort de jugement, et qui vous a bien coûté. Mais encore, Monsieur, ne nous direz-vous rien de plus précis, et ne marquerez-vous point ce que vous trouvez à redire dans les *Imaginaires* ? Vous nous le faites attendre longtemps, et vous ne vous expliquez là-dessus que vers la fin de votre lettre. Mais enfin vous faites bien voir que vous savez approfondir quand il vous plaît. Veut-on donc savoir ce qu'il y a de mauvais dans les lettres de l'*Hérésie imaginaire* ? Le voici : « C'est que les bons mots des » *Chamillardes* ne sont d'ordinaire que de basses allusions, » comme quand on dit que le grand O de M. Chamillard » n'est qu'un 0 en chiffre, et qu'il ne doit pas suivre le grand » nombre, de peur d'être un docteur à la douzaine. » Il n'y a personne qui n'y fût attrapé, et on ne se serait jamais avisé qu'on pût prouver qu'il y a trop de pointes dans les épigrammes de Catulle, parce que celles de Martial en sont pleines. Quoi donc, Monsieur! est-il possible que vous n'ayez pas connu la différence qu'il y a des *Imaginaires* aux *Chamillardes*? Et comment avez-vous pu croire qu'elles fussent du même auteur, et même que ces dernières vinssent de Port-Royal? Faut-il donc que vous soyez si malheureux que tous les efforts que vous avez faits contre les *Imaginaires* se réduisent à faire voir que vous n'êtes pas capable de connaître une différence aussi visible et aussi marquée que celle-là? Je ne sais si cela ne ferait point entrer les gens en soupçon sur les louanges que vous donnez aux *Provinciales* : on croira que vous les louez sur la foi d'autrui, et que vous seriez peut-être aussi embarrassé à en marquer les beautés, que vous avez été peu heureux à trouver les défauts des *Imaginaires*. Quiconque aura bien senti les grâces des premières aimera celles-ci, et verra bien que, s'il y a quelque chose qui se puisse soutenir auprès des *Provinciales*, ce sont les *Imaginaires*.

Il est certain que les Petites Lettres sont inimitables. Il y a des grâces, des finesses, des délicatesses qu'on ne saurait assez admirer : mais il est vrai aussi qu'il n'y a jamais eu de sujet plus heureux que celui de M. Pascal. On n'en trouve pas toujours qui soient capables de ces sortes d'agréments; et quoique ce soit une extravagance insigne que de prétendre qu'on soit obligé à la créance intérieure du fait de Jansénius, et qu'on puisse traiter comme hérétiques ceux qui n'en sont point persuadés, cela ne se fait pas sentir, et ne divertit pas comme les décisions des casuistes. C'est une grande faute de jugement que de demander partout le même caractère et le même air; et c'est avec beaucoup de raison que l'auteur des *Imaginaires*, bien loin *de vouloir attraper ce genre d'écrire*, comme vous le lui reprochez à perte de vue, a pris une manière plus grave et plus sérieuse. Cependant, lorsqu'il lui tombe quelque chose entre les mains qui mérite d'être joué, peut-on s'y prendre plus finement, et y donner un meilleur tour? Et, quelque sujet qui se présente, peut-on démêler les choses embrouillées avec plus d'adresse et de netteté? Peut-on mieux mettre les vérités dans leur jour? Peut-on mieux pénétrer les replis du cœur humain, et en faire mieux connaître les ruses?

Je ne prétends pas marquer tout ce qu'il y a de beau dans les lettres de l'*Hérésie imaginaire;* cela serait fort superflu pour les gens qui ont le goût bon, et fort peu utile pour les autres. Et pour vous, Monsieur, je ne sais si vous en profiteriez. C'est une mauvaise marque de finesse de sentiment que d'avoir confondu les *Chamillardes* avec les *Imaginaires*, et les *Enluminures* avec l'*Onguent à la brûlure;* et si vous avez eu si peu de discernement en cela, il est difficile que vous en ayez beaucoup en d'autres choses.

D'ailleurs je crois qu'on aurait de la peine à vous faire entendre raison sur le sujet de l'auteur des *Imaginaires* : il vous a touché par où vous étiez le plus sensible. Le moyen de souffrir que l'on maltraite aussi impunément les faiseurs de romans et les poëtes de théâtre! Il est aisé à voir que vous plaidez votre propre cause, et que ce que vous dites sur ce sujet ne vous a guère coûté : cette tirade d'éloquence, ou plutôt ce lieu commun de deux pages, représente parfaitement un poëte qui se fâche; mais encore est-il bon de savoir pourquoi. Dites-nous donc, Monsieur, prétendez-vous que les faiseurs de romans et de comédies soient des gens de grande édification parmi les chrétiens? Croyez-vous que la lecture de leurs ouvrages soit fort propre à faire mourir en nous le vieil homme, à éteindre les passions et à les soumettre à la raison? Il me semble qu'eux-mêmes s'en expliquent assez, et qu'ils font consister tout leur art et toute leur industrie à toucher l'âme, à l'attendrir, à imprimer dans le cœur de leurs lecteurs toutes les passions qu'ils peignent dans les personnes qu'ils représentent, c'est-à-dire à rendre semblables à leurs héros ceux qui doivent regarder Jésus-Christ comme leur modèle et se rendre semblables à lui. Si ce n'est là tout le contraire de l'Évangile, j'avoue que je ne m'y connais pas; et il faut entendre la religion comme Desmarêts entend l'Apocalypse, pour trouver mauvais qu'un théologien, étant obligé de parler sur cette matière, appelle ces gens-là des *empoisonneurs publics*, et tâche de donner aux chrétiens de l'horreur pour leurs ouvrages.

Mais bien loin que cela les offense, n'y trouvent-ils pas même quelque chose qui les flatte? Et n'est-ce pas les louer selon leur goût que de leur reprocher de faire ce qu'ils prétendent? Les injures n'offensent que lorsqu'elles nous exposent au mépris ou des autres ou de nous-mêmes. Or, personne ne croit qu'on ait droit de le mépriser, ni ne se méprise soi-même, pour prêcher contre des règles contraires à celles qu'il s'est proposé de suivre. Ainsi nous voyons que ceux qui cherchent à s'agrandir dans le monde ne s'offensent point des injures que leur disent les philosophes contemplatifs qui prêchent la vie retirée : ils les regardent dans un ordre dont ils ne sont pas, et où l'on juge autrement des choses.

Voilà donc les bons poëtes hors d'intérêt. Les autres devraient prendre peu de part à cette injure : car ils n'*empoisonnent* guère; ils ne sont coupables que par l'intention. Cependant ils murmurent, par un secret dépit, de voir qu'ils n'ont part qu'à la malédiction du péché, et qu'ils n'en recueillent point le fruit : on les reconnaît par là; et je crois qu'on peut presque établir pour règle que, dès qu'on en voit quelqu'un qui fait ces sortes de plaintes, on peut lire ses ouvrages en sûreté de conscience.

Que s'il y a quelque gloire à bien faire des comédies et des romans, comme il y en peut avoir, en mettant le christianisme à part, et à ne considérer que cette malheureuse gloire que les hommes reçoivent les uns des autres, et qui est si contraire à l'esprit de la foi, selon les paroles de Jésus-Christ, l'auteur des *Imaginaires* ne veut point la ravir à ceux à qui elle est due, quoiqu'à dire vrai cette gloire consiste plutôt à se connaître à ces choses et être capable de les faire, qu'à les faire effectivement : elle ne mérite pas qu'on y emploie son temps et son travail; et, s'il était permis d'agir pour la gloire, ce n'est pas celle-là qu'il faudrait se proposer. La véritable gloire, s'il y en a parmi les hommes, est attachée à des occupations plus sérieuses et plus importantes : car ils ont eu cette justice de régler les récompenses selon l'utilité des emplois, et ils savent bien faire la différence de ceux qui leur procurent des biens réels et solides, et de ceux qui ne contribuent qu'à leur divertissement. C'est ce qu'a voulu dire l'auteur des *Imaginaires*, quand il a dit que cette occupation était peu *honorable*, même devant les hommes.

Mais enfin il n'empêche pas qu'on ne connaisse ce qu'il y a de beau dans les ouvrages de Sophocle, d'Euripide, de Térence et de Corneille, et qu'on ne l'estime son prix : on peut même dire qu'il s'y connaît, qu'il sait les règles par où il en faut juger. Il n'ignore pas que ce qu'il y a de plus fin dans l'éloquence, les grâces les plus naturelles, les manières les plus tendres et les plus capables de toucher, se trouve dans ces sortes d'ouvrages; mais c'est pour cela même qu'ils sont plus dangereux. Plus ceux qui les composent sont habiles, plus on a droit de les traiter d'*empoisonneurs*; et plus vous vous efforcez de les louer, plus vous les rendez dignes de ce reproche.

Que voulez-vous donc dire, et que prétendez-vous par cette grande exagération qui fait la moitié de votre lettre? Que signifient tous ces beaux traits? « Que les romans et
» les comédies n'ont rien de commun avec le jansénisme;
» qu'on se doit contenter de donner les rangs en l'autre
» monde, sans régler les récompenses de celui-ci; qu'on ne
» doit point envier à ceux qui s'amusent à ces bagatelles,

» de misérables honneurs auxquels on a renoncé, etc., » pour ne rien dire du reste : car il faudrait tout copier. En vérité le zèle de la poésie vous emporte : il est dangereux de s'y laisser aller, on n'en revient pas comme on veut, cela n'aide pas à penser juste, et toute votre lettre se ressent de cette émotion qui vous a pris dès le commencement : car, dites-moi, Monsieur, à quoi songez-vous quand vous avancez que si l'on concluait « qu'il ne faut pas aller à la comédie, » parce que saint Augustin s'accuse de s'y être laissé atten-» drir, il faudrait aussi conclure, de ce que le même saint » s'accuse d'avoir trop pris de plaisir aux chants de l'Église, » qu'il ne faut plus aller à l'église? » Quoi! s'il faut quitter les choses qui sont mauvaises, et dont nous ne saurions faire un bon usage, faut-il aussi quitter les bonnes, parce que nous en pouvons faire un mauvais? Est-ce ainsi que vous raisonnez? Mais si cette fougue n'est pas heureuse pour le raisonnement, au moins elle sert à embellir les histoires, et il est aisé de connaître celles qui ont passé par les mains de ceux qui savent faire des desseins de romans.

On voit bien que vous avez travaillé sur celle des deux capucins. Mais ce n'est pas assez : il est juste que chacun profite de ce qui lui appartient, et que le monde sache ce qu'il y a de votre invention dans le récit de cette aventure. Je ne vous déroberai rien; ce qui n'est point de vous est fort peu de chose, et vous allez être fort bien partagé.

Il est vrai (car j'ai eu soin de m'en informer) que deux capucins, dont l'un était parent de M. de Bagnols, vinrent un jour à Port-Royal demander l'hospitalité. On en donna avis à la mère Angélique; et, comme on lui demanda si l'on ne leur ferait point quelque réception extraordinaire, à cause de M. de Bagnols, elle répondit qu'on ne devait rien ajouter pour cela à la manière dont on avait accoutumé de recevoir les religieux, et que M. de Bagnols ne voulait point qu'en sa considération on changeât, même dans les moindres choses, les pratiques du monastère.

Voilà, Monsieur, comment la chose se passa : de sorte que cette imagination que l'un de ces capucins fût le père Maillard ou Mulart ; cet empressement avec lequel la mère Angélique *court au parloir*, ce *cidre* et ce *pain des valets* mis à la place du *pain blanc* et du *vin des messieurs ;* cette reconnaissance du prétendu père Maillard en disant la messe ; tout cela est de votre cru, sans compter l'application des proverbes et les autres gentillesses de la narration.

Cela ne va pas mal pour une petite histoire ; et, sur ce pied-là, du moindre sujet du monde vous feriez un fort gros roman. Ce que j'y trouve à redire est que la vraisemblance n'est pas tout à fait bien gardée, et qu'il eût été difficile qu'à Port-Royal, où l'on était bien averti que c'était le père Mulart, cordelier, qui avait sollicité à Rome la constitution du pape Innocent X contre les cinq propositions, on eût pu prendre un capucin pour cet homme-là. Mais vous n'y regardez pas de si près, et d'ailleurs c'est là tout le nœud de l'affaire. Car si ce capucin ne passe tantôt pour le père Mulart, et tantôt pour le parent de M. de Bagnols ; et si, selon cela, on ne lui fait boire tantôt du *cidre,* tantôt du *vin des messieurs,* à quoi aboutira l'histoire ? Il faut songer à tout. Vous aviez besoin de quelque chose qui prouvât « qu'on a » vu de tout temps ceux de Port-Royal louer et blâmer le » même homme, selon qu'ils étaient contents ou mal satis- » faits de lui. » Car, en vérité, l'exemple de Desmarêts ne suffisait pas. Et si vous prétendez qu'on l'ait loué pour une simple excuse de civilité que lui fait M. Pascal d'avoir cru qu'il était l'auteur des apologies des jésuites, vous n'êtes pas difficile en panégyrique.

Pour l'histoire du volume de *Clélie,* peut-être qu'en réduisant tous les solitaires à un seul, qui même n'était pas de ceux qu'on pouvait appeler de ce nom-là, et le plaisir que vous supposez qu'ils prirent à se voir traiter *d'illustres,* à la complaisance qu'il ne put se défendre d'avoir pour un de ses amis qui lui envoya ce livre, et qui l'obligea de voir l'endroit dont il s'agit, peut-être, dis-je, que cette histoire approcherait de la vérité ; mais je ne vois pas qu'en cet état-là elle vous pût servir de grand'chose.

Que vous reste-t-il donc qui puisse donner quelque couleur aux reproches que vous faites à ceux de Port-Royal de ne juger des choses que selon leur intérêt? « On a bien souf-
» fert, dites-vous, que M. le Maistre ait fait des traductions
» et des livres sur la matière de la grâce, et on trouve étrange
» que Desmarêts en fasse sur les matières de la religion. »
Sans mentir, la comparaison est bien choisie ! M. le Maistre, après avoir passé plusieurs années dans une grande retraite, et dans la pratique de plusieurs exercices de pénitence et de piété chrétienne, et après avoir joint à ses talents naturels des connaissances qui le rendaient très-capable d'écrire sur les plus grandes vérités de la religion, ne s'en est pas toutefois jugé digne, par cette même humilité qui fait qu'il s'accuse de déréglement, quoique, même avant sa retraite, sa vie eût toujours été fort réglée. Il n'a jamais écrit sur les matières de la grâce, et n'a rien entrepris que de simples traductions et des histoires pieuses. Et Desmarêts, après avoir passé sa vie à faire des romans et des comédies, a sauté tout d'un coup jusqu'au plus haut degré de la contemplation et de la spiritualité la plus fine. Et sur le témoignage qu'il a rendu lui-même qu'il était envoyé pour donner aux hommes l'intelligence des mystères, il a commencé à se mettre en possession du titre et du ministère de prophète, à établir le nouvel ordre des victimes, à leur donner les règles de sa nouvelle théologie mystique; enfin, à débiter cet amas et ce mélange horrible de profanations et d'extravagances qui paraissent dans ses ouvrages. Que dites-vous de ce parallèle? Trouvez-vous que cette réserve et cette modestie si chrétienne de M. le Maistre soit fort propre pour autoriser les égarements de Desmarêts? Je ne sais s'il vous saura bon gré de vous être avisé de cette comparaison. Il faut qu'il ait soin de se tenir toujours dans cette élévation de l'ordre prophétique,

pour n'en pas sentir le mauvais effet; et, pour peu qu'il voulût revenir à la condition des autres hommes, il verrait que c'est un mauvais lustre pour lui que M. le Maistre.

Vous voyez donc, Monsieur, que vous ne faites rien moins que ce que vous prétendez : et je ne pense pas que personne demeure convaincu sur l'histoire des deux capucins, sur les louanges qu'on a données à M. Desmarêts, ni sur l'exemple de M. le Maistre, que ceux de Port Royal ne jugent que selon leurs intérêts. Votre première saillie vous a mis en malheur. Quand on est échauffé, on s'éblouit soi-même de ce qu'on écrit, et l'on se persuade aisément que les choses sont bien prouvées, pourvu qu'elles soient soutenues d'amplifications et de lieux communs. Pour cela, vous vous en servez admirablement. Peut-on rien voir de mieux poussé que celui-ci? « Qu'une femme fût dans le désordre, qu'un homme » fût dans la débauche, s'ils se disaient de vos amis, vous » espériez toujours de leur salut; s'ils vous étaient peu favo- » rables, quelque vertueux qu'ils fussent, vous appréhendiez » toujours le jugement de Dieu pour eux. Ce n'était pas » assez, pour être savant, d'avoir étudié toute sa vie, d'avoir » lu tous les auteurs : il fallait avoir lu Jansénius, et n'y » point avoir lu les propositions. »

Il ne manque rien à cela que d'être vrai. Mais nous en parlons bien à notre aise, nous qui le regardons de sang-froid. Si nous étions piqués au jeu, et que nous nous sentissions enveloppés dans la disgrâce commune des poëtes de théâtre et des faiseurs de romans, cela nous paraîtrait vrai comme une démonstration de mathématiques. L'imagination change terriblement les objets. Quand on est plein de la douleur d'une telle injure, il n'est pas aisé de s'en défaire. On a beau parler d'autre chose, on ne songe qu'à celle-là, et l'on y revient toujours. Y a-t-il rien de plus naturel que cette demande qui sort de la plénitude de votre cœur : *Enfin que faut-il que nous lisions, si ces sortes d'ouvrages sont défendus?* Il n'y a personne qui ne crût que c'est là la conclusion d'un discours qu'on aurait fait pour soutenir qu'il est permis de lire des romans et des comédies. Point du tout ; il ne s'agit point de cela. Mais c'est un cœur pressé qui se décharge, et qui fait tout venir à propos.

Cette question me fait souvenir de ce qu'un homme disait à un évêque qui ne voulait pas le recevoir aux ordres : « Que voulez-vous donc que je fasse, Monseigneur ? que j'aille voler sur les grands chemins ? » Cet homme ne connaissait que deux conditions dans le monde, celle de *prêtre* et celle de *voleur de grands chemins*. Et vous, vous ne connaissez qu'une sorte de plaisir dans la vie, la lecture des romans et des comédies. Mon Dieu, Monsieur, qu'il me semble que vous auriez de choses à faire avant que de songer à lire des romans ! Mais vous avez pris votre parti, et il y a grande apparence que vous n'en reviendrez pas sitôt. Je vois à peu près ce qu'il vous faut, et je ne m'étonne pas si les *Disquisitions* et les *Dissertations* vous ennuient. Vous n'avez pas besoin d'une fort grande soumission pour vous rapporter de tout cela au pape et au clergé de France. Ce n'est pas là ce qui vous intéresse. Vous trouvez bon tout ce que fera l'auteur des *Imaginaires* ; vous lui donnez tout pouvoir, et vous lui abandonnez même M. Desmarêts, pourvu *qu'il ne lui porte point de coups qui puissent retomber sur les autres* (car c'est là ce qui vous tient au cœur), et qu'il vous laisse jouir en paix de cette *petite étincelle du feu qui échauffa autrefois les grands génies de l'antiquité*, qui vous est tombée en partage.

Mais, Monsieur, il semble qu'un homme aussi tendre et aussi sensible que vous l'êtes ne devrait songer qu'à vivre doucement et à éviter les rencontres fâcheuses. Et comment est-ce que vous n'avez pas mieux aimé dissimuler la part que vous auriez pu prendre à l'injure commune que de vous mettre au hasard de vous attirer une querelle particulière ? Cependant vous ne vous contentez pas d'attaquer celui dont vous croyez avoir sujet de vous plaindre : vous étendez votre ressentiment contre tous ceux qui ont quelque liaison avec lui. Il semble qu'ils soient en communauté de péchés, et qu'en faisant le procès au premier qui se présente, on le fait à tous.

Voudriez-vous répondre comme cela pour tous vos confrères, et n'auriez-vous point assez de votre iniquité à porter? Il est vrai que, si vous ne vous étiez avisé de cet expédient, votre lettre aurait été un peu courte. Il a fallu mettre tous les jansénites en un, et même avoir recours à des choses où ils n'ont point de part, pour trouver de quoi la grossir. Encore, avec tout cela, n'avez-vous pas eu grand'-chose à dire; et peut-être qu'après avoir bien tout considéré, on trouvera que vous n'avez rien dit. Vous voyez bien à quoi se réduit ce que nous avons vu de votre lettre jusqu'ici. Et croyez-vous encore dire quelque chose, quand vous alléguez la traduction de Térence? N'est-ce pas un beau moyen pour repousser le reproche d'*empoisonneur*, et pour rendre ceux de Port-Royal coupables du mal que ce livre peut faire, que de dire qu'ils ont tâché d'y apporter le remède, et qu'ils ont pris pour cela la meilleure voie qu'on pouvait prendre? Les comédies de Térence sont entre les mains de tout le monde, et particulièrement de ceux qui apprennent la langue latine. Il faut qu'ils passent par là : c'est une nécessité qu'on ne saurait éviter. On l'a même reconnue au concile de Trente; et dans l'index des livres défendus, on a excepté expressément ceux que le besoin qu'on a d'apprendre le latin a rendus nécessaires. Que peut-on donc faire de mieux pour les jeunes gens qui ont ce livre entre les mains, et qui tâchent de l'entendre, que de leur donner une traduction qui le leur explique de telle sorte, qu'elle les fasse passer par-dessus les endroits qui seraient capables de les corrompre, qui leur ôte de devant les yeux tout ce qu'il y a de trop libre, et qui supprime à ce dessein des comédies tout entières? S'il y en a qui s'attachent à ce livre par le plaisir qu'ils y prennent, sans se mettre en peine du péril où ils s'exposent, on ne saurait les en empêcher. Mais peut-on nier que cette traduction ne soit un excellent moyen pour conserver la pureté et l'innocence de ceux qui, ne cherchant dans cet ouvrage que ce qu'on y doit chercher, qui est d'y prendre une teinture de l'air et du style de cet auteur, et d'y apprendre la pureté de sa langue, se tiennent à ce que la traduction leur explique, et sont détournés de lire le reste, où le secours de cette traduction leur manque, par la peine qu'ils auraient à l'entendre? Que peut-on donc dire de celui qui, pour avoir un prétexte de traiter d'*empoisonneur* l'auteur de cette traduction, et d'envelopper dans ce reproche tous ceux de Port-Royal, selon le nouveau privilége qu'il se donne, tâche lui-même d'*empoisonner* un dessein qui n'est pas seulement très-innocent, mais qui est encore très-louable et très-utile?

Vous avez bien connu qu'il y avait là un peu de mauvaise foi; et c'est pour cela que vous avez voulu essayer de prévenir la réponse qu'on vous pourrait faire. Mais vous vous y prenez d'une manière qui mérite d'être remarquée. Vous vous êtes souvenu qu'on avait dit quelque part que *le soin qu'on prend de couvrir les passions d'un voile d'honnêteté ne sert qu'à les rendre plus dangereuses*; et, sans savoir trop bien ce que cela signifie, vous avez cru que vous vous sauveriez par là, comme si, en retranchant les libertés des comédies de Térence, on avait rendu les passions qui y sont représentées plus dangereuses, en les couvrant d'un voile d'honnêteté.

C'est le plus grand hasard du monde quand on applique bien ce qu'on n'entend pas : *couvrir les passions d'un voile d'honnêteté*, ce n'est pas ôter d'un livre ce qu'il y a d'impur et de déshonnête. Un même livre peut avoir des endroits trop libres, et d'autres où les passions soient *couvertes d'un voile d'honnêteté*; c'est-à-dire où elles soient exprimées par des voies qui ne blessent point la pudeur ni la bienséance, qui fassent beaucoup entendre en disant peu, et qui, sans rien perdre de ce qu'elles ont de doux et de capable de toucher, leur donnent encore l'agrément de la retenue et de la modestie. Ce ne sont pas ces endroits déshonnêtes qui empêchent le mal que ceux-ci peuvent faire : ce serait un plaisant scrupule que de n'oser les ôter, de peur de rendre le livre plus dangereux ; et je ne connais que vous qui les y voulussiez remettre par principe de conscience.

Mais d'ailleurs ce n'est pas par ces passions couvertes et déguisées que Térence est dangereux, surtout dans les comédies qu'on a traduites ; il a des délicatesses admirables, mais elles ne sont pas de ce genre-là ; et dès qu'on en a retranché ce qu'il y a de trop libre, il n'est plus capable de nuire.

Je pourrais ajouter à cela qu'encore que toutes les comédies soient dangereuses, et qu'il fût à souhaiter qu'on les pût supprimer toutes, celles des anciens le sont beaucoup moins que celles qu'on fait aujourd'hui. Ces dernières nous émeuvent d'ordinaire tout autrement, parce qu'elles sont prises sur notre air et sur notre tour ; que les personnes qu'elles nous représentent sont faites comme celles avec qui nous vivons, et que presque tout ce que nous y voyons, ou nous prépare à recevoir les impressions de quelque chose de semblable que nous trouverons bientôt, ou renouvelle celles que nous avons déjà reçues.

Mais nous retomberions insensiblement sur un sujet qui vous importune, et vous ne prenez pas plaisir qu'on parle contre les comédies et les romans. D'ailleurs je vois que vous n'aimez pas que l'on soit si longtemps sur une même matière : c'est ce qui vous a dégoûté des écrits de Port-Royal, et qui fait que vous vous plaignez qu'ils ne disent plus rien de nouveau. Cela ne me surprend point ; je commence à connaître votre humeur : vous jugez à peu près de ces écrits comme des romans ; vous croyez qu'ils ne sont faits que pour divertir le monde, et que, comme il aime les choses nouvelles, on doit avoir soin de n'y rien dire que de nouveau. Il y a d'autres gens qui les lisent dans une disposition un peu différente de la vôtre : ils y cherchent l'éclaircissement des contestations ; ils tâchent à profiter des vérités dont on se sert pour soutenir la cause que l'on défend ; ils remarquent comment on démêle les difficultés et les équivoques ; ils sont surpris d'y voir que, tandis que ceux qui disent que les propositions sont dans Jansénius demeurent sans preuve sur une chose dont les yeux sont juges, ceux qui nient qu'elles y soient, quoiqu'ils fussent déchargés de la preuve, selon la règle de droit, ont prouvé cent et cent fois cette négative d'une manière invincible ; enfin, ils aiment à voir dissiper tout ce qu'on allègue pour la créance du fait de *Jansénius,* en le réduisant à l'espèce de celui d'*Honorius* ; et, au lieu que la répétition de cette histoire vous ennuie, ils voient avec plaisir qu'il n'y a qu'à la répéter pour faire évanouir le fantôme de la *nouvelle hérésie,* toutes les fois qu'on le ramène. N'est-il pas vrai, Monsieur, que vous avez bien de la peine à comprendre comment il peut y avoir des gens de cette humeur-là ? Quoi ! on ne se lasse point de lire les écrits de théologie *pleins de longues et de doctes périodes,* où l'on ne fait autre chose que *citer les Pères,* et où l'on *justifie sa conduite par leurs exemples !* On peut souffrir des gens qui trouvent dans *les Pères* tout ce qu'ils veulent, qui *examinent chrétiennement les mœurs et les livres,* et qui vont chercher dans saint Bernard et dans saint Augustin des *règles* pour discerner ceux qui sont véritablement sages d'avec ceux qui ne le sont pas !

Je crois, Monsieur, qu'il est bon de vous avertir que si les meilleurs amis de ceux de Port-Royal les voulaient louer, ils ne diraient que ce que vous dites. Je vois bien que vous n'y prenez pas garde ; et sous ombre qu'on ne loue point de cette sorte ni les romans ni ceux qui les font, vous croyez ne les point louer. Voilà ce que c'est que de vous être rempli la tête de ces belles idées ! Vous ne concevez rien de grand que ces sortes d'ouvrages et leurs auteurs ; et vous ne connaissez point d'autres louanges que celles qui leur conviennent. Cet entêtement pourrait bien vous jouer quelque mauvais tour, et vous ne feriez pas mal de vous en défaire. Mais au moins, tant qu'il durera, prenez bien garde qui vous louerez : autrement, en pensant louer quelque Père de l'Église, ou quelque théologien, vous courez risque de faire insensiblement l'éloge de la Calprenède. Cela vaut la peine que vous y songiez.

Cependant, Monsieur, je crois que l'auteur des *Imaginaires* peut se tenir en repos, et qu'à moins qu'il ne se fasse en vous un changement aussi prompt et aussi extraordinaire que celui qui s'est fait en M. Desmarêts, vous ne lui ferez pas grand mal, non plus qu'à tous les autres que vous intéressez dans la querelle que vous lui faites. Vous auriez pu chercher quelque autre voie *pour arriver à la gloire;* et quand vous y aurez bien pensé, vous trouverez sans doute que celle-ci n'est pas la plus aisée ni la plus sûre.

SECONDE LETTRE

DE RACINE

EN RÉPLIQUE AUX DEUX RÉPONSES PRÉCÉDENTES.

PRÉFACE [1].

Je ne crois pas faire un grand présent au public en lui donnant ces deux lettres ; il en a vu une, il y a un an, et je lui aurais abandonné l'autre bientôt après, si quelques considérations ne m'avaient obligé de la retenir. Je n'avais point prétendu m'engager dans une longue querelle, en prenant l'intérêt de la comédie : mon dessein était seulement d'avertir l'auteur des *Imaginaires* d'être un peu plus réservé à prononcer contre plusieurs personnes innocentes. Je crus qu'un homme qui se mêlait de railler tant de monde était obligé d'entendre raillerie, et j'eus regret de la liberté que j'avais

---

[1] Nicole, sous le nom supposé de Damvilliers, ayant fait faire à Liége une nouvelle édition de ses *Imaginaires,* dans laquelle il fit insérer les deux lettres qui précèdent, avec de grands éloges aux dépens de Racine, celui-ci, blessé de cette nouvelle provocation, se disposa alors à publier sa seconde lettre à la suite de la première, en les faisant précéder de cette préface. Mais Boileau, à qui il communiqua son projet, le lui fit abandonner. Louis Racine, dans les Mémoires sur la vie de son père, entre dans de longs détails sur ce sujet. (Voir tome Ier.)

prise, dès qu'on m'eut dit qu'il prenait l'affaire sérieusement.

Ce n'est pas que je crusse que son ressentiment dût aller bien loin. J'avais vu ma lettre entre les mains de quelques gens de sa connaissance, qui en avaient ri comme les autres, mais qui l'avaient regardée comme une bagatelle qui ne pouvait nuire à personne ; et Dieu sait si j'en avais eu la moindre pensée ! Je savais que le Port-Royal n'avait pas accoutumé de répondre à tout le monde. Ils se vantaient assez souvent de n'avoir jamais daigné accorder cet honneur à des personnes qui le briguaient depuis dix ans, et je fus fort étonné quand je vis deux lettres qu'ils prirent la peine de publier contre la mienne.

J'avoue qu'elles m'encouragèrent à en faire une seconde ; mais lorsque j'étais prêt à la laisser imprimer, quelques-uns de mes amis me firent comprendre qu'il n'y avait point de plaisir à rire avec des gens délicats, qui se plaignent qu'on les *déchire* dès qu'on les nomme ; qu'il ne fallait pas trouver étrange que l'auteur des *Imaginaires* eût écrit contre la comédie, et qu'il n'y avait presque point de régent dans les colléges qui n'exhortât ses écoliers à n'y point aller : et d'autres des leurs me dirent que les lettres qu'on avait faites contre moi étaient désavouées de tout le Port-Royal ; qu'elles étaient même assez inconnues dans le monde, et qu'il n'y avait rien de plus incommode que de se défendre devant mille gens qui ne savent pas seulement que l'on nous ait attaqués. Enfin, ils m'assurèrent que ces messieurs n'en garderaient pas la moindre animosité contre moi, et me promirent, de leur part, un silence que je n'avais pas songé à leur demander.

Je me rendis facilement à ces raisons. Je crus qu'il ne serait plus parlé ni de la lettre, ni des réponses; et, sans m'intéresser davantage dans le parti des comédies ni des tragédies, je me résolus de leur laisser jouer à leur aise celles qu'ils nous donnaient tous les jours avec Desmarêts et les jésuites.

Mais je vois bien que ces bons solitaires sont aussi sensibles que les gens du monde; qu'ils ne souffrent volontiers que les mortifications qu'ils se sont imposées à eux-mêmes, et qu'ils ne sont pas si fort occupés au bien commun de l'Église, qu'ils ne songent de temps en temps aux petits déplaisirs qui les regardent en particulier. Ils ont publié, depuis huit jours, un recueil de toutes leurs visionnaires, imprimé en Hollande. Ce n'est pas qu'on leur demandât cette seconde édition avec beaucoup d'empressement. La première, quoique défendue, n'a pas encore été débitée à Paris. Mais l'auteur s'est imaginé peut-être qu'on lirait plus volontiers, en deux volumes, des lettres qu'on n'avait pas voulu lire en deux feuilles. Il a eu soin de les faire imprimer en même caractère que les dix-huit *Lettres provinciales*, comme il avait eu soin de les pousser jusqu'à la dix-huitième, sans nécessité, et il avait impatience de servir de seconde partie à M. Pascal.

Il dit déjà, dans l'une de ses préfaces, *que quelques personnes ont voulu égaler ses lettres aux* Provinciales. Il leur répond modestement à la vérité; mais on trouve qu'il y avait plus de modestie à lui, et même plus de bon sens, de ne point du tout parler de cette objection, qui apparemment ne lui avait été faite que par lui-même. On voit peu de fondement à cette ressemblance affectée ; et l'on commence à dire que la seconde partie de M. Pascal sera aussi peu lue que la suite du *Cid* et le supplément de Virgile.

Quoi qu'il en soit, les réponses qu'on m'avait faites n'avaient pas assez persuadé le monde que je n'avais pas de bon sens. *On n'avait point encore honte d'avoir ri en lisant ma lettre.* Mais aussi ne fallait-il pas qu'un homme d'autorité, comme l'auteur des *Imaginaires,* se donnât la peine de prouver ce qui en était. C'est bien assez pour lui de prononcer, il n'importe que ce soit dans sa propre cause. L'intérêt n'est pas capable de séduire de si grands hommes, ils sont les seuls infaillibles. Il dit donc que je suis *un jeune poëte;* il déclare *que tout est faux dans ma lettre, et contre le bon sens, depuis le commencement jusqu'à la fin.* Cela est décisif : cependant elle fut lue de plusieurs personnes, qui n'y remarquèrent rien contre le sens commun ; mais ces personnes étaient sans doute *de ces petits esprits dont le monde est plein.* Ils n'ont que le sens commun en partage ; ils ne savent pas qu'il y a un véritable bon sens, qui n'est pas donné à tout le monde, et qui est réservé à ceux qui connaissent le véritable sens de Jansénius.

A l'égard des faussetés qu'il m'impute, je demanderais volontiers à ce vénérable théologien en quoi j'ai erré ; si c'est dans le droit ou dans le fait[1]. J'ai avancé

---

[1] Distinction sur laquelle se retranchaient alors les opposants au Formu-

PRÉFACE.   161

que la comédie était innocente ; le Port-Royal dit qu'elle est criminelle ; mais je ne crois pas qu'on puisse taxer ma proposition d'hérésie ; c'est bien assez de la taxer de témérité. Pour le fait, ils n'ont nié que celui des capucins ; encore ne l'ont-ils pas nié tout entier. Mais ils en croiront tout ce qu'ils voudront : je sais bien que, quand ils se sont mis en tête de nier un fait, toute la terre ne les obligerait pas de l'avouer.

Toute la grâce que je lui demande, c'est qu'il ne m'oblige pas non plus à croire un fait qu'il avance, lorsqu'il dit que le monde fut partagé entre les réponses qu'on fit à ma lettre, et qu'on disputa longtemps laquelle des deux était la plus belle. Il n'y eut pas la moindre dispute là-dessus ; et, d'une commune voix, elles furent jugées aussi froides l'une que l'autre. Il ne fallait pas qu'il les redonnât au public, s'il avait envie de les faire passer pour bonnes. Il eût parlé de loin, et on l'aurait pu croire sur sa parole.

Mais tout ce qu'on fait pour ces messieurs a toujours un caractère de bonté que tout le monde ne connaît pas ; il n'importe que l'on compare dans un écrit les fêtes retranchées avec les auvents retranchés[1], il suffit que cet écrit soit contre M. l'archevêque ; ils le placeront

---

laire. Les cinq propositions sont-elles condamnables ? c'était le *droit*. Sont-elles dans le livre de Jansénius ? c'était le *fait*.

[1] Un arrêt du conseil du 19 novembre 1666, rendu sur une ordonnance du prévôt de Paris, avait fixé la hauteur et la saillie des auvents qu'on était alors dans l'usage de construire au-devant des boutiques dans les rues de Paris. Ce fut dans ce même temps que parut l'ordonnance de l'archevêque de Paris qui supprimait un certain nombre de fêtes. L'auteur d'une lettre sur l'ordonnance de l'archevêque avait cru trouver

tôt ou tard dans leurs recueils : ces impiétés ont toujours quelque chose d'utile à l'Église.

Enfin, il est aisé de connaître, par le soin qu'ils ont pris d'immortaliser ces réponses, qu'ils y avaient plus de part qu'ils ne disaient. A la vérité, ce n'est pas leur coutume de laisser rien imprimer pour eux qu'ils n'y mettent quelque chose du leur. On les a vus plus d'une fois porter aux docteurs les approbations toutes dressées : la louange de leurs livres leur est une chose trop précieuse. Ils ne s'en fient pas à la louange de la Sorbonne : les avis de l'imprimeur sont d'ordinaire des éloges qu'ils se donnent à eux-mêmes ; et l'on scellerait à la chancellerie des priviléges fort éloquents, si leurs livres s'imprimaient avec privilége.

---

une plaisanterie ingénieuse, en faisant le rapprochement de ces deux circonstances. Cette lettre était en vers, et elle fut attribuée à Barbier d'Aucourt.

SECONDE LETTRE

DE RACINE

EN RÉPLIQUE AUX DEUX RÉPONSES PRÉCÉDENTES.

Paris, ce 10 mai 1666.

Je pourrais, Messieurs, vous faire le même compliment que vous me faites : je pourrais vous dire qu'on vous fait beaucoup d'honneur de vous répondre ; mais j'ai une plus haute idée de tout ce qui sort de Port-Royal, et je me tiens, au contraire, fort honoré d'entretenir quelque commerce avec ceux qui approchent de si grands hommes. Toute la grâce que je vous demande, c'est qu'il me soit permis de vous répondre en même temps à tous deux : car, quoique vos lettres soient écrites d'une manière bien différente, il suffit que vous combattiez pour la même cause ; je n'ai point d'égard à l'inégalité de vos humeurs, et je ferais conscience de séparer deux jansénistes : aussi bien je vois que vous me reprochez à peu près les mêmes crimes ; toute la différence qu'il y a, c'est que l'un me les reproche avec chagrin, et tâche partout d'émouvoir la pitié et l'indignation de ses lecteurs, au lieu que l'autre s'est chargé de les réjouir. Il est vrai que vous n'êtes pas venus à bout de votre dessein : le monde vous a laissé rire et pleurer tout seuls. Mais le monde est d'une étrange humeur : il ne vous rend point justice ; pour moi, qui fais profession de vous la rendre, je vous puis assurer au moins que le mélancolique m'a fait rire, et que le plaisant m'a fait pitié. Ce n'est pas que vous demeuriez toujours dans les bornes de votre partage : il prend quelquefois envie au plaisant de se fâcher, et au mélancolique de s'égayer ; car, sans compter la manière ingénieuse dont il nous peint ces Romains qu'on voyait *à la tête d'une armée et à la queue d'une charrue*, il me dit assez galamment « que, » si je veux me servir de l'autorité de saint Grégoire en » faveur de la tragédie, il faut me résoudre à être toute ma » vie le poëte de la Passion. » Voyez à quoi l'on s'expose quand on force son naturel ! Il n'a pu rire sans abuser du plus saint de nos mystères ; et la seule plaisanterie qu'il fait est une impiété.

Mais vous vous accordez surtout dans la pensée que je suis un poëte de théâtre, vous en êtes pleinement persuadés ; et c'est le sujet de toutes vos réflexions sévères et enjouées. Où en seriez-vous, Messieurs, si l'on découvrait que je n'ai point fait de comédie[1] ? Voilà bien des lieux communs hasardés, et vous auriez pénétré inutilement tous les replis du cœur d'un poëte.

Par exemple, Messieurs, si je supposais que vous êtes deux grands docteurs ; si je prenais mes mesures là-dessus, et qu'ensuite (car il arrive des choses plus extraordinaires) on vînt à découvrir que vous n'êtes rien moins tous deux que de savants théologiens, que ne diriez-vous point de moi ? Vous ne manqueriez pas encore de vous écrier que je ne me connais point en auteurs, *que je confonds les Chamillardes avec les Visionnaires*, et que je prends des hommes fort communs pour de grands hommes : aussi ne prétendez pas que je vous donne cet avantage sur moi ; j'aime mieux croire, sur votre parole, que vous ne savez pas les Pères, et que vous n'êtes tout au plus que les très-humbles serviteurs de l'auteur des *Imaginaires*.

Je croirai même, si vous voulez, que vous n'êtes point de

---

[1] *Les Plaideurs* ne parurent qu'en 1668.

Port-Royal, comme le dit un de vous, quoiqu'à dire le vrai j'aie peine à comprendre qu'il ait renoncé de gaieté de cœur à sa plus belle qualité. Combien de gens ont lu sa lettre, qui ne l'eussent pas regardée si le Port-Royal ne l'eût adoptée, si ces messieurs ne l'eussent distribuée avec les mêmes éloges qu'un de leurs écrits! Il a voulu peut-être imiter M. Pascal, qui dit, dans quelqu'une de ses lettres, qu'il n'est point de Port-Royal. Mais, Messieurs, vous ne considérez pas que M. Pascal faisait honneur à Port-Royal, et que Port-Royal vous fait beaucoup d'honneur à tous deux. Croyez-moi, si vous en êtes, ne faites point de difficulté de l'avouer; et si vous n'en êtes point, faites tout ce que vous pourrez pour y être reçus : vous n'avez que cette voie pour vous distinguer. Le nombre de ceux qui condamnent Jansénius est trop grand : le moyen de se faire connaître dans la foule! Jetez-vous dans le petit nombre de ses défenseurs; commencez à faire les importants; mettez-vous dans la tête que l'on ne parle que de vous, et que l'on vous cherche partout pour vous arrêter; délogez souvent, changez de nom, si vous ne l'avez déjà fait[1]; ou plutôt n'en changez point du tout : vous ne sauriez être moins connus qu'avec le vôtre; surtout louez vos messieurs, et ne les louez pas avec retenue. Vous les placez justement après David et Salomon; ce n'est pas assez : mettez-les devant, vous ferez un peu souffrir leur humilité; mais ne craignez rien : ils sont accoutumés à bénir tous ceux qui les font souffrir.

Aussi vous vous en acquittez assez bien : vous les voulez obliger à quelque prix que ce soit. C'est peu de les préférer à tous ceux qui ont jamais paru dans le monde, vous les préférez même à ceux qui se sont le plus signalés dans leur

---

[1] Allusion à l'usage où étaient la plupart des écrivains de Port-Royal de prendre des noms supposés. Nicole avait pris celui de Damvilliers, de Paul Irénée, de Wendrock, etc.; de Sacy avait traduit les fables de Phèdre, sous le nom du sieur de Saint-Aubin; il prit depuis les noms de Gournay, de Royaumont, de du Beuil, etc.

parti : vous rabaissez M. Pascal pour relever l'auteur des *Imaginaires ;* vous dites que M. Pascal n'a que l'avantage d'avoir eu des sujets plus heureux que lui. Mais, Monsieur, vous qui êtes plaisant, et qui croyez vous connaître en plaisanterie, trouvez-vous que le *pouvoir prochain* et la *grâce suffisante* fassent des sujets plus divertissants que tout ce que vous appelez les visions de Desmarêts? Cependant vous ne nous persuaderez pas que les dernières *Imaginaires* soient aussi agréables que les premières *Provinciales :* tout le monde lisait les unes, et vos meilleurs amis peuvent à peine lire les autres.

Pensez-vous vous-même que je fasse une grande injustice à ce dernier de lui attribuer une *Chamillarde ?* Savez-vous qu'il y a d'assez bonnes choses dans ces *Chamillardes ?* Cet homme ne manque point de hardiesse, il possède assez bien le caractère de Port-Royal : il traite le pape familièrement, il parle aux docteurs avec autorité. Que dis-je? Savez-vous qu'il a fait un grand écrit qui a mérité d'être brûlé? Mais cela serait plaisant que je prisse contre vous le parti de tous vos auteurs ; c'est bien assez d'avoir défendu M. Pascal. Il est vrai que j'ai eu quelque pitié de voir traiter l'auteur des *Chamillardes* avec tant d'inhumanité, et tout cela parce qu'on l'a convaincu de quelques fautes ; il fera mieux une autre fois, il a bonne intention. Il s'est fait cent querelles pour vos amis ; voulez-vous qu'il soit mal avec tout le monde, et qu'il ne soit estimé des jésuites ni des jansénistes? Ne craignez-vous point que l'on vous fasse le même traitement? Car qui empêchera quelqu'un de me répondre, et de me dire, en parlant de vous : « Quoi, Monsieur ! vous avez pu croire que messieurs de Port-Royal avaient adopté une lettre si peu digne d'eux! Ne voyez-vous point qu'elle rebat cent fois la même chose, qu'elle est obscure en beaucoup d'endroits, et froide partout ? » Ils me diront ces raisons, et d'autres encore, et j'en serai fâché pour vous ; car votre belle humeur tient à peu de chose : la moindre mortification la suspendra, et vous retomberez dans la mélancolie de votre confrère.

Mais il s'ennuierait peut-être, si je le laissais plus longtemps sans l'entretenir : il faut revenir à lui, et faire tout ce que je pourrai pour le divertir. J'avoue que ce n'est pas une petite entreprise ; car que dire à un homme qui ne prend rien en raillerie, et qui trouve partout des sujets de se fâcher ? Ce n'est pas que je condamne sa mauvaise humeur ; il a ses raisons : c'est un homme qui s'intéresse sérieusement dans le succès de vos affaires, il voit qu'elles vont de pis en pis, et qu'il n'est pas temps de se réjouir ; c'est sans doute ce qui fait qu'il s'emporte tant contre la comédie. Comment peut-on aller au théâtre, comment peut-on se divertir, lorsque la vérité est persécutée, lorsque la fin du monde s'approche, lorsque tout le monde a tantôt signé ? Voilà ce qu'il pense, et c'est ce qu'allégua un jour fort à propos un de vos confrères ; car je ne dis rien de moi-même.

C'était chez une personne qui, en ce temps-là, était fort de vos amis ; elle avait eu beaucoup d'envie d'entendre lire le *Tartufe*, et l'on ne s'opposa point à sa curiosité : on vous avait dit que les jésuites étaient joués dans cette comédie ; les jésuites au contraire se flattaient qu'on en voulait aux jansénistes. Mais il n'importe, la compagnie était assemblée ; Molière allait commencer, lorsqu'on vit arriver un homme fort échauffé, qui dit tout bas à cette personne : « Quoi ! Madame, vous entendrez une comédie le jour que le mystère de l'iniquité s'accomplit, ce jour qu'on nous ôte nos mères ! » Cette raison parut convaincante : la compagnie fut congédiée ; Molière s'en retourna, bien étonné de l'empressement qu'on avait eu pour le faire venir, et de celui qu'on avait pour le renvoyer... En effet, Messieurs, quand vous raisonnerez de la sorte, nous n'aurons rien à répondre, il faudra se rendre : car de me demander, comme vous faites, si je crois la comédie une chose sainte, si je la crois propre à faire mourir le vieil homme, je dirai que non ; mais je vous dirai en même temps qu'il y a des choses qui ne sont pas saintes, et qui sont pourtant innocentes. Je vous demanderai si la chasse, la musique, le plaisir de faire des sabots, et quelques autres plaisirs que vous ne vous refusez pas à vous-mêmes, sont fort propres à faire mourir le vieil homme ; s'il faut renoncer à tout ce qui divertit, s'il faut pleurer à toute heure ? Hélas ! oui, dira le mélancolique. Mais que dira le plaisant ? Il voudra qu'il lui soit permis de rire quelquefois, quand ce ne serait que d'un jésuite ; il vous prouvera, comme ont fait vos amis, que la raillerie est permise, que les Pères ont ri, que Dieu même a raillé.

Et vous semble-t-il que les *Lettres provinciales* soient autre chose que des comédies ? Dites-moi, Messieurs, qu'est-ce qui se passe dans les comédies ? On y joue un valet fourbe, un bourgeois avare, un marquis extravagant, et tout ce qu'il y a dans le monde de plus digne de risée. J'avoue que le Provincial a mieux choisi ses personnages : il les a cherchés dans les couvents et dans la Sorbonne ; il introduit sur la scène tantôt des jacobins, tantôt des docteurs, et toujours des jésuites. Combien de rôles leur fait-il jouer ! Tantôt il amène un jésuite bon homme, tantôt un jésuite méchant, et toujours un jésuite ridicule. Le monde en a ri pendant quelque temps, et le plus austère janséniste aurait cru trahir la vérité que de n'en pas rire.

Reconnaissez donc, Monsieur, que, puisque nos comédies ressemblent si fort aux vôtres, il faut bien qu'elles ne soient pas si criminelles que vous le dites. Pour les Pères, c'est à vous de nous les citer ; c'est à vous, ou à vos amis, de nous convaincre, par une foule de passages, que l'Église nous interdit absolument la comédie, en l'état qu'elle est : alors nous cesserons d'y aller, et nous attendrons patiemment que le temps vienne de mettre les jésuites sur le théâtre.

J'en pourrais dire autant des romans, et il me semble que vous ne les condamnez pas tout à fait. « Mon Dieu ! Monsieur, » me dit l'un de vous, que vous avez de choses à faire

» avant que de lire des romans ! » Vous voyez qu'il ne défend pas de les lire ; mais il veut auparavant que je m'y prépare sérieusement. Pour moi, je n'en avais pas une idée si haute : je croyais que ces sortes d'ouvrages n'étaient bons que pour désennuyer l'esprit, pour l'accoutumer à la lecture, et pour le faire passer ensuite à des choses plus solides. En effet, quel moyen de retourner aux romans, quand on a lu une fois les voyages de Saint-Amour, Wendrock, Palafox[1], et tous vos auteurs? Sans mentir, ils ont tout une autre manière d'écrire que les faiseurs de romans ; ils ont tout une autre adresse pour embellir la vérité : ainsi vous avez grand tort quand vous m'accusez de les comparer avec les autres. Je n'ai point prétendu égaler Desmarêts à M. le Maistre ; il ne faut point pour cela que vous souleviez les juges et le Palais contre moi ; je reconnais de bonne foi que les plaidoyers de ce dernier sont, sans comparaison, plus dévots que les romans du premier. Je crois bien que si Desmarêts avait revu ses romans depuis sa conversion, comme on dit que M. le Maistre a revu ses plaidoyers, il y aurait peut-être mis de la spiritualité ; mais il a cru qu'un pénitent devait oublier tout ce qu'il a fait pour le monde. Quel pénitent, dites-vous, qui fait des livres de lui-même, au lieu que M. le Maistre n'a jamais osé faire que des traductions ! Mais, Messieurs, il n'est pas que M. le Maistre n'ait fait des préfaces, et vos préfaces sont fort souvent de fort gros livres. Il faut bien se hasarder quelquefois : si les saints n'avaient fait que traduire, vous ne traduiriez que des traductions.

[1] Louis Gorin de Saint-Amour, recteur de l'Université de Paris, envoyé à Rome par les évêques partisans des jansénistes, publia le journal de ce qui s'était passé à Rome touchant les cinq propositions, depuis 1646 jusqu'en 1653. C'est ce journal que Racine désigne ici sous le titre de *Voyages de Saint-Amour.*
Wendrock. C'est sous ce nom, ou plutôt sous celui de *Guillelmus Wendrockius,* que Nicole publia sa traduction latine des *Lettres provinciales.*
Palafox. Jean de Palafox, évêque d'Osma, un des prélats qui honorent le plus le clergé espagnol, se signala par son zèle contre les jésuites.

Vous vous étendez fort au long sur celle qu'on a faite de Térence ; vous dites que je n'en puis tirer aucun avantage, et que le traducteur a rendu un grand service à l'État et à l'Église, en expliquant un auteur nécessaire pour apprendre la langue latine. Je le veux bien ; mais pourquoi choisir Térence ? Cicéron n'est pas moins nécessaire que lui, il est plus en usage dans les colléges ; il est assurément moins dangereux : car, quand vous nous dites qu'on ne trouve point dans Térence ces passions couvertes que vous craignez tant, il faut bien que vous n'ayez jamais lu la première et la cinquième scène de l'*Andrienne*, et tant d'autres endroits des comédies que l'on a traduites : vous y auriez vu ces passions naïvement exprimées ; ou plutôt il faut que vous ne les ayez lues que dans le français ; et, en ce cas, j'avoue que vous les avez pu lire sans danger.

Voilà, Messieurs, tout ce que je voulais vous dire : car, pour l'histoire des capucins, il paraît bien, par la manière dont vous la niez, que vous la croyez véritable. L'un de vous me reproche seulement d'avoir pris des capucins pour des cordeliers. L'autre me veut faire croire que j'ai voulu parler du père Mulard. Non, Messieurs : je sais combien ce cordelier est décrié parmi vous ; on se plaignait encore en ce temps-là d'un capucin, et ce sont des capucins qui ont bu le cidre. Il se peut faire que celui qui m'a conté cette aventure, et qui y était présent, n'a pas retenu exactement le nom du père dont on se plaignait ; mais cela ne fait pas que le reste ne soit véritable. Et pourquoi le nier ? Quel tort cela fait-il à la mère Angélique ? Cela ne doit point empêcher vos amis d'achever sa Vie, qu'ils ont commencée ; ils pourront même se servir de cette histoire, et ils en feront un chapitre particulier, qu'ils intituleront : *De l'esprit de discernement que Dieu avait donné à la sainte mère.*

Vous voyez bien que je ne cherche pas à faire de longues lettres : je ne manquerais pas de matière pour grossir celle-ci ; je pourrais vous rapporter cent de vos passages, comme vous rapportez presque tous les miens; mais, ou ils seraient ennuyeux, et je ne veux pas que vous vous ennuyiez vous-mêmes; ou ils seraient divertissants, et je ne veux pas qu'on me reproche, comme à vous, que je ne divertis que par les passages des autres. Je prévois même que je ne vous écrirai pas davantage. Je ne refuse point de lire vos *apologies,* ni d'être spectateur de vos disputes, mais je ne veux point y être mêlé. Ce serait une chose étrange que, pour un avis que j'ai donné en passant, je me fusse attiré sur les bras tous les disciples de saint Augustin. Ils n'y trouveraient pas leur compte : ils n'ont point accoutumé d'avoir affaire à des inconnus. Il leur faut des gens connus et des plus élevés en dignité; je ne suis ni l'un ni l'autre : et par conséquent je crains peu ces vérités dont vous me menacez. Il se pourrait faire qu'en voulant me dire des injures, vous en diriez au meilleur de vos amis. Croyez-moi, retournez aux jésuites, ce sont vos ennemis naturels.

ABRÉGÉ

DE

L'HISTOIRE DE PORT-ROYAL.

———

AVERTISSEMENT

SUR L'ABRÉGÉ

DE L'HISTOIRE DE PORT-ROYAL.

Cet abrégé est divisé en deux parties : on a élevé du doute sur l'authenticité de la seconde, mais le manuscrit déposé par Louis Racine à la Bibliothèque du roi enlève toute incertitude à cet égard.

Louis Racine, en effet, ayant recouvré le manuscrit de cette seconde partie, le déposa à la Bibliothèque du roi avec cette note qu'il écrivit lui-même : « Ce qui » s'est trouvé de l'histoire de Port-Royal dans les papiers » de Jean Racine.

» Le tout est écrit de sa main, excepté les feuillets » 1, 2, 3, 4, qui sont écrits de la main de Boileau. »

Ce qui avait permis de supposer que cette seconde partie n'était pas l'œuvre de Racine, ce sont ces quatre feuillets écrits de la main de Boileau, et dans lesquels ce dernier, complétant le travail de son ami, faisait mention des faits arrivés après la mort de Racine.

ABRÉGÉ

DE

L'HISTOIRE DE PORT-ROYAL.

PREMIÈRE PARTIE.

L'abbaye de Port-Royal, près de Chevreuse, est une des plus anciennes abbayes de l'ordre de Cîteaux. Elle fut fondée en l'année 1204, par un saint évêque de Paris, nommé Eudes de Sully, de la maison des comtes de Champagne, proche parent de Philippe-Auguste [1]. C'est lui dont on voit la tombe en cuivre, élevée de 2 pieds, à l'entrée du chœur de Notre-Dame de Paris. La fondation n'était que pour douze religieuses; ainsi ce monastère ne possédait pas de fort grands biens. Ses principaux bienfaiteurs furent les seigneurs de Montmorency et les comtes de Montfort. Ils lui firent successivement plusieurs donations, dont les plus considérables ont été confirmées par le roi saint Louis, qui donna aux religieuses, sur son domaine, une rente en forme d'aumône, dont elles jouissent encore aujourd'hui; si bien qu'elles

---

[1] C'est par erreur que Racine attribue la fondation de Port-Royal à Eudes de Sully. Cette abbaye doit son origine à Mathilde de Garlande, femme de Mathieu Ier de Marly, cadet de la maison de Montmorency. Ce seigneur, en partant pour la Terre sainte, laissa à sa femme une somme pour l'employer en œuvres de piété. Mathilde, suivant l'intention de son mari, et seulement d'après le conseil d'Eudes de Sully, acheta le fief de Porrois ou Port-Royal, et y fonda une abbaye.

reconnaissent avec raison ce saint roi pour un de leurs fondateurs. Le pape Honoré III accorda à cette abbaye de grands priviléges; comme, entre autres, celui d'y célébrer l'office divin, quand même tout le pays serait en interdit. Il permettait aussi aux religieuses de donner retraite à des séculières qui, étant dégoûtées du monde, et pouvant disposer de leurs personnes, voudraient se réfugier dans leur couvent pour y faire pénitence, sans néanmoins se lier par des vœux. Cette bulle est de l'année 1223, un peu après le quatrième concile général de Latran.

Sur la fin du dernier siècle, ce monastère, comme beaucoup d'autres, était tombé dans un grand relâchement : la règle de saint Benoît n'y était presque plus connue, la clôture même n'y était plus observée, et l'esprit du siècle en avait entièrement banni la régularité. Marie-Angélique Arnauld[1], par un usage qui n'était que trop commun en ces temps-là, en fut faite abbesse en 1602, n'ayant pas encore onze ans accomplis. Elle n'en avait que huit lorsqu'elle prit l'habit, et elle fit profession à neuf ans entre les mains du général de Citeaux, qui la bénit dix-huit mois après. Il y avait peu d'apparence qu'une fille faite abbesse à cet âge, et d'une manière si peu régulière, eût été choisie de Dieu pour rétablir la règle dans cette abbaye. Cependant elle était à peine dans sa dix-septième année, que Dieu, qui avait de grands desseins sur elle, se servit, pour la toucher, d'une voie assez extraordinaire.

Un capucin, qui était sorti de son couvent par libertinage, et qui allait se faire apostat dans les pays étrangers, passant par hasard (en 1608) à Port-Royal, fut prié par l'abbesse et par les religieuses de prêcher dans leur église. Il le fit, et ce misérable parla avec tant de force sur le bonheur de la vie

---

[1] Sœur du grand Arnauld. Il ne faut pas la confondre avec la mère Angélique de Saint-Jean Arnauld, sa nièce, qui fut aussi abbesse de Port-Royal.

religieuse, sur la beauté et sur la sainteté de la règle de saint Benoît, que la jeune abbesse en fut vivement émue. Elle forma dès lors la résolution, non-seulement de pratiquer sa règle dans toute sa rigueur, mais d'employer même tous ses efforts pour la faire aussi observer à ses religieuses. Elle commença par un renouvellement de ses vœux, et fit une seconde profession, n'étant pas satisfaite de la première. Elle réforma tout ce qu'il y avait de mondain et de sensuel dans ses habits, ne porta plus qu'une chemise de serge, ne coucha plus que sur une simple paillasse, s'abstint de manger de la viande, et fit fermer de bonnes murailles son abbaye, qui ne l'était auparavant que d'une méchante clôture de terre éboulée presque partout. Elle eut grand soin de ne point alarmer ses religieuses par trop d'empressement à leur vouloir faire embrasser la règle : elle se contentait de donner l'exemple, leur parlant peu, priant beaucoup pour elles, et accompagnant de torrents de larmes le peu d'exhortations qu'elle leur faisait quelquefois. Dieu bénit si bien cette conduite, qu'elle les gagna toutes les unes après les autres, et qu'en moins de cinq ans la communauté de biens, le jeûne, l'abstinence de viande, le silence, la veille de la nuit, et enfin toutes les austérités de la règle de saint Benoît furent établies à Port-Royal de la même manière qu'elles le sont encore aujourd'hui.

Cette réforme est la première qui ait été introduite dans l'ordre de Cîteaux : aussi y fit-elle un fort grand bruit, et elle eut la destinée que les plus saintes choses ont toujours eue, c'est-à-dire qu'elle fut occasion de scandale aux uns, et d'édification aux autres. Elle fut extrêmement désapprouvée par un fort grand nombre de moines et d'abbés même, qui regardaient la bonne chère, l'oisiveté, la mollesse, et, en un mot, le libertinage, comme d'anciennes coutumes de l'ordre, où il n'était pas permis de toucher. Toutes ces sortes de gens déclamèrent avec beaucoup d'emportement contre les religieuses de Port-Royal, les traitant de folles, d'embéguinées, de novatrices, de schismatiques même, et ils parlaient de les faire excommunier. Ils avaient pour eux l'assistant du général, grand chasseur, et d'une si profonde ignorance, qu'il n'entendait pas même le latin de son *Pater*. Mais heureusement le général, nommé dom Boucherat, se trouva un homme très-sage et très-équitable, et ne se laissa point entraîner à leurs sentiments.

Plusieurs maisons non-seulement admirèrent cette réforme, mais résolurent même de l'embrasser. Mais on crut partout qu'on ne pouvait réussir dans une si sainte entreprise sans le secours de l'abbesse de Port-Royal. Elle eut ordre du général (en 1618) de se transporter dans la plupart de ces maisons, et d'envoyer de ses religieuses dans tous les couvents où elle ne pourrait aller elle-même. Elle alla à Maubuisson, au Lis, à Saint-Aubin, pendant que la mère Agnès Arnauld, sa sœur, et d'autres de ses religieuses, allaient à Saint-Cyr, à Gomer-Fontaine, à Tard, aux îles d'Auxerre, et ailleurs. Toutes ces maisons regardaient l'abbesse et les religieuses de Port-Royal comme des anges envoyés du ciel pour le rétablissement de la discipline. Plusieurs abbesses vinrent passer des années entières à Port-Royal, pour s'y instruire à loisir des saintes maximes qui s'y pratiquaient. Il y eut aussi un grand nombre d'abbayes d'hommes qui se réformèrent sur ce modèle. Ainsi l'on peut dire avec vérité que la maison de Port-Royal fut une source de bénédictions pour tout l'ordre de Cîteaux, où l'on commença de voir revivre l'esprit de saint Benoît et de saint Bernard, qui y était presque entièrement éteint.

De tous les monastères que je viens de nommer, il n'y en a point où la mère Angélique trouvât plus à travailler que dans celui de Maubuisson, dont l'abbesse, sœur de Mme Gabrielle d'Estrées, après plusieurs années d'une vie toute scandaleuse, avait été interdite, et renfermée à Paris dans les Filles pénitentes. A peine la mère Angélique commençait à faire connaître Dieu dans cette maison, que Mme d'Estrées, s'étant échappée des Filles pénitentes, revint à Maubuisson avec une escorte de plusieurs gentilshommes accoutumés à y venir passer leur temps ; et une des portes lui en fut ouverte par une des anciennes religieuses. Aussitôt le confesseur de l'abbaye, qui était un moine, grand ennemi de la réforme, voulut persuader à la mère Angélique de se retirer ; il y eut même un de ces gentilshommes qui lui appuya le pistolet sur la gorge pour la faire sortir. Mais tout cela ne l'étonnant point, l'abbesse, le confesseur, et ces jeunes gens la prirent par force, et la mirent hors du couvent avec les religieuses qu'elle y avait amenées, et avec toutes les novices à qui elle avait donné l'habit. Cette troupe de religieuses, destituée de tout secours, et ne sachant où se retirer, s'achemina en silence vers Pontoise, et en traversa tout le faubourg et une partie de la ville, les mains jointes et leur voile sur le visage, jusqu'à ce qu'enfin quelques habitants du lieu, touchés de compassion, leur offrirent de leur donner retraite chez eux. Mais elles n'y furent pas longtemps, car, au bout de deux ou trois jours, le Parlement, à la requête de l'abbé de Cîteaux, ayant donné un arrêt pour renfermer de nouveau Mme d'Estrées, le prévôt de l'Isle fut envoyé avec main-forte pour se saisir de l'abbesse, du confesseur, et de la religieuse ancienne qui était de leur cabale. L'abbesse s'enfuit de bonne heure par une porte du jardin ; la religieuse fut trouvée dans une grande armoire pleine de hardes, où elle s'était cachée ; et le confesseur, ayant sauté par-dessus les murs, s'alla réfugier chez les jésuites de Pontoise. Ainsi la mère Angélique demeura paisible dans Maubuisson et y continua sa sainte mission pendant cinq années.

Ce fut là qu'elle vit (le 5 avril de l'année 1619), pour la première fois, saint François de Sales, et qu'il se lia entre eux une amitié qui a duré toute la vie du saint évêque, qui voulut même que la mère de Chantal[1] fût associée à cette

---

[1] Jeanne-Françoise Frémiot, veuve, en 1600, du baron de Chantal, ins-

union. L'on voit dans les lettres de l'un et de l'autre la grande idée qu'ils avaient de cette merveilleuse fille. De son côté, la mère Angélique procura aussi à M. Arnauld, son père[1], et à toute sa famille, la connaissance de ce saint prélat. Il fit un voyage à Port-Royal, pour y voir la mère Agnès de Saint-Paul, sœur de cette abbesse; il allait voir très-souvent M. Arnauld, son père, et M. d'Andilly[2], son frère, et à Paris et à une maison qu'ils avaient à la campagne, charmé de se trouver dans une famille si pleine de vertu et de piété. La dernière fois qu'il les vit, il donna sa bénédiction à tous leurs enfants, et entre autres au célèbre M. Arnauld, docteur de Sorbonne, qui n'avait alors que six ans. La bienheureuse mère de Chantal vécut encore vingt ans depuis qu'elle eut connu la mère Angélique; elle ne faisait point de voyage à Paris qu'elle ne vînt passer plusieurs jours de suite avec elle, versant dans son sein ses plus secrètes pensées, et désirant avec ardeur que les filles de la Visitation et celles de Port-Royal fussent unies du même lien d'amitié qui avait si étroitement uni leurs deux mères.

Après cinq ans de travail à Maubuisson (en 1623), la mère Angélique, se trouvant déchargée du soin de cette abbaye par la nomination que le roi avait faite d'une autre abbesse[3] en la place de Mme d'Estrées, elle se résolut d'aller trouver sa chère communauté de Port-Royal. Elle ne l'avait pas laissée néanmoins orpheline, l'ayant mise, en partant, sous la conduite de la mère Agnès dont j'ai parlé : elle était plus jeune de deux ans que la mère Angélique, et avait été faite abbesse aussi jeune qu'elle; mais Dieu l'ayant aussi éclairée

---

titua en 1610 l'ordre de la Visitation. Elle mourut en 1641, et fut canonisée en 1767. Mme de Sévigné était sa petite-fille.

[1] Avocat célèbre, fils d'Antoine Arnauld, avocat général de la reine Catherine de Médicis.

[2] Robert Arnauld d'Andilly était l'aîné des fils d'Antoine Arnauld.

[3] Charlotte de Bourbon-Soissons, fille de Charles de Bourbon, comte de Soissons et de Dreux, fils puîné de Louis Ier, prince de Condé.

de fort bonne heure, elle avait remis au roi l'abbaye de Saint-Cyr, dont elle était pourvue, pour venir vivre, simple religieuse, dans le couvent de sa sœur. Mais la mère Angélique, pleine d'admiration de sa vertu, avait obtenu qu'on la fît sa coadjutrice. C'est cette mère Agnès qui a depuis dressé les constitutions de Port-Royal, qui furent approuvées par M. de Gondy, archevêque de Paris. On a aussi d'elle plusieurs traités très-édifiants, et qui font connaître tout ensemble l'élévation et la solidité de son esprit.

Lorsque la mère Angélique se préparait à partir de Maubuisson, trente religieuses, qui y avaient fait profession entre ses mains, se jetèrent à ses pieds, et la conjurèrent de les emmener avec elle. L'abbaye de Port-Royal était fort pauvre, n'ayant été fondée, comme j'ai dit, que pour douze religieuses. Le nombre en était alors considérablement augmenté; et ces trente filles de Maubuisson n'avaient à elles toutes que 500 livres de pension viagère. Cependant la mère Angélique ne balança pas un moment à leur accorder leur demande. Elle se contenta d'en écrire à la mère Agnès; et, sur sa réponse, elle les fit même partir quelques jours devant elle. Ces pauvres filles n'abordaient qu'en tremblant une maison qu'elles venaient, pour ainsi dire, affamer; mais elles y furent reçues (le 3 mars 1623) avec une joie qui leur fit bien voir que la charité de la mère s'était aussi communiquée à toute la communauté.

Il était resté à Maubuisson quelques esprits qui n'avaient pu entièrement s'assujettir à la réforme. D'ailleurs Mme de Soissons, qui avait succédé à Mme d'Estrées, n'avait pas pris un fort grand soin d'y entretenir la régularité que la mère Angélique y avait établie; si bien que cette sainte fille ne cessait de demander à Dieu qu'il regardât cette maison avec des yeux de miséricorde. Sa prière fut exaucée.

Cette abbaye étant venue encore à vaquer au bout de quatre ans, par la mort de Mme de Soissons (octobre 1626), le roi Louis XIII fit demander à la mère Angélique une de ses religieuses pour l'en faire abbesse. Elle lui en proposa une (en 1627) qu'on appelait sœur Marie des Anges[1], à qui le roi donna aussitôt son brevet.

La plupart des personnes qui connaissaient cette fille lui trouvaient, à la vérité, une grande douceur et une profonde humilité ; mais elles doutaient qu'elle eût toute la fermeté nécessaire pour remplir une place de cette importance. Le succès fit voir combien la mère Angélique avait de discernement : car cette fille si humble et si douce sut réduire en très-peu de temps les esprits qui étaient demeurés les plus rebelles, rangea les anciennes sous le même joug que les jeunes, ne s'étonna point des persécutions de certains moines, et même de certains visiteurs de l'ordre, accoutumés au faste et à la dépense, et qui ne pouvaient souffrir le saint usage qu'elle faisait des revenus de cette abbaye.

Ce fut de son temps que deux fameuses religieuses de Montdidier furent introduites à Maubuisson par un de ces visiteurs, pour y enseigner, disait-il, les secrets de la plus sublime oraison. La mère des Anges et la mère Angélique n'étaient point assez intérieures, au gré de ces pères, et ils leur reprochaient souvent de ne connaître d'autre perfection que celle qui s'acquiert par la mortification des sens et par la pratique des bonnes œuvres. La mère des Anges, qui avait appris à Port-Royal à se défier de toute nouveauté, fit observer de près ces deux filles : et il se trouva que, sous un jargon de pur amour, d'anéantissement, et de parfaite nudité, elles cachaient toutes les illusions et toutes les horreurs que l'Église a condamnées de nos jours dans Molinos (en 1687). Elles étaient en effet de la secte de ces illuminés de Roye, qu'on nommait les *Guérinets*[2], dont le cardinal de Richelieu fit faire une si exacte perquisition.

La mère des Anges ayant donné avis du péril où était son

---

[1] Marie des Anges Suireau.
[2] Du nom de Pierre Guérin, chef de cette secte.

monastère, ces deux religieuses furent renfermées très-étroitement par ordre de la cour ; et le visiteur qui les protégeait eut lui-même bien de la peine à se tirer d'affaire. En un mot, la mère des Anges, malgré toutes les traverses qu'on lui suscitait, rétablit entièrement dans Maubuisson le véritable esprit de saint Bernard, qui s'y maintient encore aujourd'hui par les soins de l'illustre princesse[1] que la Providence en a fait abbesse ; et, après avoir gouverné pendant vingt-deux ans ce célèbre monastère avec une sainteté dont la mémoire s'y conservera éternellement, elle en donna sa démission au roi, et vint reprendre à Port-Royal son rang de simple religieuse : elle demandait même à y recommencer son noviciat, de peur, disait-elle, qu'ayant si longtemps commandé, elle n'eût appris à désobéir.

Cependant la communauté de Port-Royal s'étant accrue jusqu'au nombre de quatre-vingts religieuses, elles étaient fort serrées dans ce monastère, situé dans un lieu fort humide, et dont les bâtiments étaient extrêmement bas et enfoncés : ainsi les maladies y devinrent fort fréquentes, et le couvent ne fut bientôt plus qu'une infirmerie. Mais la Providence n'abandonna point la mère Angélique dans ce besoin : elle lui fit trouver des ressources dans sa propre famille. Mme Arnauld, sa mère, qui était fille du célèbre M. Marion, avocat général, était demeurée veuve depuis plusieurs années, et avait conçu la résolution non-seulement de se retirer du monde, mais même, ce qui est assez particulier, de se faire religieuse sous la conduite de sa fille. Comme elle sut l'extrémité où la communauté était réduite, elle acheta (en 1625) de son argent, au faubourg Saint-Jacques, une maison, et la donna pour en faire comme un hospice. On ne voulait y transporter d'abord qu'une partie des religieuses ; mais le monastère des champs devenant plus malsain de jour en jour, on fut obligé de l'abandonner entièrement (en 1626), et de

---

[1] Louise-Marie Hollandine, princesse palatine de Bavière.

transférer à Paris toute la communauté, après en avoir obtenu le consentement du roi et de l'archevêque. On se logea comme on put dans cette nouvelle maison : l'on fit un dortoir d'une galerie; on lambrissa les greniers, pour y pratiquer des cellules, et la salle fut changée en une chapelle.

La réputation de la mère Angélique, et les merveilles qu'on racontait de la vie toute sainte de ses religieuses, lui attirèrent bientôt l'amitié de beaucoup de personnes de piété. La reine Marie de Médicis les honora d'une bienveillance particulière, et, par des lettres patentes enregistrées au Parlement, prit le titre de fondatrice et de bienfaitrice de ce nouveau monastère. Elle ne fut pas vraisemblablement en état de leur donner des marques de sa libéralité, mais elle leur procura un bien qu'elles n'eussent jamais osé espérer sans une protection si puissante.

Plus la mère Angélique avait sujet de louer Dieu des bénédictions qu'il avait répandues sur sa communauté, plus elle avait lieu de craindre qu'après sa mort, et après celle de la mère Agnès, sa coadjutrice, on n'introduisît en leur place quelque abbesse qui, n'ayant point été élevée dans la maison, détruirait peut-être en six mois tout le bon ordre qu'elle avait tant travaillé à y établir. La reine Marie de Médicis entra avec bonté dans ses sentiments ; elle parla au roi son fils, dans le temps qu'il revenait triomphant après la prise de la Rochelle, et lui représentant tout ce qu'elle connaissait de la sainteté de ces filles, elle toucha tellement sa piété, qu'il crut lui-même rendre un grand service à Dieu, en consentant que cette abbaye fût élective et triennale. La chose fut confirmée par le pape Urbain VIII. Aussitôt la mère Angélique et la mère Agnès se démirent, l'une de sa qualité d'abbesse, et l'autre de celle de coadjutrice; et la communauté (en 1630) élut pour trois ans une des religieuses de la maison[1]. La

---

[1] Marie-Geneviève de Saint-Augustin Letardif, élue abbesse en 1630, fut continuée jusqu'en 1636.

mère Angélique venait d'obtenir du même pape une autre grâce qui ne lui parut pas moins considérable. Elle avait toujours eu au fond de son cœur un grand amour pour la hiérarchie ecclésiastique, et souhaitait aussi ardemment d'être soumise à l'autorité épiscopale que les autres abbesses désirent d'en être soustraites. Son souhait sur cela était d'autant plus raisonnable, que l'abbaye de Port-Royal, fondée par un évêque de Paris, avait longtemps dépendu immédiatement de lui et de ses successeurs; mais dans la suite un de ses évêques avait consenti qu'elle reconnût la juridiction de l'abbé de Cîteaux. Elle avait donc fait représenter ces raisons au pape (en 1627), qui, les ayant approuvées, remit en effet cette abbaye sous la juridiction de l'ordinaire, et l'affranchit entièrement de la dépendance de Cîteaux, en y conservant néanmoins tous les priviléges attachés aux maisons de cet ordre. M. de Gondy en prit donc en main le gouvernement, en examina et approuva les constitutions, et en fit faire la visite par M. Maugier, qui fut le premier supérieur qu'il donna à ce monastère.

Ce fut vers ce temps-là que Louise de Bourbon, première femme du duc de Longueville, princesse d'une éminente vertu, forma avec M. Zamet, évêque de Langres, le dessein d'instituer un ordre de religieuses particulièrement consacrées à l'adoration du mystère de l'Eucharistie, et qui, par leur assistance continuelle devant le Saint-Sacrement, réparassent en quelque sorte les outrages que lui font tous les jours et les blasphèmes des protestants et les communions sacriléges des mauvais catholiques. Ils communiquèrent tous deux leur pensée à la mère Angélique, et la prièrent, non-seulement de les aider à former cet institut, mais d'en vouloir même accepter la direction, et de donner quelques-unes de ses religieuses pour en commencer avec elle l'établissement. Cette proposition fut d'autant plus de son goût, qu'il y avait déjà plus de quinze ans que cette même assistance continuelle devant le Saint-Sacrement avait été établie à Port-Royal, d'abord pendant le jour seulement, et ensuite pendant la nuit même. Toutes les religieuses de ce monastère, ayant appris un si louable dessein, furent touchées d'une sainte jalousie de ce qu'on fondait pour cela un nouvel ordre, au lieu de l'établir dans Port-Royal même. Elles demandèrent avec instance que, sans chercher d'autre maison que la leur, on leur permît d'ajouter les pratiques de cet institut aux autres pratiques de leur règle, et de joindre en elles le nom glorieux de filles du Saint-Sacrement à celui de filles de Saint-Bernard. La princesse était d'avis de leur accorder leur demande, mais l'évêque persista à vouloir un ordre et un habit particulier.

Ce prélat était un homme plein de bonnes intentions, et fort zélé, mais d'un esprit fort variable et fort borné. Il avait plusieurs fois changé le dessein de son institut : il voulait d'abord un ordre de religieux plus retirés encore et plus austères que les chartreux; puis il jugea plus à propos que ce fût un ordre de filles. Sa première vue pour ces filles était qu'elles fussent extrêmement pauvres, et que, pour mieux honorer le profond abaissement de Jésus-Christ dans l'Eucharistie, elles portassent sur leur habit toutes les marques d'une extrême pauvreté. Ensuite il imagina qu'il fallait attirer la vénération du peuple par un habit qui eût quelque chose d'auguste et de magnifique; mais la mère Angélique désira que tout se ressentît de la simplicité religieuse. Il avait fait divers autres règlements, dont la plupart eurent besoin d'être rectifiés. La mère Angélique, voyant ces incertitudes, eut un pressentiment que cet ordre ne serait pas de longue durée. Mais la bulle étant arrivée où elle était nommée supérieure, et où il était ordonné que ce serait des religieuses de Port-Royal qui en commenceraient l'établissement, elle se mit en devoir d'obéir. La bulle nommait aussi trois supérieurs, savoir : M. de Gondy, archevêque de Paris, M. de Bellegarde, archevêque de Sens, et l'évêque de Langres. Mais ce dernier, comme fondateur, et d'ailleurs étant grand-directeur de religieuses, eut la principale conduite de ce monastère. La mère

Angélique entra donc (le 8 mai 1633), avec trois de ses religieuses et quatre postulantes, dans la maison destinée pour cet institut. Cette maison était dans la rue Coquillière, qui est de la paroisse de Saint-Eustache; et le Saint-Sacrement y fut mis avec beaucoup de solennité. Bientôt après on y reçut des novices; et ce fut l'archevêque de Paris qui leur donna le voile.

La nouveauté de cet institut donna beaucoup occasion au monde de parler; et, dans ces commencements, la mère Angélique eut à essuyer bien des peines et des contradictions. Son principal chagrin était de voir l'évêque de Langres presque toujours en différend avec l'archevêque de Sens, qui ne pouvait compatir avec lui. Leur désunion éclata, surtout à l'occasion du *Chapelet secret* du Saint-Sacrement. Comme cette affaire fit alors un fort grand bruit, et que les ennemis de Port-Royal s'en sont voulu prévaloir dans la suite contre ce monastère, il est bon d'expliquer en peu de mots ce que c'était que cette querelle.

Ce *Chapelet secret* était un petit écrit de trois ou quatre pages, contenant des pensées affectueuses sur le mystère de l'Eucharistie, ou, pour mieux dire, c'était comme des élans d'une âme toute pénétrée de l'amour de Dieu dans la contemplation de sa charité infinie pour les hommes dans ce mystère. La mère Agnès, de qui étaient ces pensées, n'avait guère songé à les rendre publiques; elle en avait simplement rendu compte au père de Gondren, son confesseur, depuis général de l'Oratoire, qui, pour sa propre édification, lui avait ordonné de les mettre par écrit. Il en tomba une copie entre les mains d'une sainte carmélite, nommée la mère Marie de Jésus; cette mère étant morte un mois après, on fit courir sous son nom cet écrit, qui avait été trouvé sur elle; mais on sut bientôt qu'il était de la mère Agnès. L'évêque de Langres le trouva merveilleux, et en parla avec de grands sentiments d'admiration. L'archevêque de Sens, qui en avait été fort touché d'abord, commença tout à coup à s'en dégoûter; il le donna même à examiner à M. Duval, supérieur des carmélites, et à quelques autres docteurs, à qui on ne dit point qui l'avait composé. Ces docteurs, jugeant à la rigueur de certaines expressions abstraites et relevées, telles que sont à peu près celles des mystiques, le condamnèrent; d'autres docteurs, consultés par l'évêque de Langres, l'approuvèrent au contraire avec éloge : tellement que les esprits venant à s'échauffer, et chacun écrivant pour soutenir son avis, la chose fut portée à Rome. Le pape ne trouva dans l'écrit aucune proposition digne de censure; mais, pour le bien de la paix, et parce que ces matières n'étaient pas de la portée de tout le monde, il jugea à propos de le supprimer; et il le fut en effet.

Entre les théologiens qui avaient écrit pour le soutenir, Jean du Vergier de Hauranne, abbé de Saint-Cyran, avait fait admirer la pénétration de son esprit et la profondeur de sa doctrine. Il ne connaissait point alors la mère Agnès, et avait même été préoccupé contre le *Chapelet secret*, à cause des différends qu'il avait causés; mais, l'ayant trouvé très-bon, il avait pris lui-même la plume pour défendre la vérité qui lui semblait opprimée. Il n'avait point mis son nom à son ouvrage, non plus qu'à ses autres livres; mais l'évêque de Langres, ayant su que c'était de lui, l'alla chercher pour le remercier. A mesure qu'il le connut plus particulièrement, il fut épris de sa rare piété et de ses grandes lumières; et, comme il n'avait rien de plus à cœur que de porter les filles du Saint-Sacrement à la plus haute perfection, il jugea que personne au monde ne pouvait mieux l'aider dans ce dessein que ce grand serviteur de Dieu. Il le conjura donc de venir faire des exhortations à ces filles, et même de les vouloir confesser. L'abbé lui résista assez longtemps, fuyant naturellement ces sortes d'emplois, et se tenant le plus renfermé qu'il pouvait dans son cabinet, où il passait, pour ainsi dire, les jours et les nuits partie dans la prière, et partie à composer des ouvrages qui pussent être utiles à l'Église. Enfin, néanmoins, les instances réitérées de l'évêque lui paraissant comme un ordre de Dieu de servir ces filles, il s'y résolut.

Dès que la mère Angélique l'eut entendu parler des choses de Dieu, et qu'elle eut connu par quel chemin sûr il conduisait les âmes, elle crut retrouver en lui le saint évêque de Genève [1], par qui elle avait été autrefois conduite; et les autres religieuses prirent aussi en lui la même confiance. En effet, pour me servir ici du témoignage public que lui a rendu un prélat [2] non moins considérable par sa piété que par sa naissance, « ce savant homme n'avait point d'autres sen-
» timents que ceux qu'il avait puisés dans l'Écriture sainte
» et dans la tradition de l'Église; sa science n'était que
» celle des saints Pères; il ne parlait point d'autre langage
» que celui de la parole de Dieu; et, bien loin de conduire
» les âmes par des voies particulières et écartées, il ne
» savait point d'autre chemin pour les mener à Dieu que
» celui de la pénitence et de la charité. » Toutes ces filles firent en peu de temps un tel progrès dans la perfection sous sa conduite, que l'évêque de Langres ne cessait de remercier Dieu du confesseur qu'il lui avait inspiré de leur donner.

Dans le ravissement où était ce prélat, il proposa plusieurs fois à l'abbé de souffrir qu'il travaillât pour le faire nommer son coadjuteur à l'évêché de Langres; et, sur son refus, il le pressa au moins de vouloir être son directeur. Mais l'abbé le pria de l'en dispenser, lui faisant entendre qu'il y aurait peut-être plusieurs choses sur lesquelles ils ne seraient point d'accord; et, avec la sincérité qui lui était naturelle, il ne put s'empêcher de lui toucher quelque chose de la résidence et de l'obligation où il était de ne pas faire de si longs séjours hors de son diocèse. L'évêque était de ces gens qui, bien qu'au fond ils aient de la piété, n'entendent

---

[1] Saint François de Sales.
[2] M. de Laval, évêque de la Rochelle.

pas volontiers des vérités qu'ils ne se sentent pas disposés à pratiquer. Cela commença un peu à le refroidir pour l'abbé de Saint-Cyran. Bientôt après il crut s'apercevoir que les filles du Saint-Sacrement n'avaient point pour ses avis la même déférence qu'elles avaient pour cet abbé; sa mauvaise humeur était encore fomentée par une certaine dame, sa pénitente, qu'il avait fait entrer au Saint-Sacrement, et dont il faisait lui seul un cas merveilleux; en un mot, ayant, comme j'ai dit, l'esprit fort faible, il entra contre l'abbé dans une si furieuse jalousie qu'il ne le pouvait plus souffrir. L'abbé de Saint-Cyran fit d'abord ce qu'il put pour le guérir de ses défiances; et même, voyant qu'il s'aigrissait de plus en plus, cessa d'aller au monastère du Saint-Sacrement. Mais cette discrétion ne servit qu'à irriter cet esprit malade, honteux qu'on se fût aperçu de sa faiblesse, tellement qu'il vint à se dégoûter même de son institut; et, non content de rompre avec ces filles, il se ligua avec les ennemis de cet abbé, et, ce qu'on aura peine à comprendre, donna même au cardinal de Richelieu des mémoires contre lui.

Ce ne fut pas là la seule querelle que lui attira la jalousie de la direction. Le fameux père Joseph était, comme on sait, fondateur des religieuses du Calvaire. Quoique plongé fort avant dans les affaires du siècle, il se piquait d'être un fort grand maître en la vie spirituelle, et ne voulait point que ses religieuses eussent d'autre directeur que lui. Un jour néanmoins, se voyant sur le point d'entreprendre un long voyage pour les affaires du roi, il alla trouver l'abbé de Saint-Cyran, pour lui recommander ses chères filles du Calvaire, et obtint de lui qu'il les confesserait en son absence. A son retour il fut charmé du progrès qu'elles avaient fait dans la perfection; mais il crut s'apercevoir bientôt qu'elles avaient senti l'extrême différence qu'il y a d'un directeur partagé entre Dieu et la cour, à un directeur uniquement occupé du salut des âmes. Il en conçut contre l'abbé un fort grand dépit, et ne lui pardonna pas, non plus que l'évêque de Langres, cette diminution de son crédit sur l'esprit de ses pénitentes, tellement qu'il ne fut pas des moins ardents depuis ce temps-là à lui rendre de mauvais offices auprès du premier ministre.

Le cardinal de Richelieu, lorsqu'il n'était qu'évêque de Luçon, avait connu à Poitiers l'abbé de Saint-Cyran; et, ayant conçu pour ses grands talents et pour sa vertu l'estime que tous ceux qui le connaissaient ne pouvaient lui refuser, il ne fut pas plutôt en faveur, qu'il songea à l'élever aux premières dignités de l'Église. Il le fit pressentir sur l'évêché de Bayonne, qu'il lui destinait, et qui était le pays de sa naissance. Mais son extrême humilité, et cette espèce de sainte horreur qu'il eut toute sa vie pour les sublimes fonctions de l'épiscopat, l'empêchèrent d'accepter cette offre. Ce fut le premier sujet de mécontentement que ce ministre eut contre lui.

Son second crime à son égard fut de passer pour n'approuver pas la doctrine que ce cardinal avait enseignée dans son catéchisme de Luçon, touchant l'attrition formée par la seule crainte des peines, qu'il prétendait suffire pour la justification dans le sacrement. Ce n'est pas que l'abbé de Saint-Cyran fût jamais entré dans aucune discussion sur cette matière, mais il ne laissait pas ignorer qu'il était persuadé que, sans aimer Dieu, le pécheur ne pouvait être justifié. Outre que le cardinal se piquait encore plus d'être grand théologien que grand politique, il était si dangereux de le contredire sur ce point particulier de l'attrition, que le père Seguenot, de l'Oratoire, fut mis à la Bastille pour avoir soutenu la nécessité de l'amour de Dieu dans la pénitence; et que ce fut aussi, à ce qu'on prétend, pour le même sujet que le père Caussin, confesseur du roi, fut disgracié.

Mais ce qui acheva de perdre l'abbé de Saint-Cyran dans l'esprit du cardinal, ce fut une offense d'une autre nature que les deux premières, mais qui le touchait beaucoup plus au vif. On sait avec quelle chaleur ce premier ministre avait entrepris de faire casser le mariage du duc d'Orléans avec la princesse de Lorraine, sa seconde femme. Pour s'autoriser dans ce dessein, et pour rassurer la conscience timorée de Louis XIII, il fit consulter l'assemblée générale du clergé, et tout ce qu'il y avait de plus célèbres théologiens, tant réguliers que séculiers. L'assemblée, et presque tous ces théologiens, jusqu'au père Gondren, général de l'Oratoire, et jusqu'au père Vincent, supérieur des Missionnaires, furent d'avis de la nullité du mariage; mais quand on vint à l'abbé de Saint-Cyran, il ne cacha point que le mariage ne pouvait être cassé.

Venons maintenant à la querelle qu'il eut avec les jésuites : elle prit naissance en Angleterre. Les jésuites de ce pays-là n'ayant pu se résoudre à reconnaître la juridiction de l'évêque que le pape y avait envoyé, non-seulement obligèrent cet évêque à s'enfuir de ce royaume, mais écrivirent des livres fort injurieux contre l'autorité épiscopale, et contre la nécessité même du sacrement de la confirmation. Le clergé d'Angleterre envoya ces livres en France, et ils y furent aussitôt censurés par l'archevêque de Paris, puis par la Sorbonne, et enfin par une grande assemblée d'archevêques et d'évêques. Les jésuites de France n'abandonnèrent pas leurs confrères dans une cause que leur conduite, dans tous les pays du monde, fait bien voir qu'ils ont résolu de soutenir. Ils publièrent, contre toutes ces censures, des réponses où ils croyaient avoir terrassé la Sorbonne et les évêques. Tous les gens de bien frémissaient de voir ainsi fouler aux pieds la hiérarchie que Dieu a établie dans son Église, lorsqu'on vit paraître, sous le nom de *Petrus Aurelius*, un excellent livre qui mettait en poudre toutes les réponses des jésuites. Ce livre fut reçu avec un applaudissement incroyable : le clergé de France le fit imprimer plusieurs fois à ses dépens, s'efforça de découvrir qui était le défenseur de l'épiscopat; et, ne pouvant percer l'obscurité où sa modestie le tenait caché, fit composer en l'honneur de son livre, par le célèbre

M. Godeau, évêque de Grasse[1], un éloge magnifique qui fut imprimé à la tête du livre même.

Les jésuites n'étaient pas moins en peine que les évêques de savoir qui était cet inconnu ; et, comme la vengeance a des yeux plus perçants que la reconnaissance, ils démêlèrent que si l'abbé de Saint-Cyran n'était pas l'auteur de cet ouvrage, il y avait du moins la principale part. On jugera sans peine jusqu'où alla contre lui leur ressentiment, par la colère qu'ils témoignèrent contre M. Godeau, pour avoir fait l'éloge que je viens de dire. Ils publièrent contre ce prélat si illustre deux satires en latin, dont l'une avait pour titre : *Godellus an poeta?* et c'était leur père Vavasseur qui était auteur de ces satires. L'abbé devint à leur égard non-seulement un hérétique, mais un hérésiarque abominable, qui voulait faire une nouvelle Église, et renverser la religion de Jésus-Christ. C'est l'idée qu'ils s'efforcèrent alors de donner de lui, et qu'ils en veulent donner encore dans tous leurs livres.

Le cardinal de Richelieu, excité par leurs clameurs et par ses ressentiments particuliers, le fit arrêter et mettre au bois de Vincennes ; il fit aussi saisir tous ses papiers, dont il y avait plusieurs coffres pleins. Mais comme on n'y trouva que des extraits des Pères et des conciles, et des matériaux d'un grand ouvrage qu'il préparait pour défendre l'Eucharistie contre les ministres huguenots, tous ses papiers lui furent aussitôt renvoyés au bois de Vincennes. On abandonna aussi une procédure fort irrégulière que l'on avait commencée contre lui ; mais la liberté ne lui fut rendue que cinq ans après, c'est-à-dire à la mort du cardinal de Richelieu : Dieu ayant permis cette longue prison pour faire mieux connaître la piété extraordinaire de cet abbé, à laquelle le

---

[1] Et depuis évêque de Vence, et l'un des premiers membres de l'Académie française.

fameux Jean de Verth, qui, avec d'autres officiers étrangers, était alors aussi prisonnier au bois de Vincennes, rendit un témoignage très-particulier; car le cardinal de Richelieu ayant voulu qu'il fût spectateur d'un ballet fort magnifique qui était de sa composition, et ce général ayant vu à ce ballet un certain évêque qui s'empressait pour en faire les honneurs, il dit publiquement que le spectacle qui l'avait le plus surpris en France, c'était d'y voir les saints en prison et les évêques à la comédie.

Ce fut aussi dans cette prison que l'abbé de Saint-Cyran écrivit ces belles lettres chrétiennes et spirituelles, dont il s'est fait tant d'éditions avec l'approbation d'un fort grand nombre de cardinaux, d'archevêques, et d'évêques, qui les ont considérées comme l'ouvrage de nos jours qui donne la plus haute et la plus parfaite idée de la vie chrétienne.

Il mourut le 11 octobre 1643, huit mois après qu'il fut sorti du bois de Vincennes; et ses funérailles furent honorées de la présence de tout ce qu'il y avait alors à Paris de prélats plus considérables. A peine il eut les yeux fermés, que les jésuites se débordèrent en une infinité de nouvelles invectives contre sa mémoire, faisant imprimer, entre autres, de prétendus interrogatoires qu'ils avaient tronqués et falsifiés; et quoiqu'il eût reçu avec une extrême piété le viatique des mains du curé de Saint-Jacques du Haut-Pas, et que la gazette même en eût informé tout le public, ils n'en furent pas moins hardis à publier qu'il était mort sans vouloir recevoir ses sacrements. J'ai cru devoir rapporter de suite ces événements pour faire mieux connaître ce grand personnage, contre lequel la calomnie s'est déchaînée avec tant de licence, et qui a tant contribué, par ses instructions et par ses exemples, à la sainteté de Port-Royal.

La rupture de l'évêque de Langres avec les Filles du Saint-Sacrement, et l'emprisonnement de l'abbé de Saint-Cyran, ne furent pas les seules disgrâces dont elles furent alors affligées : elles perdirent aussi la duchesse de Longueville[1], leur fondatrice, qui mourut (en 1637) avant que d'avoir pu laisser aucun fonds pour leur subsistance ; tellement que, se voyant dénuées de toute protection, et d'ailleurs étant fort incommodées dans la maison où elles étaient, sans aucune espérance de s'y pouvoir agrandir, elles se retirèrent en 1638 (le 19 mai) à Port-Royal, où il y avait déjà quelques années que la mère Angélique était retournée.

Ce fut alors que les religieuses de ce monastère renouvelèrent leurs instances, et demandèrent à relever un institut qui était abandonné, et qu'il semblait que Dieu même eût voulu leur réserver. Henri Arnauld, abbé de Saint-Nicolas, depuis évêque d'Angers[2], était alors à Rome pour les affaires du roi : elles s'adressèrent à lui, et le prièrent de s'entremettre pour elles auprès du pape, qui leur accorda volontiers, par un bref, le changement qu'elles demandaient. Mais l'affaire souffrit à Paris de grandes difficultés, à cause de quelques intérêts temporels qu'il fallait accommoder. Enfin le Parlement ayant terminé ces difficultés, le roi donna ses lettres, et l'archevêque de Paris son consentement. Elles se dévouèrent donc avec une joie incroyable à l'adoration perpétuelle du mystère auguste de l'Eucharistie, et prirent le nom de Filles du Saint-Sacrement : mais elles ne quittèrent pas l'habit de Saint-Bernard ; elles changèrent seulement leur scapulaire noir en un scapulaire blanc, où il y avait une croix d'écarlate attachée par devant, pour désigner, par ces deux couleurs, le pain et le vin, qui sont les voiles sous lesquels Jésus-Christ est caché dans ce mystère. M. du Saussay, leur supérieur, alors official de Paris, et depuis évêque de Toul, célébra cette cérémonie (en 1647, le 24 octobre) avec un grand concours de peuple. L'année suivante, M. de Gondy

---

[1] Louise de Bourbon, fille du comte de Soissons, première femme de Henri d'Orléans II, duc de Longueville.

[2] L'un des frères de la mère Angélique et du docteur Arnauld.

bénit leur église, dont le bâtiment ne faisait que d'être achevé, et la dédia aussi sous le nom du Saint-Sacrement.

Pendant cet état florissant de la maison de Paris, les religieuses n'avaient pas perdu le souvenir de leur monastère des champs ; on n'y avait laissé qu'un chapelain, pour y dire la messe et y administrer les sacrements aux domestiques. Bientôt après, M. le Maistre, neveu de la mère Angélique, ayant, à l'âge de vingt-neuf ans, renoncé au barreau et à tous les avantages que sa grande éloquence lui pouvait procurer, s'était retiré dans ce désert (en 1637) pour y achever sa vie dans le silence et dans la retraite. Il y fut suivi par un de ses frères, qui avait été jusqu'alors dans la profession des armes. Quelque temps après, M. de Sacy, son autre frère, si célèbre par les livres de piété dont il a enrichi l'Église, s'y retira aussi avec eux pour se préparer dans la solitude à recevoir l'ordre de la prêtrise. Leur exemple y attira encore cinq ou six autres, tant séculiers qu'ecclésiastiques, qui, étant comme eux dégoûtés du monde, se vinrent rendre les compagnons de leur pénitence. Mais ce n'était point une pénitence oisive : pendant que les uns prenaient connaissance du temporel de cette abbaye, et travaillaient à en rétablir les affaires, les autres ne dédaignaient pas de cultiver la terre comme de simples gens de journée ; ils réparèrent même une partie des bâtiments qui y tombaient en ruine, et, rehaussant ceux qui étaient trop bas et trop enfoncés, rendirent l'habitation de ce désert beaucoup plus saine et plus commode qu'elle n'était. M. d'Andilly, frère aîné de la mère Angélique, ne tarda guère à y suivre ses neveux, et s'y consacra, comme eux, à des exercices de piété qui ont duré autant que sa vie.

Comme les religieuses se trouvaient alors au nombre de plus de cent, la même raison qui les avait obligées, vingt-cinq ans auparavant, de partager leur communauté, les obligeant encore de se partager, elles obtinrent de M. de Gondy la permission de renvoyer une partie des sœurs dans leur premier monastère, en telle sorte que les deux maisons ne formassent qu'une même abbaye et une même communauté, sous les ordres d'une même abbesse. La mère Angélique, qui l'était alors par élection (en 1648), y alla en personne avec un certain nombre de religieuses qu'elle y établit. M. Vialard, évêque de Châlons, en rebénit l'église, qui avait été rehaussée de plus de 6 pieds, et y administra le sacrement de confirmation à quantité de gens des environs. Ce fut vers ce temps-là que la duchesse de Luynes, mère de M. le duc de Chevreuse, persuada au duc son mari de quitter la cour, et de choisir à la campagne une retraite où ils pussent ne s'occuper tous deux que du soin de leur salut. Ils firent bâtir pour cela un petit château dans le voisinage et sur le fonds même de Port-Royal des champs; ils firent aussi bâtir à leurs dépens un fort beau dortoir pour les religieuses. Mais la duchesse ne vit achever ni l'un ni l'autre de ces édifices, Dieu l'ayant appelée à lui dans une fort grande jeunesse.

Les religieuses des champs étaient à peine établies, que la guerre civile s'étant allumée en France, et les soldats des deux partis courant et ravageant la campagne, elles furent obligées (en 1652) de chercher leur sûreté dans leur maison de Paris. Plusieurs religieuses de divers monastères de la campagne s'y venaient aussi réfugier tous les jours, et y étaient toutes traitées avec le même soin que celles de la maison. Mais la guerre finie (en 1653), on retourna dans le monastère des champs, qui n'a plus été abandonné depuis ce temps-là. Plusieurs personnes de qualité s'y venaient retirer de temps en temps pour y chercher Dieu dans le repos de la solitude, et pour participer aux prières de ces saintes filles. De ce nombre étaient le duc et la duchesse de Liancourt, si célèbres par leur vertu et par leur grande charité envers les pauvres : ils contribuèrent même à faire bâtir, dans la cour du dehors, un corps de logis, qui est celui qu'on voit encore vis-à-vis la porte de l'église. La princesse de Guémené, la marquise de Sablé, et d'autres dames considérables par leur naissance et par leur mérite, firent aussi bâtir dans les dehors de la maison de Paris, résolues d'y passer leur vie dans la retraite, et attirées par la piété solide qu'elles voyaient pratiquer dans ce monastère.

En effet, il n'y avait point de maison religieuse qui fût en meilleure odeur que Port-Royal. Tout ce qu'on en voyait au dehors inspirait de la piété : on admirait la manière grave et touchante dont les louanges de Dieu y était chantées, la simplicité et en même temps la propreté de leur église, la modestie des domestiques, la solitude des parloirs, le peu d'empressement des religieuses à y soutenir la conversation, leur peu de curiosité pour savoir les choses du monde, et même les affaires de leurs proches; en un mot, une entière indifférence pour tout ce qui ne regardait point Dieu. Mais combien les personnes qui connaissaient l'intérieur de ce monastère y trouvaient-elles de nouveaux sujets d'édification! Quelle paix! quel silence! quelle charité! quel amour pour la pauvreté et pour la mortification! Un travail sans relâche, une prière continuelle, point d'ambition que pour les emplois les plus vils et les plus humiliants, aucune impatience dans les sœurs, nulle bizarrerie dans les mères, l'obéissance toujours prompte, et le commandement toujours raisonnable.

Mais rien n'approchait du parfait désintéressement qui régnait dans cette maison. Pendant plus de soixante ans qu'on y a reçu des religieuses, on n'y a jamais entendu parler ni de contrat ni de convention tacite pour la dot de celles qu'on recevait. On y éprouvait les novices pendant deux ans : si on leur trouvait une vocation véritable, les parents étaient avertis que leur fille était admise à la profession, et l'on convenait avec eux du jour de la cérémonie. La profession faite, s'ils étaient riches, on recevait comme une aumône ce qu'ils donnaient, et on mettait toujours à part une portion de cette aumône pour en assister de pauvres familles, et surtout de pauvres communautés religieuses. Il y a eu telle de ces communautés à qui on transporta tout à coup une somme de 20,000 francs qui avait été léguée à la maison; et, ce qu'il y a de particulier, c'est que, dans le même temps qu'on dressait chez un notaire l'acte de cette donation, le pourvoyeur de Port-Royal, qui ne savait rien de la chose, vint demander à ce même notaire de l'argent à emprunter pour les nécessités pressantes du monastère.

Jamais les grands biens ni l'extrême pauvreté d'une fille n'ont entré dans les motifs qui la faisaient ou admettre ou refuser. Une dame de grande qualité avait donné à Port-Royal, comme bienfaitrice, une somme de 80,000 francs : cette somme fut aussitôt employée, partie en charités, partie à acquitter des dettes, et le reste à faire des bâtiments que cette dame elle-même avait jugés nécessaires. Elle n'avait eu d'abord d'autre dessein que de vivre le reste de ses jours dans la maison, sans faire de vœux; ensuite elle souhaita d'y être religieuse. On la mit donc au noviciat; et on l'éprouva pendant deux ans avec la même exactitude que les autres novices. Ce temps expiré, elle pressa pour être reçue professe. On prévit tous les inconvénients où l'on s'exposerait en la refusant; mais comme on ne lui trouvait point assez de vocation, elle fut refusée tout d'une voix. Elle sortit du couvent, outrée de dépit, et songea aussitôt à revenir contre la donation qu'elle avait faite. Les religieuses avaient plus d'un moyen pour s'empêcher, en justice, de lui rien rendre; mais elles ne voulurent point de procès. On vendit des rentes, on s'endetta; en un mot, on trouva moyen de ramasser cette grosse somme, qui fut rendue à cette dame par un notaire en présence de M. le Nain, maître des requêtes, et de M. de Palluau, conseiller au Parlement, aussi charmés tous deux du courage et du désintéressement de ces filles que peu édifiés du procédé vindicatif et intéressé de la fausse bienfaitrice.

Un des plus grands soins de la mère Angélique, dans les

urgentes nécessités où la maison se trouvait quelquefois, c'était de dérober la connaissance de ces nécessités à certaines personnes qui n'auraient pas mieux demandé que de l'assister. « Mes filles, disait-elle souvent à ses religieuses, nous avons fait vœu de pauvreté ; est-ce être pauvres que d'avoir des amis toujours prêts à vous faire part de leurs richesses ? »

Il n'est pas croyable combien de pauvres familles, et à Paris et à la campagne, subsistaient des charités que l'une et l'autre maison leur faisaient : celle des champs a eu longtemps un médecin et un chirurgien qui n'avaient presque d'autre occupation que de traiter les pauvres malades des environs, et d'aller dans tous les villages leur porter les remèdes et les autres soulagements nécessaires ; et depuis que ce monastère s'est vu hors d'état d'entretenir ni médecin ni chirurgien, les religieuses ne laissent pas de fournir les mêmes remèdes. Il y a au-dedans du couvent une espèce d'infirmerie où les pauvres femmes du voisinage sont saignées et traitées par des sœurs dressées à cet emploi, et qui s'en acquittent avec une adresse et une charité incroyables. Au lieu de tous ces ouvrages frivoles, où l'industrie de la plupart des autres religieuses s'occupe pour amuser la curiosité des personnes du siècle, on serait surpris de voir avec quelle industrie les religieuses de Port-Royal savent rassembler jusqu'aux plus petites rognures d'étoffes pour en revêtir des enfants et des femmes qui n'ont pas de quoi se couvrir, et en combien de manières leur charité les rend ingénieuses pour assister les pauvres, toutes pauvres qu'elles sont elles-mêmes. Dieu, qui les voit agir dans le secret, sait combien de fois elles ont donné, pour ainsi dire, de leur propre subsistance, et se sont ôté le pain des mains pour en fournir à ceux qui en manquaient ; et il sait aussi les ressources inespérées qu'elles ont plus d'une fois trouvées dans sa miséricorde, et qu'elles ont eu grand soin de tenir secrètes.

Une des choses qui rendaient cette maison plus recommandable, et qui peut-être aussi lui ont attiré plus de jalousie, c'est l'excellente éducation qu'on y donnait à la jeunesse. Il n'y eut jamais d'asile où l'innocence et la pureté fussent plus à couvert de l'air contagieux du siècle, ni d'école où les vérités du christianisme fussent plus solidement enseignées : les leçons de piété qu'on y donnait aux jeunes filles faisaient d'autant plus d'impression sur leur esprit, qu'elles les voyaient appuyées non-seulement de l'exemple de leurs maîtresses, mais encore de l'exemple de toute une grande communauté, uniquement occupée à louer et à servir Dieu. Mais on ne se contentait pas de les élever à la piété, on prenait aussi un très-grand soin de leur former l'esprit et la raison, et on travaillait à les rendre également capables d'être un jour ou de parfaites religieuses, ou d'excellentes mères de famille. On pourrait citer un grand nombre de filles élevées dans ce monastère, qui ont depuis édifié le monde par leur sagesse et par leur vertu. On sait avec quel sentiment d'admiration et de reconnaissance elles ont toujours parlé de l'éducation qu'elles y avaient reçue; et il y en a encore qui conservent, au milieu du monde et de la cour, pour les restes de cette maison affligée, le même amour que les anciens Juifs conservaient, dans leur captivité, pour les ruines de Jérusalem. Cependant, quelque sainte que fût cette maison, une prospérité plus longue y aurait peut-être à la fin introduit le relâchement; et Dieu, qui voulait non-seulement l'affermir dans le bien, mais la porter encore à un plus haut degré de sainteté, a permis qu'elle fût exercée par les plus grandes tribulations qui aient jamais exercé aucune maison religieuse. En voici l'origine.

Tout le monde sait cette espèce de guerre qu'il y a toujours eu entre l'Université de Paris et les jésuites. Dès la naissance de leur compagnie, la Sorbonne condamna leur institut par une censure où elle déclarait, entre autres choses, que cette société était bien plus née pour la destruction que pour l'édification. L'Université s'opposa de tout son pouvoir à son établissement en France, et n'ayant pu l'empêcher, elle tint toujours ferme à ne pas souffrir qu'ils fussent admis dans son corps. Il y eut même diverses occasions, dont je ne veux point rappeler ici la mémoire, où elle demanda avec instance au Parlement qu'ils fussent chassés du royaume; et ce fut dans une de ces occasions qu'elle prit pour son avocat Antoine Arnauld, père de la mère Angélique, l'un des plus éloquents hommes de son siècle. Il était d'une famille d'Auvergne, très-distinguée par le zèle ardent qu'elle avait toujours montré pour la royauté pendant toutes les fureurs de la ligue. Antoine Arnauld passait aussi pour un des plus zélés royalistes qu'il y eût dans le Parlement; et ce fut principalement pour cette raison que l'Université remit sa cause entre ses mains. Il plaida cette cause avec une véhémence et un éclat que les jésuistes ne lui ont jamais pardonnés. Quoiqu'il eût toujours été très-bon catholique, né de parents très-catholiques, leurs écrivains n'ont pas laissé de le traiter de huguenot descendu de huguenots.

Mais cette querelle ne fut que le prélude des grands démêlés que le célèbre Antoine Arnauld, son fils, docteur de Sorbonne, a eus depuis avec cette puissante compagnie. N'étant encore que bachelier, il témoignait un fort grand zèle contre les nouveautés que leurs auteurs avaient introduites dans la doctrine de la grâce et dans la morale. Mais la querelle ne commença proprement qu'au sujet du livre de *la Fréquente Communion*, que ce docteur avait composé en 1643.

Le but de ce livre était d'établir, par la tradition et par l'autorité des Pères et des conciles, les dispositions que l'on doit apporter en approchant du sacrement de l'Eucharistie, et de combattre les absolutions précipitées, qu'on ne donne que trop souvent à des pécheurs envieillis dans le crime, sans les obliger à quitter leurs mauvaises habitudes, et sans les éprouver par une sérieuse pénitence. M. Arnauld n'était point l'agresseur dans cette dispute, et il ne faisait que répondre à un écrit qu'on avait fait pour décrier la conduite de quelques ecclésiastiques de ses amis, attachés aux véritables maximes de l'Église sur la pénitence.

Quoique les jésuistes ne fussent point nommés dans ce livre, non pas même le jésuite[1] dont l'écrit y était réfuté, on n'ose presque dire avec quel emportement ils s'élevèrent et contre l'ouvrage et contre l'auteur. Ils n'eurent aucun égard au jugement de seize, tant archevêques qu'évêques, et de vingt-quatre des plus célèbres docteurs de la Faculté, dont les approbations étaient imprimées à la tête du livre : ils engagèrent leurs plus fameux écrivains à prendre la plume pour le réfuter, et ordonnèrent à leurs prédicateurs de le décrier dans tous leurs sermons. Les uns et les autres parlaient du livre comme d'un ouvrage abominable, qui tendait à renverser la Pénitence et l'Eucharistie; et de l'auteur comme d'un monstre qu'on ne pouvait trop tôt étouffer, et dont ils demandaient le sang aux grands de la terre. Il y eut un[2] de ces prédicateurs qui, en pleine chaire, osa même prendre à partie les prélats approbateurs : il s'emporta contre eux à de tels excès, qu'il fut condamné par une assemblée d'évêques à leur en faire satisfaction à genoux; et il fallut qu'il subît cette pénitence.

Les jésuites n'eurent pas sujet d'être plus contents de la démarche où ils avaient engagé la reine-mère, en obtenant de cette princesse un commandement à M. Arnauld d'aller à Rome pour y rendre compte de sa doctrine. Un pareil ordre souleva contre eux tous les corps, pour ainsi dire, du royaume. Le clergé, le Parlement, l'Université, la Faculté de théologie, et la Sorbonne en particulier, allèrent les uns après les autres trouver la reine, pour lui faire là-dessus leurs très-humbles remontrances, et pour la supplier de révoquer ce commandement, non moins préjudiciable aux intérêts du roi qu'injurieux à la Sorbonne et à toute la nation.

---

[1] C'était le père de Sesmaisons.
[2] Le père Nouet.

Mais ce fut surtout à Rome où ces pères se signalèrent contre le livre de *la Fréquente Communion*, et remuèrent toutes sortes de machines pour l'y faire condamner : ils y firent grand bruit d'un endroit de la préface qui n'avait aucun rapport avec le reste du livre, et où, en parlant de saint Pierre et de saint Paul, il est dit que ce sont deux chefs de l'Église qui n'en font qu'un. Ils songèrent à profiter de l'alarme où l'on était encore en ce pays-là des prétendus desseins du cardinal de Richelieu, qu'on avait accusé de vouloir établir un patriarche en France : ils faisaient donc entendre que, par cette proposition, M. Arnauld voulait attaquer la primauté du saint Siége, et admettre dans l'Église deux papes avec une autorité égale. Mais, malgré tous leurs efforts, la proposition ne fut point censurée en elle-même, ni telle qu'elle est dans la préface de M. Arnauld : l'inquisition censura seulement la proposition générale qui égalerait de telle sorte ces deux apôtres, qu'il n'y eût aucune subordination de saint Paul à l'égard de saint Pierre dans le gouvernement de l'Église universelle. Pour ce qui est du livre, il sortit de l'examen sans la moindre flétrissure, et tout le crédit des jésuites ne put même le faire mettre à l'index. Un grand nombre d'évêques en France confirmèrent, par des approbations publiques, le jugement qu'en avaient porté leurs confrères; il fut reçu avec les mêmes éloges dans les royaumes les plus éloignés; on voit aussi par des lettres du pape Alexandre VII combien il en approuvait la doctrine; et on peut dire, en un mot, qu'elle fut dès lors regardée et qu'elle est encore aujourd'hui comme la doctrine de l'Église même.

Les religieuses de Port-Royal n'avaient eu aucune part à toutes ces contestations. Quand même le livre de *la Fréquente Communion* aurait été aussi plein de blasphèmes contre l'Eucharistie que les jésuites le publiaient, elles n'en étaient pas moins prosternées jour et nuit devant le saint Sacrement. Mais M. Arnauld était frère de la mère Angélique; il avait sa mère, six de ses sœurs et six de ses nièces, religieuses de Port-

Royal; lui-même, lorsqu'il fut fait prêtre, avait donné tout son bien à ce monastère, ayant jugé qu'il devait entrer pauvre dans l'état ecclésiastique ; il avait aussi choisi sa retraite dans la solitude de Port-Royal des champs, avec M. d'Andilly, son frère aîné, et avec ses deux neveux, M. le Maistre et M. de Sacy. C'est de là que sortaient tous ces excellents ouvrages, si édifiants pour l'Église, et qui faisaient tant de peine aux jésuites. C'en fut assez pour rendre cette maison horrible à leurs yeux : ils s'accoutumèrent à confondre dans leurs idées les noms d'Arnauld et de Port-Royal, et conçurent pour toutes les religieuses de ce monastère la même haine qu'ils avaient pour la personne de ce docteur.

Ceux qui ne savent pas toute la suite de cette querelle sont peut-être en peine de ce qu'on pouvait objecter à ces filles dans ces commencements : car il ne s'agissait point alors de formulaire ni de signature; et la fameuse distinction du fait et du droit n'avait point encore donné de prétexte aux jésuites pour les traiter de rebelles à l'Église. Cela n'embarrassa point le père Brisacier, l'un de leurs plus emportés écrivains; c'est lui qu'ils avaient choisi pour aller solliciter à Rome la censure du livre de *la Fréquente Communion*. Le mauvais succès de son voyage excitant vraisemblablement sa mauvaise humeur, il en vint jusqu'à cet excès d'impudence et de folie que d'accuser ces religieuses, dans un livre public, de ne point croire au saint Sacrement ; de ne jamais communier, non pas même à l'article de la mort; de n'avoir ni eau bénite ni images dans leur église; de ne prier ni la Vierge ni les saints; de ne point dire leur chapelet; les appelant *sacramentaires*, des vierges folles, et passant même jusqu'à cet excès de vouloir insinuer des choses très-injurieuses à la pureté de ces filles.

Il ne fallait, pour connaître d'abord la fausseté de toutes ces exécrables calomnies, qu'entrer seulement dans l'église de Port-Royal. Elle portait, comme j'ai dit, par excellence le nom d'église du Saint-Sacrement. Le monastère, les religieuses, tout était consacré à l'adoration perpétuelle du sacré mystère de l'Eucharistie ; on n'y pouvait entendre de messe conventuelle qu'on n'y vît communier un fort grand nombre de religieuses : on y trouvait de l'eau bénite à toutes les portes ; elles ne peuvent chanter leur office sans invoquer la Vierge et les saints ; elles font tous les samedis une procession en l'honneur de la Vierge, et ont pour elle une dévotion toute particulière, dignes filles en cela de leur père saint Bernard ; elles portent toutes un chapelet et le récitent très-souvent ; et, ce qui surprendra les ennemis de ces religieuses, c'est que M. Arnauld lui-même, qu'ils accusaient de leur en avoir inspiré le mépris, a toujours eu un chapelet sur lui, et qu'il n'a guère passé de jour en sa vie sans le réciter.

Le livre du père Brisacier excita une grande indignation dans le public. M. de Gondy, archevêque de Paris, lança aussitôt contre ce livre une censure foudroyante, qu'il fit publier au prône dans toutes les paroisses. Il y prenait hautement la défense des religieuses de Port-Royal, et rendait un témoignage authentique et de l'intégrité de leur foi et de la pureté de leurs mœurs. Tous les gens de bien s'attendaient que le père Brisacier serait désavoué par sa compagnie, et que, pour ne pas adopter par son silence de si horribles calomnies, elle lui en ferait faire une rétractation publique, puis l'enverrait dans quelque maison éloignée pour y faire pénitence. Mais, bien loin de prendre ce parti, le père Paulin, alors confesseur du roi, à qui on parla de ce livre, dit qu'il l'avait lu, et qu'il le trouvait un livre très-modéré. On voit, dans le catalogue qu'ils ont fait imprimer des ouvrages de leurs écrivains, ce même livre du père Brisacier cité avec éloge. Pour lui, il fut fait alors recteur de leur collège de Rouen, et, à quelque temps de là, supérieur de leur maison professe de Paris. Ainsi, sans avoir fait aucune réparation de tant d'impostures si atroces, il continua le reste de sa vie à dire ponctuellement la messe tous les jours, confessant et donnant des absolutions, et ayant sous sa direction les directeurs mêmes de la plus grande partie des consciences de Paris et de la cour. On n'ose pousser plus loin ces réflexions, et on laisse aux révérends pères jésuites à les faire sérieusement devant Dieu.

Le mauvais succès de ces calomnies n'empêcha pas d'autres jésuites de les répéter en mille rencontres. Il y en eut un, appelé le père Meynier, qui publia un livre avec ce titre : *Le Port-Royal d'intelligence avec Genève contre le saint sacrement de l'autel, par le révérend père Meynier, de la compagnie de Jésus.* Le livre était aussi impudent que le titre, et enchérissait encore sur les excès du père Brisacier : on y renouvelait l'extravagante histoire du prétendu complot formé, en 1621, par M. Arnauld, par l'abbé de Saint-Cyran, et par trois autres, pour anéantir la religion de Jésus-Christ et pour établir le déisme, quoique M. Arnauld eût déjà invinciblement prouvé qu'il n'avait que neuf ans l'année où l'on disait qu'il avait formé cette horrible conjuration. Le père Meynier faisait même entrer dans ce complot la mère Agnès et les autres religieuses de Port-Royal.

Quelque absurdes que fussent ces calomnies, à force néanmoins de les répéter, et toujours avec la même assurance, les jésuites les persuadaient à beaucoup de petits esprits, et surtout à leurs pénitents et à leurs pénitentes, la plupart personnes faibles, et qui ne pouvaient s'imaginer que leurs directeurs fussent capables d'avancer sans fondement de si effroyables impostures : ils les firent croire principalement dans les couvents qui étaient sous leur conduite : jusque-là qu'il s'en trouve encore aujourd'hui dans Paris, où les religieuses, quoique d'une dévotion d'ailleurs très-édifiante, soutiennent aux personnes qui les vont voir qu'on ne communie point à Port-Royal, et qu'on n'y invoque ni la Vierge ni les saints. Non-seulement on trouve des maisons de religieuses, mais des communautés entières d'ecclésiastiques, qui, pleines de cette erreur, s'effarouchent encore au nom de Port-Royal, et qui regardent cette maison comme un séminaire de toutes sortes d'hérésies.

On aura peut-être de la peine à comprendre comment une société aussi sainte dans son institution, et aussi pleine de gens de piété que l'est celle des jésuites, a pu avancer et soutenir de si étranges calomnies. Est-ce, dira-t-on, que l'esprit de religion s'est tout à coup éteint en eux ? Non, sans doute ; et c'est même par principe de religion que la plupart les ont avancées. Voici comment : la plus grande partie d'entre eux est convaincue que leur société ne peut être attaquée que par des hérétiques : ils n'ont lu que les écrits de leurs pères ; ceux de leurs adversaires sont chez eux des livres défendus. Ainsi, pour savoir si un fait est vrai, le jésuite s'en rapporte au jésuite : de là vient que leurs écrivains ne font presque autre chose dans ces occasions que de se copier les uns les autres, et qu'on leur voit avancer comme certains et incontestables des faits dont il y a trente ans qu'on a démontré la fausseté. Combien y en a-t-il qui sont entrés tout jeunes dans la compagnie, et qui sont passés d'abord du collége au noviciat ! Ils ont ouï dire à leurs régents que le Port-Royal est un lieu abominable : ils le disent ensuite à leurs écoliers. D'ailleurs c'est le vice de la plupart des gens de communauté de croire qu'ils ne peuvent faire de mal en défendant l'honneur de leur corps : cet honneur est une espèce d'idole, à qui ils se croient permis de sacrifier tout, justice, raison, vérité. On peut dire constamment des jésuites que ce défaut est plus commun parmi eux que dans aucun corps : jusque-là que quelques-uns de leurs casuistes ont avancé cette maxime horrible, qu'un religieux peut en conscience calomnier, et tuer même les personnes qu'il croit faire tort à sa compagnie[1].

[1] Cette doctrine a été enseignée en propres termes par une multitude d'auteurs de la compagnie, tels que le père Lamy, *Cours de Théologie*, tome I, disp. xxxvi, n. 118, édit. d'Anvers, 1649; Escobar, *Somme de la*

Ajoutez qu'à toutes ces querelles de religion il se joignait encore entre les jésuites et les écrivains de Port-Royal une pique de gens de lettres. Les jésuites s'étaient vus longtemps en possession du premier rang dans les lettres, et on ne lisait presque d'autres livres de dévotion que les leurs. Il leur était donc très-sensible de se voir déposséder de ce premier rang et de cette vogue par de nouveaux venus, devant lesquels il semblait, pour ainsi dire, que tout leur génie et tout leur savoir se fussent évanouis. En effet, il est assez surprenant que depuis le commencement de ces disputes il ne soit sorti de chez eux aucun ouvrage digne de la réputation que leur compagnie s'était acquise, comme si Dieu, pour me servir des termes de l'Écriture, leur avait tout à coup ôté leurs prophètes; leur père Petau même, si célèbre par son savoir, ayant échoué contre le livre de *la Fréquente Communion*, et son livre étant demeuré chez leur libraire avec tous leurs autres ouvrages, pendant que les ouvrages de Port-Royal étaient tout ensemble l'admiration des savants et la consolation de toutes les personnes de piété.

Les jésuites, au lieu d'attribuer cet heureux succès des livres de leurs adversaires à la bonté de la cause qu'ils soutenaient, et à la pureté de la doctrine qui y était enseignée, s'en prenaient à une certaine politesse de langage qu'ils leur ont reprochée longtemps comme une affectation contraire à l'austérité des vérités chrétiennes. Ils ont fait depuis une étude particulière de cette même politesse ; mais leurs livres, manquant d'onction et de solidité, n'en ont pas été mieux reçus du public pour être écrits avec une justesse grammaticale qui va jusqu'à l'affectation.

Ils eurent même peur, pendant quelque temps, que le Port-Royal ne leur enlevât l'éducation de la jeunesse, c'est-

---

Théol. mor., traité I, examen 7, chap. III, n. 45 ; et elle a été défendue par leur père Pirot, auteur de l'infâme apologie des casuistes. (*Note de l'édition de 1767.*)

à-dire ne tarît leur crédit dans sa source : car, quelques personnes de qualité craignant pour leurs enfants la corruption qui n'est que trop ordinaire dans la plupart des colléges, et appréhendant aussi que, s'ils faisaient étudier ces enfants seuls, ils ne manquassent de cette émulation qui est souvent le principal aiguillon pour faire avancer les jeunes gens dans l'étude, avaient résolu de les mettre plusieurs ensemble sous la conduite de gens choisis. Ils avaient pris là-dessus conseil de M. Arnauld et de quelques ecclésiastiques de ses amis ; et on leur avait donné des maîtres tels qu'ils les pouvaient souhaiter. Ces maîtres n'étaient pas des hommes ordinaires : il suffit de dire que l'un d'entre eux était le célèbre M. Nicole ; un autre était ce même M. Lancelot, à qui on doit les *Nouvelles Méthodes* grecque et latine, si connues sous le nom de *Méthodes de Port-Royal*. M. Arnauld ne dédaignait pas de travailler lui-même à l'instruction de cette jeunesse par des ouvrages très-utiles : et c'est ce qui a donné naissance aux excellents livres de la Logique, de la Géométrie, et de la Grammaire générale. On peut juger de l'utilité de ces écoles par les hommes de mérite qui s'y sont formés. De ce nombre ont été MM. Bignon, l'un conseiller d'État, et l'autre premier président du grand conseil ; M. de Harlay et M. de Bagnols, aussi conseillers d'État ; et le célèbre M. le Nain de Tillemont, qui a tant édifié l'Église, et par la sainteté de sa vie, et par son grand travail sur l'histoire ecclésiastique.

Cette instruction de la jeunesse fut, comme j'ai dit, une des principales raisons qui animèrent les jésuites à la destruction de Port-Royal, et ils crurent devoir tenter toutes sortes de moyens pour y parvenir. Leurs entreprises contre le livre de *la Fréquente Communion* ne leur ayant pas réussi, ils dressèrent contre leurs adversaires une autre batterie, et crurent que les disputes qu'ils avaient avec eux sur la grâce leur fourniraient un prétexte plus favorable pour les accabler. Ces disputes avaient commencé vers le temps même que *la Fréquente Communion* parut : et ce fut au sujet de l'*Augustinus* de Jansénius, évêque d'Ypres. Dans ce livre, imprimé depuis sa mort, cet évêque, en voulant établir la doctrine de saint Augustin sur la grâce, y combattait fortement l'opinion de Molina, jésuite, homme fort audacieux, et qui avait parlé de ce grand docteur de l'Église avec un fort grand mépris. Les jésuites, intéressés à soutenir leur confrère sur une doctrine que toute leur école s'était avisée d'embrasser, s'étaient fort déchaînés contre l'ouvrage et contre la personne même de Jansénius, qu'ils traitaient de calviniste et d'hérétique, comme ils traitent ordinairement tous leurs adversaires. Ils étaient d'autant plus mal fondés à le traiter d'hérétique, que lui-même, par son testament, et dans plusieurs endroits de son livre, déclare qu'il soumet entièrement sa doctrine au jugement du saint Siége. Ainsi, quand même il aurait avancé quelque hérésie, on ne serait pas en droit pour cela de dire qu'il fût hérétique. M. Arnauld donc, persuadé que le livre de ce prélat ne contenait que la doctrine de saint Augustin, pour laquelle il s'était hautement déclaré lui-même plusieurs années avant l'impression de ce livre, avait pris la plume pour le défendre, et avait composé ensuite plusieurs ouvrages sur la grâce, qui avaient eu un prodigieux succès. Cela avait fort alarmé non-seulement les jésuites, mais même quelques professeurs de théologie et quelques autres vieux docteurs de la Faculté, qui étaient d'opinion contraire à saint Augustin, et qui craignaient que la doctrine de la grâce efficace par elle-même ne gagnât le dessus dans les écoles. Ils se réunirent donc tous ensemble pour la décrier et pour en empêcher le progrès. M. Cornet, l'un d'entre eux, qui avait été jésuite, et qui était alors (en 1649) syndic de la Faculté, s'avisa pour cela d'un moyen tout particulier. Il apporta à la Faculté cinq propositions sur la grâce pour y être examinées. Ces propositions étaient embarrassées de mots si captieux et si équivoques, que bien qu'elles fussent en effet très-hérétiques, elles semblaient néanmoins ne dire sur la grâce que presque les mêmes choses que disaient les défenseurs de saint Augustin.

M. Cornet n'osa pas avancer qu'elles fussent extraites de Jansénius : et il déclara même, dans l'assemblée de la Faculté, qu'il n'était pas question de Jansénius en cette occasion. Mais les docteurs attachés à la doctrine de saint Augustin, ayant reconnu l'artifice, se récrièrent que ce n'était point la coutume de la Faculté d'examiner des propositions vagues et sans nom d'auteur; que celles-ci étaient des propositions captieuses, et fabriquées exprès pour en faire retomber la condamnation sur la grâce efficace. Et, voyant qu'on ne laissait pas de nommer des commissaires, soixante-dix d'entre eux appelèrent comme d'abus de tout ce qu'avait fait le syndic. Le Parlement reçut leur appel, et imposa silence aux deux parties.

(1650) Mais les jésuites et leurs partisans ne s'en tinrent pas là; ils écrivirent au pape Innocent X pour le prier de prononcer sur ces mêmes propositions. Ils ne disaient pas qu'elles eussent été tirées de Jansénius, mais seulement qu'elles étaient soutenues en France par plusieurs docteurs, et insinuaient que le livre de cet évêque y avait excité de fort grands troubles parmi les théologiens. Cette lettre fut composée par M. Habert, évêque de Vabres, qui s'était des premiers signalé contre Jansénius, et contre lequel M. Arnauld avait écrit avec beaucoup de force. Quoique l'assemblée générale du clergé se tînt alors à Paris, ils n'osèrent pas y parler de cette affaire, de peur que, la lettre venant à être examinée publiquement et avec un peu d'attention, elle ne révoltât tout ce qu'il y avait de prélats jaloux de l'honneur de leur caractère, lesquels trouveraient étrange que cette dispute étant née dans le royaume, elle ne fût pas jugée, au moins en première instance, par les évêques du royaume même. La chose fut donc conduite avec plus de secret; et cette lettre fut portée séparément par un jésuite, nommé le père Dinet, à un fort grand nombre de prélats, tant à Paris que dans les provinces. La pupart d'entre eux ont même depuis avoué qu'ils l'avaient signée sans savoir de quoi il s'agissait, et par pure déférence pour la signature de leurs confrères.

Les défenseurs de saint Augustin ayant appris cette démarche se trouvèrent fort embarrassés : les uns voulaient qu'on ne prît point d'intérêt dans l'affaire, et que, sans se donner aucun mouvement, on laissât condamner à Rome des propositions en effet très-condamnables, et qui, comme elles n'étaient d'aucun auteur, n'étaient aussi soutenues de personne. Les autres, au contraire, appréhendèrent assez mal à propos, comme la suite l'a justifié, que la véritable doctrine de la grâce ne se trouvât enveloppée dans cette condamnation, et furent d'avis d'envoyer au pape pour lui représenter les artifices et les mauvaises intentions de leurs adversaires. Cet avis l'ayant emporté, M. de Gondrin, archevêque de Sens, messieurs de Châlons, d'Orléans, de Comminges, de Beauvais, d'Angers, et huit ou dix autres prélats, zélés défenseurs de la doctrine de la grâce efficace, députèrent à Rome trois ou quatre des plus habiles théologiens attachés à cette doctrine. Ils les chargèrent d'une lettre pour le pape, où, après s'être plaints à Sa Sainteté qu'on eût voulu l'engager à décider sur des propositions faites à plaisir, et qui, étant énoncées en des termes ambigus, ne pouvaient produire d'elles-mêmes que des disputes pleines de chaleur dans la diversité des interprétations qu'on leur peut donner, ils la suppliaient de vouloir examiner à fond cette affaire, de bien distinguer les différents sens des propositions, et d'observer, dans le jugement qu'elle en ferait, la forme légitime des jugements ecclésiastiques, qui consistait principalement à entendre les défenses et les raisons des parties. Ils ne dissimulaient pas même que, dans les règles, cette affaire aurait dû être discutée par les évêques de France avant que d'être portée à Sa Sainteté. On s'imaginera aisément que cette lettre ne fut pas fort au goût de la cour de Rome, aussi éloignée de vouloir entrer dans les discussions qu'on lui demandait, que prévenue qu'il n'appartient point aux évêques de faire des décisions sur la doctrine. En effet, leurs députés, pendant près de deux ans qu'ils demeurèrent à Rome, demandèrent inutilement d'être entendus en présence de leurs parties ; ils demandèrent, avec aussi peu de succès, que les différents sens que pouvaient avoir les propositions fussent distingués dans la censure qu'on en ferait.

Le pape donna sa constitution (le 31 mai 1653), où il condamnait les cinq propositions sans aucune distinction de sens hérétique ni catholique, et se contenta d'assurer publiquement ces députés, lorsqu'ils prirent congé de lui, que cette condamnation ne regardait ni la grâce efficace par elle-même, ni la doctrine de saint Augustin, « qui était, dit-il, et qui serait toujours la doctrine de l'Église. »

Si M. Arnauld et ses amis avaient eu un mauvais dessein en demandant l'éclaircissement de ces propositions, et s'ils avaient eu cet orgueil, qui est proprement le caractère des hérétiques, ils auraient pu appeler sur-le-champ de cette décision au concile, puisque cette décision ne s'était faite que dans une congrégation particulière, et que le pape, selon la doctrine de France, n'est infaillible qu'à la tête d'un concile. Mais, comme ils n'avaient eu en vue que la vérité, et que jamais personne n'a eu plus d'horreur du schisme que M. Arnauld, lui et ses amis reçurent avec un profond respect la constitution, et reconnurent sincèrement, comme ils avaient toujours fait, que ces propositions étaient hérétiques. A la vérité, ils répétèrent ce qu'ils avaient dit plusieurs fois avant la constitution, qu'il ne leur paraissait pas que ces propositions fussent dans le livre de Jansénius, où ils s'offraient même d'en faire voir de toutes contraires.

Une conduite si sage et si humble aurait dû faire un fort grand plaisir aux jésuites, si les jésuites avaient été des enfants de paix, et qu'ils n'eussent cherché que la vérité. En effet, les cinq propositions étant si généralement condamnées, il n'y avait plus de nouvelle hérésie à craindre. C'est ce qu'on peut voir clairement dans la lettre circulaire qui fut écrite alors par l'assemblée des évêques, où la constitution fut reçue. « Nous voyons, disent-ils, par la grâce de Dieu, » qu'en cette rencontre tous disent la même chose, et glori- » fient le Père céleste d'une même bouche aussi bien que » d'un même cœur. » Du reste, il importait peu pour l'Église que ces propositions fussent ou ne fussent pas dans le livre d'un évêque qui, comme j'ai dit, avait vécu très-attaché à l'Église et qui était mort dans une réputation de sainteté. Mais il parut bien, par le soin que les jésuites prirent de perpétuer la querelle, et de troubler toute l'Église pour une question aussi frivole que celle-là, que c'était en effet aux personnes qu'ils en voulaient, et que leur vengeance ne serait jamais satisfaite qu'ils n'eussent perdu M. Arnauld, et détruit une sainte maison contre laquelle ils avaient prononcé cet arrêt dans leur colère : *Exinanite, exinanite usque ad fundamentum in eâ*[1].

Ils publièrent donc que la soumission de leurs adversaires était une soumission forcée, et qu'ils étaient toujours hérétiques dans le cœur. Ils ne se contentaient pas de les traiter comme tels dans leurs écrits et dans leurs sermons : il n'y eut sorte d'inventions dont ils ne s'avisassent pour le persuader au peuple, et pour l'accoutumer à les regarder comme des gens frappés d'anathème : ils firent graver une planche d'almanach, où l'on voyait Jansénius en habit d'évêque avec des ailes de démon au dos, et le pape qui le foudroyait, lui et tous ses sectateurs ; ils firent jouer dans leur collége de Paris une farce où ce même Jansénius était emporté par les diables ; et, dans une procession publique qu'ils firent faire aux écoliers de leur collége de Mâcon, ils le représentèrent encore chargé de fers, et traîné en triomphe par un de ces

---

[1] « Détruisez, détruisez jusqu'à ses fondements. » (Ps. CXXXVI, v. 10.)

écoliers, qui représentait la grâce suffisante. Peu s'en fallut que saint Augustin ne fût traité lui-même comme cet évêque; du moins le père Adam, et plusieurs autres de leurs auteurs, à l'exemple de Molina, le dégradaient de sa qualité de docteur de la grâce, en l'accusant d'être tombé en plusieurs excès dans ses écrits contre les pélagiens, et soutenant qu'il eût mieux valu qu'il n'eût jamais écrit sur ces matières.

Il arriva même, au sujet de ce saint, un assez grand scandale dans un acte de théologie qui se soutenait chez eux (à Caen), et où plusieurs évêques assistaient : car un bachelier, dans la dispute, ayant opposé à leur répondant l'autorité de ce père sur la doctrine de la grâce, le répondant eut l'insolence de dire, *transeat Augustinus,* comme si, depuis la constitution, l'autorité de saint Augustin devait être comptée pour rien. Ils faisaient, par une horrible impiété, des vœux publics à la Vierge, pour lui demander que, si les jansénistes continuaient à nier la grâce suffisante accordée à tous les hommes, elle obtînt par ses prières qu'ils fussent exclus eux seuls de la rédemption que Jésus-Christ avait méritée par sa mort à tous les hommes.

Ils commettaient impunément tous ces excès, et en tiraient un grand avantage, qui était de rendre odieux tous ceux qu'ils appelaient jansénistes à toutes les personnes qui n'étaient pas instruites à fond sur ces matières : les mots même de *grâce efficace* et de *prédestination* faisaient peur à toutes ces personnes. Ils regardaient comme suspects de l'hérésie des cinq propositions tous les livres et tous les sermons où ces mots étaient employés ; jusque-là qu'on raconte d'un prélat, ami des jésuites, homme fort peu éclairé, qu'étant entré dans le réfectoire d'une abbaye de son diocèse, et y ayant entendu lire ces paroles, qui renfermaient en elles tout le sens de la grâce efficace, *c'est Dieu qui opère en nous le vouloir et le faire*, il imposa silence au lecteur, et se fit apporter le livre pour l'examiner ; mais il fut assez surpris lorsqu'il trouva que c'étaient les Épîtres de saint Paul.

Les prétendus jansénistes avaient beau affirmer dans leurs écrits que Dieu ne commande point aux hommes des choses impossibles, que non-seulement on peut résister, mais qu'on résiste souvent à la grâce, que Jésus-Christ est mort pour les réprouvés aussi bien que pour les justes, les jésuites soutenaient toujours que c'étaient des gens qui parlaient contre leur pensée, et ils épuisaient leur subtilité pour trouver dans ces mêmes écrits quelque trace des cinq propositions. C'est ainsi qu'ils firent un fort grand bruit contre les *Heures* qu'on appelle de Port-Royal[1], parce que, dans la version de deux endroits des hymnes, la rime ou la mesure du vers n'avait pas permis au traducteur de traduire à la lettre le *Christe redemptor omnium,* quoiqu'en plusieurs endroits des *Heures* on eût énoncé en propres termes que Jésus-Christ était venu pour sauver tout le monde. Ils n'eurent point de repos qu'ils ne les eussent fait mettre par l'inquisition à l'index, mais si inutilement pour le dessein qu'ils avaient de les décrier, que ces *Heures* depuis ce temps-là n'en ont pas été moins courues de tout le monde, et que c'est encore le livre que presque toutes les personnes de piété portent à l'église, n'y en ayant point dont il se soit fait tant d'éditions. On sait même qu'elles ne furent point mises à l'index pour cette omission que je viens de dire, autrement il y eût fallu mettre le bréviaire de la révision du pape Urbain VIII, qui, à cause de la quantité et de la mesure du vers, a aussi retranché des hymnes ce même *Christe redemptor omnium*. Mais la cour de Rome, je ne sais pas trop pourquoi, avait défendu la traduction de l'Office de la Vierge en langue vulgaire, de sorte que les *Heures* de Port-Royal y furent alors censurées, à cause que l'Office de la Vierge y était traduit en français, dans le même temps que les jésuites assuraient qu'à Port-Royal on ne priait point la Vierge.

[1] Ces *Heures* ont été composées par le Maistre de Sacy, à la prière de Mme le Maistre, sa mère, morte religieuse à Port-Royal.

Mais, pour reprendre le fil de mon discours, les jésuites ne se bornaient pas à décrier leurs adversaires sur la seule doctrine de la grâce ; il n'y avait d'hérésie ni sorte d'impiété dont ils ne s'efforçassent de les faire croire coupables ; c'étaient tous les jours de nouvelles accusations ; on disait qu'ils n'admettaient chez eux ni indulgences ni messes particulières ; qu'ils imposaient aux femmes des pénitences publiques pour les péchés les plus secrets, même pour de très-légères fautes ; qu'ils inspiraient le mépris de la sainte communion ; qu'ils ne croyaient l'absolution du prêtre que déclaratoire ; qu'ils rejetaient le concile de Trente ; qu'ils étaient ennemis du pape ; qu'ils voulaient faire une nouvelle Église ; qu'ils niaient jusqu'à la divinité de Jésus-Christ, et une infinité d'autres extravagances, toutes plus horribles les unes que les autres, qui sont répandues dans les écrits des jésuites, et qu'on trouve ramassées tout nouvellement par un de ces pères en un misérable libelle en forme de catéchisme, qui se débitait, il y a près d'un an, dans un couvent de Paris dont ils sont les directeurs. Aux accusations d'hérésie ils ajoutaient encore celles de crimes d'État, voulant faire passer trois ou quatre prêtres, et une douzaine de solitaires qui ne songeaient qu'à prier Dieu et à se faire oublier de tout le monde, comme un parti de factieux qui se formait dans le royaume. Ils imputaient à cabale les actions les plus saintes et les plus vertueuses. J'en rapporterai ici un exemple par où on pourra juger de tout le reste.

Feu M. de Bagnols, et quelques autres amis de Port-Royal, ayant contribué jusqu'à une somme de près de 400,000 francs pour secourir les pauvres de Champagne et de Picardie pendant la famine de l'année 1652, la chose ne se put faire si secrètement qu'il n'en vînt quelque vent aux oreilles des jésuites. Aussitôt l'un d'eux, nommé le père d'Anjou, qui prêchait dans la paroisse de Saint-Benoît, avança, en pleine chaire, qu'il savait de science certaine que les jansénistes, sous prétexte d'assister les pauvres, amassaient de grandes sommes qu'ils employaient à faire des cabales contre l'État. Le curé de Saint-Benoît ne put souffrir une calomnie si atroce, et monta le lendemain en chaire pour en faire voir l'impudence et la fausseté. Mais l'affaire n'en demeura pas là : Mlle Viole, fille dévote et de qualité, entre les mains de laquelle on avait remis cette somme, alla trouver le père Vincent, supérieur de la mission, et l'obligea de justifier, par son registre, comme quoi tout cet argent avait été porté chez lui, et comme quoi on l'avait ensuite distribué aux pauvres des deux provinces que je viens de dire. Mais une calomnie était à peine détruite, que les jésuites en inventaient une autre ; ils ne parlaient d'autre chose que de la puissante faction des jansénistes ; ils mettaient M. Arnauld à la tête de ce parti, et peu s'en fallait qu'on ne lui donnât déjà des soldats et des officiers. Je parlerai ailleurs de ces accusations de cabale, et j'en ferai voir plus à fond tout le ridicule.

Tous ces bruits pourtant, quoique si absurdes, ne laissaient pas que d'être écoutés par les gens du monde, et principalement à la cour, où l'on présume aisément le mal, surtout des personnes qui font profession d'une vie réglée et d'une morale un peu austère. Les jésuites y gouvernaient alors la plupart des consciences : ils n'eurent donc pas de peine à prévenir l'esprit de la reine mère, princesse d'une extrême piété, mais qui avait été fort tourmentée durant sa régence par des factions qui s'élevèrent, et qu'elle craignait toujours de voir renaître. Ils prirent surtout soin de lui décrier les religieuses de Port-Royal ; et quoiqu'elles fussent encore moins instruites des disputes sur la grâce que des autres démêlés, ils ne laissaient pas de lui représenter ces saintes filles comme ayant part à toutes les factions, et comme entrant dans toutes les disputes.

M. Arnauld n'ignorait pas tout ce déchaînement des jésuites, mais il ne se donnait pas de grands mouvements pour le réprimer, persuadé que toutes ces calomnies si extravagantes se détruiraient d'elles-mêmes, et qu'il n'y avait qu'à laisser parler la vérité. Il ne songeait donc plus qu'à vivre en repos, et avait résolu de consacrer désormais ses veilles à des ouvrages qui n'eussent pour but que l'édification de l'Église, sans aucun mélange de ces contestations.

Les jésuites cependant travaillaient puissamment à établir la créance du fait, et profitaient de toutes les conjonctures qui pouvaient les favoriser dans ce dessein. Le cardinal Mazarin n'avait pas été d'abord fort porté pour eux, et il était même prévenu de beaucoup d'estime pour le grand mérite de leurs adversaires. D'ailleurs il voyait avec assez d'indifférence toutes ces contestations, et n'était pas trop fâché que les esprits en France s'échauffassent pour de semblables disputes, qui les empêchaient de se mêler d'affaires qui lui auraient paru plus graves et plus sérieuses ; il n'était pas non plus fort porté à faire plaisir au pape Innocent X, qui n'avait jamais témoigné beaucoup de bonne volonté pour lui, et à qui, de son côté, il avait donné longtemps tous les dégoûts qu'il avait pu. Mais depuis l'emprisonnement du cardinal de Retz, qu'il regardait comme son ennemi capital, il avait gardé plus de mesures avec ce même pape, de peur qu'il ne voulût prendre connaissance de cette affaire, et qu'il n'en vînt à quelque déclaration qui aurait pu faire de l'embarras.

Là-dessus le père Annat, nouvellement arrivé de Rome pour être confesseur du roi, fit entendre à ce premier ministre que la chose du monde qui pouvait plus gagner le pape, c'était de faire en sorte que sa constitution fût reçue par toute la France, sans aucune explication ni distinction. Le cardinal se résolut donc de faire au saint-père un plaisir qui lui coûterait si peu. Il assembla au Louvre, en sa présence, trente-huit archevêques ou évêques qui se trouvaient alors à Paris. Quelques jours auparavant, le nonce du pape avait fait au roi de fort grandes plaintes d'une lettre pastorale que l'archevêque de Sens avait publiée au sujet de la constitution, et dont la cour de Rome avait été extrêmement piquée. Le cardinal ne fit aucune mention de cette lettre dans l'assemblée ; mais, se plaignant aux prélats de ce qu'on éludait la constitution par *des subtilités*, disait-il, *nouvellement inventées*, il les exhorta à chercher les moyens de finir ces divisions, et de donner une pleine satisfaction à Sa Sainteté. Quelques évêques lui voulurent représenter que, tout le monde étant d'accord sur la doctrine, le reste ne valait pas la peine d'être relevé ni d'exciter de nouvelles contestations ; mais le gros de l'assemblée fut de l'avis du premier ministre, et jugea l'affaire très-importante. On nomma huit commissaires, du nombre desquels étaient messieurs d'Embrun et de Toulouse, pour examiner avec soin le livre de Jansénius, et pour en faire leur rapport dans huitaine.

Au bout de ce terme si court, le cardinal donna à toute l'assemblée un festin fort magnifique, et au sortir de table on parla des affaires de l'Église. L'archevêque d'Embrun, portant la parole pour tous les commissaires, fit entendre à messeigneurs, par un discours des plus éloquents, à ce que dit la relation du clergé, non pas qu'ils eussent trouvé dans Jansénius les cinq propositions en propres termes, mais qu'à juger d'un auteur par tout le contexte de sa doctrine, on ne pouvait pas douter qu'elles n'y fussent, et qu'ils y en avaient trouvé même de plus dangereuses ; qu'au reste, il y avait deux preuves incontestables que les cinq propositions y étaient, et qu'il fallait s'en tenir à ces deux preuves : l'une était les termes mêmes de la bulle, qu'on ne pouvait nier, à moins que d'être très-méchant grammairien, qui ne rapportassent ces propositions à Jansénius. L'autre était les lettres des évêques de France écrites à Sa Sainteté avant et après la constitution, par lesquelles il paraissait visiblement qu'ils avaient tous supposé que les cinq propositions étaient en effet de Jansénius. Sur un tel fondement il fut arrêté, à la pluralité des voix, que l'assemblée déclarait par un jugement définitif, que le pape avait condamné ces propositions comme étant de Jansénius et au sens de Jansénius, et qu'elle écrirait à Sa Sainteté et à tous les évêques de France, pour les informer de ce jugement. Quatre prélats de l'assemblée, savoir, l'archevêque de Sens, et les évêques de Comminges, de Beauvais et de Valence, refusèrent de signer ces lettres, et ne souffrirent qu'on y mît leurs noms qu'après avoir protesté qu'ils n'y consentaient que pour conserver l'union avec leurs confrères.

La lettre au pape lui fut rendue par l'évêque de Lodève, depuis évêque de Montpellier, qui était alors à Rome. La même relation porte que le pape la baisa avec de grands transports de joie, confessant qu'il n'avait point reçu un plus sensible plaisir de tout son pontificat. Il y fit aussitôt réponse, par un bref daté du 27 septembre 1654, et adressé à l'assemblée générale du clergé qui se devait tenir au premier jour. Ce bref était succinct, et il n'y était pas dit un mot de ce jugement rendu par les évêques ; le pape y témoignait seulement sa joie de la soumission des prélats de France à sa constitution, dans laquelle il avait, disait-il, condamné la doctrine de Jansénius. Ce bref étant arrivé en France avec la nouvelle de la mort du pape, le cardinal Mazarin, sans attendre l'assemblée générale, convoqua encore une assemblée particulière de quinze prélats, en présence desquels le bref fut ouvert (le 10 mai 1655), et il fut résolu d'envoyer la constitution et le bref à tous les évêques, qui furent exhortés à les faire souscrire par tous les ecclésiastiques et par toutes les communautés, tant régulières que séculières, de leurs diocèses. C'est la première fois qu'il a été parlé de signature dans cette affaire. Il est assez étrange que quinze évêques aient voulu imposer à toute l'Église de France une loi que le pape n'imposait pas lui-même, et dont ni aucun pape ni aucun concile ne s'étaient jamais avisés.

La cour de Rome, devenue plus hardie par la conduite des prélats de France, fit mettre à l'index non-seulement la lettre pastorale de l'archevêque de Sens, mais encore celles de l'évêque de Beauvais et de l'évêque de Comminges, quoiqu'elle n'eût d'autre crime à reprocher à ces deux derniers que d'avoir dit que le pape, par sa constitution, n'avait pas prétendu donner atteinte, ni à la doctrine de saint Augustin, ni au droit qu'ont les évêques de juger, au moins en première instance, des causes majeures, et de prononcer sur des questions de foi et de doctrine, lorsque ces questions sont nées ou agitées dans leurs diocèses.

M. Arnauld garda un profond silence sur tout ce qui s'était passé dans ces assemblées, et se contentait de gémir en secret des plaies que cette malheureuse querelle faisait à l'épiscopat et à l'Église. Ce fut vers ce temps-là que lui et ses neveux commencèrent la traduction du Nouveau Testament de Mons, qui n'a été achevée que longtemps depuis. Ils travaillaient aussi à de nouvelles Vies des Saints, et préparaient des matériaux pour le grand ouvrage de la *Perpétuité*. Les religieuses de Port-Royal donnèrent occasion à la naissance de cet ouvrage, en priant M. Arnauld de faire un recueil des plus considérables passages des Pères sur l'Eucharistie, et de partager ces passages en plusieurs leçons pour les matines de tous les jeudis de l'année. Ce recueil est ce qu'on appelle l'Office du Saint Sacrement. M. le duc de Luynes, qui depuis sa retraite avait fort étudié les Pères de l'Église, et qui avait un très-beau génie pour la traduction, s'employa aussi à ce travail : c'est à quoi il s'appliquait dans sa solitude, et non pas à ces occupations basses et serviles que les courtisans lui attribuaient faussement, pour tourner en ridicule une vie très-noble et très-chrétienne qu'ils ne se sentaient pas capables d'imiter.

Ce fut aussi en ce même temps que l'illustre M. Pascal connut Port-Royal et M. Arnauld. Cette connaissance se fit par le moyen de Mlle Pascal, sa sœur, religieuse dans ce monastère. Cette vertueuse fille avait fait beaucoup d'éclat dans le monde par la beauté de son esprit et par un talent singulier qu'elle avait pour la poésie; mais elle avait renoncé de bonne heure aux vains amusements du siècle, et était une des plus humbles religieuses de la maison. Lorsqu'elle y entra, elle avait voulu donner tout son bien au couvent; mais la mère Angélique et les autres mères ne voulurent pas le recevoir, et obtinrent d'elle qu'elle n'apporterait qu'une dot assez médiocre. Un procédé si peu ordinaire à des religieuses excita la curiosité de M. Pascal, et il voulut connaître plus particulièrement une maison où l'on était si fort au-dessus de l'intérêt. Il était déjà dans de grands sentiments de piété, et il y avait même deux ou trois ans que, malgré l'inclination et le génie prodigieux qu'il avait pour les mathématiques, il s'était dégoûté de ses spéculations pour ne plus s'appliquer qu'à l'étude de l'Écriture et des grandes vérités de la religion. La connaissance de Port-Royal, et les grands exemples de piété qu'il y trouva, le frappèrent extrêmement : il résolut de ne plus penser uniquement qu'à son salut. Il rompit dès lors tout commerce avec les gens du monde; il renonça même à un mariage très-avantageux qu'il était sur le point de conclure, et embrassa une vie très-austère et très-mortifiée, qu'il a continuée jusqu'à la mort. Il était fort touché du grand mérite de M. Arnauld, et avait conçu pour lui une estime qu'il trouva bientôt occasion de signaler.

Le silence que ce docteur s'était imposé sur les disputes de la grâce ne fut pas de longue durée, et il fut obligé indispensablement de le rompre, par une occasion assez extraordinaire. Un prêtre de la communauté de Saint-Sulpice s'avisa de refuser l'absolution à M. le duc de Liancourt, et lui déclara qu'il lui refuserait aussi la communion s'il se présentait à l'autel. Le sujet qu'il allégua d'un refus si injurieux, c'est que ce seigneur retirait chez lui un ecclésiastique ami de Port-Royal, et que Mlle de la Roche-Guyon, sa petite-fille, était pensionnaire dans ce monastère. On n'aurait peut-être pas fait beaucoup d'attention à l'entreprise téméraire de ce confesseur ; mais ce qui rendit l'affaire plus considérable, c'est qu'il fut avoué par le curé et par les autres supérieurs de ce séminaire, gens très-dévots, mais fort prévenus contre Port-Royal. M. Arnauld écrivit là-dessus une lettre sans nom d'auteur ; elle fit beaucoup de bruit. Il se crut obligé d'en écrire une seconde beaucoup plus ample, où il mit son nom, et où il justifiait à fond la pureté de sa foi et l'innocence des religieuses de Port-Royal.

Il y avait déjà du temps que ses ennemis attendaient avec impatience quelque ouvrage avoué de lui, où ils pussent, soit à droit, soit à tort, trouver une matière de censure. Cette lettre vint très à propos pour eux, et ils prétendirent qu'il y avait deux propositions erronées. Dans l'une, qui regardait le fait de Jansénius, M. Arnauld disait qu'ayant lu exactement le livre de cet évêque, il n'y avait point trouvé les cinq propositions, étant prêt du reste de les condamner partout où elles seraient, et dans le livre même de Jansénius, si elles s'y trouvaient. L'autre, qui regardait le dogme, était une proposition composée des propres termes de saint Chrysostôme et de saint Augustin, et portait que les Pères nous montrent en la personne de saint Pierre un juste à qui la grâce, sans laquelle on ne peut rien, avait manqué. Ces propositions furent déférées à la Faculté par des docteurs du parti des jésuites ; et ceux-ci firent si bien par leurs intrigues, et en Sorbonne, et surtout à la cour, qu'ils vinrent à bout de faire censurer la première de ces propositions comme téméraire, et la seconde comme hérétique.

Il n'y eut jamais de jugement moins juridique, et tous les statuts de la Faculté de théologie y furent violés. On donna pour commissaires à M. Arnauld ses ennemis déclarés, et l'on n'eut égard ni à ses récusations ni à ses défenses ; on lui refusa même de venir en personne dire ses raisons. Quoique, par les statuts, les moines ne dussent pas se trouver dans les assemblées au nombre de plus de huit, il s'y en trouva toujours plus de quarante ; et, pour empêcher ceux du parti de M. Arnauld de dire tout ce qu'ils avaient préparé pour sa défense, le temps que chaque docteur devait dire son avis fut limité à une demi-heure. On mit pour cela sur une table une horloge de sable, qui était la mesure de ce temps : invention non moins odieuse en de pareilles occasions que honteuse dans son origine, et qui, au rapport du cardinal Palavicin, ayant été proposée au concile de Trente par quelques gens, fut rejetée avec détestation par tout le concile. Enfin, dans le dessein d'ôter entièrement la liberté des suffrages, le chancelier Séguier, malgré son grand âge et ses incommodités, eut ordre d'assister à toutes ces assemblées. Près de quatre-vingts des plus célèbres docteurs, voyant une procédure si irrégulière, résolurent de s'absenter, et aimèrent mieux sortir de la Faculté que de souscrire à la censure. M. de Launoy même, si fameux par sa grande érudition, quoiqu'il fît profession publique d'être sur la grâce d'autre sentiment que saint Augustin, sortit aussi comme les autres, et écrivit contre la censure une lettre où il se plaignait, avec beaucoup de force, du renversement de tous les priviléges de la Faculté.

Le jour que cette censure fut signée (en février 1656) parut aux jésuites un grand jour pour leur compagnie : non-seulement ils s'imaginaient triompher par là de M. Arnauld et de tous les docteurs attachés à la grâce efficace, mais ils croyaient triompher de la Sorbonne même, et s'être vengés de toutes les censures dont elle avait flétri les Garasse, les Santarel, les Bauni, et plusieurs autres de leurs pères, puisqu'ils l'avaient obligée de censurer, en censurant M. Arnauld, deux Pères de l'Église, dont sa seconde proposition était tirée, et de se faire à elle-même une plaie incurable, par la nécessité où ils la mirent de retrancher de son corps ses plus illustres membres. D'ailleurs, ils donnaient aussi par là une grande idée de leur pouvoir et du crédit qu'ils avaient à la cour; ils confirmaient le roi et la reine-mère dans toutes les préventions qu'ils leur avaient inspirées contre leurs adversaires.

Mais ils songèrent à tirer des fruits plus solides de leur victoire : ils obtinrent un ordre pour casser ces petits établissements que j'ai dit qu'on avait faits pour l'instruction de la jeunesse, et qu'ils appelaient des écoles de jansénisme. Le lieutenant civil alla à Port-Royal des Champs pour en faire sortir les écoliers et les précepteurs, avec tous les solitaires qui s'y étaient retirés. M. Arnauld fut obligé de se cacher ; et il y avait même déjà un ordre signé pour ôter aux religieuses des deux maisons leurs novices et leurs pensionnaires. En un mot, le Port-Royal était dans la consternation, et les jésuites au comble de leur joie, lorsque le miracle de la sainte épine arriva.

On a donné au public plusieurs relations de ce miracle ; entre autres, feu M. l'évêque de Tournay, non moins illustre par sa piété et par sa doctrine que par sa naissance, l'a raconté fort au long dans un livre[1] qu'il a composé contre les athées, et s'en est servi comme d'une preuve éclatante de la vérité de la religion ; mais on pourrait s'en servir aussi comme d'une preuve étonnante de l'indifférence de la plupart des hommes de ce siècle sur la religion, puisqu'une merveille si extraordinaire, et qui fit alors tant d'éclat, est presque entièrement effacée de leur souvenir. C'est ce qui m'oblige à en rapporter ici jusqu'aux plus petites circonstances, d'autant plus qu'elles contribueront à faire mieux connaître tout ensemble et la grandeur du miracle, et l'esprit et la sainteté du monastère où il est arrivé.

---

[1] Ce livre de M. de Choiseul a pour titre : *Mémoires sur la Religion*, imprimés chez Billaine en 1680. « L'innocence de l'enfant, la sincérité, la suffisance et le nombre des témoins, dit cet illustre prélat, page 83, m'assurent tellement de la vérité de ce miracle, que non-seulement ce serait en moi une opiniâtreté, mais une extravagance et une espèce de folie d'en douter... J'entendis dire à Dalencé (page 82) en présence d'un grand prince, que cette guérison si prompte ne lui paraissait pas un moindre miracle que la résurrection d'un mort, parce que les remèdes les plus efficaces du monde n'auraient pu rien opérer en si peu de temps, etc... » *(Note attribuée à Racine.)*

Il y avait à Port-Royal de Paris une jeune pensionnaire de dix à onze ans, nommée Mlle Perrier, fille de M. Perrier, conseiller à la Cour des aides de Clermont, et nièce de M. Pascal. Elle était affligée depuis trois ans et demi d'une fistule lacrymale au coin de l'œil gauche. Cette fistule, qui était fort grosse au dehors, avait fait un fort grand ravage en dedans : elle avait entièrement carié l'os du nez et percé le palais, en telle sorte que la matière qui en sortait à tout moment lui coulait le long des joues et par les narines, et lui tombait même dans la gorge. Son œil s'était considérablement apetissé ; et toutes les parties voisines étaient tellement abreuvées et altérées par la fluxion, qu'on ne pouvait lui toucher ce côté de la tête sans lui faire beaucoup de douleur. On ne pouvait la regarder sans une espèce d'horreur ; et la matière qui sortait de cet ulcère était d'une puanteur si insupportable que, de l'avis même des chirurgiens, on avait été obligé de la séparer des autres pensionnaires, et de la mettre dans une chambre avec une de ses compagnes beaucoup plus âgée qu'elle, en qui on trouva assez de charité pour vouloir bien lui tenir compagnie. On l'avait fait voir à tout ce qu'il y avait d'oculistes, de chirurgiens, et même d'opérateurs plus fameux ; mais les remèdes ne faisant qu'irriter le mal, comme on craignait que l'ulcère ne s'étendît enfin sur tout le visage, trois des plus habiles chirurgiens de Paris, Cressé, Guillard et Dalencé, furent d'avis d'y appliquer au plus tôt le feu. Leur avis fut envoyé à M. Perrier, qui se mit aussitôt en chemin pour être présent à l'opération : et on attendait de jour à autre qu'il arrivât.

Cela se passa dans le temps que l'orage dont j'ai parlé était tout prêt d'éclater contre le monastère de Port-Royal. Les religieuses y étaient dans de continuelles prières ; et l'abbesse d'alors, qui était cette même Marie des Anges qui l'avait été de Maubuisson, l'abbesse, dis-je, était dans une espèce de retraite, où elle ne faisait autre chose jour et nuit que lever les mains au ciel, ne lui restant plus aucune espérance de secours de la part des hommes.

Dans ce même temps il y avait à Paris un ecclésiastique de condition et de piété, nommé M. de la Potterie, qui, entre plusieurs saintes reliques qu'il avait recueillies avec grand soin, prétendait avoir une des épines de la couronne de Notre-Seigneur. Plusieurs couvents avaient eu une sainte curiosité de voir cette relique. Il l'avait prêtée, entre autres, aux carmélites du faubourg Saint-Jacques, qui l'avaient portée en procession dans leur maison. Les religieuses de Port-Royal, touchées de la même dévotion, avaient aussi demandé à la voir : et elle leur fut portée le vingt-quatrième de mars 1656, qui se trouvait alors le vendredi de la troisième semaine de carême, jour auquel l'Église chante à l'introït de la messe ces paroles tirées du psaume LXXXV : *Fac mecum signum in bonum*, etc. « Seigneur, faites éclater » un prodige en ma faveur, afin que mes ennemis le voient » et soient confondus ; qu'ils voient, mon Dieu, que vous » m'avez secouru et que vous m'avez consolé ! »

Les religieuses ayant donc reçu cette sainte épine, la posèrent au dedans de leur chœur sur une espèce de petit autel contre la grille ; et la communauté fut avertie de se trouver à une procession qu'on devait faire après vêpres en son honneur. Vêpres finies, on chanta les hymnes et les prières convenables à la sainte couronne d'épines et au mystère douloureux de la Passion ; après quoi elles allèrent, chacune en leur rang, baiser la relique : les religieuses professes les premières, ensuite les novices, et les pensionnaires après. Quand ce fut le tour de la petite Perrier, la maîtresse des pensionnaires, qui s'était tenue debout auprès de la grille pour voir passer tout ce petit peuple, l'ayant aperçue, ne put la voir défigurée comme elle était, sans une espèce de frissonnement mêlé de compassion, et elle dit : « Recommandez-vous à Dieu, ma fille, et faites toucher votre œil malade à la sainte épine. » La petite fille fit ce qu'on lui dit, et elle a depuis déclaré qu'elle ne douta point, sur la parole de sa maîtresse, que la sainte épine ne la guérît.

Après cette cérémonie, toutes les autres pensionnaires se retirèrent dans leur chambre; elle n'y fut pas plutôt, qu'elle dit à sa compagne : « Ma sœur, je n'ai plus de mal, la sainte épine m'a guérie. » En effet, sa compagne l'ayant regardée avec attention, trouva son œil gauche tout aussi sain que l'autre, sans matière, sans tumeur, et même sans cicatrice. On peut juger combien, dans toute autre maison que Port-Royal, une aventure si surprenante ferait de mouvement, et avec quel empressement on irait en avertir toute la communauté. Cependant, parce que c'était l'heure du silence, et que ce silence s'observe encore plus exactement le carême que dans les autres temps; que d'ailleurs toute la maison était dans un plus grand recueillement qu'à l'ordinaire, ces deux jeunes filles se tinrent dans leur chambre, et se couchèrent sans dire un seul mot à personne. Le lendemain matin, une des religieuses, employée auprès des pensionnaires, vint pour peigner la petite Perrier; et, comme elle appréhendait de lui faire du mal, elle évitait, comme à son ordinaire, d'appuyer sur le côté gauche de la tête; mais la jeune fille lui dit : « Ma sœur, la sainte épine m'a guérie. — Comment, ma sœur, vous êtes guérie! — Regardez, et voyez, » lui répondit-elle. En effet, la religieuse regarda, et vit qu'elle était entièrement guérie. Elle alla en donner avis à la mère abbesse, qui vint, et qui remercia Dieu de ce merveilleux effet de sa puissance; mais elle jugea à propos de ne le point divulguer au dehors, persuadée que, dans la mauvaise disposition où les esprits étaient alors contre leur maison, elles devaient éviter sur toutes choses de faire parler le monde. En effet, le silence est si grand dans ce monastère, que, plus de six jours après ce miracle, il y avait des sœurs qui n'en avaient point entendu parler.

Mais Dieu, qui ne voulait pas qu'il demeurât caché, permit qu'au bout de trois ou quatre jours, Dalencé, l'un des trois chirurgiens qui avaient fait la consultation que j'ai dite, vînt dans la maison pour une autre malade. Après sa visite il demanda aussi à voir la petite fille qui avait la fistule. On la lui amena; mais, ne la reconnaissant point, il répéta encore une fois qu'il demandait la petite fille qui avait une fistule. On lui dit tout simplement que c'était celle qu'il voyait devant lui. Dalencé fut étonné, regarda la religieuse qui lui parlait, et s'alla imaginer qu'on avait fait venir quelque charlatan qui, avec un palliatif, avait suspendu le mal. Il examina donc sa malade avec une attention extraordinaire, lui pressa plusieurs fois l'œil pour en faire sortir de la matière, lui regarda dans le nez et dans le palais, et enfin, tout hors de lui, demanda ce que cela voulait dire. On lui avoua ingénument comme la chose s'était passée; et lui courut aussitôt, tout transporté, chez ses deux confrères, Guillard et Cressé. Les ayant ramenés avec lui, ils furent tous trois saisis d'un égal étonnement; et, après avoir confessé que Dieu seul avait pu faire une guérison si subite et si parfaite, ils allèrent remplir tout Paris de la réputation de ce miracle. Bientôt M. de la Potterie, à qui on avait rendu sa relique, se vit accablé d'une foule de gens qui venaient lui demander à la voir. Mais il en fit présent aux religieuses de Port-Royal, croyant qu'elle ne pouvait pas être mieux révérée que dans la même église où Dieu avait fait par elle un si grand miracle. Ce fut donc pendant plusieurs jours un flot continuel de peuple qui abordait dans cette église, et qui venait pour y adorer et pour y baiser la sainte épine : et on ne parlait d'autre chose dans Paris.

Le bruit de ce miracle étant venu à Compiègne, où était alors la cour, la reine mère se trouva fort embarrassée : elle avait peine à croire que Dieu eût si particulièrement favorisé une maison qu'on lui dépeignait depuis si longtemps comme infectée d'hérésie, et que ce miracle, dont on faisait tant de récit, eût même été opéré en la personne d'une des pensionnaires de cette maison, comme si Dieu eût voulu approuver par là l'éducation que l'on y donnait à la jeunesse. Elle ne s'en fia ni aux lettres que plusieurs personnes de piété lui en écrivaient ni au bruit public, ni même aux attestations des chirurgiens de Paris : elle y envoya M. Félix, premier chirurgien du roi, estimé généralement pour sa grande habileté dans son art, et pour sa probité singulière ; et le chargea de lui rendre un compte fidèle de tout ce qui lui paraîtrait de ce miracle. M. Félix s'acquitta de sa commission avec une fort grande exactitude : il interrogea les religieuses et les chirurgiens, se fit raconter la naissance, le progrès et la fin de la maladie, examina attentivement la pensionnaire, et enfin déclara que la nature ni les remèdes n'avaient eu aucune part à cette guérison, et qu'elle ne pouvait être que l'ouvrage de Dieu seul.

Les grands vicaires de Paris, excités par la voix publique, furent obligés d'en faire aussi une exacte information. Après avoir rassemblé les certificats d'un grand nombre des plus habiles chirurgiens et de plusieurs médecins, du nombre desquels était M. Bouvard, premier médecin du roi, et pris l'avis des plus considérables docteurs de Sorbonne, ils donnèrent une sentence qu'ils firent publier, par laquelle ils certifiaient la vérité du miracle, exhortaient les peuples à en rendre à Dieu des actions de grâces, et ordonnaient qu'à l'avenir tous les vendredis la relique de la sainte épine serait exposée dans l'église de Port-Royal à la vénération des fidèles. En exécution de cette sentence, M. de Hodenck, grand vicaire, célébra la messe dans l'église avec beaucoup de solennité, et donna à baiser la sainte relique à toute la foule du peuple qui y était accourue.

Pendant que l'Église rendait à Dieu ses actions de grâces, et se réjouissait du grand avantage que ce miracle lui donnait sur les athées et sur les hérétiques, les ennemis de Port-Royal, bien loin de participer à cette joie, demeuraient tristes et confondus, selon l'expression du psaume. Il n'y eut point d'efforts qu'ils ne fissent pour détruire dans le public la créance de ce miracle. Tantôt ils accusaient les religieuses de fourberies, prétendant qu'au lieu de la petite Perrier elles montraient une sœur qu'elle avait, et qui était aussi pensionnaire dans cette maison; tantôt ils assuraient que ce n'avait été qu'une guérison imparfaite, et que le mal était revenu plus violent que jamais; tantôt que la fluxion était tombée sur les parties nobles, et que la petite fille en était à l'extrémité. Je ne sais point positivement si M. Félix eut ordre de la cour de s'informer de ce qui en était; mais il paraît, par une seconde attestation signée de sa main, qu'il retourna encore à Port-Royal, et qu'il certifia de nouveau et la vérité du miracle, et la parfaite santé où il avait trouvé cette demoiselle.

Enfin il parut un écrit, et personne ne douta que ce ne fût du père Annat, avec ce titre ridicule : *Le Rabat-joie des jansénites, ou Observations sur le miracle qu'on dit être arrivé à Port-Royal, composé par un docteur de l'Église catholique.* L'auteur faisait judicieusement d'avertir qu'il était catholique, n'y ayant personne qui, à la seule inspection de ce titre, et plus encore à la lecture du livre, ne l'eût pris pour un protestant très-envenimé contre l'Église. Il avait assez de peine à convenir de la vérité du miracle; mais enfin, voulant bien le supposer vrai, il en tirait la conséquence du monde la plus étrange, savoir, que Dieu voyant les religieuses infectées de l'hérésie des cinq propositions, il avait opéré ce miracle dans leur maison pour leur prouver que Jésus-Christ était mort pour tous les hommes; il faisait là-dessus un grand nombre de raisonnements, tous plus extravagants les uns que les autres, par où il ôtait à la véritable religion l'une de ses plus grandes preuves, qui est celle des miracles. Pour conclusion, il exhortait les fidèles à se bien donner de garde d'aller invoquer Dieu dans l'église de Port-Royal, de peur qu'en y cherchant la santé du corps, ils n'y trouvassent la perte de leurs âmes.

Mais il ne parut pas que ces exhortations eussent fait une

grande impression sur le public. La foule croissait de jour en jour à Port-Royal, et Dieu même semblait prendre plaisir à autoriser la dévotion des peuples, par la quantité de nouveaux miracles qui se firent en cette église. Non-seulement tout Paris avait recours à la sainte épine et aux prières des religieuses, mais de tous les endroits du royaume on leur demandait des linges qui eussent touché à cette relique; et ces linges, à ce qu'on raconte, opéraient plusieurs guérisons miraculeuses.

Vraisemblablement la piété de la reine mère fut touchée de la protection visible de Dieu sur ces religieuses. Cette sage princesse commença à juger plus favorablement de leur innocence. On ne parla plus de leur ôter leurs novices ni leurs pensionnaires, et on leur laissa la liberté d'en recevoir tout autant qu'elles voudraient. M. Arnauld même recommença à se montrer, ou, pour mieux dire, s'alla replonger dans son désert avec M. d'Andilly son frère, ses deux neveux, et M. Nicole, qui depuis deux ans ne le quittait plus, et qui était devenu le compagnon inséparable de ses travaux. Les autres solitaires y revinrent aussi peu à peu, et y recommencèrent leurs mêmes exercices de pénitence.

On songeait si peu alors à inquiéter les religieuses de Port-Royal, que le cardinal de Retz leur ayant accordé un autre supérieur en la place de M. du Saussay, qu'il avait destitué de tout emploi dans le diocèse de Paris, on ne leur fit aucune peine là-dessus, quoique M. Singlin, qui était ce nouveau supérieur, ne fût pas fort au goût de la cour, où les jésuistes avaient pris un fort grand soin de le décrier. Il y avait déjà plusieurs années qu'il était confesseur de la maison de Paris; et ses sermons y attiraient quantité de monde, bien moins par la politesse de langage que par les grandes et solides vérités qu'il prêchait. On les a depuis donnés au public sous le nom d'*Instructions chrétiennes;* et ce n'est pas un des livres les moins édifiants qui soient sortis de Port-Royal. Mais le talent où il excellait le plus, c'était dans la conduite des âmes : son bon sens, joint à une piété et à une charité extraordinaires, imprimait un tel respect, que, bien qu'il n'eût pas la même étendue de génie et de science que M. Arnauld, non-seulement les religieuses, mais M. Arnauld lui-même, M. Pascal, M. le Maistre, et tous ces autres esprits si sublimes, avaient pour lui une docilité d'enfant, et se conduisaient en toutes choses par ses avis.

Dieu s'était servi de lui pour convertir et attirer à la piété plusieurs personnes de la première qualité ; et, comme il les conduisait par des voies très-opposées à celles du siècle, il ne tarda guère à être accusé de maximes outrées sur la pénitence. M. de Gondy, qui s'était d'abord laissé surprendre à ses ennemis, lui avait interdit la chaire (en 1649) ; mais, ayant bientôt reconnu son innocence, il le rétablit trois mois après, et vint lui-même grossir la foule de ses auditeurs. Il vécut toujours dans une pauvreté évangélique, jusque-là qu'après sa mort on ne lui trouva pas de quoi faire les frais pour l'enterrer, et qu'il fallut que les religieuses assistassent de leurs charités quelques-uns de ses plus proches parents qui étaient aussi pauvres que lui. Les jésuites néanmoins passèrent jusqu'à cet excès de fureur, que de lui reprocher dans plusieurs libelles de s'être enrichi aux dépens de ses pénitents, et de s'être approprié plus de 800,000 francs sur les grandes restitutions qu'il avait fait faire à quelques-uns d'entre eux ; et il n'y a pas eu plus de réparation des outrages faits au confesseur que des faussetés avancées contre les religieuses. Le cardinal de Retz ne pouvait donc faire à ces filles un meilleur présent que de leur donner un supérieur de ce mérite, ni mieux marquer qu'il avait hérité de toute la bonne volonté de son prédécesseur.

Comme c'est cette bonne volonté dont on a fait le plus grand crime aux prétendus jansénistes, il est bon de dire ici jusqu'à quel point a été leur liaison avec ce cardinal. On ne prétend point le justifier de tous les défauts qu'une violente ambition entraîne d'ordinaire avec elle ; mais tout le monde convient qu'il avait de très-excellentes qualités, entre autres une considération singulière pour les gens de mérite, et un fort grand désir de les avoir pour amis : il regardait M. Arnauld comme un des premiers théologiens de son siècle, étant lui-même un théologien fort habile, et il lui a conservé jusqu'à la mort cette estime qu'il avait conçue pour lui lorsqu'ils étaient ensemble sur les bancs ; jusque-là qu'après son retour en France, il a mieux aimé se laisser rayer du nombre des docteurs de la Faculté, que de souscrire à la censure dont nous venons de parler, et qui lui parut toujours l'ouvrage d'une cabale.

La vérité est pourtant que, tandis qu'il fut coadjuteur, c'est-à-dire dans le temps qu'il était à la tête de la *Fronde*, messieurs de Port-Royal eurent très-peu de commerce avec lui, et qu'il ne s'amusait guère alors à leur communiquer ni les secrets de sa conscience ni les ressorts de sa politique. Et comment les leur aurait-il pu communiquer ? Il n'ignorait pas, et personne dès lors ne l'ignorait, que c'était la doctrine de Port-Royal qu'un sujet, pour quelque occasion que ce soit, ne peut se révolter en conscience contre son légitime prince ; que, quand même il en serait injustement opprimé, il doit souffrir l'oppression, et n'en demander justice qu'à Dieu, qui seul a droit de faire rendre compte aux rois de leurs actions. C'est ce qui a toujours été enseigné à Port-Royal, et c'est ce que M. Arnauld a fortement maintenu dans ses livres, et particulièrement dans son *Apologie pour les catholiques,* où il a traité la question à fond. Mais non-seulement messieurs de Port-Royal ont soutenu cette doctrine, ils l'ont pratiquée à la rigueur. C'est une chose connue d'une infinité de gens, que, pendant les guerres de Paris, lorsque les plus fameux directeurs de conscience donnaient indifféremment l'absolution à tous les gens engagés dans les deux partis, les ecclésiastiques de Port-Royal tinrent toujours ferme à la refuser à ceux qui étaient dans le parti contraire à celui du roi. On sait les rudes pénitences qu'ils ont imposées et au prince de Conti et à la duchesse de Longueville, pour avoir eu part aux troubles dont nous parlons, et les sommes immenses qu'il en a coûté à ce prince pour réparer, autant qu'il était possible, les désordres dont il avait pu être cause pendant ces malheureux temps. Les jésuites ont eu peut-être plus d'une occasion de procurer à l'Église de pareils exemples ; mais, ou ils n'étaient pas persuadés des mêmes maximes qu'on suivait là-dessus à Port-Royal, ou ils n'ont pas eu la même vigueur pour les faire pratiquer.

Quelle apparence donc que le cardinal de Retz ait pu faire entrer dans une faction contre le roi des gens remplis de ces maximes, et prévenus de ce grand principe de saint Paul et de saint Augustin, qu'il n'est pas permis de faire même un petit mal, afin qu'il en arrive un grand bien? On veut pourtant bien avouer que lorsqu'il fut archevêque, après la mort de son oncle, les religieuses de Port-Royal le reconnurent pour leur légitime pasteur, et firent des prières pour sa délivrance. Elles s'adressèrent aussi à lui pour les affaires spirituelles de leur monastère, du moment qu'elles surent qu'il était en liberté. On ne nie pas même qu'ayant su l'extrême nécessité où il était après qu'il eut disparu de Rome, elles et leurs amis ne lui aient prêté quelque argent pour subsister, ne s'imaginant pas qu'il fût défendu, ni à des ecclésiastiques ni à des religieuses, d'empêcher leur archevêque de mourir de faim. C'est de là aussi que leurs ennemis prirent occasion de les noircir dans l'esprit du cardinal Mazarin, en persuadant à ce ministre qu'il n'avait point de plus grands ennemis que les jansénistes ; que le cardinal de Retz n'était parti de Rome que pour se venir jeter entre leurs bras ; qu'il était même caché à Port-Royal; que c'était là que se faisaient tous les manifestes qu'on publiait pour sa défense; qu'ils lui avaient déjà fait trouver tout l'argent nécessaire pour une guerre civile, et qu'il ne désespérait pas, par leur moyen, de se rétablir à force ouverte dans son siége. On a bien vu dans la suite l'impertinence de ces calomnies; mais, pour en faire mieux voir le ridicule, il est bon d'expliquer ici ce que c'était que M. Arnauld, qu'on faisait l'auteur et le chef de toute la cabale.

Tout le monde sait que c'était un génie admirable pour les lettres, et sans bornes dans l'étendue de ses connaissances; mais tout le monde ne sait pas (ce qui est pourtant très-véritable) que cet homme si merveilleux était aussi l'homme le plus simple et le plus incapable de finesse et de dissimulation, et le moins propre, en un mot, à former ni à conduire un parti; qu'il n'avait en vue que la vérité, et qu'il ne gardait sur cela aucunes mesures, prêt à contredire ses amis lorsqu'ils avaient tort, et à défendre ses ennemis s'il lui paraissait qu'ils eussent raison ; qu'au reste, jamais théologien n'eut des opinions si saines et si pures sur la soumission qu'on doit aux rois et aux puissances; que non-seulement il était persuadé, comme nous l'avons déjà dit, qu'un sujet, pour quelque occasion que ce soit, ne peut point s'élever contre son prince, mais qu'il ne croyait pas même que dans la persécution il pût murmurer.

Toute la conduite de sa vie a bien fait voir qu'il était dans ces sentiments. En effet, pendant plus de quarante ans qu'on a abusé, pour le perdre, du nom et de l'autorité du roi, a-t-il manqué une occasion de faire éclater et son amour pour sa personne, et son admiration pour les grandes qualités qu'il reconnaissait en lui? Obligé de se retirer dans les pays étrangers pour se soustraire à la haine implacable de ses ennemis, à peine y fut-il arrivé, qu'il publia son *Apologie pour les catholiques;* et l'on sait qu'une partie de ce livre est employée à justifier la conduite du roi à l'égard des huguenots, et à justifier les jésuites mêmes. M. le marquis de Grana, ayant su qu'il était caché dans Bruxelles, le fit assurer de sa protection; mais il témoigna en même temps un fort grand désir de voir ce docteur, dont la réputation avait rempli toute l'Europe. M. Arnauld ne refusa point sa protection; mais il le fit prier de le laisser dans son obscurité, et de ne pas l'obliger à voir un gouverneur des Pays-Bas espagnols, pendant que l'Espagne était en guerre avec la France : et M. de Grana fut assez galant homme pour approuver la délicatesse de son scrupule.

Lorsque le prince d'Orange se fut rendu maître de l'Angleterre, les jésuites, qu'on regardait partout comme les principales causes des malheurs du roi Jacques, ne furent pas, à ce qu'on prétend, les derniers à vouloir se rendre favorable le nouveau roi. Mais M. Arnauld, qui avait tant d'intérêt à ne pas s'attirer son indignation, ne put retenir son zèle : il prit la plume, et écrivit avec tant de force pour défendre les droits du roi Jacques, et pour exhorter tous les princes catholiques à imiter la générosité avec laquelle le roi l'avait recueilli en France, que le prince d'Orange exigea de tous ses alliés, et surtout des Espagnols, de chasser ce docteur de toutes les terres de leur domination. Ce fut alors qu'il se trouva dans la plus grande extrémité où il se fût trouvé de sa vie, la France lui étant fermée par les jésuites, et tous les autres pays par les ennemis de la France.

On a su de quelques amis, qui ne le quittèrent point dans cette extrémité, qu'un de leurs plus grands embarras était d'empêcher que, dans tous les lieux où il cherchait à se cacher, son trop grand zèle pour le roi ne le fît découvrir : il était si persuadé que ce prince ne pouvait manquer dans la conduite de ses entreprises, que sur cela il entreprenait tout le monde; jusque-là que, sur la fin de ses jours, étant sujet à tomber dans un assoupissement que l'on croyait dangereux pour sa vie, ces mêmes amis ne savaient point de meilleur moyen pour l'en tirer que de lui crier, ou que les Français avaient été battus, ou que le roi avait levé le siège de quelque place ; et il reprenait toute sa vivacité naturelle pour disputer contre eux, et leur soutenir que la nouvelle ne pouvait pas être vraie. Il n'y a qu'à lire son testament, où il déclare à Dieu le fond de son cœur : on y verra avec quelle tendresse, bien loin d'imputer au roi toutes les traverses que lui ou ses amis ont essuyées, il plaide, pour ainsi dire, devant Dieu, la cause de ce prince, et justifie la pureté de ses intentions.

Oserai-je parler ici des épreuves extraordinaires où l'on a mis son amour inébranlable pour la vérité? De grands cardinaux, très-instruits des intentions de la cour de Rome, n'ont point caché qu'il n'a tenu qu'à lui d'être revêtu de la pourpre de cardinal, et que, pour parvenir à une dignité qui aurait si glorieusement lavé tous les reproches d'hérésie que ses ennemis lui ont osé faire, il ne lui en aurait coûté que d'écrire contre les propositions du clergé de France touchant l'autorité du pape. Bien loin d'accepter ces offres, il écrivit même contre un docteur flamand qui avait traité d'hérétiques ces propositions. Un des ministres du roi, qui lut cet écrit, charmé de la force de ces raisonnements, proposa de le faire imprimer au Louvre ; mais la jalousie des ennemis de M. Arnauld l'emporta et sur la fidélité du ministre et sur l'intérêt du roi même. Voilà quel était cet homme qu'on a toujours dépeint comme si dangereux pour l'État, et contre lequel les jésuites, peu de temps avant sa mort, firent imprimer un livre avec cet infâme titre : *Antoine Arnauld, fugitif pour se dérober à la justice du roi.*

Je ne saurais mieux finir cette longue digression que par les propres paroles que le cardinal de Retz dit à quelques-uns de ses plus intimes amis, qui, en lui parlant de ses aventures passées, lui demandaient si en effet, en ce temps-là, il avait reçu quelques secours de la cabale des jansénistes. « Je me connais, leur répondit-il, en cabale, et, pour mon malheur, je ne m'en suis que trop mêlé. J'avais autrefois quelque habitude avec les gens dont vous parlez, et je voulus les sonder pour voir si je les pourrais mettre à quelque usage ; mais, vous pouvez vous en fier à ma parole, je ne vis jamais de gens qui, par inclination et par incapacité, fussent plus éloignés de tout ce qui s'appelle cabale. » Ce même cardinal leur avoua aussi qu'il avait auprès de lui, pendant sa disgrâce, deux théologiens réputés jansénistes, qui ne purent jamais souffrir que, dans l'extrême besoin où il était, il prît de l'argent que les Espagnols lui faisaient offrir, et qu'il se vit par là obligé à en emprunter de ses amis. Quelques-uns de ceux à qui il tint ce discours vivent encore, et ils sont dans une telle réputation de probité que je suis bien sûr qu'on ne récuserait pas leur témoignage.

Mais, pour reprendre le fil de notre narration, le miracle de la sainte épine ne fut pas la seule mortification qu'eurent alors les jésuites ; car ce fut dans ce temps-là même que parurent les fameuses *Lettres provinciales*, c'est-à-dire l'ouvrage qui a le plus contribué à les décrier. M. Pascal, auteur de ces Lettres, avait fait les trois premières pendant qu'on examinait en Sorbonne la lettre de M. Arnaud. Il y avait expliqué les questions sur la grâce avec tant d'art et de netteté, qu'il les avait rendues non-seulement intelligibles, mais agréables à tout le monde. M. Arnauld y était pleinement justifié de l'erreur dont on l'accusait ; et les ennemis même de Port-Royal avouaient que jamais ouvrage n'avait été composé avec plus d'esprit et de justesse. M. Pascal se crut donc obligé d'employer ce même esprit à combattre un des plus grands abus qui se soient jamais glissés dans l'Église, c'est à savoir la morale relâchée de quantité de casuistes, et dont les jésuites faisaient le plus grand nombre, qui, sous prétexte d'éclaircir les cas de conscience, avaient avancé dans leurs livres une multitude infinie de maximes abominables qui tendaient à ruiner toute la morale de Jésus-Christ.

On avait déjà fait plusieurs écrits contre ces maximes, et l'Université avait présenté plusieurs requêtes au Parlement, pour intéresser la puissance séculière à réprimer l'audace de ces nouveaux docteurs. Cela n'avait pas néanmoins produit un fort grand effet : car ces écrits, quoique très-solides, étant fort secs, n'avaient été lus que par très-peu de personnes. On les avait regardés comme des traités de scolastique, dont il fallait laisser la connaissance aux théologiens : et les jésuites, par leur crédit, avaient empêché toutes les requêtes d'être répondues. Mais M. Pascal, venant à traiter cette matière avec sa vivacité merveilleuse, cet heureux agrément que Dieu lui avait donné, fit un éclat prodigieux, et rendit bientôt ces misérables casuistes l'horreur et la risée de tous les honnêtes gens.

On peut juger de la consternation où ces lettres jetèrent les jésuites, par l'aveu sincère qu'ils en font eux-mêmes : ils confessent, dans une de leurs réponses, que les exils, les emprisonnements, et tous les plus affreux supplices n'approchent point de la douleur qu'ils eurent de se voir moqués et abandonnés de tout le monde ; en quoi ils font connaître tout ensemble, et combien ils craignent d'être méprisés des hommes, et combien ils sont attachés à soutenir leurs méchants auteurs. En effet, pour regagner cette estime du public, à laquelle ils sont si sensibles, ils n'avaient qu'à désavouer de bonne foi ces mêmes auteurs, et à remercier l'auteur des Lettres de l'ignominie salutaire qu'il leur avait procurée. Bien loin de cela, il n'y a point d'invectives à quoi ils ne s'emportassent contre sa personne, quoiqu'elle leur fût alors entièrement inconnue. Le P. Annat disait que, pour toute réponse à ses quinze premières lettres, il n'y avait qu'à lui dire quinze fois qu'il était un janséniste ; et l'on sait ce que veut dire un janséniste au langage des jésuites. Ils voulurent même l'accuser de mauvaise foi dans la citation des passages de leurs casuistes : mais il les réduisit au silence par ses réponses. D'ailleurs il n'y avait qu'à lire leurs livres pour être convaincu de son exacte fidélité ; et, malheureusement pour eux, beaucoup de gens eurent alors la curiosité de les lire : jusque-là que, pour satisfaire l'empressement du public, il se fit une nouvelle édition de la *Théologie morale* d'Escobar, laquelle est comme le précis de toutes les abominations des casuistes ; et cette édition fut débitée avec une rapidité étonnante.

Dans ce temps-là même il arriva une chose qui acheva de mettre la vérité dans tout son jour. Un des principaux curés de Rouen, qui avait lu les Petites Lettres, fit, en présence de son archevêque, en un synode de plus de huit cents curés, un discours fort pathétique sur la corruption qui s'était depuis peu introduite dans la morale. Quoique les jésuites n'eussent point été nommés dans ce discours, le P. Brisacier, qui était alors recteur du collége des jésuites à Rouen, n'en eut pas plutôt avis, que sa bile se réchauffa ; il prit la plume et fit un libelle en forme de requête, où il déchirait ce vertueux ecclésiastique avec la même fureur qu'il avait déchiré les religieuses de Port-Royal.

Les autres curés, touchés du traitement indigne qu'on faisait à leur confrère, eurent soin, avant toutes choses, de s'instruire à fond du sujet de leur querelle. Ils prirent, d'un côté, les *Lettres provinciales,* et, de l'autre, les livres des casuistes ; résolus de poursuivre, ou la condamnation de ces Lettres si les casuistes y étaient cités à faux, ou la condamnation des casuistes si ces citations étaient véritables. Ils y trouvèrent non-seulement tous les passages qui étaient rapportés, mais encore un grand nombre de beaucoup plus horribles, que M. Pascal avait fait scrupule de citer. Ils dressèrent un extrait de tous ces passages, et le présentèrent à M. de Harlay, alors leur archevêque, qui a été depuis archevêque de Paris. Mais lui, jugeant que cette affaire regardait toute l'Église, les renvoya à l'assemblée générale du clergé, et y députa même un de ses grands vicaires, avec ordre d'y présenter et l'extrait et la requête.

Les curés de Rouen écrivirent aussitôt à ceux de Paris, pour les prier de les aider de leurs lumières et de leur crédit, et même de se joindre à eux dans une cause qui était, disaient-ils, la cause de l'Évangile. Les curés de Paris n'avaient pas attendu cette lettre pour s'élever contre la morale des nouveaux casuistes. Ils s'étaient déjà assemblés plusieurs fois sur ce sujet, tellement qu'ils n'eurent pas de peine à se joindre avec leurs confrères. Ils dressèrent aussi de leur côté un extrait de plus de quarante propositions de ces casuistes, et le présentèrent à l'assemblée du clergé pour en demander la condamnation, en même temps que la requête des curés de Rouen y fut présentée.

Comme c'est principalement aux évêques à maintenir dans l'Église la saine doctrine, tout le monde s'attendait que le zèle des prélats éclaterait encore plus fortement que celui de tous ces curés. En effet, quelle apparence que ces mêmes évêques, qui se donnaient alors tant de mouvement pour faire condamner dans Jansénius cinq propositions équivoques qu'on doutait qui s'y trouvassent, pussent hésiter à condamner dans les livres des casuistes un si grand nombre de propositions, toutes plus abominables les unes que les autres, qui y étaient énoncées en propres termes, et qui tendaient au renversement entier de la morale de Jésus-Christ? A la vérité il paraît, par les témoignages publics de quelques prélats députés à l'assemblée dont nous parlons, qu'ils ne purent entendre sans horreur la lecture de ces propositions des casuistes, et qu'ils furent sur le point de se boucher les oreilles, comme firent les Pères du concile de Nicée, lorsqu'ils entendirent les propositions d'Arius. Mais les égards qu'on avait pour les jésuites prévalurent sur cette horreur : l'assemblée se contenta de faire dire aux curés, par les commissaires qu'elle avait nommés pour examiner leur requête, qu'étant sur le point de se séparer, et l'affaire qu'ils lui proposaient étant d'une grande discussion, elle n'avait plus assez de temps pour y travailler. Du reste, elle ordonna aux agents du clergé de faire imprimer les instructions de saint Charles sur la Pénitence, et de les envoyer dans tous les diocèses, « afin que cet excellent ouvrage servît comme de barrière pour arrêter le cours des nouvelles opinions sur la morale. »

Quoique les jésuites n'eussent pas lieu de se plaindre de la sévérité des prélats, ils furent néanmoins très-mortifiés de la publication de ce livre, sur lequel ils n'ignoraient pas que toute la doctrine du livre de *la Fréquente Communion* était fondée; mais ils se plaignirent surtout de l'abbé de Ciron, qu'ils accusèrent d'avoir composé la lettre circulaire des évêques qui accompagnait ce même livre. Et plût à Dieu que leur animosité contre cet abbé se fût arrêtée à sa personne, et ne se fût pas étendue sur un saint établissement de filles (les filles de l'Enfance) dont il avait dressé les constitutions, et qu'ils ont eu le crédit de faire détruire, au grand regret de la province de Languedoc et de toute l'Église même, qui en recevait autant d'utilité que d'édification!

Comme tous ces extraits des curés avaient achevé de convaincre tout le monde de la fidélité des citations de M. Pascal, les jésuites prirent un parti tout contraire à celui qu'ils avaient pris jusqu'alors. Ils entreprirent de défendre ouvertement la doctrine de leurs auteurs : c'est ce qui leur fit publier le livre de l'Apologie des casuistes, composé par le P. Pirot, ami du P. Annat, et qui enseignait la théologie au collége de Clermont. Comme ils n'avaient pu obtenir de privilége pour l'imprimer, on n'y voyait ni nom d'auteur ni nom d'imprimeur; mais ils le débitèrent publiquement dans leur collége; ils en distribuèrent eux-mêmes plusieurs exemplaires aux amis de la société, tant à Paris que dans les provinces. Le P. Brisacier le fit lire en plein réfectoire dans le collége de Rouen : il avait plus de raison qu'un autre de soutenir ce bel ouvrage, puisqu'on y renouvelait, contre les religieuses de Port-Royal et contre leurs directeurs, les mêmes impostures dont il pouvait se dire l'inventeur.

Mais sa compagnie n'eut pas longtemps sujet de s'applaudir de la publication de ce livre; jamais ouvrage n'a excité un si grand soulèvement dans l'Église. Les curés de Paris dressèrent d'abord deux requêtes, pour les présenter, l'une au Parlement, l'autre aux grands vicaires. Le P. Annat, pour parer ce coup, obtint qu'ils fussent mandés au Louvre, pour rendre raison de leur conduite. Mais cela ne fit que hâter la condamnation de cet exécrable livre. En effet, le cardinal Mazarin ayant demandé aux curés, en présence du roi et des principaux ministres de son conseil, pourquoi ils voulaient s'adresser au Parlement au sujet d'un livre de théologie, ils répondirent avec une fermeté respectueuse, qu'il ne s'agissait point dans ce livre de simples questions de théologie, mais que la doctrine qu'il contenait ne tendait pas moins qu'à autoriser les plus grands crimes, tels que le vol, l'usure, le duel, l'adultère et l'homicide ; et que la sûreté des sujets du roi, et celle de Sa Majesté même, étant intéressées à sa condamnation, ils s'étaient crus en droit de porter leurs plaintes aux mêmes tribunaux qui avaient autrefois condamné les Santarel, les Mariana, et les autres dangereux auteurs de cette même société. On n'eut pas la moindre réponse à leur faire. Le chancelier, qui était présent, déclara qu'il avait refusé le privilége de ce livre. Enfin le roi, après avoir exigé des curés qu'ils se contenteraient de s'adresser aux juges ecclésiastiques, leur promit d'envoyer ses ordres en Sorbonne pour y examiner l'Apologie. Le roi tint parole ; et toutes les brigues des jésuites et des docteurs de leur parti ne purent empêcher que la Faculté ne fît une censure, et que cette censure ne fût publiée. Les grands vicaires de Paris en publièrent aussi une de leur côté ; et, presque en même temps, plus de trente archevêques et évêques, quelques-uns même de ceux que les jésuites croyaient le plus dans leur dépendance, foudroyèrent à l'envi et l'Apologie et la méchante morale des casuistes.

Les jésuites perdaient patience pendant ce soulèvement si universel ; mais ils ne purent jamais se résoudre à désavouer l'Apologie. Le P. Annat fit plusieurs écrits contre les curés, et il les traita avec la même hauteur que les jésuites traitent ordinairement leurs adversaires. Mais ceux-ci le réfutèrent courageusement, et le couvrirent de confusion sur tous les points dont on les voulait accuser. D'autres jésuites s'attaquèrent aux évêques mêmes, et écrivirent contre leurs censures; ils publiaient hautement que ce n'était point aux évêques à prononcer sur de telles matières, et que c'étaient des causes majeures qui devaient être renvoyées à Rome, comme on y avait renvoyé les propositions. Ils furent fort mortifiés, lorsqu'au bout de six mois ils virent leur livre condamné par un décret de l'inquisition; ils trouvaient néanmoins encore des raisons de se flatter, disant que l'inquisition n'avait supprimé l'Apologie que pour des considérations de police. Enfin le pape Alexandre VII, auprès duquel ils avaient toujours été en si grande faveur, frappa d'anathème quarante-cinq propositions de leurs casuistes; quelques années après il condamna encore le livre d'un P. Moya, jésuite espagnol, qui, sous le nom d'Amadæus Guimeneus, enseignait la même doctrine que l'Apologie, et censura de même ce fameux Caramuel, grand défenseur de toutes les méchantes maximes des casuistes. Pour achever de purger l'Église de cette pernicieuse doctrine, le pape Innocent XI, en l'année 1679, fit un décret où il condamnait à la fois soixante-cinq propositions aussi tirées des casuistes, avec excommunication encourue *ipso facto* par ceux qui, directement ou indirectement, auraient la hardiesse de les soutenir.

Qui n'eût cru qu'une compagnie qui fait un vœu particulier d'obéissance et de soumission aveugle au saint-Siége, garderait du moins le silence sur une doctrine si solennellement condamnée, et ferait désormais enseigner dans ses écoles une morale plus conforme et à l'Évangile, et aux décisions des papes? Mais le faux honneur de la société l'a emporté encore en cette occasion sur toutes les raisons de religion et de politique, et même sur les constitutions fondamentales de la société; il ne s'est presque point passé d'années depuis ce temps-là que les jésuites, soit par de nouveaux livres, soit par des thèses publiques, n'aient soutenu les mêmes méchantes maximes. On sait avec combien d'évêques ils se brouillent encore tous les jours sur ce sujet. Peu s'en est fallu enfin qu'ils n'aient déposé leur propre général, pour avoir fait imprimer, avec l'approbation du pape, un livre contre la probabilité, laquelle est regardée à bon droit comme la source de toute cette horrible morale.

Mais pendant que les jésuites soutenaient avec cette opiniâtreté les erreurs de leurs casuistes, et ne se rendaient, ni sur le fait ni sur le droit, aux censures des papes et des évêques, ils ne poursuivaient pas avec moins d'audace la condamnation de leurs adversaires. Ce ne fut pas assez pour le P. Annat d'avoir fait juger dans l'assemblée du Louvre que les propositions étaient dans Jansénius, et d'avoir ensuite fait ordonner, dans l'assemblée des quinze évêques, que la constitution et le bref seraient signés par tout le royaume; il entreprit encore d'établir un Formulaire ou profession de foi, qui comprît également la créance du fait et du droit, et d'en faire ordonner la souscription sous les peines portées contra les hérétiques. C'est ce fameux Formulaire qui a tant causé de troubles dans l'Église, et dont les jésuites ont tiré un si grand usage pour se venger de toutes les personnes qu'ils haïssaient. Tout le monde convient que ce fut M. de Marca qui dressa ce Formulaire avec le P. Annat, et qui le fit recevoir dans l'assemblée générale de 1656.

Ce prélat était un homme de beaucoup d'esprit, très-habile dans le droit canon, et dans tout ce qui s'appelle la police extérieure de l'Église, sur laquelle il avait même fait des livres très-savants, et fort opposés aux prétentions de la cour de Rome; mais il savait fort peu de théologie, ne s'étant destiné que fort tard à l'état ecclésiastique, et ayant passé plus de la moitié de sa vie dans les emplois séculiers, d'abord président au parlement de Pau, puis intendant en Catalogne, d'où il avait été élevé à l'évêché de Couserans, et ensuite à l'archevêché de Toulouse. Sa grande habileté, jointe à l'extrême passion qu'il témoignait contre les jansénistes, lui donnait un grand crédit dans les assemblées du clergé : il en dressait tous les actes, et en formait, pour ainsi dire, toutes les décisions.

M. de Marca et le P. Annat convenaient dans le dessein de faire déclarer hérétiques les défenseurs de Jansénius; mais ils ne convenaient pas dans la manière de tourner la chose. Le P. Annat prétendait que, les papes étant infaillibles aussi bien sur le fait que sur le droit, on ne pouvait nier, sans hérésie, un fait que le pape avait décidé. Mais cela n'accommodait pas monsieur de Toulouse, qui avait soutenu très-fortement l'opinion contraire dans ses livres; et cela, fondé sur l'autorité de tout ce qu'il y a de plus habiles écrivains, de ceux mêmes qui sont le plus attachés à la cour de Rome, tels que les cardinaux Baronius, Bellarmin, Palavicin, le P. Petau, et plusieurs autres savants jésuites, qui tous ont enseigné que l'Église n'exige point la créance des faits non révélés, et qui n'ont point fait difficulté de contester des faits très-importants, décidés dans des conciles généraux. Les censeurs mêmes de la seconde lettre de M. Arnauld, quelque animés qu'ils fussent contre sa personne, n'avaient qualifié que de téméraire la proposition de ce docteur où il disait qu'il n'avait point trouvé dans Jansénius les propositions condamnées. Les jansénistes donc ne pouvaient, même selon leurs ennemis, être traités tout au plus que de téméraires; et le P. Annat voulait qu'ils fussent déclarés hérétiques.

Dans cet embarras, M. de Marca s'avisa d'un expédient dont il s'applaudit fort : il prétendit que le fait de Jansénius était un fait certain, d'une nature particulière, et qui était tellement lié avec le droit, qu'ils ne pouvaient être séparés. « Le pape, disait ce prélat, déclare qu'il a condamné comme hérétique la doctrine de Jansénius; or les jansénistes soutiennent la doctrine de Jansénius : donc les jansénistes soutiennent une doctrine hérétique. » C'était un des plus ridicules sophismes qui se pût faire, puisque le pape n'expliquant point ce qu'il entendait par la doctrine de Jansénius, la même question de fait subsistait toujours entre ses adversaires et ses défenseurs, dont les uns croyaient voir dans cette doctrine tout le venin des cinq propositions, et les autres n'y croyaient voir que la doctrine de saint Augustin. Il n'est pas croyable néanmoins combien de gens se laissèrent éblouir à ce faux argument : le P. Annat le répétait à chaque bout de champ dans ses livres ; et ce ne fut qu'après un nombre infini de réfutations qu'il fut obligé de l'abandonner.

Cependant lui et monsieur de Toulouse ayant préparé tous les matériaux pour faire accepter leur Formulaire dans l'assemblée générale, deux prélats, envoyés par le roi, y vinrent exhorter les évêques, de la part de Sa Majesté, à chercher les moyens d'extirper l'hérésie du jansénisme. En même temps tous les prélats qui se trouvaient alors à Paris (en 1656) eurent aussi ordre de se rendre dans la grande salle des Augustins. Alors monsieur de Toulouse présenta à l'assemblée une ample relation, qu'il avait composée à sa mode, de toute l'affaire de Jansénius. Cette relation étant lue, on fit aussi lecture de la constitution et du bref, des déclarations du roi, et de toutes les lettres des assemblées précédentes. M. de Marca fit un grand discours sur l'autorité de la présente assemblée, qu'il égalait à un concile national. Tout cela, comme on peut le penser, fut long, et tint presque entièrement les deux séances dans lesquelles cette grande affaire fut terminée ; en telle sorte que ceux qui y étaient présents n'eurent autre chose à faire qu'à écouter et à signer. Il n'y eut, pour ainsi dire, ni examen ni délibération : ceux qui n'étaient pas de l'avis du Formulaire furent entraînés par le grand nombre. On confirma les délibérations des assemblées précédentes ; le Formulaire fut approuvé, et on résolut qu'il serait envoyé à tous les évêques absents, avec ordre à eux d'exécuter les résolutions de l'assemblée, sous peine d'être exclus de toute assemblée du clergé, soit générale, soit particulière, et même des assemblées provinciales. Tout cela se fit le premier et le deuxième jour de septembre.

En même temps l'assemblée écrivit au nouveau pape, pour

lui rendre compte de tout ce qu'elle avait fait contre les
jansénistes. Ce pape, qui s'appelait auparavant Fabio Chigi,
avait pris le nom d'Alexandre VII. Je ne puis m'empêcher
de rapporter à son sujet une chose particulière, que le cardinal de Retz raconte dans l'histoire qu'il a composée du
conclave où ce même pape fut élu. Il dit que le cardinal
François Barberin, dont le parti était fort puissant dans le
conclave, fut longtemps sans se pouvoir résoudre à donner
sa voix à Chigi, craignant que son étroite liaison avec les
jésuites ne l'engageât, quand il serait pape, à donner quelque atteinte à la doctrine de saint Augustin, pour laquelle
Barberin avait toujours eu un fort grand respect. Chigi,
ajoute le cardinal de Retz, n'ignora pas ce scrupule. Quelques jours après, s'étant trouvé à une conversation où le
cardinal Albizzi, passionné partisan des jésuites, parlait de
saint Augustin avec beaucoup de mépris, il prit avec beaucoup de chaleur la défense de ce saint docteur, et parla de
telle sorte, que non-seulement le cardinal Barberin fut entièrement rassuré, mais qu'on se flatta même que Chigi
serait homme à donner la paix à l'Église.

Il est évident que jamais les jésuites ne furent plus puissants à Rome que sous son pontificat. Il ne tarda guère à
publier une constitution où, non content de confirmer la
bulle d'Innocent X contre les cinq propositions, il traitait
d'enfants d'iniquité tous ceux qui osaient dire que ces propositions n'avaient point été extraites de Jansénius, ni condamnées au sens de cet évêque; assurant qu'il avait assisté
lui-même au jugement de toute cette affaire, et que l'intention de son prédécesseur avait été de condamner la doctrine
de Jansénius. Il y a de l'apparence qu'il disait vrai; cependant l'assemblée du clergé rapporte dans son procès-verbal
une chose assez surprenante : c'est que M. l'évêque de Lodève, dans le compte qu'il rendit à messeigneurs d'un entretien qu'il avait eu avec Innocent X, leur dit que ce pape
l'avait assuré de sa propre bouche que son intention n'avait

point été de toucher ni à la personne ni à la mémoire de Jansénius, ni même précisément à la question de fait.

Mais l'assemblée ne se mit pas fort en peine d'accorder ces contrariétés ; elle ne se plaignit pas même de certains termes de la nouvelle bulle, qui étaient très-injurieux à l'épiscopat, et se contenta de les adoucir le mieux qu'elle put dans la version française qu'elle en fit faire. Du reste, elle reçut avec de grands témoignages de respect la constitution, en fit faire mention dans le Formulaire, où il ne fut plus parlé du bref d'Innocent X, et résolut de supplier le roi de la faire enregistrer dans son Parlement. On appréhenda que le Parlement ne rejetât cette bulle pour plusieurs raisons, et, entre autres, pour les mêmes causes qui avaient empêché qu'on n'y présentât la bulle d'Innocent X, je veux dire parce qu'elle était faite par le pape seul, sans aucun concile, sans avoir même pris l'avis des cardinaux, et, comme on dit, *motu proprio* : ce qu'on ne reconnaît point en France. Mais le roi l'ayant lui-même portée au Parlement, sa présence empêcha toutes les oppositions qu'on aurait pu faire. Tous les évêques la firent publier dans leurs diocèses ; mais, pour le Formulaire, ils en firent eux-mêmes si peu de cas, qu'il ne paraît point qu'aucun d'eux en ait exigé la souscription, non pas même l'archevêque de Toulouse, qu'on en regardait comme l'inventeur. Ainsi les choses demeurèrent au même état où elles se trouvaient avant l'assemblée : tout le monde étant d'accord sur le dogme, et ceux qui doutaient du fait ne se croyant pas obligés de reconnaître plus d'infaillibilité sur ce fait dans Alexandre VII que dans son prédécesseur. Le cardinal Mazarin lui-même, soit que les grandes affaires de l'État l'occupassent alors tout entier, soit qu'il ne fût pas toujours d'humeur à accorder aux jésuites tout ce qu'ils lui demandaient, ne donna aucun ordre pour exécuter les décisions de l'assemblée, et parut être retombé pour cette querelle dans la même indifférence où il avait été dans les commencements.

Les choses demeurèrent en cet état jusque vers la fin de décembre de l'année 1660, auquel temps l'assemblée générale, dont l'ouverture s'était faite au commencement de cette même année, eut ordre de remettre sur le tapis l'affaire du jansénisme. Aussitôt tous les prélats de dehors furent mandés pour y travailler, et entre autres l'archevêque de Toulouse, qui n'était point de cette assemblée, mais qui y vint plaider avec beaucoup de chaleur la cause de son Formulaire. Il fit surtout de grandes plaintes d'un écrit qu'on avait fait contre ce Formulaire, dont on avait renversé tous les principes par les propres principes que monsieur de Toulouse avait autrefois enseignés dans ses livres. Cet écrit était du même M. de Launoy dont nous avons déjà parlé, qui ne prenait, comme j'ai dit, aucun intérêt à la doctrine de saint Augustin, mais qui, par la même raison qu'il n'avait pu souffrir de voir renversés par la censure de la Sorbonne tous les priviléges de la Faculté, n'avait pu digérer aussi de voir toutes les libertés de l'Église gallicane, et toute l'ancienne doctrine de la France, renversées par le Formulaire du clergé.

Celui qui présidait à l'assemblée de 1660 était M. de Harlay, archevêque de Rouen. On peut juger qu'il ne négligea pas cette grande occasion de se signaler. Il eut plusieurs prises avec les plus illustres députés du premier et du second ordre qui lui semblaient trop favorables aux jansénistes, fit sonner fort haut dans tous ses avis la volonté du roi et les intentions de M. le cardinal Mazarin. Tout cela n'empêcha pas M. l'évêque de Laon, depuis cardinal d'Estrées, M. de Bassompierre, évêque de Xaintes, et d'autres évêques des plus considérables, de s'élever avec beaucoup de fermeté contre le nouveau joug qu'on voulait imposer aux fidèles, en leur prescrivant la même créance pour les faits non révélés que pour les dogmes. La brigue contraire l'emporta néanmoins sur toutes leurs raisons; et le plus grand nombre fut, à l'ordinaire, de l'avis du président, c'est-à-dire de l'avis de la cour. On enchérit encore sur les résolutions des dernières assemblées : on ordonna de nouvelles peines contre ceux qui refuseraient de se soumettre ; on comprit dans le nombre de ceux qui seraient obligés de signer le Formulaire, non-seulement les religieuses, mais même les régents et les maîtres d'école : chose jusqu'alors inouïe dans l'Église catholique, et qui n'avait été pratiquée que par les protestants d'Allemagne.

Le cardinal Mazarin mourut quinze jours après ces délibérations. Les défenseurs de Jansénius s'étaient d'abord flattés que cette mort apporterait quelque changement favorable à leurs affaires ; mais lorsqu'ils virent de quelles personnes le roi avait composé son conseil de conscience, et que c'étaient M. de Marca et le P. Annat qui y avaient la principale autorité, ils jugèrent bien qu'ils ne devaient plus mettre leur confiance qu'en Dieu seul, et que toutes les autres voies pour faire connaître leur innocence leur étaient fermées.

FIN DE LA PREMIÈRE PARTIE.

SECONDE PARTIE.

Nous avons vu jusqu'ici la calomnie employer tous ses efforts pour décrier le monastère de Port-Royal ; nous allons voir maintenant tomber sur cette maison l'orage qui se formait depuis tant d'années, et la passion des jésuites armée, pour la perdre, non plus simplement de l'autorité du premier ministre, mais de toute la puissance royale. Je ne doute pas que la postérité, qui verra un jour, d'un côté, les grandes choses que le roi a faites pour l'avancement de la religion catholique, et de l'autre, les grands services que M. Arnauld a rendus à l'Église, et la vertu extraordinaire qui a éclaté dans la maison dont nous parlons, n'ait peine à comprendre comment il s'est pu faire que, sous un roi si plein de piété et de justice, une maison si sainte ait été détruite; et que ce même M. Arnauld ait été obligé d'aller finir sa vie dans les pays étrangers. Mais ce n'est pas la première fois que Dieu a permis que de fort grands saints aient été traités en coupables par des princes très-vertueux; l'histoire ecclésiastique est pleine de pareils exemples : et il faut avouer que jamais prévention n'a été fondée sur des raisons plus apparentes que celles du roi contre tout ce qui s'appelle jansénisme. Car, bien que les défenseurs de la grâce n'aient jamais soutenu les cinq propositions en elles-mêmes, ni avoué qu'elles fussent d'aucun auteur ; bien qu'ils n'eussent, comme j'ai déjà dit, envoyé leurs docteurs à Rome que pour exhorter Sa Sainteté à prendre bien garde, en prononçant sur ces propositions chimériques, de ne point donner d'atteinte à la véritable doctrine de la grâce, le pape néanmoins les ayant condamnées sans aucune explication, comme extraites de Jansénius, il semblait que les prétendus jansénistes eussent entièrement perdu leur cause ; et la plupart du monde, qui ne savait pas le nœud de la question, croyait que c'était en effet leur opinion que le pape avait condamnée. La distinction même du fait et du droit qu'ils alléguaient paraissait une adresse imaginée après coup pour ne se point soumettre. Il n'est donc pas surprenant que le roi, à qui ses grands emplois ne laissaient pas le temps de lire leurs nombreuses justifications, crût, sur tant de circonstances si vraisemblables et si peu vraies, qu'ils étaient dans l'erreur. D'ailleurs, quelque grands principes qu'on eût à Port-Royal sur la fidélité et sur l'obéissance qu'on doit aux puissances légitimes, quelque persuadé qu'on y fût qu'un sujet ne peut jamais avoir de justes raisons de s'élever contre son prince, le roi était prévenu que les jansénistes n'étaient pas bien intentionnés pour sa personne et pour son État ; et ils avaient eux-mêmes, sans y penser, donné occasion à lui inspirer ces sentiments par le commerce, quoique innocent, qu'ils avaient eu avec le cardinal de Retz, et par leur facilité plus chrétienne que judicieuse à recevoir beaucoup de personnes, ou dégoûtées de la cour, ou tombées dans la disgrâce, qui venaient chez eux chercher des consolations, quelquefois même se jeter dans la pénitence. Joignez à cela qu'encore que les principaux d'entre eux fussent fort réservés à parler et à se plaindre, ils avaient des amis moins réservés, et indiscrets, qui tenaient quelquefois des discours très-peu excusables. Ces discours, quoique avancés souvent par un seul particulier, étaient réputés des discours de tout le corps ; leurs adversaires prenaient grand soin qu'ils fussent rapportés au ministre ou au roi même.

On sait que Sa Majesté a toujours un jésuite pour confesseur. Le P. Annat, qui l'a été fort longtemps, outre l'intérêt général de sa compagnie, avait encore un intérêt particulier qui l'animait contre les gens dont nous parlons. Il se piquait d'être grand théologien et grand écrivain, il entassait volume sur volume, et ne pouvait digérer de voir ses livres (malgré tous les mouvements que sa compagnie se donnait pour les faire valoir) méprisés du public, et ceux de ses adversaires dans une estime générale. Tous ceux qui ont connu ce père savent qu'étant assez raisonnable dans les autres choses, il ne connaissait plus ni raison ni équité quand il était question des jansénistes. Tout ce qui approchait du roi, mais surtout les gens d'Église, n'osaient guère lui parler sur ce chapitre que dans les sentiments de son confesseur. Il ne se tenait point d'assemblées d'évêques où l'on ne fît des délibérations contre la prétendue nouvelle hérésie ; et ils comparaient dans leurs harangues quelques déclarations qu'on avait obtenues de Sa Majesté contre les jansénistes, à tout ce que les Constantin et les Théodose avaient fait de plus considérable pour l'Église. Les papes mêmes excitaient, dans leurs brefs, son zèle à exterminer une secte si pernicieuse. C'étaient tous les jours de nouvelles accusations. On lui présentait des livres où on assurait que, pendant les guerres de Paris, les ecclésiastiques de Port-Royal avaient offert au duc d'Orléans de lever et d'entretenir douze mille hommes à leurs dépens, et qu'on en donnerait la preuve dès que Sa Majesté en voudrait être informée. On eut l'impudence d'avancer, dans un de ces livres, que M. de Gondrin, archevêque de Sens, qu'on appelait l'un des apôtres du jansénisme, avait chargé, l'épée à la main, et taillé en pièces, dans une ville de son diocèse, un régiment d'Irlandais qui était au service de Sa Majesté. Tous ces ouvrages se débitaient avec privilège ; et les réponses où l'on couvrait de confusion de si ridicules calomniateurs étaient supprimées par autorité publique, et quelquefois même brûlées par la main du bourreau.

Quel moyen donc que la vérité pût parvenir aux oreilles du roi? Le peu de gens qui auraient pu avoir assez de fermeté pour la lui dire étaient retirés de la cour, ou décriés eux-mêmes comme jansénistes. Et qui est-ce qui aurait pu être à couvert d'une pareille diffamation, puisqu'on a vu un pape, pour avoir fait écrire une lettre un peu obligeante à M. Arnauld, diffamé lui-même publiquement comme fauteur des jansénistes[1] ?

Ainsi une des premières choses à quoi Sa Majesté se crut obligée, prenant l'administration de ses affaires après la mort du cardinal Mazarin, ce fut de délivrer son État de cette prétendue secte. Il fit donner (le 13 avril 1661) un arrêt dans son conseil d'État, pour faire exécuter les résolutions de l'assemblée du clergé, et écrivit à tous les archevêques et évêques de France à ce qu'ils eussent à s'y conformer, avec ordre à chacun d'eux de lui rendre compte de sa soumission deux mois après qu'ils auraient reçu sa lettre. Mais les jésuites n'eurent rien plus à cœur que de lui faire ruiner la maison de Port-Royal. Il y avait longtemps qu'ils la lui représentaient comme le centre et la principale école de la nouvelle hérésie. On ne se donna pas même le temps de faire examiner la foi des religieuses : le lieutenant civil et le procureur du roi eurent ordre de s'y transporter pour en chasser toutes les pensionnaires et les postulantes, avec défense d'en plus recevoir à l'avenir; et un commissaire du Châtelet alla faire la même chose au monastère des champs. L'abbesse, qui était alors la mère Agnès, sœur de la mère Angélique, reçut avec un profond respect les ordres du roi, et, sans faire la moindre plainte de ce qu'on les condamnait ainsi avant que de les entendre, demanda seulement au lieutenant civil si elle ne pourrait pas donner le voile à sept de ses postulantes qui étaient déjà au noviciat, et que la communauté avait admises à la vêture. Il n'en fit point de difficulté : et, sur la parole de ce magistrat, quatre de ces filles prirent l'habit le lendemain, qui était le jour de la *Quasimodo*, et les trois autres le prirent aussi le lendemain, qui était le jour de Saint-Marc. Cette affaire fut rapportée

---

[1] Clément X.

au roi d'une manière si odieuse, qu'il renvoya sur-le-champ le lieutenant civil, avec une lettre de cachet, pour faire ôter l'habit à ces novices. L'abbesse se trouva dans un fort grand embarras, ne croyant pas qu'ayant donné à des filles le saint habit à la face de l'Église, il lui fût permis de le leur ôter, sans qu'elles se fussent attiré ce traitement par quelque faute. Elle écrivit au roi une lettre très-respectueuse pour lui expliquer ses raisons, et pour le supplier aussi de vouloir considérer si Sa Majesté, sans aucun jugement canonique, pouvait en conscience, en leur défendant de recevoir des novices, « supprimer et éteindre un monastère et un institut » légitimement établi pour donner des servantes à Jésus-» Christ dans la suite de tous les siècles. » Mais cette lettre ne produisit d'autre fruit que d'attirer une seconde lettre de cachet, par laquelle le roi réitérait ses ordres à l'abbesse d'ôter l'habit aux sept novices, et de les renvoyer dans vingt-quatre heures, sous peine de désobéissance et d'encourir son indignation. Du reste, il lui déclarait « qu'il n'avait pas pré-» tendu supprimer son monastère par une défense absolue » d'y recevoir des novices à l'avenir, mais seulement jusqu'à » nouvel ordre, lequel serait donné par autorité ecclésias-» tique, lorsqu'il aura été pourvu à votre couvent (ce sont les » termes de la lettre) d'un supérieur et directeur d'une capa-» cité et piété reconnues, et duquel la doctrine ne sera point » soupçonnée de jansénisme ; à l'établissement duquel nous » entendons qu'il soit procédé incessamment par les vicaires » généraux et l'archevêque de Paris. »

Après une telle lettre on n'osa plus garder les sept novices, et on les rendit à leurs parents ; mais on ne put jamais les faire résoudre à quitter l'habit : elles le gardèrent pendant plus de trois ans, attendant toujours qu'il plût à Dieu de rouvrir les portes d'une maison où elles voyaient que leur salut était attaché.

L'une de ces novices était cette demoiselle Perrier qui avait été guérie par la sainte épine ; et Dieu a permis qu'elle soit restée dans le siècle, afin que plus de personnes pussent apprendre de sa bouche ce miracle si étonnant. Elle est encore vivante au moment que j'écris ceci ; et sa piété exemplaire, très-digne d'une vierge chrétienne, ne contribue pas peu à confirmer le témoignage qu'elle rend à la vérité.

Les pensionnaires et les postulantes chassées, on chassa aussi le supérieur et les confesseurs. Alors M. de Contes, doyen de Notre-Dame, l'un des grands vicaires, amena aux religieuses, par ordre du roi, M. Bail, curé de Montmartre, et sous-pénitencier, pour être leur supérieur et leur confesseur. Celui-ci nomma deux prêtres de Saint-Nicolas du Chardonnet pour être leurs confesseurs sous lui. On ne pouvait guère choisir de gens plus prévenus contre les jansénistes : M. Bail surtout leur était fort opposé ; ses cheveux se hérissaient au seul nom de Port-Royal, et il avait toute sa vie ajouté une foi entière à tout ce que les jésuites publiaient contre cette maison ; très-dévot d'ailleurs, et qui avait fort étudié les casuistes.

Six semaines après qu'il eut été établi supérieur, M. de Contes et lui eurent ordre de faire la visite des deux maisons, et ils commencèrent par la maison de Paris. Ils y trouvèrent la célèbre mère Angélique, qui était dangereusement malade, et qui mourut même pendant le cours de cette visite. Mais comme cette sainte fille a eu tant de part à tout le bien que Dieu a opéré dans ce monastère, je crois qu'il ne sera pas hors de propos de raconter ici avec quelle fermeté héroïque elle soutint cette désolation de sa maison, et de toucher quelques-unes des principales circonstances de sa mort.

Elle avait passé tout l'hiver à Port-Royal des champs, avec une santé fort faible et fort languissante, ne s'étant pas bien rétablie d'une grande maladie qu'elle avait eue l'été précédent. Il y avait déjà du temps qu'elle exhortait ses religieuses à se préparer, par beaucoup de prières, aux tribulations qu'elle prévoyait qui leur devaient arriver. On lui avait pourtant écrit de Paris que les affaires s'adoucissaient ; mais elle n'en avait rien cru, et disait toujours que le temps de la souffrance était arrivé. En effet, elle apprit dans la semaine de Pâques les résolutions qui avaient été prises contre ce monastère. Malgré ses grandes infirmités et l'amour qu'elle avait pour son désert, elle manda à la mère abbesse que si l'on jugeait à Paris sa présence nécessaire dans une conjoncture si importante, elle s'y ferait porter. Elle le fit en effet, sur ce qu'on lui écrivit qu'il était à propos qu'elle vînt. Elle apprit en chemin que ce jour-là même M. le lieutenant civil était venu dans la maison de Paris, et les ordres qu'il y avait apportés. Elle se mit aussitôt à réciter le *Te Deum* avec les sœurs qui l'accompagnaient dans le carrosse, leur disant qu'il fallait remercier Dieu de tout et en tout temps. Elle arriva avec cette tranquillité dans la maison ; et comme elle vit des religieuses qui pleuraient : « Quoi ! dit-elle mes filles, je pense que l'on pleure ici ! Et où est votre foi ? » Cette grande fermeté cependant n'empêcha pas que les jours suivants ses entrailles ne fussent émues lorsqu'elle vit sortir toutes ces pauvres filles qu'on venait enlever les unes après les autres, et qui, comme d'innocents agneaux, perçaient le ciel de leurs cris en venant prendre congé d'elle, et lui demander sa bénédiction. Il y en eut trois, entre autres, pour qui elle se sentait particulièrement attendrir : c'étaient Mlles de Luynes et Mlle de Bagnols. Elle les avait élevées toutes trois presque au sortir du berceau, et ne pouvait oublier avec quels sentiments de piété leurs parents, qui avaient fait beaucoup de bien à la maison, les lui avaient autrefois recommandées pour en faire des offrandes dignes d'être consacrées à Dieu dans son monastère. Elles étaient sur le point de prendre l'habit, et attendaient ce jour avec bien de l'impatience.

L'heure étant venue qu'il fallait qu'elles sortissent, la mère Angélique, qui sentit son cœur se déchirer à cette séparation, et que sa fermeté commençait à s'ébranler, tout à coup s'adressa à Dieu pour le prier de la soutenir, et prit la résolution de les mener elle-même à la porte, où leurs parents les attendaient. Elle les leur remit entre les mains avec tant de marques de constance, que Mme de Chevreuse, qui venait quérir Mlles de Luynes, ne put s'empêcher de lui faire compliment sur son grand courage. « Madame, lui dit la mère Angélique d'un ton qui acheva de la remplir d'admiration, tant que Dieu sera Dieu, j'espérerai en lui, et ne perdrai point courage. » Ensuite, s'adressant à Mlle de Luynes l'aînée, qui fondait en larmes : « Allez, ma fille, lui dit-elle, espérez en Dieu, et mettez en lui votre confiance ; nous nous reverrons ailleurs, où il ne sera plus au pouvoir des hommes de nous séparer.»

Mais dans tous ces combats de la foi et de la nature, à mesure que la foi prenait le dessus, à mesure aussi la nature tombait dans l'accablement ; et l'on s'aperçut bientôt que sa santé dépérissait à vue d'œil. Ajoutez à tous ces déchirements de cœur le mouvement continuel qu'il fallait qu'elle se donnât dans ce temps de trouble et d'agitation, étant obligée à toute heure tantôt d'aller au parloir, tantôt d'écrire des lettres, soit pour demander conseil, soit pour en donner : il n'y avait point de jour qu'elle ne reçût des lettres des religieuses des champs, chez qui il se passait les mêmes choses qu'à Paris, et qui n'avaient recours qu'à elle dans tout ce qui leur arrivait. Elle était de toutes les processions qu'on faisait alors pour implorer la miséricorde de Dieu.

La dernière où elle assista, ce fut à celle pour les sept novices, afin qu'il plût à Dieu d'exaucer les prières qu'elles lui faisaient pour demeurer dans la maison. On lui donna à porter une relique de la vraie croix ; elle y alla nu-pieds comme toutes les autres religieuses ; elle se traîna, comme elle put, le long des cloîtres dont on faisait le tour ; mais, en rentrant du cloître dans le chœur, elle tomba en faiblesse, et il fallut la reporter dans sa chambre et dans son lit, d'où elle ne se releva plus. Il lui prit une fort grande oppression, accompagnée de fièvre ; et cette oppression, qui était continuelle, avait des accès si violents, qu'on croyait à tout moment qu'elle allait mourir : en telle sorte que, dans l'espace de deux mois, on fut obligé de lui apporter trois fois le saint viatique.

Mais la plus rude de toutes les épreuves, tant pour elle que pour toute la communauté, ce fut l'éloignement de M. Singlin et des autres confesseurs, du nombre desquels étaient M. de Sacy et M. de Sainte-Marthe, deux des plus saints prêtres qui fussent alors dans l'Église. Il y avait plus de vingt ans que la mère Angélique se confessait à M. Singlin, et l'on peut dire qu'après Dieu elle avait remis en lui toute l'espérance de son salut. On peut juger combien il lui fut sensible d'être privée de ses lumières et de ses consolations, dans un temps où elles lui étaient si nécessaires, surtout sentant approcher l'heure de sa mort. Cependant elle supporta cette privation si douloureuse avec la même résignation que tout le reste; et voyant ses religieuses qui s'affligeaient de n'avoir plus personne pour les conduire, et qui se regardaient comme des brebis sans pasteur : « Il ne s'agit pas, leur disait-elle, de pleurer la perte que vous avez faite en la personne de ces vertueux ecclésiastiques, mais de mettre en œuvre les saintes instructions qu'ils vous ont données. Croyez-moi, mes filles, nous avions besoin de toutes les humiliations que Dieu nous envoie. Il n'y avait point de maison en France plus comblée des biens spirituels que la nôtre, ni où il y eût plus de connaissance de la vérité; mais il eût été dangereux pour nous de demeurer plus longtemps dans l'abondance; et si Dieu ne nous eût abaissées, nous serions peut-être tombées. Les hommes ne savent pas pourquoi ils font les choses; mais Dieu, qui se sert d'eux, sait ce qu'il nous faut. » Mais tous ces sentiments, dont son cœur était rempli, paraîtront encore mieux dans une lettre qu'elle écrivit alors à un des amis de la maison, très-vivement touché de tout ce qui se passait. Voici cette lettre :

« Enfin, Monsieur, Dieu nous a dépouillées de pères, de
» sœurs et d'enfants : son saint nom soit béni ! La douleur
» est céans, mais la paix y est aussi dans une soumission
» entière à sa divine volonté. Nous sommes persuadées que
» cette visite est une grande miséricorde de Dieu sur nous,
» et qu'elle nous était absolument nécessaire pour nous puri-
» fier et nous disposer à faire un saint usage de ses grâces
» que nous avons reçues avec tant d'abondance : car, croyez-
» moi, si Dieu daigne avoir sur nous de plus grands desseins
» de miséricorde, la persécution ira plus avant. Humilions-nous
» de tout notre cœur pour nous rendre dignes de ses faveurs,
» si véritables et si inconnues aux hommes. Pour vous, je
» vous supplie d'être le plus solitaire que vous pourrez, et de
» parler fort peu, surtout de nous. Ne racontez point ce qui
» se passe, si l'on ne vous en parle ; écoutez, et répondez le
» moins que vous pourrez. Souvenez-vous de cette excellente
» remarque de M. de Saint-Cyran, que l'Évangile et la Pas-
» sion de Jésus-Christ est écrite dans une très-grande simpli-
» cité et sans aucune exagération. L'orgueil, la vanité, et
» l'amour-propre, se mêlent partout ; et puisque Dieu nous a
» unies par sa sainte charité, il faut que nous le servions dans
» l'humilité. Le plus grand fruit de la persécution, c'est l'hu-
» miliation ; l'humilité se conserve dans le silence ; gardons-
» le donc aux pieds de Notre-Seigneur, et attendons de sa
» bonté notre force et notre soutien. »

C'est dans ce même esprit qu'elle répondit un jour à
quelques sœurs, qui lui demandaient ce qu'elle pensait qu'elles
deviendraient toutes, et si on ne leur rendrait point leurs
novices et leurs pensionnaires :

« Mes filles, ne vous tourmentez point de tout cela : je ne
suis pas en peine si on vous rendra vos novices et vos pensionnaires ; mais je suis en peine si l'esprit de la retraite,
de la simplicité et de la pauvreté, se conservera parmi nous.
Pourvu que ces choses subsistent, moquez-vous de tout le
reste. »

Il n'y avait presque point de jours qu'on ne lui vînt annoncer quelques nouvelles affligeantes : tantôt on lui disait que le lieutenant civil était dans la clôture avec des maçons pour faire murer jusques aux portes par où entraient les charrois pour les nécessités du jardin et de la maison; tantôt que ce magistrat faisait, avec des archers, des perquisitions dans les maisons voisines, pour voir si quelques-uns des confesseurs n'y seraient point cachés; une autre fois, qu'on viendrait enlever et disperser toutes les religieuses. Mais elle demeurait toujours dans le calme, ne permettant jamais qu'on se plaignît même des jésuites, et disant toujours : « Prions Dieu et pour eux et pour nous. » Cependant, comme il était aisé de juger par tous ces traitements extraordinaires qu'il fallait qu'on eût étrangement prévenu l'esprit du roi contre la maison, on crut devoir faire un dernier effort pour détromper Sa Majesté. Toute la communauté s'adressa donc à la mère Angélique, et on l'obligea d'écrire à la reine mère, dont elle était plus connue que du roi, et qui avait toujours conservé beaucoup de bonté pour M. d'Andilly, son frère. Comme cette lettre a été imprimée, je n'en rapporterai ici que la substance. Elle y représentait une partie des bénédictions que Dieu avait répandues sur elle et sur son monastère, et entre autres, le bonheur qu'elle avait eu d'avoir saint François de Sales pour directeur, et la bienheureuse mère de Chantal pour intime amie. Elle rappelait ensuite toutes les calomnies dont on l'avait déchirée elle et ses religieuses ; la protection que leur innocence avait trouvée auprès de feu M. de Gondy, leur archevêque et leur supérieur, et les censures dont il avait flétri les infâmes libelles de leurs accusateurs, qui n'avaient pas laissé de continuer leurs impostures. Elle rapportait les témoignages que ce prélat, et tous les supérieurs qu'il leur avait donnés, avaient rendus de la pureté de leur foi, de leur soumission au pape et à l'Église, et de l'entière ignorance où on les avait toujours entretenues touchant les matières contestées : jusque-là qu'on ne leur laissait pas lire le livre de *la Fréquente Communion*, à cause des disputes auxquelles il avait donné occasion. Elle faisait souvenir la reine de la manière miraculeuse dont Dieu s'était déclaré pour elle, et la suppliait enfin de leur accorder la même protection que Philippe II, roi d'Espagne, son aïeul, avait acordée à sainte Thérèse, qui, malgré son éminente sainteté, s'était vue calomniée aussi bien que les pères de son ordre, et noircie auprès du pape par les mêmes accusations d'hérésie dont on chargeait les religieuses de Port-Royal, et leurs directeurs.

La mère Angélique dicta cette lettre à plusieurs reprises, étant interrompue presque à chaque ligne par des syncopes et des convulsions violentes que causait sa maladie. La lettre étant écrite, elle ne voulut plus entendre parler d'aucune affaire, et ne songea plus qu'à l'éternité. Bien qu'elle eût passé sa vie dans des exercices continuels de pénitence, et n'eût jamais fait autre chose que de travailler à son salut et à celui des autres, elle était si pénétrée de la sainteté infinie de Dieu, et de sa propre indignité, qu'elle ne pouvait penser sans frayeur au moment terrible où elle comparaîtrait devant lui. La sainte confiance qu'elle avait en sa miséricorde gagna enfin le dessus. Son extrême humilité la rendit fort attentive, dans les derniers jours de sa vie, à ne rien dire, à ne rien faire de trop remarquable, ni qui donnât occasion de parler d'elle avec estime après sa mort. Et sur ce qu'on lui représentait un jour que la mère Marie des Anges, qu'elle estimait, et qui était morte il y avait trois ans, avait dit, avant que de mourir, beaucoup de choses dont on se souvenait avec édification, elle répondit brusquement : « Cette mère était fort simple et fort humble, et moi je ne le suis pas. »

Quelques semaines avant sa mort, ses oppressions diminuèrent beaucoup, et on la crut presque hors de péril; mais bientôt les jambes lui enflèrent, et ensuite tout le corps;

et tous ses maux se changèrent en une hydropisie qui fut jugée sans remède.

Dans ce temps, le même M. de Contes et M. Bail, qui commençaient leur visite, étant entrés dans la chambre, et M. de Contes lui ayant demandé comment elle se trouvait, elle lui répondit d'un fort grand sang-froid : « Comme une fille, Monsieur, qui va mourir. — Hé quoi ! ma mère, s'écria M. de Contes, vous dites cela comme une chose indifférente ! La mort ne vous étonne-t-elle point ? — Moi ! lui dit-elle ; je suis venue ici pour me préparer à mourir, mais je n'y étais pas venue pour y voir tout ce que j'y vois. » M. de Contes, à ces mots, haussant les épaules sans rien répliquer : « Monsieur, lui dit la mère, je vous entends : voici le jour de l'homme ; mais le jour de Dieu viendra, qui découvrira bien des choses. »

Il est incroyable combien ses souffrances augmentèrent dans les trois dernières semaines de sa maladie, tant par les douleurs de son enflure que parce que son corps s'écorcha en plusieurs endroits ; ajoutez à cela un si extrême dégoût, que la nourriture lui était devenue un supplice. Elle endurait tous ces maux avec une paix, une douceur étonnante, et ne témoigna jamais d'impatience que du trop grand soin qu'on prenait de chercher des moyens de la mettre plus à son aise. « Saint Benoît nous ordonne, disait-elle, de traiter les malades comme Jésus-Christ même ; mais cela s'entend des soulagements nécessaires, et non pas des raffinements pour flatter la sensualité. » On la voyait dans un recueillement continuel, toujours les yeux levés vers le ciel, et n'ouvrant la bouche que pour adresser à Dieu des paroles courtes et enflammées, la plupart tirées des psaumes et des autres livres de l'Écriture.

La veille de sa mort, les médecins jugeant qu'elle ne pouvait plus aller guère loin, on lui apporta, pour la troisième fois, comme j'ai déjà dit, le saint viatique. Bien loin de se plaindre de n'être pas secourue en cette occasion par les ecclésiastiques en qui elle avait eu tant de confiance, elle remercia Dieu de ce qu'elle mourait pauvre de tout point, et également privée des secours spirituels et des temporels. Elle reçut le saint viatique avec tant de marques de paix, de fermeté, et d'anéantissement, que, longtemps après sa mort, les religieuses disaient que, pour s'exciter à communier dignement, elles n'avaient qu'à se représenter la manière édifiante dont leur sainte mère avait communié devant elles. Bientôt après elle entra dans l'agonie, qui fut d'abord très-douloureuse; mais enfin ses souffrances se terminèrent en une espèce de léthargie, pendant laquelle elle s'endormit du sommeil des justes, le soir du sixième d'août 1661, jour de la Transfiguration, âgée de soixante-dix ans moins deux jours : fille véritablement illustre, et digne, par son ardente charité envers Dieu et envers le prochain, par son extrême amour pour la pauvreté et pour la pénitence, et enfin par les grands talents de son esprit, d'être comparée aux plus saintes fondatrices.

Le bruit de sa mort s'étant répandu, et son corps ayant été le lendemain, vers le soir, exposé à la grille, selon la coutume, l'église fut en un moment pleine d'une foule de peuple, qui venaient bien moins en intention de prier Dieu pour elle que de se recommander à ses prières; ils demandaient tous avec instance qu'on fît toucher à cette mère, les uns leur chapelet et leurs médailles, les autres leurs Heures, quelques-uns même leurs mouchoirs, qu'ils présentaient tout trempés de leurs larmes. On en fit d'abord quelque difficulté; mais, ne pouvant résister à leur empressement, deux sœurs ne firent autre chose tout ce soir, et le lendemain depuis le point du jour jusqu'à son enterrement, que de recevoir et de rendre ce que l'on passait; et l'on voyait ce peuple baiser avec transport les choses qu'on leur rendait, l'appelant, les uns leur bonne mère, les autres la mère des pauvres. Il n'y eut pas jusqu'aux ecclésiastiques, qui entrèrent pour l'enterrer, qui ne purent s'empêcher, quoiqu'ils ne fussent point de la maison, de lui baiser les mains comme celles d'une sainte. Dieu a bien voulu confirmer sa sainteté par plusieurs miracles; et l'on en pourrait rapporter un grand nombre sans le soin particulier que les religieuses de Port-Royal ont toujours eu, non-seulement de cacher le plus qu'elles peuvent leur vie austère et pénitente aux yeux des hommes, mais de leur dérober même la connaissance des merveilles que Dieu a opérées de temps en temps dans leur monastère.

Revenons maintenant à la visite. Elle dura près de deux mois, et pendant tout ce temps, M. de Contes et M. Bail visitèrent exactement les deux maisons, et interrogèrent toutes les religieuses les unes après les autres, même les converses. M. Bail surtout y apportait une application extraordinaire, fort étonné de trouver les choses si différentes de ce qu'il se l'était imaginé; il tendait même des piéges à la plupart de ces filles dans les questions qu'il leur faisait, comme s'il eût été bien aise de les trouver dans quelque opinion qui eût l'apparence d'hérésie. Il y en eut à qui il demanda, puisqu'elles croyaient que Jésus-Christ était mort pour tous les hommes, si elles ne croyaient pas aussi qu'il fût mort pour le diable? Enfin, ne pouvant résister à la vérité, il leur rendit justice, et signa, avec M. de Contes, la carte de visite, dont j'ai cru devoir rapporter cet article tout entier.

« Ayant trouvé, par la visite, cette maison en un état régu-
» lier bien ordonné, une exacte observance des règles et des
» constitutions, une grande union et charité entre les sœurs,
» et la fréquentation des sacrements digne d'approbation, avec
» une soumission due à notre saint-père le pape et à tous ses
» décrets, par une foi orthodoxe et une obéissance légitime,
» n'ayant rien trouvé ni reconnu en l'un et l'autre monastère
» qui soit contraire à ladite foi orthodoxe et à la doctrine de
» l'Église catholique, apostolique et romaine, ni aux bonnes
» mœurs, mais plutôt une grande simplicité, sans curiosité
» dans les questions controversées dont elles ne s'entretien-
» nent point, les supérieures ayant eu soin de les en empêcher;
» nous les exhortons toutes, par les entrailles de Jésus-Christ,

» d'y persévérer constamment, et la mère abbesse d'y tenir
» la main. »

Voilà, en peu de mots, l'apologie des religieuses de Port-Royal ; les voilà reconnues pour très-pures dans leur foi et dans leurs mœurs, très-soumises à l'Église, et très-ignorantes des matières contestées ; et voilà par conséquent les jésuites déclarés de très-grands calomniateurs par l'homme même que les jésuites avaient fait nommer pour examiner ces filles.

Vraisemblablement on se garda bien de montrer au roi cette carte de visite, qui aurait été capable de lui donner, contre les persécuteurs de ces religieuses, toute l'indignation qu'ils lui avaient inspirée contre elles. Je ne sais point si M. Bail prit, pour les justifier, les soins que sa conscience l'obligeait de prendre. La vérité est que depuis ce temps-là il les traita assez doucement : il faisait même assez volontiers, pour les consoler dans l'affliction où il les voyait, ce qu'il pouvait ; et pour cela il leur apportait quelquefois des cantiques spirituels dont il avait fait les airs et les paroles, et voulait les leur faire chanter à la grille.

Cependant le Formulaire commençait à exciter beaucoup de troubles. Plusieurs évêques refusèrent de le faire signer dans leurs diocèses, et écrivirent au roi pour se plaindre des entreprises de l'assemblée du clergé, qui, méritant à peine le nom de simple synode, prétendait s'ériger en concile national, prescrivait des formules de foi, et décernait des peines contre les prélats qui refuseraient de se soumettre à ses décisions. Le premier qui écrivit fut messire Nicolas Pavillon, évêque d'Aleth, qui était alors regardé comme le saint Charles de l'Église de France. Il y avait vingt-deux ans qu'il était évêque, et depuis ce temps-là il n'était jamais sorti de son diocèse que pour assister aux états de la province.

Le grand amour pour la résidence, joint à la sainteté extraordinaire de sa vie et à un zèle ardent pour la discipline, le faisait dès lors traiter de janséniste ; il avait été néanmoins dans l'opinion qu'on devait aux constitutions une soumission pleine et entière, sans aucune distinction du fait et du droit. Mais il rapporte lui-même, dans une lettre qu'il écrivit à M. de Péréfixe, qu'ayant examiné à fond la matière, et demandé à Dieu, par beaucoup de prières, qu'il voulût l'éclairer, il avait reconnu qu'il s'était trompé, et que le fait de Jansénius était de telle nature qu'on n'en pouvait exiger ni la créance ni la souscription. Ce fut donc dans ce même sens qu'il écrivit au roi et aux prélats de l'assemblée. Son exemple fut suivi par les évêques de Comminges, de Beauvais, d'Angers et de Vence. Ce dernier représentait avec beaucoup de douleur qu'on avait surpris la piété de Sa Majesté, en lui faisant croire qu'il y avait dans son royaume une nouvelle hérésie ; ajoutant que le Formulaire avait été regardé par la plupart des prélats, même de l'assemblée, comme une semence malheureuse de troubles et de divisions. Tous ces évêques que je viens de nommer écrivirent aussi au pape, pour lui faire les mêmes plaintes contre le Formulaire, et pour lui demander la conduite qu'ils devaient tenir en cette rencontre.

Mais rien ne fit mieux connaître combien tout le monde était soumis sur la doctrine, que tous les applaudissements qu'on donna au mandement des grands vicaires de Paris, où la distinction du fait et du droit était établie. On courait en foule signer le Formulaire selon la distinction de ce mandement : déjà même plusieurs prélats de l'assemblée déclaraient tout haut qu'ils n'avaient jamais prétendu exiger d'autre signature. Les jésuites virent avec douleur cette soumission universelle, et que dans deux mois, si le mandement subsistait, il n'y avait plus de jansénistes dans le royaume. Le père Annat alla trouver ses bons amis, M. de Marca, auteur du Formulaire, et M. l'archevêque de Rouen[1], président de l'assemblée. Ceux-ci firent aussitôt parler les agents du clergé : on fit entendre au roi que le mandement des

---

[1] François de Harlay, depuis archevêque de Paris.

grands vicaires avait excité un fort grand scandale, qu'il éludait le sens des constitutions, et rendait inutiles toutes les délibérations des prélats et des arrêts de Sa Majesté. Là-dessus les grands vicaires sont mandés à Fontainebleau, où était la cour, et où étaient aussi en grand nombre MM. les prélats.

M. de Marca, toujours entêté de sa prétendue inséparabilité du fait et du droit, fit un grand discours pour persuader aux grands vicaires qu'ils n'avaient point dû séparer ces deux questions. Après qu'il eut fini, ils lui demandèrent par grâce qu'il voulût mettre ses raisons par écrit, afin qu'ils les pussent examiner plus à loisir. M. de Marca, de concert avec le père Annat, fit l'écrit qu'on lui demandait ; et le lendemain les grands vicaires apportèrent leurs observations, où toutes ces raisons étaient détruites de fond en comble. Il voulut leur répliquer par un autre écrit ; mais en moins de vingt-quatre heures cet écrit fut encore réfuté par de nouvelles observations, plus foudroyantes que les premières.

Alors MM. les prélats, reconnaissant qu'ils ne pouvaient l'emporter par la raison, eurent recours à la force ; ils firent *casser et déclarer nul*, par un arrêt du conseil, le mandement des grands vicaires, avec défense à tout le monde de le signer. En même temps le mandement fut envoyé à Rome, et le roi écrivit au pape pour le faire révoquer. Les grands vicaires, de leur côté, écrivirent au pape une grande lettre, où ils lui rendaient compte de leur mandement, «qui,
» en faisant rendre, disaient-ils, aux constitutions tout le res-
» pect qui leur était dû, aurait mis le calme dans l'Église, s'il
» n'avait été traversé par des gens ennemis de la paix, et
» par des évêques trop amoureux de leur formule de foi,
» qu'ils s'étaient avisés de proposer à tout le royaume, et
» dans laquelle ils avaient ajouté aux constitutions des choses
» qui n'y étaient pas. » Cette lettre était accompagnée d'un acte signé par tous les curés de Paris, qui déclaraient que le mandement, bien loin d'avoir excité le scandale, avait été

d'une fort grande édification pour tout le diocèse, et était regardé de tous les gens de bien comme l'unique moyen de pacifier l'Église. On peut dire que la politique de l'Église de Rome ne parut jamais mieux qu'en cette occasion : elle était bien éloignée d'approuver que des évêques s'ingérassent de faire des professions de foi pour les faire signer à tous leurs confrères ; mais elle était aussi trop éclairée sur ses intérêts pour ne pas approuver la conduite de ces évêques, qui donnaient par là au pape une infaillibilité sans bornes. Le pape écrivit aux grands vicaires un bref extrêmement sévère, les traitant d'enfants de Bélial, mais sans dire un mot ni du Formulaire, ni des décisions de l'assemblée : il les exhortait, en termes généraux, à revenir à résipiscence, et à imiter l'obéissance des évêques et la piété du roi ; après quoi il leur donnait sa bénédiction. Il ne fit réponse ni à l'évêque d'Angers, ni aux autres prélats qui s'étaient adressés à lui pour le consulter. Il se contenta de faire écrire au nonce par le cardinal Chigi ; et ce nonce avait ordre de renvoyer tous ces évêques au bref que Sa Sainteté avait écrit aux grands vicaires de Paris, et de leur dire de s'y conformer. Ces prélats demeurèrent fermes dans la résolution qu'ils avaient prise de ne point déférer aux décisions de l'assemblée. Mais les grands vicaires firent un autre mandement, par lequel ils révoquaient le premier, et ordonnaient la signature pure et simple du Formulaire, et en même temps ils eurent ordre de le faire signer aux religieuses de Port-Royal.

Le premier mandement avait déjà causé beaucoup de trouble parmi ces filles, qui appréhendaient, en le signant, de blesser la vérité. Mais comme c'est cette crainte, et, si l'on veut, ce scrupule qui leur a dans la suite attiré tant de persécutions, et qui a, en quelque sorte, causé la ruine de leur maison, il est bon de dire ici d'où venait en elles une si grande délicatesse de conscience.

Les religieuses de Port-Royal, comme j'ai dit, et comme il paraît par la carte de visite que j'ai rapportée, n'avaient

originairement aucune connaissance des matières contestées : leurs directeurs ne les en entretenaient point, et ne leur en avaient appris que ce qui était absolument nécessaire pour leur salut. Mais en récompense, ils les avaient instruites à fond des devoirs de leur profession et des maximes de l'Évangile ; on leur avait fortement imprimé dans l'esprit ces grands principes de saint Paul et de saint Augustin, « qu'il
» n'est point permis de pécher pour quelque occasion que ce
» soit ; qu'il vaudrait mieux s'exposer à tous les plus grands
» supplices que de faire un léger mensonge ; que Dieu et la
» vérité n'étant qu'un, on ne saurait la blesser sans le blesser
» lui-même ; qu'on ne peut point déposer pour un fait dont
» on n'est point instruit ; et que d'attester qu'on croit ce
» qu'on ne croit pas, c'est un crime horrible devant Dieu et
» devant les hommes. » Surtout on leur avait inspiré une extrême horreur pour toutes ces restrictions mentales, et pour toutes ces fausses adresses inventées par les casuistes modernes, dans la vue de pallier le mensonge et d'éluder la vérité. Cela étant, on peut aisément concevoir d'où venait la répugnance de ces filles à signer le Formulaire. La nécessité où on les réduisait les avait enfin obligées, malgré elles, de s'instruire de la contestation qui faisait tant de bruit dans l'Église, et qui les jetait dans de si grands embarras. Elles avaient appris que deux papes, à la sollicitation des jésuites et de plusieurs évêques, avaient condamné, comme extraites de Jansénius, évêque d'Ypres, cinq propositions très-abominables ; que tout le monde avouait que ces propositions étaient bien condamnées ; mais qu'un grand nombre de docteurs distingués par leur piété et par leur mérite, du nombre desquels étaient les directeurs de leur maison, soutenaient qu'elles n'étaient point dans le livre de cet évêque, où ils offraient même d'en faire voir de toutes contraires ; qu'il s'était fait sur cela de part et d'autre quantité de livres, où ceux-ci paraissaient avoir eu tout l'avantage. Il y avait donc lieu de douter, et elles doutaient effectivement que ces pro-

positions fussent dans le livre de cet évêque, mort en odeur de sainteté, et qui, dans son ouvrage même, paraissait soumis jusqu'à l'excès au saint-Siège. Ainsi, soit qu'elles se trompassent ou non pouvaient-elles en sûreté de conscience signer le Formulaire? N'était-ce pas attester qu'elles croyaient le contraire de ce qu'en effet elles pensaient? On répondait qu'elles devaient se fier à la décision de deux papes; mais elles avaient appris de toute l'Église que les papes, ni même les conciles, ne sont point infaillibles sur des faits non révélés. Et y a-t-il quelqu'un, si ce n'est les jésuites, qui le puisse soutenir? Le contraire n'est-il pas aujourd'hui avoué de toute la terre? Et n'était-il pas alors aussi vrai qu'il l'est maintenant? Il est donc constant que ces filles ne refusaient de signer que parce qu'elles craignaient de faire un mensonge. Mais leur délicatesse sur cela était si grande, que, quelque tour que les grands vicaires eussent donné à leur premier mandement, plusieurs religieuses néanmoins, sur la seule peur d'être obligées de le signer, tombèrent malades; et il prit à la sœur de M. Pascal, qui s'appelait en religion sœur Euphémie, et qui était alors sous-prieure à Port-Royal des champs, une fièvre dont elle mourut. Les autres ne consentirent à signer qu'après avoir mis à la tête de leurs souscriptions deux ou trois lignes qui portaient qu'elles embrassaient absolument et sans réserve la foi de l'Église catholique, qu'elles condamnaient toutes les erreurs qu'elle condamne, et que leur signature était un témoignage de cette disposition.

On peut juger par là de l'effet que fit sur elles le second mandement. « Que veut-on de nous davantage? disaient-elles aux grands vicaires. N'avons-nous pas rendu un témoignage sincère de notre soumission pour le saint-Siége? veut-on que nous portions témoignage d'un livre que nous n'entendons point, et que nous ne pouvons entendre? » Là-dessus elles prenaient à témoin M. de Contes de la pureté de leur foi, et de l'ignorance où il les avait trouvées sur toutes ces constestations. Les grands vicaires étaient fort fâchés de

les voir dans cette agitation, et de leur persévérance dans un refus qui allait vraisemblablement attirer la ruine de l'une des plus saintes communautés qu'il y eût dans l'Église : ils épuisèrent leur esprit à chercher des tempéraments qui pussent sauver ces filles ; ils les conjurèrent de s'aider un peu elles-mêmes, et de faire quelque chose qui leur donnât occasion de les servir. A la fin elles offrirent de signer avec cette espèce de préambule : « Nous, abbesses, prieures, et
» religieuses des deux monastères de Paris et des champs, etc.,
» considérant que, dans l'ignorance où nous sommes de
» toutes les choses qui sont au-dessus de notre profes-
» sion et de notre sexe, tout ce que nous pouvons faire est
» de rendre témoignage de notre foi, nous déclarons très-
» volontiers, par notre signature, qu'étant soumises avec un
» très-profond respect à notre saint père le pape, et n'ayant
» rien de si précieux que la foi, nous embrassons sincère-
» ment et de cœur tout ce que Sa Sainteté et le pape Inno-
» cent X en ont déjà décidé, et rejetons toutes les erreurs
» qu'ils ont jugées y être contraires. »

Les grands vicaires portèrent à la cour cette déclaration, et employèrent tous leurs efforts pour l'y faire approuver. Ils portèrent en même temps une déclaration à peu près semblable, que les religieuses du Val-de-Grâce et celles de plusieurs autres couvents leur avaient aussi présentée, et sans laquelle elles refusaient de signer. On ne leur parla point de ces autres religieuses ; mais ils eurent ordre de ne point admettre l'explication de celles de Port-Royal, et d'exiger d'elles une souscription pure et simple. Mais, sur ces entrefaites, le cardinal de Retz ayant donné sa démission de l'archevêché de Paris (en février 1662), et le roi ayant nommé un autre archevêque, il ne fut plus question du mandement de ces grands vicaires.

Cependant les jésuites, pour autoriser toutes ces violences, s'opiniâtraient à vouloir de plus en plus faire du fait de Jansénius un dogme de foi. Comme ils voyaient avec quelle facilité leurs adversaires avaient ruiné toutes les frivoles raisons sur lesquelles M. de Marca avait voulu fonder ce nouveau dogme, ils crurent que tout le mal venait de ce que ce prélat biaisait trop, et ne parlait pas assez nettement. Pour y remédier, ils firent soutenir publiquement, dans leur collège de Clermont, une thèse, où ils avancèrent en propres termes cette proposition : « Que Jésus-Christ, en » montant au ciel, avait donné à saint Pierre et à ses suc- » cesseurs la même infaillibilité et dans le fait et dans le » droit qu'il avait lui-même. » D'où ils concluaient très-naturellement que « le pape ayant décidé que les cinq proposi- » tions étaient dans Jansénius, on ne pouvait nier, sans » hérésie, qu'elles y fussent. » C'est ainsi que ces pères, dans la passion de rendre hérétiques leurs adversaires, se rendaient eux-mêmes coupables d'une très-dangereuse hérésie, et non-seulement d'une hérésie, mais d'une impiété manifeste, en égalant à Dieu la créature, et voulant qu'on rendît à la simple parole d'un homme mortel le même culte que l'on doit rendre à la parole éternelle. Mais ils n'étaient pas moins criminels envers le roi et envers l'État, par les avantages que la cour de Rome pouvait tirer de cette thèse, plus préjudiciable à la souveraineté des rois que les opinions des Mariana et des Santarel tant condamnées par le clergé de France, par le Parlement et par la Sorbonne. Aussi excita-t-elle un fort grand scandale. Voici ce que le célèbre M. Godeau, évêque de Vence, en écrivit à un de ses amis : « Où est l'ancienne Sorbonne qui a foudroyé par avance » cette proposition? Où sont les Servin, les Marion, les » Harlay? Où sont les évêques de l'assemblée de Melun? » Où est enfin notre honneur et notre conscience, de nous » taire quand il y a un si grand sujet de parler? Qu'il est » fâcheux de vivre en un si mauvais temps! Et à quoi, » mon Dieu, nous réservez-vous? Mais espérons en celui » qui mortifie et qui vivifie : il laisse aujourd'hui prévaloir » les ténèbres, mais il saura en tirer la lumière. »

Cependant (le pourra-t-on croire?) les évêques, la Sorbonne et le Parlement gardèrent sur cette thèse un profond silence; les jansénistes seuls se remuèrent, et il n'y eut que ces prétendus ennemis de l'Église et de l'État, qui, joints aux curés de Paris, eurent assez de courage pour défendre alors l'État et l'Église. Ils dénoncèrent la thèse à tous les évêques; ils s'adressèrent au Parlement même, et découvrirent, par un excellent écrit, les conséquences de cette pernicieuse doctrine; encore le crédit des jésuites fut-il assez grand pour faire brûler cet écrit par la main du bourreau.

Ils eurent dans ce temps-là un nouveau sujet de triomphe, par la nomination que le roi fit de M. de Marca à l'archevêché de Paris. Pouvait-on douter qu'étant, comme nous l'avons vu, le principal auteur du Formulaire, il n'en exigeât la signature avec toute la rigueur imaginable? Déjà même les nouveaux grands vicaires que le chapitre avait nommés comme pendant la vacance, s'empressant à lui faire leur cour, avaient publié un troisième mandement qui jetait la terreur dans tout le diocèse de Paris : ils y réformaient tout ce qui leur semblait de trop modéré dans les précédents, réputaient nulles toutes les signatures faites avec restrictions ou explications, et déclaraient suspens et interdits, *ipso facto*, tous les ecclésiastiques qui, dans quinze jours, n'auraient pas signé leur ordonnance. Mais ce zèle précipité n'eut aucune suite; on leur prouva leur incompétence par de bonnes raisons, et leur mandement tomba de lui-même. Si l'on en croit de fort grands prélats qui ont très-particulièrement connu M. de Marca, cet archevêque était fort changé sur le sujet de son Formulaire; ils prétendent même qu'il était sérieusement touché du trouble que cette affaire avait excité, et qu'il n'attendait que ses bulles pour essayer tous les moyens de terminer les choses par la douceur. Quelles que fussent ses intentions, Dieu ne lui permit pas de les exécuter, et il mourut le jour même que ses bulles arrivèrent (le 29 juin 1662).

Sa mort fut suivie de près de celle de l'illustre M. Pascal. Il n'était âgé que de trente-neuf ans ; mais, quoique encore jeune, ses grandes austérités et son application continuelle aux choses les plus relevées l'avaient tellement épuisé, qu'on peut dire qu'il mourut de vieillesse, et laissa imparfait un grand ouvrage qu'il avait entrepris contre les athées. Les fragments qu'on en trouva dispersés dans ses papiers, et qui ont été donnés au public sous le nom de *Pensées de M. Pascal*, peuvent faire juger et du mérite qu'aurait eu tout l'ouvrage, s'il eût eu le temps de l'achever, et de l'impression vive que les grandes vérités de la religion avaient faite sur son esprit. On publia que sur la fin de sa vie il avait rompu tout commerce avec messieurs de Port-Royal, parce qu'il ne les trouvait pas, disait-on, assez soumis aux constitutions ; et on citait là-dessus le témoignage du curé de Saint-Étienne du Mont, qui lui avait administré dans sa maladie les derniers sacrements.

La vérité est qu'un peu avant sa mort M. Pascal eut quelque dispute avec M. Arnauld sur le sujet des constitutions ; mais, bien loin de prétendre qu'on se devait soumettre aveuglément aux constitutions, il trouvait, au contraire, qu'on s'y soumettait trop : car, appréhendant, comme on peut le voir dans *les Provinciales*, que les jésuites n'abusassent un jour, contre la doctrine de saint Augustin, de la condamnation des cinq propositions, il voulait non-seulement qu'en signant le Formulaire on fît la distinction du fait et du droit, mais qu'on déclarât qu'on ne prétendait en aucune sorte donner atteinte à la grâce efficace par elle-même, parce qu'à son avis, plutôt que de laisser flétrir une si sainte doctrine, il fallait souffrir tous les plus mauvais traitements, et même l'excommunication. M. Arnauld soutenait, au contraire, que c'était faire injure à la véritable doctrine de la grâce de témoigner quelque défiance qu'elle eût pu être condamnée, et qu'elle était assez à couvert et par la déclaration d'Innocent X, et par le consentement de toute l'Église; qu'au reste, le schisme était le plus grand de tous les maux; que l'ombre même en était horrible, et qu'il fallait sur toutes choses éviter d'y donner occasion. Ces deux grands hommes écrivirent sur cela l'un et l'autre, mais sans sortir des bornes de la charité, et sans blesser le moins du monde l'estime mutuelle dont ils étaient liés, et qu'ils ont conservée jusqu'au dernier soupir. M. Pascal mourut entre les bras de M. de Sainte-Marthe, ami intime de M. Arnauld, et l'un des plus zélés défenseurs des religieuses de Port-Royal. Mais voici ce qui a donné lieu à croire le contraire de ce que nous disons :

M. Pascal, dans quelques entretiens qu'il eut avec le curé de Saint-Étienne, lui toucha quelque chose de cette dispute, sans lui particulariser de quoi il s'agissait; de sorte que ce bon curé, qui ne supposait pas que M. Arnauld eût pu pécher par trop de déférence aux constitutions, s'imagina que c'était tout le contraire. Non-seulement il le dit ainsi à quelques-uns de ses amis, mais il l'attesta même par écrit. Mais les parents de M. Pascal, touchés du tort que ce bruit faisait à la vérité, allèrent trouver ce bon homme, lui montrèrent les écrits qui s'étaient faits sur cette dispute, et le convainquirent si bien de sa méprise, qu'il rétracta aussitôt sa déposition par des lettres qu'il leur permit de rendre publiques.

Après la mort de M. de Marca, il se passa près de dix-huit mois pendant lesquels on ne pressa point la signature; on crut même un temps que les affaires allaient changer de face : car la cour de Rome, pendant qu'on élevait en France son autorité, outragea le roi en la personne du duc de Créqui, son ambassadeur. Le roi ressentit vivement cette offense, et résolut d'en tirer raison. Comme la querelle pouvait aller loin, par l'opiniâtreté du pape à soutenir les auteurs de cet attentat, le Parlement et les ministres du roi commencèrent à ouvrir les yeux sur le trop grand cours qu'ils avaient laissé prendre à ce qu'on appelle en France les opinions ultramontaines. On ne dit pourtant rien aux jésuites; mais sur l'avis qu'on eut d'une thèse qu'un bachelier breton se préparait à soutenir, où il y avait des propositions moins exorbitantes, à la vérité, que celles du collége de Clermont, mais qui étaient contraires aux libertés de l'Église gallicane, et qui, en donnant au pape une autorité souveraine sur l'Église, établissaient son infaillibilité, et détruisaient la nécessité des conciles, le Parlement prit cette occasion d'agir. Il manda le syndic de la Faculté qui avait signé la thèse, le bachelier qui devait la soutenir, et le docteur qui devait y présider; et, après leur avoir fait les réprimandes qu'ils méritaient, il donna un arrêt par lequel la thèse était supprimée, avec défense d'enseigner, lire et soutenir dans les écoles et ailleurs aucune proposition de cette nature ; et il était ordonné que cet arrêt serait lu en pleine assemblée de la Faculté, et inséré dans ses registres.

A peine cet arrêt venait d'être rendu, qu'on eut avis d'une autre thèse à peu près semblable, qui avait été soutenue au collége des Bernardins, signée encore du même syndic de la Faculté. Le Parlement donna un second arrêt, plus sévère que le premier, contre le répondant et le président; et, par cet arrêt, le syndic fut suspendu pour six mois des fonctions de son syndicat.

Ce syndic était le docteur Grandin, fameux moliniste, et qui avait eu la principale part à tout ce qui s'était fait en Sorbonne contre M. Arnauld. Lui et les autres partisans des jésuites souffrirent beaucoup de voir ainsi attaquer la doctrine de l'infaillibilité, qui était leur doctrine favorite. Ils firent même, quoique inutilement, plusieurs efforts pour empêcher la Faculté d'enregistrer ces arrêts; mais la plus saine partie des docteurs saisit cette occasion de laver la Faculté du reproche qu'on lui faisait publiquement d'avoir abandonné son ancienne doctrine. Ils travaillèrent avec tant de succès, que la Faculté dressa la fameuse déclaration de ses sentiments, contenus en six articles, dans lesquels elle exposait combien elle était éloignée d'enseigner ni que le pape eût aucune autorité sur le temporel des rois, ni qu'il fût infaillible et supérieur aux conciles. Elle présenta elle-même ces six articles au roi, et ensuite au Parlement, qui la félicita d'être rentrée dans ses véritables maximes, et de s'être assurée contre toutes ces nouveautés dangereuses, que la cabale des moines et de quelques particuliers, liés d'intérêt avec eux, avait depuis vingt ans introduites dans les écoles.

Presque en même temps il y eut un autre arrêt pour réduire, selon l'ancien usage, le nombre des docteurs mendiants à deux de chaque ordre dans les assemblées de théologie. Quelques moines voulurent protester contre cet arrêt, et l'un d'eux eut l'audace de reprocher à la Faculté que, sans leur grand nombre, on ne serait jamais venu à bout de condamner les jansénistes. Le roi publia une déclaration par laquelle il ordonnait que les six articles seraient enregistrés dans tous les parlements et dans toutes les universités du royaume, avec défense d'enseigner d'autre doctrine que celle qui y était contenue. Ils le furent sans aucune opposition : il y eut seulement un jésuite à Bordeaux, nommé le père Camin, qui se démena fort pour empêcher l'université de cette ville de les recevoir. Quelque remontrance que le recteur lui pût faire, il persista toujours dans son opposition ; et il est marqué au bas de l'acte d'enregistrement, que le père Camin a refusé de le signer.

Ce jésuite ne faisait en cela que suivre l'esprit de sa compagnie : car, dans le même temps qu'on prenait en France ces précautions contre les entreprises des ultramontains, les jésuites du collége de Clermont, à l'occasion d'une thèse de mathématiques, soutinrent publiquement une proposition où ils donnaient en quelque sorte au tribunal de l'inquisition la même infaillibilité qu'ils avaient donnée au pape dans leur thèse du mois de décembre 1661; et ce qu'il y eut de singulier, c'est qu'ils la firent soutenir par le fils de M. de Lamoignon, premier président. La proposition fut aussitôt déférée à la Faculté, qui se préparait à la condamner; mais le premier président, pour ne pas vraisemblablement voir flétrir une thèse que son fils avait soutenue, empêcha la censure, et fit donner, sur une requête du syndic, un arrêt qui imposait silence à la Faculté.

Pendant que ces choses se passaient, il y avait eu un projet d'accommodement pour terminer l'affaire et la querelle du jansénisme; les premières propositions en furent jetées par le P. Ferrier, jésuite de Toulouse. Ce jésuite, homme très-fin, et qui songeait à se faire connaître à la cour, crut ne pouvoir mieux y réussir qu'en se mêlant d'une querelle si célèbre. Il le fit trouver bon au P. Annat, qui avait une grande idée de lui, et qui ne croyait pas que la cause des jésuites pût péricliter en de si bonnes mains. Le P. Ferrier s'adressa donc à M. de Choiseul, évêque de Comminges, et s'offrit d'entrer en conférence avec les défenseurs de Jansénius, sur les moyens de donner la paix à l'Église. Ce prélat en écrivit aussitôt à M. Arnauld. Quelque défiance que ce docteur et les autres théologiens qui étaient dans la même cause eussent de la bonne foi de ces pères, dans l'envie néanmoins d'assurer la paix de l'Église, ils offrirent de conférer, à condition qu'il ne serait point fait mention du Formulaire, et qu'on n'exigerait rien d'eux dont leur conscience pût être blessée. Le P. Ferrier parut approuver cette condition; et bientôt après M. de Comminges reçut ordre du roi de se transporter à Paris, où le P. Ferrier s'était déjà rendu.

MM. Lalane et Girard, deux célèbres docteurs, se trouvèrent aux conférences au nom des défenseurs de Jansénius, et le P. Ferrier au nom des jésuites (1663). Ces deux docteurs présentèrent cinq articles, qui contenaient toute leur doctrine sur la matière des cinq propositions. Ce sont ces mêmes articles que les docteurs de Louvain ont encore, depuis quelques années, présentés au pape, et qui ont eu l'approbation de toute l'Église. Le P. Ferrier n'osa pas nier qu'ils ne fussent très-catholiques, bien que très-opposés à la doctrine de Molina, disant qu'il importait peu à l'Église que ses enfants fussent de l'opinion des thomistes ou de celle des jésuites. Il y eut seulement un endroit de l'un de ces articles où il souhaita quelque adoucissement, qui lui fut aussitôt accordé. Ainsi, tout le monde étant d'accord sur la doctrine, l'évêque de Comminges jugea l'affaire terminée, et il le fit ainsi entendre au roi. Mais ce P. Ferrier, qui, comme nous avons dit, ne pensait à rien moins qu'à un accommodement, trouva bientôt moyen de le rompre, et, contre la parole donnée, déclara qu'il fallait encore convenir que la doctrine condamnée dans les cinq propositions était celle de Jansénius. On eut beau s'écrier qu'on avait stipulé, avant toutes choses, qu'on ne parlerait point de cet article, il soutint hardiment que cela n'était point véritable ; de sorte que ces conférences n'aboutirent qu'à un nouveau démêlé avec ce jésuite. Il écrivit, et on fit contre lui quantité d'ouvrages pleins de raisons très-convaincantes, auxquelles il répondit sur le ton ordinaire de sa société, c'est-à-dire avec beaucoup d'injures.

L'évêque de Comminges, fort irrité de la tromperie qu'on lui avait faite, songea néanmoins à accommoder l'affaire par une autre voie. Il se fit mettre entre les mains un écrit signé par les principaux défenseurs de Jansénius, par lequel ils lui donnaient plein pouvoir d'envoyer en leur nom au pape les cinq articles dont nous avons parlé, déclarant qu'ils les soumettaient de bonne foi à son jugement ; qu'au reste, ils suppliaient très-humblement Sa Sainteté de croire qu'ils avaient une véritable douleur de toutes les fâcheuses et importunes disputes qui troublaient depuis si longtemps l'Église; qu'ils n'avaient jamais eu la moindre pensée de blesser en rien l'autorité du saint-Siége, pour lequel ils avaient toujours eu et auraient toute leur vie un entier dévouement ; que, bien loin de s'opposer aux deux dernières constitutions, ils étaient prêts d'y déférer avec tout le respect et la soumission que demandait la majesté et la souveraine autorité du saint-Siége apostolique ; enfin, que si Sa Sainteté voulait encore exiger d'eux une plus grande preuve de la sincérité avec laquelle ils adhéraient à la foi établie par ces constitutions, ils consentaient de la lui donner. Les principaux défenseurs de Jansénius avaient eu assez de peine à souscrire à ce dernier article, qui mettait le pape en droit, pour ainsi dire, de leur imposer telle loi qu'il voudrait. Cependant l'évêque de Comminges ne laissa pas d'envoyer cet écrit à Sa Sainteté, avec une lettre très-respectueuse qu'il lui écrivait sur ce sujet. Il y avait apparence que cela serait reçu très-agréablement à Rome.

En effet, que pouvait-on exiger de plus précis des défenseurs de Jansénius, qu'une explication si orthodoxe de leur doctrine, et une soumission si sincère aux constitutions du saint-Siége? Il arriva néanmoins tout le contraire de ce qu'on espérait : car dans ce temps-là même le P. Ferrier ayant aussi envoyé à Rome une relation fausse et très-odieuse de tout ce qui s'était passé dans les conférences, le pape, prévenu contre l'évêque de Comminges, qu'il regardait comme un des chefs du jansénisme, crut que toutes ces soumissions n'avaient en effet rien de sincère. Au lieu donc de faire réponse à ce prélat, il se contenta d'écrire un bref aux évêques de France en général, où, sans leur parler de Formulaire, il les louait fort de leur zèle à faire exécuter en France les constitutions du saint-Siége, reconnaissant que c'était par leurs soins et leur bonne conduite que les principaux d'entre les jansénistes, revenus enfin à une plus saine doctrine, avaient tout nouvellement offert de se soumettre à tout ce que le saint-Siége voudrait leur prescrire. Il les exhortait donc à poursuivre un ouvrage si bien commencé, et à chercher les moyens les plus propres pour obliger les fidèles à exécuter de bonne foi les deux dernières constitutions.

L'évêque de Comminges fut fort piqué du mépris que le

pape lui avait témoigné en ne daignant pas lui faire réponse. Pour justifier donc et sa conduite dans toute cette affaire, et le procédé des défenseurs de Jansénius, il apporta au roi un nouvel acte signé d'eux, qui contenait des protestations encore plus humbles et plus soumises que celles qu'ils avaient envoyées au pape : car ils déclaraient par cet acte qu'ils condamnaient sincèrement les cinq propositions, et qu'ils ne les soutiendraient jamais, sous prétexte de quelque sens et de quelque interprétation que ce fût; qu'ils n'avaient point d'autres sentiments sur ces propositions que ceux qui étaient exprimés dans les cinq articles qu'ils avaient soumis à Sa Sainteté, et dont, par son bref, elle témoignait n'être pas mécontente; qu'à l'égard des décisions de fait, comprises dans la constitution d'Alexandre VII, ils auraient toujours pour ces décisions toute la déférence que l'Église exige des fidèles en de pareilles rencontres; avouant de bonne foi qu'il n'appartenait pas à des théologiens particuliers de s'élever contre les décisions du saint-Siége, de les combattre, ou d'y résister; enfin, qu'ils étaient dans une ferme résolution de ne jamais contribuer à renouveler ces sortes de disputes, dont ils voyaient avec regret l'Église agitée depuis si longtemps. Le roi fut assez satisfait de cette déclaration, mais il ne voulut rien ordonner de son chef sur une matière purement ecclésiastique; il renvoya tout à l'assemblée du clergé, qui se tenait alors à Paris : c'était tout ce que demandait le P. Annat. En effet, comme cette assemblée était composée de personnes entièrement opposées à Jansénius, le bref y fut reçu avec un applaudissement général, et regardé comme une tacite approbation du Formulaire. Au contraire, la déclaration des défenseurs de Jansénius fut jugée captieuse, conçue en des termes pleins d'artifices, et cachant, sous l'apparence d'une soumission en paroles, tout le venin de l'hérésie. Il fut donc arrêté que, suivant les exhortations du saint-père, on chercherait les voies les plus propres pour extirper entièrement cette hérésie; et, n'y en ayant point de plus courtes que la signature du Formulaire, il fut résolu qu'on la poursuivrait de nouveau plus fortement qu'on n'avait fait jusqu'alors. On écrivit pour cela une nouvelle lettre circulaire à tous les évêques de France, et le roi fut très-humblement supplié de convertir les arrêts de son conseil, qui ordonnaient cette signature, en une déclaration authentique. En effet, peu de jours après, le roi apporta lui-même au Parlement cette déclaration : on la fit publier dans toutes les provinces du royaume; mais on songea surtout à la faire exécuter dans le diocèse de Paris.

Messire Hardouin de Péréfixe avait tout nouvellement reçu ses bulles, et venait d'y être installé archevêque : c'était un prélat beaucoup plus instruit des affaires de la cour que des affaires ecclésiastiques, mais au fond très-bon homme, fort ami de la paix, et qui eût bien voulu, en contentant les jésuites, ne point s'attirer les défenseurs de Jansénius sur les bras. Il chercha donc des biais pour satisfaire les uns et les autres, et entra même pour cela en quelques pourparlers avec ces derniers. La dispute, comme nous l'avons dit, avait alors changé de face; l'opinion de M. de Marca sur l'inséparabilité du fait et du droit avait été en quelque sorte abandonnée, et on convenait que c'était un fait dont il était question; mais les ennemis de Jansénius persistaient à soutenir que l'Église, en quelques occasions, pouvait ordonner la créance des faits, même non révélés, et obliger les fidèles, non-seulement à condamner les erreurs enseignées par les hérétiques, mais à reconnaître que ces hérétiques les avaient enseignées; quelques-uns même osaient encore avancer qu'on devait croire, de foi intérieure et divine, les faits décidés par les papes, à qui, disaient-ils, l'inspiration du Saint-Esprit ne manquait jamais. Mais cette opinion n'étant pas soutenable, les plus sensés se contentaient de dire qu'à la vérité on devait une foi à ses décisions, mais une foi simplement humaine et naturelle, fondée sur la vraisemblance de la chose. Cette distinction plaisait merveilleusement au nouvel archevêque ; il se flatta qu'en la bien établissant il accommoderait sans peine toutes choses, et engagerait tout le monde à signer. Il fit donc un mandement par lequel il ordonnait de nouveau à tous doyens, etc., de souscrire dans un mois le Formulaire de foi mis au bas de son ordonnance, etc., à faute de quoi, etc. Mais dans ce même mandement il déclarait qu'à l'égard du fait, non-seulement il n'exigeait pas une foi divine, mais qu'à moins d'être ignorant ou malicieux, on ne pouvait dire que ni les constitutions du pape, ni le Formulaire des évêques, l'eussent jamais exigée ; demandant seulement une foi humaine et ecclésiastique, qui obligeait à soumettre son jugement à celui de ses supérieurs. C'étaient ses termes.

Les défenseurs de Jansénius triomphaient fort de cette ordonnance, qui établissait si nettement la distinction du fait et du droit, et traitait d'ignorante ou de malicieuse une doctrine tant de fois avancée par leurs adversaires, et que les jésuites avaient soutenue dans des thèses publiques. Mais en même temps ils firent paraître quantité d'écrits, où ils montraient invinciblement que l'Église ni les papes n'étant point infaillibles sur les faits non révélés, on n'était pas plus obligé de croire ces faits de foi humaine que de foi divine; et qu'en un mot, personne n'étant obligé de croire de foi humaine que les cinq propositions fussent dans Jansénius, ceux qui n'étaient pas persuadés qu'elles y fussent ne pouvaient, sans blesser leur conscience, et sans rendre un faux témoignage, reconnaître qu'elles y étaient, c'est-à-dire signer le Formulaire. Et, à dire vrai, si les défenseurs de la grâce s'étaient un peu moins attachés aux règles étroites de leur dialectique et à la sévérité de leur morale, il était aisé de voir que, par cette foi humaine, l'archevêque n'exigeait guère autre chose d'eux que cette même soumission de respect et de discipline qu'ils avaient tant de fois offerte. Mais ils voulaient qu'il le dît en termes précis ; et ni l'archevêque ne voulait entièrement s'expliquer là-dessus, ni les défenseurs de Jansénius entièrement l'entendre.

Celles pour qui l'ordonnance avait été faite, et qui s'accommodaient le moins de ces distinctions, étaient les religieuses de Port-Royal, persuadées qu'il ne fallait point biaiser avec Dieu, et qu'on ne pouvait trop nettement dire sa pensée. L'archevêque se flattait pourtant de les réduire : aussitôt après la publication de son ordonnance, il s'était transporté lui-même chez elles, et n'avait rien oublié, tant que dura sa visite, pour les engager à se soumettre à son mandement sur le Formulaire.

Sa première entrée dans cette maison fut fort pacifique : il en admira la régularité; et, non content d'en témoigner sa satisfaction de vive voix, il le fit même par un acte signé de sa main; en un mot il déclara aux religieuses qu'il ne trouvait à redire en elles que le refus qu'elles faisaient de signer le Formulaire; et, sur ce qu'elles lui représentèrent que ce refus n'était fondé que sur la crainte qu'elles avaient de mentir à Dieu et à son Église, en attestant un fait dont elles n'avaient aucune connaissance, il leur répéta plusieurs fois une chose qu'il s'est bien repenti de leur avoir dite; c'est à savoir : « Qu'elles feraient un fort grand péché de signer ce fait, si elles ne le croyaient pas; mais qu'elles étaient obligées d'en avoir la créance humaine qu'il exigeait par son mandement. » Là-dessus il les quitta, en leur disant qu'il leur donnait un mois pour faire leurs réflexions, et pour profiter des avis de deux savants ecclésiastiques qu'il leur donnait pour les instruire.

Ces deux ecclésiastiques étaient M. Chamillard, vicaire de Saint-Nicolas du Chardonnet, qu'il leur donna même pour être leur confesseur, et le P. Esprit, prêtre de l'Oratoire. Il ne pouvait guère choisir deux hommes moins propres à travailler de concert dans cette affaire : car M. Chamillard, convaincu que le pape ne peut jamais errer sur quelque matière que ce soit, était si attaché à cette doctrine d'infaillibilité, qu'il en fut même le martyr dix-huit ans après, ayant mieux aimé se faire exiler que de consentir, en Sorbonne, à l'enregistrement des propositions de l'assemblée de 1682. Le P. Esprit était au contraire là-dessus dans les sentiments où a toujours été l'Église de France; mais comme c'était un bon homme, plein d'une extrême vénération pour ces filles, il eût bien voulu qu'elles se fussent un peu accommodées au temps, et qu'elles eussent signé par déférence pour leur archevêque. Cette diversité de sentiments était cause que ces deux messieurs se contredisaient assez souvent l'un l'autre en parlant aux religieuses. Enfin, après plusieurs conférences, ils se réduisirent à leur proposer de signer avec de certaines expressions générales, qui, sans blesser, disaient-ils, leur conscience, pourraient contenter M. l'archevêque, et ôter à leurs ennemis tous moyens de leur nuire. Mais elles persistèrent toujours à ne vouloir point tromper l'Église par des termes où il pourrait y avoir de l'équivoque; et de quelque grand péril qu'on les menaçât, elles ne purent jamais se résoudre à offrir autre chose à M. l'archevêque que la même signature à peu près qu'elles avaient offerte aux grands vicaires du cardinal de Retz, c'est-à-dire un entier acquiescement sur le droit; et, pour ce qui regardait le fait, un respect et un silence convenable à leur ignorance et à leur état.

L'archevêque, fort surpris de la fermeté de ces filles, vit bien qu'il s'était engagé dans une affaire d'autant plus fâcheuse, que les monastères des religieuses n'ayant point été compris dans la dernière déclaration du roi sur le Formulaire, il n'était pas en droit de les forcer à signer; mais, excité par les instances continuelles du P. Annat, qui ne cessait de lui reprocher sa trop grande indulgence, et d'ailleurs justement rempli de la haute idée qu'il avait de sa dignité, il crut qu'il y allait de son honneur de n'avoir pas le démenti. Il résolut donc d'en venir à tout ce que l'autorité peut avoir de plus terrible. Il se rendit à Port-Royal; et, ayant fait venir à la grille toute la communauté, comme il vit leur résolution à ne rien changer à la signature qu'elles lui avaient fait offrir, il ne garda plus aucunes mesures; il les traita de rebelles et d'opiniâtres, et leur dit cette parole qu'il a depuis répétée en tant de rencontres : « Qu'à la vérité elles étaient pures comme des anges, mais qu'elles étaient orgueilleuses comme des démons; » et sa colère s'échauffant à mesure qu'on lui alléguait quelques raisons, il descendit jusqu'aux injures les plus basses et les moins séantes à un archevêque, et finit en leur défendant d'approcher des sacrements : après quoi il sortit brusquement, pour n'être pas témoin de leurs larmes et de leurs gémissements, en leur faisant entendre qu'elles auraient bientôt de ses nouvelles.

Il leur tint parole : et huit jours après il revint, accompagné du lieutenant civil, du prévôt de l'île, du guet, de plusieurs, tant exempts que commissaires, et de plus de deux cents archers, dont une partie investit la maison, et l'autre se rangea, le mousquet sur l'épaule, dans la cour. En cet équipage il se fit ouvrir la porte du monastère, et alla droit au chapitre, où il avait fait venir toutes les religieuses. Là, après leur avoir tout de nouveau reproché leur désobéissance, il tira de sa poche et lut tout haut une liste des douze principales religieuses, au nombre desquelles était l'abbesse, qu'il avait résolu de disperser en différents monastères. Il leur commanda de sortir sur-le-champ de leur monastère, et d'entrer dans les carrosses qui les attendaient pour les mener dans les couvents où elles devaient être renfermées. Ces douze victimes obéirent sans qu'il leur échappât la moindre plainte, et firent seulement leurs protestations contre la violence qui les arrachait de leur couvent; et tout le reste de la communauté fit les mêmes protestations. Il n'y a point de termes qui puissent exprimer l'extrême douleur de celles qui demeuraient : les unes se jetaient aux pieds de l'archevêque, les autres se jetaient au cou de leurs mères, et toutes ensemble citaient M. l'archevêque au tribunal du souverain juge, puisque tous les autres tribunaux leur étaient fermés. Elles s'attendrissaient surtout à la vue de la mère Agnès de Saint-Paul, qu'on enlevait ainsi à l'âge de soixante-treize ans, accablée d'infirmités, et qui avait eu tout nouvellement trois attaques d'apoplexie. Tout ce qu'il y avait là de gens qui étaient venus avec l'archevêque ne pouvaient eux-mêmes retenir leurs larmes. Mais l'objet, à mon avis, le plus digne de compassion, était l'archevêque lui-même, qui, sans avoir aucun sujet de mécontentement contre ces filles, et seulement pour contenter la passion d'autrui, faisait en cette occasion un personnage si peu honorable pour lui, et même si opposé à sa bonté naturelle.

Quelques-uns de ses ecclésiastiques le sentirent, et ne purent même s'en taire à des religieuses qu'ils voyaient fondre en larmes auprès d'eux. Pour lui, il était, au milieu de cette troupe de religieuses en larmes, comme un homme entièrement hors de lui ; il ne pouvait se tenir en place, et se promenait à grands pas, caressant hors de propos les unes, rudoyant les autres sans sujet, et de la plus grande douceur passant tout d'un coup au plus violent emportement. Au milieu de tout ce trouble, il arriva une chose qui fit bien voir l'amour que ces filles avaient pour la régularité. Elles entendirent sonner none, et, en un instant, comme si leur maison eût été dans le plus grand calme, elles disparurent toutes du chapitre, et allèrent à l'église, où elles prirent chacune leur place, et chantèrent l'office à leur ordinaire.

Au sortir de none, elles furent fort surprises de voir entrer dans leur monastère six religieuses de la Visitation, que M. l'archevêque avait fait venir pour remettre entre leurs mains la conduite de Port-Royal. La principale d'entre elles était une mère Eugénie, qui, étant une des plus anciennes de son ordre, avait été témoin de l'étroite liaison qu'il y avait eu entre la mère Angélique et la mère de Chantal. Mais les jésuites, à la direction de qui cette mère Eugénie s'était depuis abandonnée, avaient pris grand soin d'effacer de son esprit toutes ces idées, et lui avaient inspiré, et à tout son couvent, qui était celui de la rue Saint-Antoine, autant d'éloignement pour Port-Royal que leur saint fondateur et leur bienheureuse mère avaient eu d'estime pour cette maison. Les religieuses de Port-Royal ne les virent pas plutôt, qu'elles se crurent obligées de recommencer leurs protestations, représentant que c'était à elles à se nommer des supérieures, et que ces religieuses, étant étrangères et d'un autre institut que le leur, n'étaient point capables de les gouverner. Mais M. l'archevêque se moqua encore de leurs protestations; ensuite il fit la visite des cloîtres et des jardins, accompagné du chevalier du guet et de tous les autres officiers de justice qu'il avait amenés. Comme il était sur le point de sortir, les religieuses se jetèrent de nouveau à ses pieds, pour le conjurer de permettre au moins qu'elles cherchassent dans la participation des sacrements la seule consolation qu'elles pouvaient trouver sur la terre; mais il leur fit réponse qu'avant toutes choses il fallait signer, leur donnant à entendre que, jusqu'à ce qu'elles l'eussent fait, elles étaient excommuniées. Cependant, comme si Dieu l'eût voulu démentir par sa propre bouche, en les quittant, il se recommanda avec instance à leurs prières.

Quoique les religieuses ne fussent guère en état d'espérer aucune justice de la part des hommes, elles se crurent néanmoins obligées, pour leur propre justification, et pour empêcher, autant qu'elles pourraient, la ruine de leur monastère, d'appeler comme d'abus de toute la procédure de leur archevêque. A la vérité, il n'y en eut jamais de moins régulière ni de plus insoutenable : il interdisait les sacrements à des filles dont il reconnaissait lui-même que la foi et les mœurs étaient très-pures ; il leur enlevait leur abbesse et leurs principales mères, introduisait dans leur maison des religieuses étrangères ; sans parler du scandale que causait cette troupe d'archers et d'officiers séculiers dont il se faisait accompagner, comme s'il se fût agi de détruire quelque maison diffamée par les plus grands désordres et par les plus énormes excès ; tout cela sans aucun examen juridique, sans plainte et sans réquisition de son official, et sans avoir prononcé aucune sentence ; et le crime pour lequel il les traitait si durement était de n'avoir pas la créance humaine que des propositions étaient dans un livre qu'elles n'avaient point lu et qu'elles n'étaient point capables de lire, et qu'il n'avait vraisemblablement jamais lu lui-même. Elles dressèrent donc, dès le lendemain de l'enlèvement de leurs mères, un procès-verbal fort exact de tout ce qui s'était passé dans cette action ; elles en avaient déjà dressé un autre de la visite où M. l'archevêque leur avait interdit les sacrements. Elles signèrent ensuite une procuration pour obtenir en leur nom un relief d'appel comme d'abus. Elles l'obtinrent en effet, et le firent signifier à M. l'archevêque, qui fut assigné à comparoir au Parlement. Il ne fut pas difficile à ce prélat, comme on peut penser, d'évoquer toute cette affaire au conseil, où il les fit assigner elles-mêmes. Mais comment auraient-elles pu se défendre ? Il y avait des ordres très-sévères pour leur interdire toute communication avec les personnes du dehors, et on mit même à la Bastille un très-honnête homme, qui, depuis plusieurs années, prenait soin, par pure charité, de leurs affaires temporelles. Ainsi il ne leur restait d'autre parti que celui de souffrir, et de prier Dieu. Il arriva néanmoins que, sans leur participation, quelques copies de leurs procès-verbaux tombèrent entre les mains de quelques personnes, et furent bientôt rendues publiques. Ce fut une très-sensible mortification pour M. l'archevêque : en effet, rien ne pouvait lui être plus désagréable que de voir ainsi révéler tout ce qui s'était passé en ces occasions. Comme il n'y eut jamais d'homme moins maître de lui quand il était une fois en colère, et que d'ailleurs il n'avait pas cru devoir être beaucoup sur ses gardes en traitant avec de pauvres religieuses qui étaient à sa merci, et qu'il pouvait, pour ainsi dire, écraser d'un seul mot, il lui était échappé, dans ses deux visites, beaucoup de paroles très-basses et très-peu convenables à la dignité d'un archevêque, et même très-puériles, dont il ne s'était pas souvenu une heure après ; tellement qu'il fut fort surpris, et en même temps fort honteux de se voir, dans ces procès-verbaux, jouant, pour ainsi dire, le personnage d'une petite femmelette, pendant que les religieuses, toujours maîtresses d'elles-mêmes, lui parlaient avec une force et une dignité tout édifiante. Il fit partout des plaintes amères contre ces deux actes, qu'il traitait de libelles pleins de mensonges, et en parla au roi avec un ressentiment qui fit contre ces filles, dans l'esprit de Sa Majesté, une profonde impression qui n'est pas encore effacée. Il se flatta néanmoins qu'elles n'auraient jamais la hardiesse de lui soutenir en face les faits avancés dans ces pièces ; et il ne douta pas qu'il ne leur en fît faire une rétractation authentique. Il les fit venir à la grille, et leur tint tous les discours qu'il jugea les plus capables de les effrayer. Mais, pour toute réponse, elles se jetèrent toutes à ses pieds, et, avec une fermeté accompagnée d'une humilité profonde, lui dirent qu'il ne leur était pas possible de reconnaître pour fausses des choses qu'elles avaient vues de leurs yeux et entendues de leurs oreilles. Cette réponse si peu attendue lui causa une telle émotion, qu'il lui prit un saignement de nez, ou plutôt une espèce d'hémorrhagie si grande, qu'en très-peu de temps il remplit de sang jusqu'à trois serviettes qu'on lui passa l'une sur l'autre. Les religieuses, de leur côté, étaient plus mortes que vives ; et même il y en eut une, nommée sœur Jeanne de la Croix, qui mourut presque subitement de l'agitation que cette affaire lui avait causée. Elles ne furent pas long-temps sans recevoir de nouvelles marques du ressentiment de M. l'archevêque ; et dès l'après-dînée du jour dont nous parlons, il fit ôter le voile aux novices qui restaient dans la maison, et les fit mettre à la porte. Il destitua toutes les officières qui avaient été nommées par l'abbesse, et mit de son autorité, dans les charges, toutes celles qui avaient commencé à se laisser gagner par M. Chamillard, et fit encore enlever cinq ou six religieuses qu'il croyait les plus capables de fortifier les autres.

De toutes les afflictions qu'eurent alors les religieuses, il n'y en eut point qui leur causa un plus grand déchirement de cœur que celle de se voir abandonnées par cinq ou six de leurs sœurs, qui commencèrent, comme je viens de le dire, à se séparer du reste de la communauté, et à rompre cette heureuse union que Dieu y entretenait depuis tant d'années. Elles furent surtout étonnées au dernier point de la défection de la sœur Flavie : cette fille, qui autrefois avait été religieuse dans un autre couvent, avait désiré avec une extrême ardeur d'entrer à Port-Royal, et y avait été reçue avec une fort grande charité. Comme elle était d'un esprit fort insinuant, et qu'elle témoignait un fort grand zèle pour la régularité, elle avait trouvé moyen de se rendre très-considérable dans la maison; il n'y en avait point qui parût plus opposée à la signature, jusque-là qu'elle ne pouvait souffrir qu'on se soumît pour le droit, sans faire quelque restriction qui marquât qu'on ne voulait point donner atteinte à la grâce efficace : là-dessus elle citait les écrits que nous avons dit que M. Pascal avait faits pour combattre les sentiments de M. Arnauld, et elle citait même de prétendues révélations, où elle assurait que l'évêque d'Ypres lui était apparu. Ce zèle si immodéré, et ces révélations auxquelles on n'ajoutait pas beaucoup de foi, commencèrent à ouvrir les yeux aux mères, qui, reconnaissant beaucoup de légèreté dans cet esprit, l'éloignèrent peu à peu de leur confiance. Ce fut pour elle une injure qui lui parut insupportable; et voyant qu'elle n'avait plus la même considération dans la maison, elle songea à se rendre considérable à M. Chamillard. Non-seulement elle prit le parti de signer, mais elle se joignit même à ce docteur et à la mère Eugénie pour leur aider à persécuter ses sœurs, dont elle se rendit l'accusatrice, donnant des mémoires contre elles, et leur reprochant, entre autres, certaines dévotions qui étaient très-innocentes dans le fond, et à la plupart desquelles elle-même avait donné lieu. Nous verrons dans la suite l'usage que les ennemis des religieuses voulurent faire de ces mémoires, et la confusion dont ils furent couverts, aussi bien que la sœur Flavie.

Revenons maintenant aux religieuses qui avaient été enlevées. Dans le moment de l'enlèvement, M. d'Andilly, qui était dans l'église, s'approcha de la mère Agnès, qui pouvait à peine marcher, et lui fit ses adieux. Il vit aussi ses trois filles, les sœurs Angélique de Saint-Jean, Marie de Sainte-Thérèse, et Marie de Sainte-Claire, qui sortirent l'une après l'autre. Elles se jetèrent à ses pieds, et lui demandèrent sa bénédiction, qu'il leur donna avec la tendresse d'un bon père et la constance d'un chrétien plein de foi. Il les aida à monter en carrosse : l'archevêque voulut lui en faire un crime auprès du roi, l'accusant d'avoir voulu exciter une sédition ; mais la reine mère assura que M. d'Andilly n'en était pas capable. En dispersant ainsi ces religieuses, il espérait les affaiblir, en les tenant dans une dure captivité, privées de tout conseil et de toute communication.

Pendant qu'on tourmentait ainsi les religieuses de Port-Royal de Paris pour la signature, on fut trois mois entiers sans rien dire à celles des champs, quoiqu'elles eussent déclaré par divers actes qu'elles étaient dans les mêmes sentiments que leurs sœurs, et qu'elles eussent même appelé comme d'abus de tout le traitement qu'on avait fait à leurs mères. Quelques personnes crurent que l'archevêque les ménageait à cause du cardinal de Retz, dont la nièce était supérieure de ce monastère; mais il y a plus d'apparence que, comme elles n'avaient point eu de part aux procès-verbaux, ce prélat, à qui tout le reste était indifférent, ne se pressait pas de leur faire de la peine. A la fin cependant il leur fit signifier une sentence par laquelle il les déclarait désobéissantes, et, comme telles, les privait des sacrements, et de toute voix active et passive dans les élections. Sur cette sentence, elles se crurent obligées de lui présenter une requête, pour le supplier de vouloir leur expliquer en quoi consistait la désobéissance qu'il leur reprochait, et qu'il punissait si sévèrement; car si, en exigeant la signature, il exigeait la créance intérieure du fait, elles le priaient de se souvenir qu'il leur avait fait entendre lui-même qu'elles feraient un fort grand crime de signer ce fait sans le croire; et il était à souhaiter pour elles que toute l'Église sût que la seule raison pour laquelle on leur interdisait les sacrements, c'était pour avoir obéi à leur archevêque, en ne voulant pas faire un mensonge. Si au contraire, comme il l'avait déclaré depuis peu à plusieurs personnes, et comme il l'avait dit même expressément dans sa lettre à l'évêque d'Angers, il ne demandait, par la signature, que le silence et le respect sur le fait, elles étaient toutes prêtes de signer en ce sens, pourvu qu'il eût la bonté de leur marquer qu'il n'avait point d'autre intention que celle-là.

Cette requête était fort embarrassante pour M. l'archevêque, qui dans le fond ne tenait pas toujours un langage fort uniforme sur la signature, disant aux uns qu'il en fallait croire la décision du pape, et aux autres, qu'il savait bien que l'Église n'avait jamais exigé la décision des faits non révélés. Il y eut même quelques-unes des religieuses de Paris qui ne s'engagèrent à signer que parce qu'il leur déclara qu'il leur permettait de demeurer dans leur doute, et qu'il ne leur demandait leur souscription que comme une marque de la déférence et du respect qu'elles avaient pour l'autorité de leur supérieur. L'archevêque, dans cet embarras, crut devoir prendre le parti de ne point répondre à cette requête, et il fit semblant qu'il ne l'avait point reçue. Mais les religieuses des champs n'en demeurèrent pas là; et ne pouvant supporter, sans une extrême peine, d'être privées des sacrements, surtout à la fête de Noël, qui était proche, elles lui écrivirent lettres sur lettres, pour le conjurer de les mettre en état de lui obéir. Enfin il leur écrivit; mais, au lieu de leur donner l'explication qu'elles lui demandaient, il se contenta de leur reprocher en termes généraux leur orgueil et leur opiniâtreté, les traitant de demi-savantes qui avaient l'insolence de demander à leur archevêque des explications sur des choses si faciles à entendre, et qu'elles entendaient aussi bien que lui. Mais cette réponse ne le tira point encore d'affaire : elles lui présentèrent une seconde requête, plus pressante que' la première, le conjurant, au nom de Jésus-Christ, de ne les point séparer des sacrements, sans leur expliquer le crime pour lequel on les en séparait. Ces requêtes firent grand bruit; et l'archevêque, qui vit que la requête et la demande des religieuses paraissaient raisonnables à tout le monde, conçut bien qu'il ne lui était plus permis de demeurer plus longtemps dans le silence. Il écrivit donc aux religieuses qu'il était juste de les satisfaire sur les difficultés qu'elles lui proposaient, et qu'il y satisferait dès que les grandes affaires des religieuses de Paris lui en donneraient le loisir. Mais cet éclaircissement ne vint point, non plus que les réponses qu'il avait promis de faire à l'évêque d'Aleth et à d'autres prélats qui lui avaient écrit sur la même affaire; et cependant les religieuses des champs demeurèrent séparées des sacrements, aussi bien que leurs sœurs de Paris.

L'archevêque sentait bien, par toutes les raisons qu'on objectait tous les jours contre son mandement, et par la nécessité où il était de se contredire lui-même en mille rencontres, que la foi humaine n'était pas si claire qu'il s'était imaginé, et il eut le déplaisir de la voir en peu de temps aussi décriée que la foi divine de M. de Marca, son prédécesseur. Pas un évêque en France ne s'avisa de la demander, ou, pour mieux dire, il n'y avait guère que le diocèse de Paris où l'on fût inquiété pour le Formulaire. Le P. Annat crut enfin que tout le mal venait de ce qu'on ne voulait point reconnaître l'autorité des assemblées qui en avaient ordonné la souscription, et jugea qu'il fallait s'adresser au pape pour lui demander qu'il confirmât le Formulaire, ou qu'il en fît un qui contînt les mêmes choses.

Le roi fit donc prier le pape par son ambassadeur qu'il lui plût d'envoyer un Formulaire qui contînt le fait et le droit comme celui de l'assemblée, et d'obliger tous les ecclésiastiques du royaume, tant séculiers que réguliers, même les religieuses et les maîtres d'école, de le signer, sous les peines que les canons ordonnent contre les hérétiques. Nous avons déjà dit que le pape n'avait jamais approuvé que les évêques s'ingérassent de signer des formules de foi, ni d'en exiger la souscription, et que dans tous les brefs qu'il avait écrits aux assemblées du clergé, pour les louer du grand zèle qu'elles apportaient à faire exécuter sa constitution et celle de son prédécesseur, il s'était bien gardé de dire un mot de leur Formulaire Ce fut donc pour lui un fort grand sujet de joie que, regardant comme inutile cet ouvrage qui avait occupé tant d'assemblées, on eût enfin recours à l'autorité du saint-Siége.

La cour de Rome ne pouvait surtout se lasser d'admirer qu'après tout l'éclat qu'on venait de faire en France contre l'infaillibilité du pape, même dans les choses de foi, après qu'on avait fait enregistrer dans tous les parlements et dans toutes les universités les articles de la Sorbonne sur cette matière, on en vînt à supplier le pape d'établir cette même infaillibilité dans les faits non révélés, et d'obliger toute la France à reconnaître cette doctrine, sous peine d'hérésie. Le pape envoya le Formulaire tel qu'on le lui demandait, c'est-à-dire tout semblable à celui des évêques, excepté que, pour en rendre la signature plus authentique, il y ajouta un serment par lequel ceux qui signaient prenaient Dieu à témoin de la sincérité de leur souscription; et ce Formulaire fut inséré dans un bref que Sa Sainteté adressait au roi.

Mais ce bref étant arrivé, on s'aperçut tout à coup qu'on n'en pouvait faire aucun usage, à cause que le Parlement, où on voulait le faire enregistrer, ne reconnaissait d'autre expédition de Rome que ce qu'on appelle des *constitutions plombées*. Il fallut donc renvoyer le bref, et prier le pape de le changer en une bulle. Le roi porta lui-même cette bulle au Parlement, et y joignit une déclaration, la plus foudroyante que l'on pût faire, pour obliger tout le monde à la signature. Cette déclaration enchérissait beaucoup sur la bulle ; on y défendait toutes sortes d'explications et de restrictions, sous les mêmes peines qui étaient portées contre ceux qui refuseraient de souscrire. Tous les ecclésiastiques y étaient obligés par la privation de leurs bénéfices, les évêques eux-mêmes par la saisie de leur temporel; et personne ne pouvait plus être reçu au sous-diaconat sans avoir signé.

Cependant toutes ces précautions n'empêchèrent pas qu'il n'y eût beaucoup de diversité dans la manière dont les évêques exigeaient les signatures dans leurs diocèses : plusieurs d'entre eux reçurent les restrictions et les explications sur le fait; il y en eut un grand nombre qui déclarèrent de bouche à leurs ecclésiastiques que, l'Église ne demandant sur les faits que le simple respect, on ne s'obligeait point à autre chose par les souscriptions. Il y en eut même qui insérèrent ces déclarations dans les procès-verbaux qui demeurèrent dans leurs greffes; et enfin quatre évêques, les plus célèbres qui fussent en France pour leur piété, je veux dire les évêques d'Aleth, de Beauvais, d'Angers et de Pamiers, firent ces déclarations par des mandements qu'ils firent publier dans leurs diocèses. L'évêque de Noyon fit aussi la même chose. Nous verrons dans la suite l'effet que produisirent ces mandements. L'archevêque de Paris ne fut pas peu embarrassé sur la manière dont il tournerait le sien : il n'avait garde d'exiger la même créance sur le fait que sur le droit, après avoir accusé d'extravagance et de malice ceux qui confondaient ces deux choses; il n'osait pas non plus reparler de la foi humaine, qu'il voyait abandonnée de tout le monde. Voici l'expédient qu'il prit pour essayer de se tirer d'affaire : il distingua le fait et le droit dans son ordonnance ; mais il se servit pour cela de termes si obscurs, qu'on ne savait précisément ce qu'il demandait, disant qu'il fallait une soumission de foi divine pour les dogmes ; et, quant au fait, une véritable soumission par laquelle on acquiesce.

L'obscurité de cette ordonnance, et le serment dont j'ai parlé, rendirent aux religieuses de Port-Royal la signature de ce second Formulaire bien plus difficile que celle du premier. Mais avant que de passer plus loin, il est bon de dire ici dans quel état étaient ces filles quand la nouvelle bulle arriva en France.

Nous avons vu que l'archevêque en avait fait enlever jusqu'au nombre de dix-huit, qu'il avait dispersées en différents couvents. L'abbesse fut conduite à Meaux par l'évêque de Meaux, son frère, à qui on l'avait confiée et qui la mit dans le couvent de la Visitation qui est dans cette ville. La mère Agnès fut renfermée dans le couvent de la Visitation du faubourg Saint-Jacques, avec une de ses nièces qu'on voulut bien laisser auprès d'elle pour la servir. Les autres furent séparées en différents monastères, tant à Paris qu'à Saint-Denis, et principalement dans les couvents d'ursulines, de célestes ou filles-bleues, et de la Visitation. On les avait voulu loger dans d'autres maisons, entre autres chez les carmélites ; mais, comme on savait l'intention de M. l'archevêque, qui était de tenir ces filles dans une très-rude captivité, on avait fait de grandes difficultés, dans la plupart de ces maisons, de les recevoir, et de contribuer aux mauvais traitements qu'on leur voulait faire. Il y eut, entre autres, une abbesse à qui on en voulut donner une ; mais elle déclara, en la recevant, qu'elle prétendait lui donner la même liberté qu'elle aurait pu avoir à Port-Royal, et la traiter comme une de ses filles. Elle tint parole, et fit tant d'honneurs à cette religieuse, que l'archevêque la lui ôta au bout de deux jours. On ne peut aussi s'empêcher de rendre justice à la mère de la Fayette, supérieure de Chaillot, qui, ayant été obligée de recevoir une de ces religieuses, la traita avec une charité extraordinaire tout le temps qu'elle fut dans son monastère. Il n'en fut pas de même des autres maisons où ces religieuses furent enfermées : on peut voir dans la relation de la sœur Angélique Arnauld la manière dont elle fut traitée chez les filles-bleues de Paris. La plupart des autres le furent à peu près de la même sorte.

La signature de ce second Formulaire fut même, à quelques-unes qui avaient signé, une occasion de comprendre la faute qu'elles avaient faite, et de la réparer. Ainsi, tout ce que fit l'archevêque pour engager ces saintes filles à signer son nouveau mandement et le Formulaire d'Alexandre VII, fut absolument inutile.

Le très-grand nombre, tant de celles qui furent dispersées, que de celles qui demeurèrent dans leur monastère, se soutint au milieu de cette violence et de cette séduction. La sagesse et le courage que montrèrent ces religieuses est un miracle de la main du Tout-Puissant, qui a peu d'exemples dans l'histoire de l'Église. Elles avaient dressé diverses relations de ce qui se passa dans cette persécution; on y voit les attaques qu'elles ont eu à soutenir, les situations étranges où se sont trouvées celles qui étaient captives dans différents couvents, les sentiments et les lumières par lesquels Dieu les soutenait dans leur affliction. C'était par obéissance à leurs supérieures qu'elles avaient dressé ces relations qui contiennent un portrait bien naturel de leur esprit et de leur cœur. On y trouve, avec une simplicité et une candeur inimitables, une sublimité de vues, une générosité, une sagesse, une piété, une lumière, qui feraient presque douter que ce fût l'ouvrage de ces filles à ceux qui ne connaîtraient pas l'esprit de Port-Royal, et qui ne feraient pas réflexion que Dieu se plaît souvent à faire éclater la force de sa grâce dans ce qu'il y a de plus faible.

Une société d'hommes superbes osait disputer à Dieu sa toute-puissance sur les cœurs; il était digne de Dieu d'en donner une preuve éclatante, en remplissant de simples filles persuadées de leur néant, et qui attendaient tout de la grâce, d'une sagesse et d'une magnanimité qui fait encore le sujet de l'admiration et de la confusion des hommes les plus forts et les plus éclairés. Ce que nous venons de dire ne paraîtra pas exagéré à quiconque lira les relations de Port-Royal, ou seulement celle de la mère Angélique de Saint-Jean, fille de M. d'Andilly.

Dieu soutenait et conduisait par lui-même ces admirables vierges. Les grands hommes qui auraient pu les éclairer et les encourager étaient eux-mêmes obligés de se cacher pour éviter les violences que l'on voulait exercer contre eux. Ainsi ils ne pouvaient que rarement, et avec une extrême difficulté, faire parvenir leurs avis jusques à ces religieuses; et ils ne le pouvaient en aucune sorte, à l'égard de celles qui étaient captives en différents couvents. Dans le peu de commerce qu'ils avaient avec les deux monastères de Port-Royal, ils étaient plus occupés à modérer leur courage qu'à leur en inspirer. Elles avaient en effet une peine infinie à entrer dans les condescendances et les tempéraments que ces théologiens croyaient permis. On peut voir dans l'apologie de Port-Royal quelle peine elles eurent de signer le premier mandement des grands vicaires du cardinal de Retz : tant elles craignaient tout ce qui semblait leur faire prendre quelque part à l'espèce de conspiration formée contre la vérité.

Quelques-unes cédèrent : on ne doit point en être surpris. Ce qui est étonnant, c'est qu'il y en ait eu si peu qui aient succombé à une si terrible tentation. Parmi quatre-vingts religieuses de chœur qui étaient dans les deux maisons quand la persécution commença, en 1661, il était difficile qu'il ne s'en trouvât pas quelqu'une ou qui n'eût pas une vertu solide, ou qui ne l'eût pas à l'épreuve d'une telle tempête. Dans la privation totale de tout conseil, quelques-unes des captives se déterminèrent à signer, parce qu'on s'étudia à embrouiller cette affaire par des subtilités qu'elles ne pouvaient démêler, et qui leur cachaient le véritable état des choses : l'archevêque même, pour les porter à la signature, leur déclarait verbalement qu'il ne demandait pas d'elles la créance du fait. Mais, quelque pardonnable que fût leur faute, elles en conçurent une vive douleur dès qu'elles connurent l'état des choses, et que le trouble où elles s'étaient trouvées se fut dissipé. Il y en eut deux dans la maison de Paris, les sœurs Flavie et Dorothée, dont la chute fut bien plus funeste, parce que l'ambition en fut le principe. Elles signèrent le Formulaire, et contribuèrent à séduire huit ou dix de leurs sœurs, qui étaient des esprits faibles, et dont il y en avait deux d'imbéciles. Elles agirent ensuite, de concert avec M. l'archevêque et les filles de la Visitation, pour tourmenter celles qui demeuraient fidèles à leurs devoirs et à leur conscience. Cependant la cause de ces saintes religieuses, ou plutôt celle de l'Église, était défendue par des écrits lumineux : M. Arnauld, aidé de M. Nicole, entreprit de faire connaître leur innocence : l'*Apologie de Port-Royal*, *les Imaginaires*, et tant d'autres ouvrages solides et convaincants, manifestaient à toute la terre l'injustice de cette persécution. Mais, comme on ne pouvait montrer l'innocence des religieuses sans dévoiler la turpitude de leurs persécuteurs, ces mêmes écrits, qui justifiaient les religieuses opprimées, mettaient en fureur leurs ennemis, qui les persécutaient encore avec plus de chaleur.

Au reste, M. de Péréfixe lui-même faisait leur apologie, en avouant qu'il n'avait rien trouvé que de régulier et d'édifiant dans la visite qu'il avait faite. Il publiait souvent, dans le temps même qu'il les traitait avec la plus grande rigueur, que « ces filles étaient pures comme des anges; » mais il ajoutait « qu'elles étaient orgueilleuses comme des démons », parce qu'il lui plaisait de traiter d'orgueil insupportable le refus d'obéir à un commandement qu'il n'aurait pas dû leur faire, qui, quand il aurait été juste, n'était d'aucune utilité, et auquel elles ne pouvaient se soumettre sans blesser la sincérité. D'ailleurs, il avouait qu'elles n'étaient attachées à aucune erreur, et se trouvait quelquefois embarrassé quand elles le pressaient d'expliquer nettement ce qu'il leur demandait : c'est ce que nous avons vu en parlant des requêtes que lui présentèrent les religieuses du monastère des champs.

FIN DE L'ABRÉGÉ DE L'HISTOIRE DE PORT-ROYAL.

PIÈCES RELATIVES

A

L'HISTOIRE DE PORT-ROYAL.

I.

LETTRES DE RACINE.

Après bien des vicissitudes dont Racine n'a pas écrit l'histoire, les religieuses de Port-Royal rentrèrent enfin dans leur maison : elles eurent besoin du crédit de leurs amis, et Racine n'hésita pas à employer le sien en leur faveur.

Les démarches qu'il fit alors pour elles donnèrent lieu à la correspondance suivante.

Louis-Antoine de Noailles, qui depuis fut cardinal, venait d'être nommé à l'archevêché de Paris. Racine mit tous ses soins à obtenir pour Port-Royal des champs la protection du nouvel archevêque; en ayant reçu les assurances les plus marquées, il en fait part à la mère Agnès de Sainte-Thècle Racine, sa tante, abbesse de cette maison, par la lettre suivante, en date du 30 août 1695 :

« J'ai eu l'honneur de voir, ma très-chère tante, M. l'archevêque de Paris, de l'assurer de vos très-humbles respects et de ceux de votre maison. Je lui ai dit même toutes les actions de grâces que vous aviez rendues à Dieu, pour avoir donné à son Église un prélat selon son cœur. Il a reçu tout cela avec une bonté extraordinaire. Il m'a chargé d'assurer votre maison qu'il l'estimait très-particulièrement, me répétant plusieurs fois qu'il espérait vous en donner des marques dans tout ce qui dépendrait de lui. Ensuite je lui ai rendu compte de toutes les démarches que vous aviez faites auprès de son prédécesseur pour obtenir de lui un supérieur. Je ne lui ai rien caché de tous les entretiens que j'avais eus avec lui sur ce sujet, et du dessein que vous aviez eu enfin de lui demander M. le curé de Saint-Séverin : il me dit que le choix était très-bon, et que c'était un très-vertueux ecclésiastique. Je lui ai demandé là-dessus son conseil sur la conduite que vous aviez à tenir en cette occasion, et lui ai dit que, comme vous aviez une extrême confiance en sa justice et en sa bonté, vous pensiez ne devoir rien faire sans son avis; que d'ailleurs n'étant pas tout à fait pressées d'avoir un supérieur, vous aimeriez bien autant attendre qu'il eût ses bulles, s'il le jugeait à propos, afin de vous adresser à lui-même. Il m'a répondu en souriant qu'il croyait que vous feriez bien de ne vous point presser, et de demeurer comme vous étiez, en attendant qu'il pût lui-même suppléer aux besoins de votre maison. Je lui témoignai l'appréhension où vous étiez que des personnes séculières ne prissent ce temps-là pour obtenir des permissions d'entrer chez vous. Il loua extrêmement votre sagesse dans cette occasion, et m'assura qu'il seconderait de tout son pouvoir votre zèle pour la régularité, laquelle ne s'accordait pas avec ces sortes de visites. Je lui demandai s'il ne trouvait pas bon, au cas qu'on importunât MM. les grands vicaires pour de semblables permissions, que vous vous servissiez de son nom, et que vous fissiez entendre à ces messieurs que ce n'était point son intention qu'on en donnât à personne. Il répondit qu'il voulait très-bien que vous fissiez connaître ses sentiments là-dessus, si vous jugiez qu'il en fût besoin. Je lui dis enfin que vous aviez dessein de lui envoyer M. Eustace, votre confesseur. Il me dit que cela était inutile; qu'il était persuadé de tout ce que je lui avais dit de votre part; il ajouta encore une fois, en me quittant, *que votre maison serait contente de lui.* Je crois en effet, ma très-chère tante, que vous avez tout lieu d'être en repos. Je sais même, par des personnes qui connaissent à fond ses sentiments, qu'il est très-résolu de vous rendre justice; mais ces personnes vous conseillent de le laisser faire, et de ne point témoigner au public une joie et un empressement qui ne serviraient qu'à le mettre hors d'état d'exécuter ses bonnes intentions. Je sais qu'il n'est pas besoin de vous donner de tels avis, et qu'on peut s'en reposer sur votre extrême modération. Mais on craint avec raison l'indiscrète joie de quelques-uns de vos amis et de vos amies, à qui on ne peut trop recommander de garder un profond silence sur toutes vos affaires. »

La mère Racine était abbesse élective et triennale de Port-Royal des champs depuis six ans, au mois de février 1696. Son temps étant terminé à cette époque, elle fut continuée; mais comme il fallait alors, dans l'absence d'un supérieur, quelqu'un de la part de l'archevêque de Paris pour présider cette élection, on désira que ce fût M. Roynette, l'un de ses grands vicaires. Racine se chargea d'en parler à l'archevêque, qui agréa aussitôt la proposition. Ensuite il vit M. Roynette, le 30 janvier de cette année 1696, et écrivit aussitôt à l'abbesse sa tante le résultat de cet entretien :

« Je sors, dit-il, de chez M. Roynette, avec qui j'ai été près de deux heures. C'est une de mes plus anciennes connaissances, que j'ai vu dès ma jeunesse chez M. du Gué de Bagnols. Il m'a parlé avec grand sentiment d'estime et de vénération de votre maison, et pour toutes les personnes dont la mémoire y est chère. J'ai tout lieu de croire que vous serez aussi satisfaite de lui qu'il sera édifié de toute la communauté. »

Ce grand vicaire se rendit, le 4 février suivant, à Port-Royal. On procéda à l'élection, où la mère Racine fut nommée pour un troisième triennal. Elle écrivit ensuite à son neveu que toute la communauté et elle avaient été si édifiées et si satisfaites de M. Roynette, qu'après tout le bien qu'on leur en avait dit, elles ne croyaient pas pouvoir faire un meilleur choix pour remplacer leur supérieur; qu'elles le priaient de s'employer auprès de l'archevêque, qu'elles n'osaient importuner d'une lettre pour l'obtenir.

Le mercredi 15 février, Racine fit la réponse suivante :

« J'ai eu l'honneur de voir M. l'archevêque, samedi tout au soir, 11 du courant. Il m'a paru très-content de ce qui s'était passé à l'élection, et des témoignages avantageux que M. le grand vicaire lui a rendus de la maison. Il me demanda si l'on était aussi content de M. le grand vicaire qu'il l'était de vous. Je lui fis réponse qu'on ne pouvait être plus édifié qu'on l'avait été de lui; je le priai même de lire la lettre que vous m'aviez écrite à son sujet, et qu'il connaîtrait mieux par elle vos sentiments que par tout ce que je pourrais lui dire; qu'en un mot toute la maison le demandait pour supérieur. M. l'archevêque me dit qu'il lirait votre lettre, et qu'il y ferait ses réflexions; il ne voulut pas dire positivement qu'il vous accordait votre demande, parce qu'il voulait vraisemblablement en parler auparavant à M. le grand vicaire, lequel, de son côté, est venu me chercher à Paris pendant que j'étais à Versailles; et ne m'ayant pas trouvé, il voulut voir ma femme, et lui parla de toute votre communauté avec les termes du monde les plus remplis d'estime et de vénération. Vous devez vous assurer qu'il a toute l'intention possible de vous servir. Je ne doute pas qu'il ne consente très-volontiers à être votre supérieur. Je n'ai encore pu lui rendre sa visite, mais j'irai le chercher au plus tard après-demain. Je vous rendrai compte de toutes choses. »

Dès le dimanche suivant, 19 février, Racine manda à sa tante : « J'ai vu M. Roynette; il fait des vœux pour le rétablissement de la maison, et croit que le bien de l'Église voudrait qu'on y élevât la jeunesse comme autrefois; il déplore la manière peu chrétienne dont elle est élevée dans la plupart des maisons religieuses; il est cependant un peu sensible à cette terreur universelle qui fait craindre de passer pour favorable à une maison qui a des ennemis si puissants. Je lui ai persuadé, autant que j'ai pu, qu'on pouvait prendre des biais qui le mettraient à couvert de tout soupçon; qu'il pourrait être nommé par M. l'archevêque, pour lui rendre compte de l'état où se trouve la communauté, et de ses besoins, en attendant que M. l'archevêque pût s'y transporter et en prendre connaissance par lui-même, ce qu'il ne pouvait s'empêcher de faire, et ce qu'il fera infailliblement. »

Le temps étant enfin venu, Port-Royal des champs eut un supérieur, et M. Roynette agréa cette place, vacante depuis dix-huit mois. On en fut informé à Port-Royal par la lettre suivante de Racine, du 5 mars :

« Je ne doute pas que vous n'ayez déjà appris que M. l'archevêque vous a enfin donné le supérieur que vous lui avez demandé. Je lui avais fait présenter, il y a cinq à six jours, par Mme la duchesse de Noailles, sa belle-sœur, un mémoire que j'avais écrit à Marly, dans lequel je lui marquais que la communauté persévérait à lui demander M. Roynette pour supérieur, ou du moins qu'il lui ordonnât d'en faire les fonctions, sans en avoir le titre, si l'on jugeait que ce titre pût lui faire tort dans l'esprit des gens prévenus contre votre maison; qu'il suffisait que M. Roynette fût chargé de prendre connaissance de vos besoins et de l'état de votre communauté, pour en rendre compte à M. l'archevêque, et que ce fût aussi par lui que M. l'archevêque vous fît connaître ses volontés ; qu'on ne prétendait point exposer la santé de M. le grand vicaire, en l'obligeant de faire de fréquents voyages à Port-Royal; que ce serait assez qu'il en fît un présentement pour prendre une connaissance exacte de la maison, ensuite de quoi il pourrait, s'il voulait, n'y point aller qu'à la première élection, c'est-à-dire apparemment dans trois ans, si pourtant on pouvait supposer que cette pauvre communauté, qui n'est plus, à proprement parler, qu'une infirmerie, durerait encore trois années. Voilà à peu près ce que contenait mon mémoire; et j'ai mis ces dernières paroles, parce que je savais de bonne part qu'on avait ouï dire à M. l'archevêque que ce serait dommage de laisser périr une maison où la jeunesse était autrefois si bien instruite dans les principes du christianisme. M. Roynette chargea avant-hier M. Vilbaut, l'un des secrétaires de l'archevêché, de me dire que M. l'archevêque l'avait en effet pressé de consentir à être votre supérieur, et qu'après avoir représenté au prélat les raisons qu'il avait de refuser cette commission, fondées principalement sur son peu de capacité, car c'est ainsi que son humilité le fait parler, et encore sur ses infirmités, voyant que M. l'archevêque persistait à l'en presser, il l'avait acceptée, et qu'il ferait de son mieux pour s'en bien acquitter. Il ne reste donc plus qu'à prier Dieu qu'il entretienne dans le cœur de ce nouveau supérieur les bons sentiments que je lui vois pour votre maison. Ce qui est certain, c'est qu'il me revient de toutes parts qu'il est très-sage, très-doux, plein de justice et de probité. »

Après avoir réussi dans les démarches qu'il avait faites pour obtenir aux religieuses de Port-Royal le supérieur qu'elles désiraient, Racine les défendit contre les injustes réclamations des religieuses de Paris. Celles-ci, peu satisfaites du partage fait en 1669, quoique tout entier à leur avantage, voulurent le faire annuler et achever la ruine de Port-Royal des champs; mais elles ne furent point écoutées.

On eut égard au mémoire suivant, fait par Racine pour les religieuses des champs, qui, cette fois l'emportèrent sur celles de Paris.

II.

MÉMOIRE POUR LES RELIGIEUSES DE PORT-ROYAL DES CHAMPS.

Le monastère de Port-Royal des champs et celui de Port-Royal de Paris ne faisaient originairement qu'une seule communauté, dont tous les revenus et les intérêts étaient unis et confondus, et qui était gouvernée par une même abbesse, laquelle était élective et triennale. Mais la division s'y étant mise (en 1664) pour les raisons qui sont connues de tout le monde, et la plus grande partie des religieuses ayant été transférées et renfermées dans le Port-Royal des champs, celles qui étaient restées à Paris, quoiqu'elles ne fussent que sept du chœur et trois converses, élurent entre elles (le 16 novembre 1665) une abbesse, nommée sœur Marie-Dorothée; et cette élection fut autorisée par M. de Péréfixe, alors archevêque de Paris, et par un arrêt du conseil (en 1666) qui débouta les religieuses des champs des oppositions qu'elles crurent devoir faire à cette nouveauté. M. de Péréfixe rendit même celles de Paris entièrement maîtresses de tous les biens des deux monastères, à condition qu'elles donneraient 20,000 livres par an pour la subsistance de ce grand nombre de religieuses qu'il tenait, comme nous l'avons dit, renfermées dans la maison des champs. Toutefois les religieuses de Paris ne jouirent pas longtemps de leur prétendu droit d'élection; car le roi ayant cru devoir rentrer dans son droit de nomination à l'égard de leur maison, sœur Marie-Dorothée lui remit entre les mains sa démission, au moyen de quoi elle fut continuée par la nomination de

Sa Majesté, qui obtint (en 1668) des bulles du pape pour cette nouvelle abbesse.

Enfin, les religieuses des champs ayant été comprises dans la paix de l'Église, et rétablies dans leur liberté et dans leurs droits, sans que leur archevêque leur demandât autre chose que ce qu'elles lui avaient tant de fois offert, le roi, jugeant à propos que les deux maisons demeurassent séparées comme elles étaient, ordonna qu'on fît la distraction des revenus qu'elles avaient possédés en commun, et nomma pour cela des commissaires, du nombre desquels était M. Pussort, qui fut chargé de faire son rapport au conseil de tout ce qui se passerait dans cette affaire.

Les revenus des deux monastères montaient alors à 29,500 livres, sur quoi il fallait déduire environ 7,000 livres qu'ils étaient chargés de payer tous les ans.

Les religieuses de Paris n'étaient que dix, comme nous avons dit, en comptant trois converses; et celles des champs étaient au nombre de soixante-neuf professes du chœur, et de vingt-cinq ou trente converses, tant professes que postulantes. Cependant on donna aux religieuses de Paris 10,000 livres de rente, tant en fonds de terre qu'en rentes et en pensions, c'est-à-dire plus du tiers des revenus, sans compter tous les grands corps de logis bâtis dans le dehors de leur maison, et dont elles furent bientôt en état de tirer de grands loyers, par la mort ou par la retraite des personnes qui les avaient fait bâtir. On leur laissa aussi toute l'argenterie de la sacristie, et elles retinrent plus des deux tiers des meubles, quoique l'arrêt de partage ne leur en eût attribué que le tiers. Les 19,500 livres restantes furent données aux religieuses des champs, et les charges furent partagées à proportion des revenus.

L'arrêt portait que, moyennant ce partage, les deux maisons demeureraient à perpétuité divisées, séparées, indépendantes l'une de l'autre, sans qu'à l'avenir aucune pût rien prétendre sur ce qui serait attribué à l'autre sous quelque cause ou quelque prétexte que ce fût; et cette clause fut insérée principalement pour prévenir les justes plaintes que les religieuses des champs pourraient faire contre la lésion qu'elles souffraient dans un partage si inégal. L'arrêt leur fut signifié (7 juin 1669) par ordre exprès du roi, et elles n'eurent d'autre parti à prendre que celui de la soumission et du silence. Le tout fut enregistré au Parlement, et Sa Majesté se chargea de le faire approuver à Rome.

On ne sait pas en quel état sont maintenant les revenus de la maison de Paris : ce qu'on peut dire, c'est qu'ayant toujours eu la liberté de recevoir des pensionnaires et des novices, les biens de cette maison auraient dû considérablement augmenter.

Il n'en est pas de même des religieuses des champs. Il y a dix-sept ans qu'on leur donna ordre de renvoyer leurs novices et leurs pensionnaires, et qu'on leur fit défendre de recevoir des novices, jusqu'à ce qu'elles fussent réduites à cinquante professes du chœur. Ainsi leur communauté n'ayant reçu aucun nouveau secours depuis ce temps-là, il n'est pas étrange que leurs revenus soient diminués, comme ils le sont en effet, d'autant plus qu'il leur a fallu emprunter plus de 40,000 livres pour les seuls amortissements qu'elles ont été obligées de payer.

Quoi qu'il en soit, il est aisé de justifier qu'en déduisant les charges à quoi elles sont tenues, leur revenu ne monte pas présentement à plus de 9,500 livres, sans y comprendre deux fermes qu'elles font valoir par leurs mains, et qui coûtent autant que le produit qui en revient, à cause de la mauvaise qualité des terres.

Sur cette somme il faut qu'elles vivent, et elles sont encore quarante religieuses du chœur et quatorze converses. Il leur faut de plus nourrir et entretenir quantité de filles qu'elles sont obligées de prendre pour leur aider à faire les ouvrages nécessaires de la maison. Comme elles sont la plupart âgées et infirmes, elles ne peuvent plus guère faire autre chose que de vaquer à l'office du chœur, qu'elles n'ont point encore interrompu, non plus que les veilles devant le saint sacrement. Au lieu qu'autrefois les ecclésiastiques, les médecins, et les autres personnes qui desservaient leur maison, bien loin de leur être à charge, leur payaient même pension la plupart, il faut qu'elles payent aujourd'hui tous ceux qui les servent. Il y a plus de cinq ans qu'elles n'ont chez elles ni médecin ni chirurgien, se contentant d'envoyer chercher du secours ou à Paris, ou ailleurs, le plus rarement qu'elles peuvent, et dans leurs plus pressantes nécessités. Ajoutez à cela le grand nombre de bâtiments et fermes qu'elles sont obligées d'entretenir, et ceux qu'elles sont obligées de faire construire au dedans de leur maison, qui ne suffisait pas pour loger un si grand nombre de religieuses.

C'est à Mgr l'archevêque à juger si, étant chargées de tant de dépenses inévitables, on peut retrancher sur un revenu si modique sans les réduire à la dernière nécessité. Elles ont lieu d'espérer que, s'il n'est pas en état de leur faire le bien que sa charité voudrait peut-être leur faire, du moins il ne voudrait pas achever de les accabler : *Arundinem quassatam non confringet et linum fumigans non exstinguet.*

III.

FRAGMENTS SUR PORT-ROYAL.

Les *Constitutions de Port-Royal* sont de la mère Agnès, excepté l'Institution des novices, qui était de la sœur Gertrude. M. de Pontchâteau les fit imprimer en Flandre.

Les deux volumes des *Traités de piété* sont de M. Hamon, excepté le *Traité de la charité*, qui est à la tête du premier volume. M. Fontaine prit soin de l'impression de ce premier volume, et M. Nicole du second, qui est beaucoup plus exact.

La Religieuse parfaite a été recueillie par la sœur Euphémie, sous la mère Agnès, lorsque celle-ci était maîtresse des novices. M. Nicole a fait toutes les préfaces des *Apologies des religieuses de Port-Royal,* et de plus, en commun, la première et la deuxième partie. M. Arnauld a fait la troisième, c'est-à-dire les lettres de M. d'Angers, et toute la quatrième, hormis les deux chapitres où est l'histoire de Théodoret, etc.

M. Nicole a fait les trois volumes de *la Perpétuité,* hormis un chapitre dans la première partie, qu'y fourra M. Arnauld, et qui donna le plus de peine à défendre. M. Arnauld ne lut pas même le deuxième volume : il était occupé alors à faire des mémoires pour les évêques.

M. d'Aleth lui demanda un Rituel: mais M. Arnauld n'étant pas assez préparé sur cette matière, M. Nicole persuada à M. d'Aleth de s'adresser à M. de Saint-Cyran, et de lui écrire pour cela une lettre pleine d'estime. M. de Saint-Cyran prit cette lettre pour une vocation, et fit le livre. M. Arnauld le revit avec M. Nicole, et adoucit plusieurs choses qui auraient paru excessives : entre autres M. de Saint-Cyran avait écrit un peu librement sur l'abstinence de la viande pendant le carême, et prétendait que l'Église ne pouvait pas faire des règles qui obligeassent sous peine de péché mortel.

Le *Nouveau Testament de Mons* a été l'ouvrage de cinq personnes : M. de Sacy, M. Arnauld, M. le Maistre, M. Nicole, et M. le duc de Luynes. M. de Sacy faisait le canevas, et ne le reportait presque jamais tel qu'il l'avait fait ; mais il avait lui-même la principale part aux changements, étant assez fertile en expressions. M. Arnauld était celui qui déterminait presque toujours le sens. M. Nicole avait devant lui saint Chrysostome et Bèze, ce dernier afin de l'éviter : ce qu'on a fait tout le plus qu'on a pu. M. de Sacy a fait les préfaces, aidé par des vues et par des avis que lui avaient donnés M. Arnauld et M. Nicole.

Depuis peu, quelqu'un a fait des remarques sur cette traduction, et M. Arnauld en a pris ce qu'il croyait le meilleur, ce qu'il a toujours fait très-volontiers. M. de Sacy était moins souple : témoin sa roideur sur les remarques du P. Bouhours, dont il n'a jamais voulu suivre aucune. M. Nicole, au contraire, a profité, dans ses *Essais de morale*, de celles qui lui ont paru bonnes.

Il n'a plus osé écrire contre M. Jurieu, depuis qu'il a vu M. de Meaux aux mains avec lui, ne voulant pas donner d'ombrage à ce prélat. M. de Sacy n'avait de déférence au monde que pour M. Singlin, homme en effet merveilleux pour le droit sens et le bon esprit. Celui-ci avait de grands égards pour M. de Saint-Cyran-Barcos, qui était son directeur, homme pur dans sa vie, et d'un grand savoir, mais qui avait souvent des opinions très-particulières, et toujours très-attaché à ses opinions.

Un jour, entre autres, il voulait opiniâtrément que, pour défendre Jansénius, on avançât que cet auteur, ayant suivi pied à pied saint Augustin, et n'étant que l'historien de sa doctrine, il lui avait été impossible de s'en écarter. M. Arnauld fit un écrit où il renversait entièrement cette opinion, c'est-à-dire montrant que cette défense aurait été tournée en ridicule, n'étant pas impossible que Jansénius n'eût pris un sens pour l'autre, et ne se fût trompé, comme le prétendaient le pape et les évêques. M. de Saint-Cyran fit une réponse où il traitait ces démonstrations de simples difficultés, qui ne devaient pas empêcher qu'on ne se soumît à son avis. M. Pascal leva l'embarras : il prit le mémoire de M. de Saint-Cyran, alla trouver M. Singlin, et lui dit que jamais il ne rendrait ce Mémoire, qu'il traita de ridicule.

M. Pascal était respecté parce qu'il parlait fortement, et M. Singlin se rendait dès qu'on lui parlait avec force.

La mère Angélique de Saint-Jean faisait, en quelque sorte, sa cour à M. Pascal, et voulait se servir de lui pour mettre de la division entre M. Arnauld et M. Nicole; car, ni elle, ni beaucoup d'autres, ne pouvaient souffrir cette liaison, ni que M. Nicole gouvernât M. Arnauld.

Ils furent tous deux cachés pendant cinq ans à l'hôtel de Longueville, et, excepté les six premiers mois, y vécurent toujours à leurs dépens. Mme de Longueville était alors occupée de ses restitutions, et peut-être n'eût pas été bien aise de cette nouvelle dépense. Ils l'entretenaient tous les jours dès 5 ou 6 heures. M. Arnauld s'endormait souvent après avoir roulé ses jarretières devant elle : ce qui la faisait un peu souffrir. M. Nicole était le plus poli des deux, et était plus à son goût. Mme de Longueville se dégoûtait fort aisément; et, d'une grande envie de voir les gens, passait tout à coup à une fort grande peine de les voir.

M. Nicole fut toujours bien avec elle : elle trouvait qu'il avait raison dans toutes les disputes. Il dit qu'à sa mort il perdit beaucoup de considération : « J'y perdis même, dit-il, mon abbaye; car on ne m'appelait plus M. l'abbé Nicole, mais M. Nicole tout simplement. »

Elle était quelquefois jalouse de Mlle de Vertus, qui était plus égale et plus attirante.

Grand différend contre M. Pascal. Il voulait qu'on défendît toujours les propositions par le bon sens qu'elles avaient, et qu'on n'en signât point la condamnation. M. Arnauld et M. Nicole étaient d'avis contraire. M. Arnauld, entre autres, fit un écrit où il terrassait M. Pascal, qui était petit devant lui. C'est ce qui a donné lieu au bruit qui se répandit que M. Pascal avait abjuré le jansénisme. Celui-ci, dans sa dernière maladie, ayant lâché quelques mots de ce différend au curé de Saint-Étienne, qui comprit que, puisque M. Pascal avait été de contraire avis avec ces messieurs, il avait été d'avis de l'entière soumission au Formulaire, feu monsieur de Paris en tira avantage, fit signer cette déposition par le curé, qui, ayant été depuis convaincu du contraire, voulut en vain revenir contre sa signature. M. l'archevêque se moqua de lui.

M. Nicole appelle tout cela les guerres civiles de Port-Royal.

La mère Angélique de Saint-Jean était entêtée aussi qu'elles ne devaient signer en aucune sorte; et quand l'accommodement fut fait, elle persistait toujours dans son opinion. M. d'Aleth lui écrivit, M. Arnauld, M. de Sacy : tout cela inutilement. M. Nicole eut ordre de faire un écrit pour la convaincre. Enfin elle se rendit, il ne sait comment, en disant qu'elle n'était nullement convaincue.

Il estime qu'elle avait plus d'esprit même que M. Arnauld; très-exacte à ses devoirs, très-sainte, mais naturellement un peu scientifique, et qui n'aimait pas à être contredite. Mme de Longueville ne l'aimait pas, et pourtant convenait de toutes ses bonnes qualités. Elle avait plus de goût pour la mère du Fargis, qui savait beaucoup mieux vivre.

Deux partis dans la maison : l'un, la mère Angélique, la sœur Briquet, et M. de Sacy; l'autre, la mère du Fargis, M. de Sainte-Marthe, et M. Nicole. Ces derniers avaient toujours raison; mais, pour l'union, M. de Sainte-Marthe cédait toujours.

M. Nicole dit que c'est le plus saint homme qu'il ait vu à Port-Royal. Il sautait par-dessus les murs pour aller porter la communion aux religieuses malades, et cela de l'avis de M. d'Aleth : en sorte qu'il n'en est pas morte une sans sacrements. Cependant la mère Angélique de Saint-Jean n'avait nul goût pour lui ; et, quoiqu'il le sût, il n'en était pas moins prêt à se sacrifier pour la maison.

M. Arnauld, le plus souvent, n'avait nulle voix en chapitre. On le croyait trop bon : et c'était assez qu'il dît du bien d'une religieuse pour que l'on n'en fît plus de cas. Ainsi il prônait fort la sœur Gertrude ; et la mère Angélique de Saint-Jean se retirait d'elle.

Cette mère Angélique, à force de se confier à la sœur Christine, et de la vouloir former aux grandes choses, comme une abbesse future, lui inspira un peu trop de mépris pour les autres mères : en telle sorte qu'elle était en grande froideur pour la mère du Fargis, et mourut sans lui en demander pardon. Mme de Fonspertuis contribuait un peu à tout cela : bonne femme, bonne amie, mais un peu portée à l'intrigue et ne haïssant pas à se faire de fête, surtout avec les grands seigneurs.

M. de Pompone demandait un jour à M. Nicole : « Tout de bon, croyez-vous que ma sœur ait autant d'esprit que Mme Duplessis-Guénégaud ? » M. Nicole traita d'un grand mépris une pareille question.

On subsistait comme on pouvait des livres et des écrits qu'on faisait. Les *Apologies des religieuses* valurent 5,000 francs ; *les Imaginaires*, 500 écus. Bien des gens croyaient que M. Nicole, en tirant quelque profit de *la Perpétuité*, s'enrichissait du travail de M. Arnauld, et il souffrait tout cela. On tira des *Traités de piété* 1,600 francs. M. Nicole les fit donner à M. Guelphe ; et celui-ci y ayant joint quelque 3 ou 4,000 francs de M. Arnauld, les prêta à un nommé Martin, qui leur a fait banqueroute.

Lorsque les religieuses étaient renfermées au Port-Royal de Paris, elles trouvaient moyen de faire tenir tous les jours de leurs nouvelles à M. Arnauld, et d'en recevoir. M. Nicole dit que c'étaient des lettres merveilleuses et toutes pleines d'esprit. La sœur Briquet y avait la principale part. La sœur de Brégy voulait aussi s'en mêler : elle avait quelque vivacité, mais son tour d'esprit était faux, et n'avait rien de solide.

Elles confièrent deux ou trois coffres de papiers à M. Arnauld, lorsqu'elles furent dispersées. C'est par ce moyen qu'on a eu les *Constitutions de Port-Royal*, et d'autres traités qu'on a imprimés.

M. Nicole a travaillé seul aux préfaces de *la Logique* et à toutes les additions. La première, la deuxième, et la troisième partie, ont été composées en commun. M. Arnauld a fait toute la quatrième.

ÉPITAPHE

DE C. F. DE BRETAGNE

DEMOISELLE DE VERTUS [1].

Ici repose Catherine-Françoise de Bretagne, demoiselle de Vertus. Elle passa sa plus tendre jeunesse dans le désir de se donner à Dieu, pratiquant dès lors, avec un goût particulier, la règle de saint Benoît dans un monastère. Mais, engagée dans le monde par ses parents, les flatteries des gens du siècle, et cette estime dangereuse que lui attiraient les grâces de sa personne et les agréments de son esprit, l'emportèrent bientôt sur ses premiers sentiments, dont elle ne laissait pas d'être toujours combattue. Pour surcroît de malheur, se trouvant mêlée fort avant dans les cabales qui divisaient alors la cour, elle prit, hélas! trop de part aux plaisirs et aux intrigues que dans son âme elle condamnait. Mais Dieu, qui ne voulait pas qu'elle pérît, jeta une amertume salutaire sur ses vaines occupations, et permit que, rebutée de leurs mauvais succès, elle en connût mieux le néant, et qu'elle lui rendît tout son cœur. Elle eut le bonheur, dans les premiers temps de sa conversion, de fortifier, par son exemple et par ses conseils, la duchesse de Longueville dans

---

[1] Mlle de Vertus, descendue des anciens ducs de Bretagne, jetée par les circonstances dans les intrigues de la Fronde et dans les plaisirs de la cour, fut un rare exemple du pouvoir de la religion.

le dessein qu'elle forma aussi de se convertir, et fut l'ange visible dont Dieu se servit pour aider à cette princesse à trouver la voie étroite du salut. Catherine, malgré ses continuelles infirmités, affligeait son corps par des austérités continuelles, goûtait une paix profonde et une solitude intérieure au milieu des troubles et des orages dont elle voyait avec douleur l'Église agitée, veillant sans cesse à tous les besoins de cette épouse de Jésus-Christ et de ses membres, surtout de ceux qui souffraient pour la défense des vérités chrétiennes ; et elle fut rendue digne, par cette charité si compatissante, de contribuer à la paix qui calma pour un temps toutes ces tempêtes. Alors, persuadée qu'elle n'avait plus autre chose à faire que de consommer sa pénitence, elle se retira dans cette maison[1], dont elle embrassa toutes les pratiques, et où ses violentes maladies, qui l'attachèrent au lit pendant les onze dernières années de sa vie, l'empêchèrent seules de faire profession. Mais elles n'empêchèrent pas sa régularité à réciter tous les jours l'office aux mêmes heures de la communauté, son attention aux nécessités du prochain, sa charité pour toutes les sœurs, et surtout son attention à Dieu dans une adoration perpétuelle au milieu de tous ses maux, qu'elle souffrit avec une extrême humilité, et avec une patience incroyable. Enfin, âgée de soixante-quatorze ans, après avoir laissé ce qui lui restait de biens aux pauvres, et vécu en pauvre elle-même, elle rendit son âme à Dieu, munie de tous les sacrements des mourants, au milieu de toutes les sœurs, le.....[2]

---

[1] Port-Royal.
[2] Le 21 novembre 1692.

RÉFLEXIONS PIEUSES

sur

QUELQUES PASSAGES DE L'ÉCRITURE SAINTE.

Ps. LXXVII. *Adhuc escæ eorum erant in ore ipsorum ; et ira Dei ascendit super eos*[1]. Combien de gens, ayant travaillé toute leur vie pour parvenir à quelque fortune, à une charge, etc., meurent dans le moment qu'ils espèrent en jouir, ayant encore le morceau dans la bouche !

Ps. cv. *Et dedit eis petitionem ipsorum*, etc.[2]. C'est dans sa colère que Dieu accorde la plupart des choses qu'on désire dans ce monde avec passion.

Isaïe, c. LV. *Quare appenditis argentum non in panibus*, etc.[3]. Pourquoi se donner tant de peine pour des choses qui nous rassasient si peu, et qui nous laissent mourir de faim ? L'enfant prodigue souhaitait au moins pouvoir se rassasier de gland, et encore ne peut-on parvenir à avoir de ce gland. *Venite, emite absque argento*, etc.[4], dit Isaïe. Nous n'avons qu'à nous tourner vers Dieu, il nous donnera de quoi nous nourrir en abondance.

---

[1] « Les viandes étaient encore dans leur bouche, lorsque la colère de
» Dieu s'éleva contre eux. »

[2] « Il leur accorda leur demande, etc. »

[3] « Pourquoi employez-vous votre argent à ce qui ne peut vous
» nourrir ? etc. »

[4] « Venez, achetez sans argent, etc. »

Filius hominis non venit ministrari, sed ministrare[1]. Matth., xx. Belle leçon pour nous faire souffrir toutes les négligences de nos domestiques. Il n'y a qu'à se bien mettre dans l'esprit qu'on n'est point né pour être servi, mais pour servir.

Jean, c. xi, v, 9. *Nonne duodecim sunt horæ diei*, etc.[2]? Jésus-Christ entend parler du temps que son père a prescrit à sa vie mortelle, et la compare à une journée, comme s'il disait : « Tant que le jour luit, on peut marcher sans péril;
» mais quand la nuit est venue, on ne peut marcher sans
» tomber. Ainsi les Juifs ont beau me vouloir perdre, ils
» n'ont aucun pouvoir de me faire du mal, jusqu'à ce que
» la nuit, c'est-à-dire le temps des ténèbres, soit venue. »

Idem, c. xviii, v. 1. *Trans torrentem Cedron*[3]. Grotius croit qu'il était ainsi nommé à cause qu'il y avait eu des cèdres dans cette vallée. En grec, c'est le *torrent des cèdres*. Jésus-Christ accomplit ici ce qui le figura en la personne de David, quand ce roi, fuyant Absalon, passa ce torrent, étant trahi par Achitophel.

Abierunt retrorsum[4]. *Idem*, v. 6 ; David a dit, ps. xxxv, *avertantur retrorsum*[5]; et Isaïe, c. xxxvii, *cadant retrorsum*[6]. Quelle terreur n'imprimera-t-il point quand il viendra juger, s'il a été si terrible étant près d'être jugé!

Jean, c. xix, v. 9. *Responsum non dedit ei*[7]. Il lui en avait assez dit, en lui disant que son royaume n'était pas de ce monde : et d'ailleurs Pilate, en faisant maltraiter un homme qu'il croyait innocent, s'était rendu indigne qu'on l'éclaircît

---

[1] « Le Fils de l'homme n'est pas venu pour être servi, mais pour
» servir. »

[2] « N'y a-t-il pas douze heures au jour? »

[3] « Au-delà du torrent de Cédron. »

[4] « Ils furent renversés. »

[5] « Qu'ils soient renversés. »

[6] « Qu'ils tombent en arrière. »

[7] « Jésus ne lui fit aucune réponse. »

davantage : ne s'était-il pas même rendu indigne que Jésus-Christ lui répondît maintenant, lui qui, lui ayant demandé ce que c'était que la vérité, n'avait pas daigné attendre la réponse? Les gens qui ont négligé de savoir la vérité, quand ils la pouvaient apprendre, ne retrouvent pas toujours l'occasion qu'ils ont perdue.

Nescis quia potestatem habeo, etc.[1], Jean, c. XIX, v. 10. Puisqu'il est en son pouvoir de le sauver, il se reconnaît donc coupable de sa mort, à laquelle il ne souscrit que par une lâche complaisance.

Non habemus regem, etc.[2], *Idem*, v. 15. Les Juifs reconnaissent donc que le temps du Messie est venu, puisque le sceptre n'est plus dans Juda; et en même temps ils renoncent à la promesse du Messie.

Quod scripsi, scripsi[3]. *Id.*, v. 22. C'était comme la sentence du juge, à laquelle on ne pouvait plus rien changer. D'ailleurs Philon a remarqué que Pilate était d'un esprit inflexible. Dieu se sert de tout cela pour faire triompher la vérité en dépit des Juifs.

Miserunt sortem in vestem meam[4]. *Id.*, v. 24. Cette tunique qui n'est point déchirée est l'unité qu'on ne doit jamais rompre.

Stabat[5], Jean, c. XIX, v. 25. La sainte Vierge était debout, et non pas évanouie, comme les peintres la représentent. Elle se souvenait des paroles de l'ange, et savait la divinité de son fils. Et dans le chapitre suivant, ni dans aucun évangéliste, elle n'est point nommée entre les saintes femmes qui allèrent au sépulcre : elle était assurée que Jésus-Christ n'y était plus.

---

[1] « Ne savez-vous pas que j'ai le pouvoir, etc. »
[2] « Nous n'avons plus de roi, etc. »
[3] « Ce qui est écrit est écrit. »
[4] « Ils ont tiré ma robe au sort. »
[5] « Était debout. »

Separatim involutum[1]. Jean, c. xx, v. 7. Les linges ainsi placés et séparés les uns des autres marquaient que le corps n'avait point été enlevé par des voleurs. Ceux qui volent font les choses plus tumultuairement.

Vade autem ad fratres meos[2]. *Id.*, v. 17. Il les appelle frères, pour les consoler du peu de courage qu'ils ont témoigné. *Narrabo nomen tuum fratribus meis*[3]. Il semble que Jésus-Christ ait eu ce verset en vue en les appelant ses frères, comme tout ce qui précède dans ce même psaume a été une prédiction de ses souffrances.

---

[1] « Plié à part. »
[2] « Mais allez trouver mes frères. »
[3] Je ferai connaître votre nom à mes frères. » (Ps. xxi, v. 23.)

PRÉCIS

ET

FRAGMENTS HISTORIQUES.

AVERTISSEMENT

SUR

LES PRÉCIS ET LES FRAGMENTS HISTORIQUES.

Racine, historiographe du roi, et remplissant les fonctions de sa charge avec le scrupule qu'il mettait à tous ses devoirs, à ce point qu'il n'avait pas voulu prendre la plume de l'historien avant de s'y préparer par des travaux préliminaires, n'a laissé aucun travail important sur le règne dont il avait pour mission officielle d'écrire l'histoire. On sait quelle en est la cause : à la mort de Racine et de Boileau, tous les papiers relatifs à l'histoire du roi, et dans lesquels étaient compris les manuscrits de Racine et de Boileau sur cette histoire, furent remis à M. de Valincour, qui avait été désigné pour leur succéder dans leur charge d'historiographes; or, tous ces papiers, précieux à tant de titres, furent détruits dans l'incendie de la maison de M. de Valincour, à Saint-Cloud, en 1726; les seuls qui échappèrent à ce désastre furent ceux, très-peu importants, qui se trouvaient en des mains tierces.

C'est ainsi que furent conservés ceux que nous publions aujourd'hui :

1° Le Précis historique des campagnes de Louis XIV;

2° La Relation de ce qui s'est passé au siége de Namur;

3° Les Fragments historiques.

PRÉCIS HISTORIQUE[1]

DES

CAMPAGNES DE LOUIS XIV

DEPUIS 1672 JUSQU'EN 1678.

Avant que le roi déclarât la guerre aux États des Provinces-Unies, sa réputation avait déjà donné de la jalousie à tous les princes de l'Europe. Le repos de ses peuples affermi, l'ordre rétabli dans ses finances, ses ambassadeurs vengés, Dunkerque retirée des mains des Anglais, et l'Empire si glorieusement secouru, étaient des preuves illustres de sa sagesse et de sa conduite; et, par la rapidité de ses conquêtes en Flandre et en Franche-Comté, il avait fait voir qu'il n'était pas moins excellent capitaine que grand politique.

Ainsi, révéré de ses sujets, craint de ses ennemis, admiré de toute la terre, il semblait n'avoir plus qu'à jouir en paix d'une gloire si solidement établie, quand la Hollande lui offrit encore de nouvelles occasions de se signaler par des actions dont la mémoire ne saurait jamais périr parmi les hommes.

Cette petite république, si faible dans ses commencements,

---

[1] Ce précis était destiné à être placé en tête d'un recueil d'estampes qui devaient rappeler les événements glorieux de la guerre qui avait été terminée par la paix de Nimègue.

s'étant un peu accrue par le secours de la France et par la valeur des princes de la maison de Nassau, était montée à un excès d'abondance et de richesses qui la rendaient formidable à tous ses voisins : elle avait plusieurs fois envahi leurs terres, pris leurs villes, et ravagé leurs frontières ; elle passait pour le pays qui savait le mieux faire la guerre ; c'était comme une école où se formaient les soldats et les capitaines ; et les étrangers allaient y apprendre l'art d'assiéger les places et de les défendre. Elle faisait tout le commerce des Indes orientales, où elle avait presque entièrement détruit la puissance des Portugais : elle traitait d'égale avec l'Angleterre, sur qui elle avait même remporté de glorieux avantages, et dont elle avait tout récemment brûlé les vaisseaux dans la Tamise ; et enfin, aveuglée de sa prospérité, elle commença à méconnaître la main qui l'avait tant de fois affermie et soutenue. Elle prétendit faire la loi à l'Europe : elle se ligua avec les ennemis de la France, et se vanta qu'elle seule avait mis des bornes aux conquêtes du roi. Elle opprima les catholiques dans tous les pays de sa domination, et s'opposa au commerce des Français dans les Indes ; en un mot, elle n'oublia rien de tout ce qui pouvait attirer sur elle l'orage qui la vint inonder.

Le roi, las de souffrir ses insolences, résolut de les prévenir. Il déclara la guerre aux Hollandais sur le commencement du printemps[1], et marcha aussitôt contre eux.

Le bruit de sa marche les étonna. Quelque coupables qu'ils fussent, ils ne pensaient pas que la punition dût suivre de si près l'offense. Ils avaient peine à imaginer qu'un prince jeune, né avec toutes les grâces de l'esprit et du corps, dans l'abondance de toutes choses, au milieu des délices et des plaisirs qui semblaient le chercher en foule, pût s'en débarrasser si aisément pour aller, loin de son royaume, s'exposer aux périls et aux fatigues d'une guerre longue et fâcheuse,

---

[1] Le 7 avril 1672.

et dont le succès était incertain. Ils se rassuraient pourtant sur le bon état où ils croyaient avoir mis leurs places.

En effet, comme le tonnerre avait grondé fort longtemps, ils avaient eu le loisir de les remplir d'hommes, de munitions et de vivres. Ils avaient fortifié tous les bords de l'Issel : le prince d'Orange, pour défendre ce passage, s'y était campé avec une armée nombreuse. Le Rhin, de tous les autres côtés, couvrait leur pays : l'Europe était dans l'attente de ce qui allait arriver. Ceux qui connaissaient les forces de la Hollande, et la bonté des places qui la défendaient, ne pensaient pas qu'on la pût seulement aborder ; et ils publiaient que la gloire du roi serait assez grande si, en toute sa campagne, il pouvait emporter une seule de ces places. Quel fut donc leur étonnement, ou plutôt quelle fut la surprise de tout le monde, lorsque l'on apprit qu'il avait mis le siége devant quatre fortes villes en même temps, et que, sans qu'il eût fait ni ligne de circonvallation ni de contrevallation, ces quatre villes s'étaient rendues à discrétion au premier jour de tranchée[1].

Un exploit si extraordinaire, si peu attendu, jeta la terreur dans tous les pays que les Hollandais occupaient le long du Rhin. On apportait au roi de tous côtés les clefs des places. A peine les gouverneurs avaient-ils le temps de se sauver sur des barques avec leurs familles épouvantées, et une partie de leurs bagages : sa marche était un continuel triomphe. Il s'avança de la sorte auprès de Tolhuis. Le Rhin, qui en cet endroit est fort large et fort profond, semblait opposer une barrière invincible à l'impétuosité des Français. Le roi pourtant se préparait à le passer : son dessein était d'abord d'y faire un pont de bateaux ; mais, comme cela ne se pouvait exécuter qu'avec lenteur, et que d'ailleurs les ennemis commençaient à se montrer sur l'autre bord, il résolut d'aller à eux avec une promptitude qui acheva de les

---

[1] Orsoi, Rhinberg, Burick et Wesel.

étonner. Il commande à sa cavalerie d'entrer dans le fleuve : l'ordre s'exécute[1]. Il faisait ce jour-là un vent fort impétueux, qui, agitant les eaux du Rhin, en rendait l'aspect beaucoup plus terrible. Il marche néanmoins ; aucun ne s'écarte de son rang, et le terrain venant à manquer sous les pieds de leurs chevaux, ils les font nager, et approchent avec une audace que la présence du roi pouvait seule leur inspirer. Cependant trois escadrons paraissent de l'autre côté du fleuve ; ils entrent même dans l'eau, et font une décharge qui tue quelques-uns des plus avancés, et en blesse d'autres. Malgré cet obstacle, les Français abordent, et l'eau ayant mis leurs armes à feu hors d'état de servir, ils fondent sur ces escadrons l'épée à la main. Les ennemis n'osent les attendre ; ils fuient à toute bride, et, se renversant les uns sur les autres, vont porter jusqu'au fond de la Hollande la nouvelle que le roi était passé.

Alors il n'y eut plus rien qui osât faire résistance. Le prince d'Orange, craignant d'être enveloppé, abandonna aussitôt les bords de l'Issel ; et le roi y campa, peu de jours après, dans ses fortifications, dont le seul récit jetait l'épouvante.

Arnheim se rendit ; Doësbourg suivit son exemple ; le fort de Skenk, si fameux par les longs siéges qu'il a autrefois soutenus, n'attendit pas l'ouverture de la tranchée. Utrecht, ancienne capitale de la Hollande, envoya aussitôt ses clefs. Coëvorden pris, Naerden emporté, tout reçoit le joug, tout cède à la rapidité du torrent. Amsterdam commence à trembler ; cette ville si superbe dans la prospérité, maintenant humble dans l'infortune, songe déjà à faire sa capitulation. On voit ses ambassadeurs, qui, quelques mois auparavant, donnaient au roi le choix de la paix ou de la guerre, on voit, dis-je, ces mêmes ambassadeurs, tremblants et soumis, implorer la clémence du vainqueur.

[1] Le 12 juin.

Cependant la division se met parmi les chefs de la république. Les uns souhaitent la paix; les autres, dévoués au prince d'Orange, veulent empêcher la négociation. Le Pensionnaire est assassiné : ce n'est que confusion et que trouble. Le parti du prince d'Orange demeure enfin le plus fort : ce prince prend son temps; et, pour sauver son pays de l'inondation des Français, ne sait point d'autre expédient que de le noyer dans les eaux de la mer, et lâche les écluses de l'Océan. Voilà Amsterdam au milieu des eaux, et les Hollandais tout de nouveau renfermés dans le fond de ces marais d'où nos pères les avaient autrefois tirés.

Tandis que le roi poussait ainsi sa victoire jusqu'aux derniers confins de la Hollande, le duc d'Orléans assiégeait Zutphen, qu'il prit en moins de huit jours[1]. Nimègue se défendit un peu mieux contre le vicomte de Turenne. Le roi lui avait donné la conduite de l'armée que commandait le prince de Condé, qui avait été blessé au passage du Rhin. Nimègue enfin se rendit aux mêmes conditions que Zutphen[2]; et sa prise, qui fut suivie de celle de Grave et de Crèvecœur, mit tout le Bétau et toute l'île de Bommel sous le pouvoir des Français. Ainsi les armes du roi triomphaient également partout; et le duc de Luxembourg, ayant joint l'évêque de Munster, n'eut pas de succès moins glorieux que les autres capitaines. Le nombre des prisonniers de guerre était si grand que les temples et les lieux publics ne pouvaient plus les contenir; et il y en avait de quoi composer une armée presque aussi nombreuse que celle de France.

Par là on peut voir qu'il y a quelquefois des choses vraies qui ne sont pas vraisemblables aux yeux des hommes, et que nous traitons souvent de fabuleux dans les histoires des événements qui, tout incroyables qu'ils sont, ne laissent pas d'être véritables. En effet, comment la postérité pourra-t-elle

[1] Le 25 juin.
[2] Le 9 juillet.

croire qu'un prince, en moins de deux mois, ait pris quarante villes fortifiées régulièrement; qu'il ait conquis une si grande étendue de pays en aussi peu de temps qu'il en faut pour faire le voyage, et que la destruction d'une des plus redoutables puissances de l'Europe n'ait été que l'ouvrage de sept semaines?

Le roi ayant ainsi conquis presque toute la Hollande, il pouvait exercer sur les villes qu'il avait prises une vengeance légitime; mais la soumission des vaincus avait désarmé sa colère. Il y rétablit seulement l'exercice de la religion catholique; et, après avoir mis partout des gouverneurs et des garnisons, il reprit le chemin de France. On lui préparait des entrées et des triomphes, mais il ne voulut point les accepter : il se contenta des acclamations des peuples, et de la joie universelle que son retour excita dans le royaume.

Son absence et les approches de l'hiver donnèrent quelque relâche aux Hollandais, à qui la mer avait été un peu plus favorable que la terre. Le prince d'Orange, déclaré généralissime de leurs armées, voulut signaler sa nouvelle dignité; il sut le peu d'hommes qu'il y avait dans Coëvorden, et, se servant de l'occasion, il alla mettre le siége devant cette ville[1]. Il s'était campé de telle sorte qu'on ne pouvait aller à lui que par un grand marais où il y avait une chaussée très-étroite. Mais les Français, quoiqu'en petit nombre, se jetant dans l'eau, allèrent l'attaquer jusque dans ses retranchements, au travers d'un feu épouvantable que faisait son infanterie. Au même temps, la garnison de la ville étant sortie sur eux, il s'en fit un carnage horrible, et tous les marais des environs furent teints du sang des malheureux Hollandais.

Depuis cette défaite, le prince d'Orange n'osa plus rien

[1] Le 12 octobre.

tenter du côté de la Hollande. Il ne perd pas néanmoins tout à fait courage : il va en Flandre joindre les Espagnols, et songe, avec leur secours, à faire aux Français quelque insulte qui pût en quelque sorte effacer l'ignominie de son pays. Charleroi semble lui en offrir l'occasion. Montal, gouverneur, avait eu ordre d'en sortir pour aller à Tongres. Le prince d'Orange propose aux Espagnols de mettre le siége devant cette ville, persuadé qu'elle serait prise avant qu'on fût en état de la secourir. Le dessein leur plaît; ils l'investissent avec tout ce qu'ils avaient de forces. Mais le roi s'étant approché de la frontière avec six cents hommes seulement[1], la terreur se met dans leurs troupes, déjà rebutées par la rigueur de la saison. Cette nuée se dissipa avec la même vitesse qu'elle s'était amassée, et les Espagnols ne remportèrent de cet exploit que la honte d'avoir donné atteinte au traité qu'ils avaient fait avec la France.

Cependant l'électeur de Brandebourg s'était mis en campagne[2] avec les troupes de l'empereur, dans l'espérance de faire, plus que les Hollandais, quelque chose d'éclatant. Mais le vicomte de Turenne lui coupa le chemin dans la Westphalie; et, l'ayant repoussé dans son pays, l'obligea à demander honteusement la paix, que l'année suivante il rompit plus honteusement encore.

Un si grand nombre de victoires entassées les unes sur les autres devaient avoir abattu entièrement le courage des ennemis. Maëstricht pourtant restait encore; et tandis qu'ils étaient maîtres d'une ville de cette réputation, ils ne pouvaient se croire absolument ruinés. Le roi l'avait déjà comme bloquée par les postes qu'il avait pris aux environs, et il pouvait peu à peu l'affamer s'il eût voulu. Mais cette manière lente de faire la guerre s'accommodait peu à l'humeur impatiente d'un conquérant : il résolut d'ôter tout d'un coup

---

[1] Le 22 décembre.
[2] En janvier 1673.

aux Hollandais ce reste d'espérance qui nourrissait leur orgueil, et alla en personne l'assiéger. Les ennemis, qui s'attendaient à ce siége, n'avaient épargné ni soins ni dépense. Il n'était parlé que des grands préparatifs qu'ils avaient faits pour se mettre en état de le soutenir.

Il y avait dans la place sept mille hommes de guerre, et parmi eux des régiments d'Espagnols et d'Italiens, tous vieux soldats, dont la valeur s'était rendue célèbre dans les guerres précédentes. Farjaux les commandait : officier d'une expérience consommée, que les Hollandais avaient demandé aux Espagnols, et qui s'était signalé à la défense de Valenciennes, dont les Français avaient autrefois été contraints de lever le siége. Les ennemis s'attendaient de voir la même chose à Maëstricht. Jamais ville en effet ne fit d'abord une résistance plus vigoureuse, ni un feu plus continuel et plus terrible. On y épuisa de part et d'autre toutes les finesses du métier. Mais que peuvent la force et l'industrie contre une armée de Français animés par la présence de leur roi? Cette ville si bien défendue, mieux attaquée encore, tint à peine treize jours. On se rend maître des dehors, toutes les défenses de la place sont ruinées : le roi y entre victorieux, et la garnison se crut trop glorieuse de pouvoir sortir tambour battant et enseignes déployées[1].

La prise de Maëstricht n'étonna pas seulement les Hollandais, elle épouvanta toute l'Allemagne. L'empereur, qui avait déjà en quelque sorte rompu avec la France, par les secours qu'il avait prêtés à l'électeur de Brandebourg, chercha des prétextes pour se liguer ouvertement avec les Hollandais. Il portait impatiemment la prospérité d'un prince trop redoutable à la maison d'Autriche, et appréhendait que ce torrent, ayant emporté tout le Pays-Bas, ne se répandît enfin sur l'Allemagne même. Ainsi la frayeur, la jalousie, et l'argent des

---

[1] Le 1ᵉʳ juillet.

Hollandais prodigué à ses ministres, le déterminèrent à la guerre.

D'autre côté, les Espagnols, voyant la ligue si bien formée, enorgueillis de la prise de Naerden, dont le prince d'Orange, par leur moyen, venait de se ressaisir, songèrent aussi à se déclarer. Le roi, instruit des desseins de ses ennemis, se met en état de les prévenir, et s'empare de la ville de Trèves[1]. Alors l'empereur crut qu'il était temps d'éclater; il ne se souvint plus des engagements qu'il avait faits avec le roi, ni du traité qu'il avait signé. Il oublie que les Français, quelques années auparavant, sur les bords du Raab, avaient sauvé l'Empire de la fureur des infidèles. Il fait des plaintes et des manifestes remplis d'injures, et publie partout que le roi de France veut usurper la couronne impériale, et aspire à la monarchie universelle. Il emploie enfin, pour le rendre odieux, tout ce que la passion peut inspirer de plus violent et de plus aigre. Il fait même des protestations dans Vienne, au pied des autels; il se montre aux chefs de ses troupes, un crucifix à la main, et les exhorte à rappeler leur courage pour défendre la chrétienté opprimée; il oublie, en ce moment, que les Hollandais qu'il prenait sous sa protection étaient les plus constants ennemis de la religion catholique, et que le roi, non-seulement la rétablissait dans toutes les places qu'il prenait sur eux, mais qu'il leur avait même en partie déclaré la guerre pour défendre deux princes ecclésiastiques de leur injuste oppression.

Les plaintes de l'empereur, toutes frivoles qu'elles étaient, ne laissèrent pas de faire impression sur l'esprit des Allemands, naturellement envieux de la gloire des Français. Le duc de Bavière et le duc de Hanovre furent les seuls qui demeurèrent neutres; tous les autres se déclarèrent peu à peu contre la France. Ni les raisons d'intérêt, ni les plus étroites alliances ne purent les retenir; et la plupart de ces

---

[2] Le 15 novembre 1673.

mêmes princes qu'on avait vus si tardifs et si paresseux à secourir l'Empire contre l'invasion des Turcs, se hâtèrent de rassembler leurs forces pour s'opposer aux progrès des Français, qu'ils ne pouvaient souffrir pour voisins, et dont la prospérité commençait à leur donner trop d'ombrage. C'était la première fois qu'on avait vu toutes ces puissances unies de la sorte avec l'empereur. L'Angleterre même, qui s'était d'abord liguée avec la France pour abattre la fierté des Hollandais, trop riches et trop puissants, commença à regarder d'un œil de pitié les Hollandais vaincus et détruits, et quelques mois après fit son traité avec eux.

Jamais la France ne se vit à la fois tant d'ennemis sur les bras[1]. Les Allemands la regardaient déjà comme un butin qu'ils allaient partager entre eux. On crut que le roi se tiendrait sur la défensive; et les étrangers l'estimaient assez heureux s'il pouvait sauver ses frontières de l'inondation qui les menaçait.

Cependant il méditait en ce temps-là même la conquête de la Franche-Comté. Il s'était déjà emparé une fois de cette province au milieu des glaces, des neiges, et des rigueurs de l'hiver, avec une vitesse qui surprit toute l'Europe. Mais comme il ne l'avait conquise que pour forcer ses ennemis à accepter les conditions qu'il leur offrait, il la leur avait rendue par le traité d'Aix-la-Chapelle. Les Espagnols, devenus sages par l'expérience du passé, avaient tout de nouveau fait fortifier leurs places, et pensaient les avoir mises en état de ne plus redouter une pareille insulte.

Surtout Besançon passait alors pour une des meilleures places du monde; et la citadelle, bâtie sur un roc inaccessible, semblait n'avoir rien à craindre que la surprise et la trahison. L'élite de leurs troupes était là, le prince de Vaudemont s'y était jeté avec plusieurs officiers, résolus de se défendre jusqu'aux dernières extrémités. La saison sem-

---

[1] En l'année 1674.

blait conspirer avec eux. Le roi ayant assiégé cette ville, le temps se rendit insupportable. La rivière du Doubs, qui passe au pied des remparts, devint extrêmement grosse et rapide, et il fit de si grandes pluies, que, dans la tranchée et dans le camp, les soldats étaient dans l'eau jusqu'aux genoux. Il n'y a point de troupes qui ne se fussent rebutées : à peine les soldats pouvaient-ils porter leurs armes. Le roi avait soin que l'argent ne leur fût point épargné; mais ils ne demandaient que du soleil. Enfin, l'exemple du roi, qui s'exposait à tous les périls et essuyait toutes les fatigues, leur fit vaincre ces obstacles.

La ville fut obligée de se rendre, et la garnison se renferma dans la citadelle. On n'en pouvait approcher qu'en se rendant maître du fort Saint-Étienne. Ce fort était comme une autre citadelle : on ne pouvait l'aborder qu'à découvert et avec des difficultés incroyables. Une poignée de Français entreprend de l'emporter en plein midi; ils grimpent sur le roc en se donnant la main les uns aux autres; ils rompent ou arrachent les palissades : les ennemis prennent l'épouvante, et cèdent plutôt à l'audace qu'à la force. Le roi avait si bien fait placer son artillerie, qu'elle battait en ruine la citadelle et le fort. Il la fit tourner alors contre la citadelle seule : l'effet du canon fut si prodigieux, qu'en peu de temps une partie du roc en fut brisée; les éclats en volaient avec tant de violence, que les assiégés n'osaient paraître sur les remparts, et ne pouvaient, même dans la place, trouver un lieu pour s'en garantir : tellement qu'au bout de deux jours ils furent contraints de capituler, et cette forteresse imprenable fut prise sans qu'il en coûtât un seul homme aux Français.

Dôle, Salins, et toutes les autres villes de la province, furent attaquées avec le même succès, quoique l'armée du roi fût si fort diminuée par les détachements qu'il avait été obligé de faire, que les assiégés étaient bien souvent, en nombre, égaux aux assiégeants.

Voilà donc le roi encore une fois maître de la Franche-Comté ; et, pour comble de gloire, il reçut la nouvelle que le vicomte de Turenne avait battu les ennemis à Sintzheim.

Cependant le comte de Souche, à la tête des troupes de l'empereur, avait joint en Flandre le prince d'Orange et les Espagnols. Ces trois armées faisaient ensemble un corps de soixante mille hommes, qui ne se promettait pas moins que de conquérir la Picardie et la Champagne ; mais il fallait auparavant vaincre le prince de Condé, qui commandait l'armée de France. Ce prince ayant grossi ses troupes des garnisons de plusieurs places de Hollande, que le maréchal de Bellefond, par ordre du roi, avait fait raser, vint se camper vis-à-vis des ennemis, proche le village de Senef[1], et s'étant posé avantageusement, les fatigua de telle sorte qu'il les obligea de décamper. On ne fait point impunément une fausse démarche en présence d'un tel capitaine : à peine ils commençaient à marcher, qu'il fond sur leur arrière-garde, et la taille en pièces. Il poursuit sa victoire ; et c'était fait de leur nombreuse armée sans une ravine où le comte de Souche plaça des troupes et fit mettre en diligence du canon. Par cette prévoyance, il mit ses soldats en état d'entretenir le combat jusqu'à la nuit, qui était proche. Alors ils se retirèrent à grande hâte, laissant les Français maîtres du champ de bataille, de tout le bagage, et d'un fort grand nombre de prisonniers.

Les ennemis, honteux de cette déroute, la voulaient faire oublier par quelque entreprise plus heureuse. Ils vont devant Oudenarde, et mènent un grand nombre de travailleurs pour presser le siége : ils ne pensaient pas que le prince de Condé pût arriver à temps pour la secourir ; mais il y fut presque aussitôt qu'eux ; et tout ce qu'ils purent faire, ce fut de se retirer fort vite à la faveur d'un brouillard, auquel ce jour-là ils furent redevables de leur salut.

[1] Le 11 août.

Ainsi tous ces beaux projets de conquérir la Picardie et la Champagne s'en allèrent en fumée, et ces trois grandes puissances, jointes ensemble, purent à peine résister à une partie des forces du roi.

La division se mit parmi les généraux ; ils se séparèrent ; et le prince d'Orange, avec le reste de ses troupes, s'en alla devant Grave pour hâter la prise de cette ville, que les Hollandais assiégeaient depuis trois mois avec une lenteur et une infortune qui les exposaient à la risée de toute l'Europe. Ils ne faisaient point de travaux qui ne fussent ruinés un moment après, point d'attaques où ils ne fussent repoussés. Les choses vinrent à tel point, que les assiégeants étaient devenus les assiégés. La place était pleine de déserteurs qui ne se croyaient pas en sûreté dans leur camp, et s'étaient réfugiés dans la ville : ils demandaient tous les jours des suspensions d'armes pour avoir la liberté d'enterrer leurs morts.

Le prince d'Orange, étant donc arrivé, crut à son abord que tout allait changer de face : il eut pourtant la douleur de faire lui-même plusieurs attaques inutiles, et de voir périr à ses yeux ses meilleures troupes.

Cependant l'hiver approchait : Grave, dont la prise n'avait pas coûté au roi un seul homme, coûtait déjà douze mille hommes aux Hollandais ; et quoique leur canon eût presque abattu toutes les maisons de la ville, la plupart des dehors étaient encore dans leur entier, lorsque le gouverneur reçut ordre de capituler. Le roi, touché de la valeur de tant de braves soldats, et ayant appris que la maladie se mettait parmi eux, ne voulut pas les exposer davantage pour une place qui lui était inutile. Le gouverneur fit sa capitulation à telle condition qu'il lui plut d'imposer aux assiégeants.

Tandis que ces choses se passaient dans les Pays-Bas, le vicomte de Turenne s'était avancé vers le Rhin, où il faisait tête lui seul aux armées de l'empereur et des confédérés. Il les chassait de tous leurs postes ; il rompait toutes les mesures; il les avait déjà mis en fuite à Ladembourg ; et depuis que les habitants de Strasbourg leur eurent donné passage sur leur pont, il avait encore été à Ensheim, où il avait défait leur avant-garde, et il les avait contraints de se retirer. Enfin leur armée s'étant grossie des troupes de l'électeur de Brandebourg et de celles des ducs de Zell, ce déluge d'Allemands se répandit de tous côtés dans la haute Alsace, résolut d'y prendre ses quartiers d'hiver, et de fondre à la première occasion dans la Franche-Comté.

Le vicomte de Turenne, avec un petit nombre de troupes fatiguées, n'était pas en état de les arrêter ; mais dans ce temps-là même il reçut un détachement que le roi avait fait heureusement partir de Flandre aussitôt après la levée du siége d'Oudenarde. Avec ce secours le vicomte de Turenne, malgré les rigueurs et les incommodités de la saison, fait une marche effroyable au travers des montagnes des Vosges, et se présente tout d'un coup à eux. Il renverse tout ce qui s'offre à son passage, et leur enlève des régiments tout entiers. La terreur et la division se mettent dans leur armée: vingt mille hommes en chassent cinquante mille ; toute cette multitude repasse le Rhin en désordre, et entraîne avec elle six mille hommes de renfort qu'elle rencontre, et qui, au lieu de lui faire rebrousser chemin, deviennent eux-mêmes les compagnons de sa fuite.

La fortune ne favorisait pas moins les Français sur la mer. La flotte des Hollandais, délivrée de la crainte des Anglais, et forte de plus de cent voiles, après avoir vainement couru le long des côtes de France, avait enfin tourné ses projets du côté de l'Amérique ; mais elle ne fut pas plus heureuse dans le nouveau monde que dans l'ancien ; car, ayant assiégé la Martinique, elle fut contrainte de lever honteusement le siége. Elle revint de ce long voyage sans avoir fait autre chose que donner des preuves de sa faiblesse. Il n'en fut pas de même de l'armée navale de France sur la Méditerranée. Les Messinois, en Sicile, avaient secoué le joug d'Espagne ; on les environna aussitôt de tous côtés : Messine fut bientôt affamée ; ses malheureux habitants étaient déjà réduits à manger des cuirs ; enfin, résolus de périr plutôt que de tomber sous le gouvernement tyrannique d'une nation qui ne pardonne jamais, ils arborèrent l'étendard de France et implorèrent le secours du roi. Il y envoya quatre vaisseaux et six cents hommes de guerre, avec ordre de se saisir des châteaux qui commandent la ville. Il s'assura ainsi des Messinois, et en même temps fit partir le duc de Vivonne, général des galères. Ce général, trouvant la flotte espagnole à la vue de Messine, l'attaque, la met en fuite, et entre triomphant dans la ville. On ne saurait concevoir la joie de ce misérable peuple, qui se voyait délivré dans le temps qu'il n'avait plus que l'image des supplices et de la mort devant les yeux. Ses exclamations, ses transports faisaient assez voir qu'il croyait devoir au roi quelque chose de plus que la vie.

Ainsi la victoire menait les Français comme par la main dans tous les pays des Espagnols, qui avaient même de la peine à se défendre du côté de la Catalogne, où ils avaient été repoussés plusieurs fois au-delà des Pyrénées. Toutefois ces orgueilleux ennemis, voyant la France destituée du secours de ses alliés, ne désespéraient pas encore de se racquitter de leurs pertes. En effet, les Suédois, qui étaient les seuls qui tenaient pour elle, n'avaient pas eu des succès heureux contre l'électeur de Brandebourg. Les Espagnols firent donc de nouveaux efforts : ils attendaient à la prochaine campagne pour se venger de tous les affronts qu'ils avaient reçus ; mais à peine le printemps parut, qu'ils se virent encore dépouillés d'une de leurs meilleures provinces par la prise de Limbourg : le roi, s'étant emparé de Dinant et de Huy[1], emporta cette place avec sa promptitude ordinaire, avant que les ennemis fussent en état de s'opposer à ses desseins.

---

[1] En mai et juin 1675.

La fortune néanmoins sembla un peu balancer du côté de l'Allemagne. Le vicomte de Turenne, allant reconnaître une hauteur, sur le point de donner bataille, est emporté d'un coup de canon. L'armée française était alors fort avancée dans le pays ennemi ; et toute l'Europe la crut perdue par la perte d'un chef de cette importance, qui était mort sans communiquer ses desseins. Les ennemis s'attendaient à l'exterminer tout entière, et ne croyaient pas qu'un seul des Français leur pût échapper. Toutefois le comte de Lorges et le marquis de Vaubrun, lieutenants généraux, qui en avaient pris la conduite, ne s'étonnèrent point. Ils rassurèrent les soldats, affligés de la mort de leur général ; mais, animés d'un juste désir de la venger, ils se rapprochent aussitôt du Rhin, et se mettent en devoir de le repasser. Par là ils obligent les ennemis à sortir de leur camp pour les charger dans leur retraite. Alors ils marchent à eux, et rompent leur arrière-garde. L'armée française se retire en bon ordre, et rapporte en deçà du Rhin les dépouilles et les drapeaux de ceux qui prétendaient lui en empêcher le passage. Peu de temps après, le prince de Condé, par ordre du roi, partit de Flandre pour aller prendre le commandement de l'armée. La présence et la réputation de ce prince achevèrent de rétablir toutes choses. Le comte de Montécuculli, qui avait passé le Rhin à Strasbourg, à la tête de trente mille hommes, sembla n'être entré en Alsace que pour y faire une montre inutile de son armée ; car, après avoir tenté vainement le siége de deux villes[1], il se retira ; et les Allemands furent encore obligés, pour cet hiver, d'aller loger sur les terres de leurs alliés.

Bien que la retraite des Français ne fût pas une de leurs moins vigoureuses actions, néanmoins ils s'étaient retirés, et c'était assez pour enfler le courage des ennemis qui avaient toujours fui devant eux. Les Espagnols en triom-

---

[1] Haguenau et Saverne.

phaient dans leurs relations ; mais le roi abaissa bientôt cet orgueil par la prise de Condé, qu'il emporta d'assaut au commencement de la campagne[1]. Le prince d'Orange, justement alarmé de cette conquête, s'avance à grandes journées pour secourir Bouchain, qu'assiégeait le duc d'Orléans. Il campe sous le canon de Valenciennes ; mais le roi se met entre lui et le duc d'Orléans. Bouchain est pris sans que le prince d'Orange ose sortir de dessus les remparts qui le couvraient ; et il semble ne s'être approché si près que pour être spectateur des réjouissances que fit l'armée du roi pour la prise de cette place.

Voyons maintenant ce qui se passe sur la mer. Le duc de Vivonne avait pris la forteresse d'Agouste : c'est un des plus fameux ports de Sicile. Les Espagnols, effrayés, ont recours aux Hollandais. Ruyter reçoit ordre de passer le détroit. Quelle apparence que les Français puissent tenir la mer devant les flottes d'Espagne et de Hollande jointes ensemble, et commandées par un capitaine de cette réputation ? La fortune toutefois en décida autrement. Duquesne, lieutenant général, ayant deux fois rencontré les ennemis, eut toutes les deux fois l'avantage ; et Ruyter, au second combat, reçut une blessure dont il mourut peu de jours après. C'était la plus grande perte que les Hollandais pussent faire. Aussi le duc de Vivonne, qui était alors dans Messine, crut qu'il se fallait hâter de profiter de cette mort, et du trouble qu'elle avait sans doute jeté parmi les ennemis. Dès que l'armée eut pris un peu de repos, il se met en mer, et les va chercher, résolu de les combattre partout où il pourra les trouver. Leur flotte était à l'ancre devant Palerme. Les ennemis le reçoivent d'abord avec assez de résolution ; mais ils n'avaient point de chefs à opposer au duc de Vivonne. Les Français les pressent de tous côtés. Ils les poursuivent jusque dans le port : jamais on ne vit une déroute et un fracas si

---

[1] En avril 1676.

épouvantables. Les vaisseaux foudroyés par le canon, où embrasés par les brûlots, sautant en l'air avec toute leur charge et retombant sur la ville, écrasent et brûlent une grande partie des maisons. Enfin le duc de Vivonne, après avoir mis en cendres ou coulé à fond quatorze vaisseaux et six galères, tué près de cinq mille hommes, entre autres le vice-amiral d'Espagne, et mis le feu dans Palerme, retourna à Messine, d'où il envoya au roi les nouvelles de cette victoire, la plus complète que les Français remportèrent jamais sur mer.

Cependant le prince d'Orange, las de n'être que le spectateur des victoires de ses ennemis, forma enfin un dessein qui devait faire oublier toutes ses disgrâces. Maëstricht était la place qui incommodait le plus les Hollandais, à cause des contributions que sa garnison levait jusqu'aux portes de Nimègue : il va l'assiéger, et, voyant l'armée française fort éloignée, il s'apprête à faire les derniers efforts pour s'en emparer. Le roi apprit la nouvelle de ce siége à Saint-Germain : il songea aussitôt à profiter de l'imprudence de ses ennemis; et tandis qu'ils épuisaient leurs armées autour de Maëstricht, il donna ordre au maréchal d'Humières d'aller assiéger Aire. Comme cette ville est une des plus importantes places du Pays-Bas, on crut d'abord que, désespérant en quelque sorte de sauver Maëstricht, il voulait contre-balancer sa perte par la prise d'une ville non moins forte, et beaucoup plus à sa bienséance. Mais il avait bien de plus grands desseins : et connaissant, comme il faisait, l'état de ses places et la valeur de ses troupes, il ne douta point qu'après avoir pris Aire, son armée n'eût encore assez de temps pour aller secourir Maëstricht. La chose réussit comme il se l'était imaginé contre toutes les apparences humaines, et la ville se rendit au cinquième jour de tranchée ouverte[1].

---

[1] Le 31 juillet.

Aussitôt le maréchal de Schomberg eut ordre de marcher vers Maëstricht. Les Hollandais, contre leur ordinaire, y avaient fait des actions d'une fort grande valeur; le prince d'Orange y avait été blessé, et toutefois à peine étaient-ils encore sous la contrescarpe. Aussitôt que les premiers coureurs français parurent, les ennemis levèrent le siége; ils se retirèrent en diligence, et ne songèrent qu'à sauver le débris de leur armée, dont la fatigue, les maladies, et les sorties continuelles des assiégés, avaient emporté plus de la moitié. Il semblait que la fortune de la France dût se borner là pour cette année; cependant, quelques mois après, le roi apprit que le maréchal de Vivonne avait pris Taormine et la Scalette, et que toute la Sicile était disposée à suivre l'exemple de Messine.

Jamais les Français n'avaient peut-être fait une campagne qui leur fût ni plus glorieuse ni plus utile. Néanmoins la prise de Philisbourg, qui, après trois jours de siége, fut obligée de se rendre, et les avantages que le prince de Lunebourg avait remportés l'année précédente dans l'évêché de Trèves, avaient persuadé aux ennemis que les Français pouvaient être quelquefois vaincus. Ils croyaient qu'il en serait de la fortune du roi comme de toutes les autres choses du monde, qui, étant parvenues à un certain point, ne sauraient plus croître. En effet, après tout ce que ce prince avait fait en Hollande, en Flandre, en Bourgogne et en Allemagne, il n'y avait pas d'apparence que sa gloire pût augmenter. Elle augmenta pourtant : toutes ces conquêtes et tant de victoires qu'il a remportées n'ont été ensemble qu'un acheminement aux grandes choses qu'il fit l'année suivante; car, bien que les villes qu'il avait prises fussent des places d'une grande réputation, il y en avait pourtant de plus fortes, et sur lesquelles les Espagnols faisaient un plus grand fondement.

Valenciennes était de ce nombre. Elle est riche et fort peuplée : ses habitants s'étaient rendus célèbres par la haine qu'ils ont toujours eue pour les Français, et ses fortifications passaient dans l'opinion du monde pour une merveille. Le roi, qui, dès le commencement de la guerre, méditait de les assiéger, s'était saisi des villes voisines, et avait ordonné de grands magasins ; si bien que, dès la fin de l'hiver, et même avant qu'il y eût du fourrage à la campagne, il fut en état d'agir, et y alla mettre le siége[1]. Il y avait dans la place une très-forte garnison : la noblesse voisine s'y était jetée ; et les habitants, pleins de leur ancienne animosité, présumaient qu'eux seuls, sans autre secours, pouvaient la défendre. Il n'y avait point de bravades qu'ils ne fissent d'abord ; ils donnaient le bal sur leurs remparts ; ils disaient que leur ville était le fatal écueil où la fortune des Français venait toujours échouer ; et, fiers de leur avoir autrefois fait lever le siége, ils leur demandaient s'ils venaient autour de Valenciennes chercher les os de leurs pères. Cependant les Français avançaient leurs travaux.

Valenciennes, du côté que le roi la fit attaquer, était défendue par un grand nombre de dehors, qu'il fallait forcer pied à pied, et qui, selon toutes les règles de la guerre, ne pouvaient être emportés sans qu'il en coûtât plusieurs milliers d'hommes. Il fallait, entre autres choses, franchir quatre grands fossés, dont il y en avait deux que la rivière de l'Escaut formait, et où elle coulait avec beaucoup de rapidité. Le roi, après avoir fait battre par le canon les premiers dehors, ordonna qu'on fît l'attaque. Aussitôt les mousquetaires, accompagnés des grenadiers, et les autres troupes commandées, partent de leurs postes différents avec une égale hardiesse : ils se rendent maîtres de la contrescarpe ; ils entrent dans un ouvrage couronné qui faisait la plus forte défense de la place, et passent au fil de l'épée huit cents hommes, de deux mille qui étaient dans cet ouvrage. Le reste des ennemis, se voyant attaqué par le

---

[1] En février 1677.

front et par les flancs, ne songe plus qu'à se sauver : ils se pressent, ils se poussent ; une partie tombe dans le fossé, l'autre se retire de fortification en fortification. Ils étaient suivis de si près, qu'ils n'eurent pas le temps de lever les ponts qui communiquaient avec la ville, ni même de fermer les portes qui étaient dans leur chemin. Une de ces portes se trouva extrêmement basse et à demi bouchée de corps morts des ennemis : les Français marchent sur ces corps sanglants, et passent pêle-mêle avec les fuyards ; et, sans s'amuser à se couvrir ni à se loger, les poursuivent jusqu'au corps de la place.

C'est là qu'ils font ce qu'on n'a jamais lu que dans les romans et dans les histoires inventées à plaisir. Ils trouvent un petit degré presque dans l'épaisseur du mur : ce degré conduisait sur le rempart ; ils montent un à un ; les voilà sur la muraille. A peine ils y sont, que les uns se saisissent du canon et le tournent contre la ville, les autres descendent dans la rue, s'y barricadent, et rompent les portes de la ville à coups de hache. Tout cela se fit avec tant de vitesse, que les bourgeois les prirent d'abord pour les soldats de la garnison. Le roi, qui les suivait de près pour donner ses ordres à mesure qu'ils avançaient, apprit que ses troupes étaient dans Valenciennes. La première chose qu'il fit, ce fut d'envoyer défendre le pillage, qui était déjà commencé, et qui cessa aussitôt. Ce n'est pas sans doute une chose peu étonnante, qu'une des plus fortes villes de Flandre ait été ainsi emportée d'assaut en moins d'une demi-heure ; mais ce n'est pas un moindre miracle qu'elle ait pu être sauvée du pillage, et que l'ordre du roi ait pu être sitôt écouté par des soldats acharnés au meurtre, au milieu du bruit et des fureurs de la victoire. On peut dire que jamais troupes n'ont donné une plus grande preuve d'obéissance et de discipline.

Il y avait dans la ville, outre les bourgeois qui étaient en armes, cinq mille hommes d'infanterie et douze cents chevaux, qui furent trop heureux de se rendre à discrétion. Le roi, par le droit de la guerre, pouvait traiter les habitants avec les dernières rigueurs, et jamais peuple n'avait mieux mérité de servir d'exemple : mais ce n'était pas contre des malheureux, et des malheureux soumis, que le roi exerçait sa vengeance; il les traita avec les mêmes douceurs que s'ils eussent fait de bonne heure leur composition, et leur conserva presque tous leurs priviléges.

Mais, sans faire de séjour dans cette ville, il marche aussitôt, et se prépare à de nouvelles conquêtes. Cambrai et Saint-Omer étaient les deux plus forts boulevards que les Espagnols eussent en Flandre. Ces villes, situées toutes deux sur les frontières de la France, lui servaient comme de fraise, et lui faisaient la loi au milieu de ses triomphes : Cambrai surtout s'était rendu redoutable. Les rois d'Espagne estimaient plus cette place seule que tout le reste de la Flandre ensemble. Elle était fameuse par le nombre des affronts qu'elle avait fait souffrir aux Français, qui l'avaient plus d'une fois attaquée, et qui avaient toujours été obligés de lever le siége. Elle faisait contribuer presque toute la Picardie; et sa garnison avait autrefois fait des courses, et porté le ravage et la flamme jusque dans l'Ile-de-France et dans les lieux voisins de Paris. Ainsi, pendant que le roi étendait ses conquêtes au-delà du Rhin, une ville ennemie levait des tributs dans son royaume, et le bravait pour ainsi dire aux portes de sa capitale. Il voulut donc pour jamais assurer le repos de ses frontières, et assiégea en personne cette place avec la moitié de son armée, tandis que le duc d'Orléans, avec l'autre, alla investir Saint-Omer. Ces deux siéges si difficiles, entrepris en même temps, étonnèrent tout le monde. On jugea que les Espagnols feraient les derniers efforts pour sauver deux villes dont la perte allait apparemment entraîner tout le reste du Pays-Bas. Cambrai toutefois ne fit pas une résistance digne de sa réputation. Le gouverneur, quoique très-brave, ne voulut point perdre ses troupes en s'opiniâtrant à défendre plus longtemps la ville, où il craignait la révolte des habitants, que l'exemple de Valenciennes faisait trembler. Il se retira dans la citadelle; mais, avant de s'y renfermer, il fit mettre à pied la plupart de sa cavalerie, et fit tuer les chevaux; il exigea de ses soldats de nouveaux serments de fidélité, et donna enfin toutes les marques d'un homme qui, par une défense extraordinaire, voulait rétablir l'honneur de sa nation.

Saint-Omer, de son côté, se défendait courageusement, et le prince d'Orange, qui avait solennellement promis aux Espagnols d'en faire lever le siége, eut le temps de s'avancer. Le roi, informé de sa marche, envoya ordre au duc d'Orléans d'aller au-devant des ennemis, et de s'emparer des postes qu'il croyait les plus avantageux pour les combattre; en même temps il fit un grand détachement de son armée pour renforcer celle de ce prince. Le duc d'Orléans, suivant cet ordre, s'avança vers le Mont-Cassel. A peine y était-il campé qu'il vit paraître les ennemis. Comme il avait laissé une partie de ses troupes devant Saint-Omer, il fut d'abord un peu incertain du parti qu'il devait prendre, ne se croyant pas en état, avec si peu de forces, de donner bataille; mais le roi avait pris ses mesures si justes, que dans cet instant même le renfort qu'il lui envoyait arriva. Alors il ne balança plus, et, plein de joie et de confiance, il résolut de combattre.

Les deux armées n'étaient séparées que par un petit ruisseau. Le lendemain[1], dès le point du jour, le duc d'Orléans mit son armée en bataille; et voyant que les ennemis commençaient à faire un mouvement, il marcha à eux. Leur armée était au moins de trente mille hommes : ils soutinrent le premier choc des Français avec une fort grande vigueur, et renversèrent même plusieurs de leurs escadrons. La victoire fut plus de deux heures en balance : mais la

---

[1] 11 avril.

présence du duc d'Orléans, qui fit ce jour-là partout l'office de soldat et de capitaine, força la fortune à se déclarer de son parti. Alors les Français, irrités d'une si longue résistance, firent un grand massacre des ennemis. La déroute fut générale, et il y demeura de leur côté plus de six mille hommes sur la place : leur canon fut pris, et tout leur bagage entièrement pillé. Aussitôt le duc d'Orléans retourna devant Saint-Omer, et eut soin de faire savoir aux assiégés le succès de la bataille.

Cependant le roi, quoique avec un petit nombre d'hommes, pressait fortement la citadelle de Cambrai; et, malgré les sorties continuelles des assiégés, qui étaient au nombre de quatre mille, il avait emporté tous les dehors, s'était approché du corps de la place, où il avait fait attacher les mineurs. Les assiégés néanmoins refusaient encore de se rendre; mais la mine ayant fait une brèche, et le canon d'un autre côté ayant ruiné un bastion tout entier, ils demandèrent à capituler, et n'osèrent s'exposer au hasard d'un assaut. Quoiqu'ils eussent attendu cette extrémité, le roi ne laissa pas de leur accorder une composition honorable, et le gouverneur eut la triste consolation de sortir de sa citadelle par la brèche[1]. Saint-Omer, privé de toute espérance de secours, ne tarda guère à suivre l'exemple de Cambrai[2]. Ainsi le roi réduisit, en six semaines, trois places qui avaient été longtemps la terreur et le fléau de ses frontières, et dont la moindre n'aurait pas paru trop achetée par un siége de six semaines et par des travaux de toute une campagne.

Toutefois les ennemis trouvaient encore des raisons pour excuser leurs disgrâces. Ils publièrent que la prise de ces trois villes n'était pas tant un effet de la valeur des Français que de la prévoyance du roi, qui, en faisant de bonne heure des magasins, prévenait toujours ses ennemis; que les choses

[1] Le 17 avril.
[2] Le 20 avril.

changeraient bientôt de face, et que la fin de la campagne serait pour eux aussi favorable que le commencement avait été malheureux.

Déjà le prince Charles de Lorraine était sur les bords du Rhin avec vingt-quatre mille hommes : fier de se voir à la tête de toutes ces forces de l'Empire, plus fier encore de l'espérance d'être dans peu beau-frère de l'empereur, il triomphait en idée des plus fortes places de la Lorraine et de la Champagne, où il avait résolu de prendre ses quartiers d'hiver, et où il se tenait si assuré de la victoire, qu'il avait fait mettre sur ses drapeaux : *Ou maintenant, ou jamais*. Il passe la Sarre, il entre dans la Lorraine, et vient se camper fort près de l'armée de France, commandée par le maréchal de Créqui. Les Français, quoique beaucoup inférieurs en nombre, brûlaient de combattre; mais le roi ne voulut point faire dépendre de l'incertitude d'une bataille une victoire qu'il pouvait remporter sans combat : il commanda au maréchal de Créqui de les fatiguer le plus qu'il pourrait, et de ne les combattre qu'avec avantage.

Cependant le prince d'Orange rassemblait une autre armée beaucoup plus nombreuse que la première; et, l'ayant grossie des troupes des princes de la basse Allemagne, il formait, à son ordinaire, de grands desseins. Enfin, après avoir longtemps consulté, avec le gouverneur des Pays-Bas, quelle place serait le plus à leur bienséance, il vint, avec soixante mille hommes, tenter une seconde fois la fortune devant Charleroi. On crut qu'il ne retournerait pas devant cette place sans avoir bien pris ses mesures pour n'y pas recevoir un second affront. Déjà les lignes de circonvallation étaient achevées; déjà le prince Charles, qui le devait joindre avec toutes ses troupes, était sur le bord de la Meuse: le duc de Luxembourg eut ordre de s'avancer vers la place. On se croyait de part et d'autre à la veille de quelque grand événement : plusieurs braves volontaires s'étaient rendus en diligence dans l'armée de ce général, où ils étaient accourus comme à une occasion infaillible de se signaler. Le prince d'Orange et le gouverneur des Pays-Bas avaient fait une bonne provision de poudre, de bombes, de grenades, et de tout ce qui est nécessaire pour un siége : mais ils trouvèrent tout à coup que le pain leur manquait; c'était la seule provision à laquelle ils n'avaient pas songé. Le duc de Luxembourg s'était placé entre eux et Bruxelles; et le maréchal d'Humières, de l'autre côté, leur fermait le chemin de Mons et de Namur, et de leurs autres places; de sorte que, voyant leur armée en danger de mourir de faim, ils décampèrent au grand étonnement de tout le monde, et après avoir tourné leur furie contre le bourg de Binche, leur consolation ordinaire quand ils ont manqué Charleroi. Ils employèrent le reste de la campagne à faire des manifestes l'un contre l'autre.

Les Allemands, de leur côté, n'étaient pas plus heureux. Le maréchal de Créqui les suivait toujours, campant à leur vue, toujours maître de donner une bataille ou de la refuser; quelquefois son canon les foudroyait jusque dans leurs tentes; il leur coupait les vivres et arrêtait leurs convois; il leur enlevait leurs chevaux au fourrage; tout ce qui s'écartait du gros de l'armée tombait entre les mains des soldats ou des paysans, plus terribles encore que les soldats. Le prince Charles reconnut alors son imprudence : son armée à demi défaite repassa en diligence et la Moselle et la Sarre, et abandonna, en se retirant, une partie de son bagage.

Dans ce même moment l'armée des Cercles, commandée par le prince de Saxe-Eisenac, était de l'autre côté du Rhin, et ne pouvait se débarrasser du baron de Monclar, qui la tenait comme assiégée en pleine campagne. Pour comble d'effroi, le maréchal de Créqui s'avance et repasse le Rhin. L'armée des Cercles, entourée de tous côtés, se retire en hâte, et, laissant sur le chemin un grand nombre de morts et de prisonniers, arrive effrayée au pont de Strasbourg, et se réfugie dans une île qui est vers le milieu de ce pont.

Les habitants de Strasbourg, touchés du péril des Allemands, qu'ils voyaient exposés à la boucherie, s'employèrent pour eux, et demandèrent au maréchal un passeport pour des malheureux qui ne cherchaient qu'à s'enfuir. La demande est accordée, et l'on vit l'heure que l'armée et le général se mettaient en chemin conduits par un garde que le maréchal avait chargé du passeport. Mais le prince Charles, qui était accouru au même temps, leur épargna cette honte. Toutefois il acheta cher la gloire de les avoir délivrés; car à quelques jours de là [1] l'aile droite de sa cavalerie fut taillée en pièces, et tout ce qu'il put faire fut de regagner promptement les lieux d'où il était parti, et de songer à couvrir Sarbruck, que les Français semblaient menacer. Le maréchal profite de cette terreur; il fait semblant de mettre ses troupes en quartier d'hiver aux environs de Schélestadt; mais, ayant appris que les Allemands avaient déjà disposé les leurs en plusieurs quartiers, il passe encore le Rhin et va assiéger Fribourg.

Le prince Charles, étrangement surpris de cette nouvelle, se représente l'étonnement de toute l'Allemagne, et l'indignation de l'empereur, si on lui enlève une place de cette importance. Qui pourra désormais empêcher les Français d'entrer dans la Souabe et dans le Wirtemberg, et de ravager les terres impériales? Il rassemble donc ses troupes; il marche à grandes journées, et arrive à une lieue de Fribourg. Mais trouvant tous les passages fermés, il demeure sans rien entreprendre : toutefois il ne voulut point s'en retourner qu'il n'eût vu de ses propres yeux que la place était rendue [2]. Pour surcroît de malheur il arriva que les troupes que le roi entretenait dans la Hongrie avaient battu celles de l'empereur, dont il était demeuré sur le champ de bataille plus de trois mille hommes.

Les ennemis, voyant approcher la fin de l'année, croyaient

[1] Le 7 octobre.
[2] Le 15 novembre.

avec apparence être aussi à la fin de leurs disgrâces. Ils comptaient en une seule campagne quatre de leurs meilleures villes emportées, deux batailles perdues, un siége honteusement levé, deux grandes armées ruinées, et le pays de leurs alliés entièrement désolé. Le roi pourtant ne put se résoudre à les laisser en repos. Il commande au maréchal d'Humières d'assembler des troupes, et d'aller mettre le siége devant Saint-Guillain. Quand il n'y aurait pas eu dans la place une garnison de douze cents hommes, les pluies, les neiges, et les marais dont elle est environnée, semblaient être seuls capables de la défendre. Mais le soldat, animé par tant de victoires, l'emporte en moins de huit jours[1], et il était déjà maître des portes, quand le gouverneur des Pays-Bas donna le signal qu'il était arrivé à Mons pour la secourir.

La prise de cette place acheva de consterner les ennemis. Ils commencèrent à changer de langage. Ce n'étaient plus des menaces, comme autrefois, et des espérances de victoire; ils reconnurent de bonne foi leur faiblesse. Tant de puissances liguées contre un seul homme, l'Espagne, la Hollande, l'Allemagne, ne se croyaient pas assez fortes pour lui tenir tête. Ils vont mendier de nouveaux secours; ils cherchent à faire pitié aux Anglais, et n'oublient rien de tout ce qui peut réveiller cette ancienne jalousie qui a tant de fois armé l'Angleterre contre la France.

Le prince d'Orange, qui venait d'épouser la fille du duc d'Yorck, et qui était regardé comme l'héritier présomptif de la couronne, fait sa brigue auprès des grands et auprès du peuple. Il leur représente la perte infaillible des Pays-Bas, les Français maîtres de toutes les côtes de la Manche, et en état de faire la loi à l'Océan; la religion protestante en péril, l'Europe entière menacée d'une dangereuse servitude. Le peuple murmure, le Parlement demande qu'on sauve la Flandre, le roi d'Angleterre lui-même est ébranlé. Les

---

[1] Le 19 décembre.

Espagnols, désespérant de pouvoir conserver leurs places, parlent de les lui abandonner : enfin on ne doute point qu'il ne quitte le personnage de médiateur pour prendre celui d'ennemi. Sur cette espérance les confédérés reprennent courage, ils veulent continuer la guerre, ou prescrire eux-mêmes les conditions de la paix ; ils se flattent que le roi va laisser au moins la Flandre en repos, et qu'ils n'auront plus à couvrir que les provinces voisines de l'Allemagne. Le roi contribue à les entretenir dans cette erreur. Il venait de prendre Saint-Guillain pour leur faire croire qu'il voulait attaquer Mons, et achever la conquête du Hainaut.

Enfin il se met en campagne, et part avec toute sa cour au commencement de février pour s'en aller à Metz[1]. Au bout de quelques jours il semble tourner vers Nanci, puis tout à coup il se rend à Metz, où il avait mandé au maréchal de Créqui de le venir trouver. Il y avait quelques jours que ce maréchal avait eu ordre de passer le Rhin, et d'aller avec un corps d'armée dans le Brisgaw, tandis que d'autres troupes se tiendraient aux environs de Metz. Tout cela avait fait juger que l'orage tomberait vraisemblablement du côté de l'Allemagne. Cette opinion augmente lorsque l'on voit arriver à Metz le maréchal, tout malade qu'il était, pour confirmer entièrement ce bruit. Le roi lui commande de marcher vers Thionville, et fait semblant lui-même d'y vouloir aller. Les ennemis, alarmés et incertains de sa marche, sont dans une continuelle agitation. Les Allemands, qui à peine avaient pris leurs quartiers d'hiver, sont contraints d'en sortir pour se rassembler. La ville de Strasbourg parle d'envoyer des députés ; Trèves se croit déjà voir au pillage ; Luxembourg ne doute plus d'être assiégé.

Cependant le roi rebrousse chemin, et se rend à Verdun, faisant courir le bruit qu'il allait assiéger Namur. Le gouverneur des Pays-Bas ne sait plus de quel côté tourner : il

---

[1] En 1678.

voit aller et venir de toutes parts les armées françaises ; il voit que, depuis le fond de la Flandre jusqu'au Rhin, le roi a partout des magasins ; il ne sait quelle place abandonner ni défendre ; il en assure une, il en expose vingt autres. Il court enfin au plus pressé, et, rappelant toutes les troupes qu'il avait en Flandre, il en remplit toutes les villes du Hainaut et du Luxembourg.

A peine il a pris ces précautions qu'on vient lui dire que le maréchal d'Humières s'approche d'Ypres : il y jette la meilleure garnison de Gand. Il respire alors, et pense avoir pourvu à toutes choses. Mais en un même jour il apprend, de six courriers différents, qu'il y a six grandes villes investies, Mons, Namur, Charlemont, Luxembourg, Ypres, et enfin que Gand même est assiégé. Cette dernière nouvelle est pour lui un coup de foudre : il est longtemps sans y ajouter foi. Quelle apparence que le roi, qu'il croit en Lorraine, vienne assiéger, au fort de l'hiver, la plus grande ville des Pays-Bas, et entreprendre de faire une circonvallation de plus de 8 lieues dans un pays de marécages et facile à inonder, coupé de quatre rivières et de deux larges canaux? Cependant la chose se trouve vraie. Plus de soixante mille hommes, partis de différents endroits, étaient arrivés à une même heure devant cette grande ville, et l'avaient investie, sans savoir eux-mêmes qu'ils l'investissaient. Le roi, ayant supputé le temps que ses ordres pouvaient être exécutés, laisse la reine à Stenay, monte à cheval, traverse en trois jours plus de 60 lieues de pays, et joint son armée qui est devant Gand.

Il trouve en arrivant la circonvallation presque achevée, et tous les quartiers déjà disposés, suivant le plan qu'il en avait lui-même dressé à Saint-Germain. Les ennemis avaient lâché leurs écluses ; mais il y eut bientôt partout des digues et des ponts de communication. La tranchée est ouverte dès le soir ; bientôt les dehors sont emportés l'épée à la main :

la ville se rend ; et la citadelle, quoique très-forte et environnée de larges fossés, capitule deux jours après[1]. Ainsi le roi, par sa conduite, se rend en six jours maître de cette ville si renommée, qui faisait autrefois la loi à ses princes mêmes, et qui prétendait égaler Paris par la grandeur de son enceinte et par le nombre de ses habitants. A peine est-elle prise que le maréchal de Lorges a ordre de s'avancer vers Bruges avec un corps de cavalerie. Aussitôt deux bataillons espagnols de la garnison d'Ypres s'y jettent : mais tout à coup voilà le roi devant Ypres. Il y avait longtemps qu'il avait dessein sur cette place importante par elle-même, et parce que sa prise achevait d'assurer toutes ses conquêtes. Il y restait encore trois mille hommes de guerre, qui se défendirent d'abord courageusement ; mais les approches étant faites, la contrescarpe bordée d'une double palissade est forcée en une nuit, et le lendemain, dès la pointe du jour, la citadelle et la ville envoyèrent des otages et signèrent la capitulation[2].

Ces deux dernières conquêtes changèrent toute la face des affaires. Le roi est à 2 lieues des places des Hollandais, et ils pensent à toute heure le revoir encore aux portes de leur capitale. Mais quelle douleur pour les Espagnols de perdre tout un grand pays dont ils tiraient leur subsistance, et de le voir en proie aux armées de leurs ennemis ! Les Anglais se troublent à cette nouvelle : c'est en vain qu'ils sont déjà dans Bruges et dans Ostende. Par quel chemin iront-ils joindre les Espagnols ? Tout les passages leur sont fermés : les voilà désormais resserrés dans un très-petit espace de pays ; et les seules garnisons d'Ypres et de Gand sont capables de ruiner leur armée. On arme pourtant à Londres ; on délivre des commisions pour lever des troupes ; on équipe des vaisseaux ; on défend tout commerce avec la France, et on

---

[1] Les 9 et 12 mars.
[2] Le 25 mars.

veut que les Hollandais fassent de pareilles défenses chez eux. Mais les Hollandais ne veulent point renoncer aux avantages qu'ils tirent du commerce. La dispute s'échauffe, l'alliance n'est pas encore signée, et les voilà déjà brouillés. Le roi, instruit de leur division, compte pour vaincus des ennemis qui s'accordent si mal ensemble. Toutefois, comme il voit sa gloire au point de ne pouvoir plus croître, ses frontières entièrement assurées, son empire accru de tous côtés, il songe au repos et à la félicité de ses peuples. Cette seule ambition peut désormais flatter son courage : il se résout donc à donner la paix à l'Europe, mais c'est aux conditions qu'il veut bien imposer lui-même. Il trace un petit projet de paix et l'envoie à Nimègue. Ce projet rendu public fait l'effet qu'il s'était imaginé.

Les ennemis commencent à ouvrir les yeux. Les peuples de Hollande, épuisés d'argent et de forces, et las d'entretenir des armées qui peuvent les opprimer un jour, songent à assurer leur repos et leur liberté. Les propositions du roi sont dans la justice, et il faut ou de l'aveuglement ou de l'opiniâtreté pour les refuser. Enfin, si on ne fait la paix, ils déclarent qu'ils ne fourniront plus aux frais de la guerre. Les états généraux s'assemblent; mais le terme que le roi leur a donné expire bientôt. Il leur semble à tout moment qu'il va partir, et ils demandent du temps pour délibérer. Il leur accorde trois semaines, et va lui-même attendre à Gand leur réponse à la tête de son armée. Tandis qu'ils consultent et que les choses sont en balance, il leur envoie un trompette pour achever de leur expliquer les intentions favorables qu'il a pour eux. Alors les Hollandais ne pouvant plus se contenir, la mémoire de tant de bienfaits qu'ils ont autrefois reçus de la France se réveille en eux. Ils avouent leur ingratitude; ils crient que les Français sont leurs vrais alliés, que le roi est leur naturel protecteur. On entend partout retentir dans la Haye : Vive le roi de France! Vive le grand prince qui veut bien nous donner la paix! En même temps ils lui envoient des députés pour lui témoigner leur juste reconnaissance.

Le prince d'Orange est le seul qui ne prend point de part à la joie publique. Quoique la guerre jusqu'alors lui ait été si contraire, il ne peut souffrir une paix qui va lui ôter le commandement des armées : il n'y a point d'adresse qu'il n'emploie, point de machine qu'il ne remue. Il fait agir ses créatures ; il envoie en Angleterre ; il jette l'alarme dans toutes les cours des alliés. On voit arriver de toutes parts à Nimègue des courriers chargés de plaintes contre les États. L'empereur éclate surtout en reproches, et les accuse d'abandonner la cause commune : c'est pour eux que l'Allemagne est engagée dans une guerre qui lui est si onéreuse ; que deviendront maintenant leurs alliés ? et comment soutiendront-ils séparément une puissance que tous ensemble ils n'ont pu soutenir ? D'autre part les Anglais achèvent de lever le masque ; ils se déclarent ouvertement contre la France, et sont désormais ses plus grands ennemis. Il n'y a rien qu'ils ne fassent pour empêcher les Hollandais de se réconcilier avec elle ; ils leur offrent de l'argent, des vaisseaux, des troupes, et les engagent enfin à signer un traité de ligue offensive et défensive avec eux.

Le roi, de retour à Saint-Germain, apprend sans s'émouvoir toutes ces ligues nouvelles. Il a ses mesures prises ; il est si assuré de faire la loi à ses ennemis, qu'il a déjà par avance déchargé ses peuples de six millions de tailles. Il semble même que, dans le temps qu'il offre la paix, la fortune de tous côtés prenne plaisir à favoriser ses armées : trois cents hommes de la garnison de Maëstricht emportent d'assaut, en une nuit, une place du Brabant[1] que trente mille hommes oseraient à peine assiéger. Le duc de Navailles, malgré des difficultés incroyables, et presque à la vue de

---

[1] Leuve, prise le 4 mai.

l'armée d'Espagne, prend la capitale de la Cerdagne [1], et s'ouvre l'entrée dans la Catalogne. Le maréchal de Créqui défait une partie des meilleures troupes de l'empire, et les pousse avec grand carnage jusque dans les fossés de Rinfeld [2] ; il brûle le pont de Strasbourg, et s'empare de tous les forts qui le défendaient. Le duc de Luxembourg, de son côté, ne demeure pas oisif. Après avoir tenu longtemps Bruxelles comme assiégée, il entre dans le Hainaut, et va bloquer Mons. Le prince d'Orange ayant grossi son armée de plusieurs troupes anglaises et allemandes, marche en diligence pour secourir cette grande ville, et les armées sont en présence.

Cependant les Hollandais, plus touchés de leur véritable intérêt que des vaines promesses des Anglais et de leurs autres alliés, ordonnent à leurs plénipotentiaires d'achever le traité qu'ils ont commencé avec la France. La paix est signée à Nimègue [3], et un courrier en porte la nouvelle au prince d'Orange. Néanmoins ce prince malheureux ne perd pas encore l'espérance d'empêcher la ratification. Il se résout de tenter encore une fois la fortune en attaquant promptement les Français, et songe, par un dernier effort, ou à rompre la paix, ou du moins à terminer la guerre avec éclat. Le lendemain, dès la pointe du jour, il passe les défilés qui séparent les deux armées, et attaque les Français dans leurs postes. Comme il combattait en homme désespéré, sa témérité eut d'abord quelque succès : il renverse quelques gardes avancées, et les poursuit jusque vers l'endroit où le gros de l'armée était en bataille. Mais alors la fortune changea de face : les Français fondent sur les ennemis avec leur impétuosité ordinaire, et les mettent en déroute ; près de quatre mille hommes demeurèrent sur la place.

---

[1] Puycerda, le 28.
[2] Le 6 juillet.
[3] Le 10 août.

Le prince d'Orange fut trop heureux, le jour suivant, de publier lui-même la nouvelle de la paix. C'était le seul moyen de délivrer Mons.

Les plénipotentiaires d'Espagne la signèrent bientôt après [1]. Mais quand le traité parut à Madrid, et qu'il fallut le ratifier, la plume tomba des mains à tout le conseil. Ces politiques, si accoutumés à regagner par les traités ce qu'ils ont perdu dans la guerre, ne savent plus où ils en sont lorsqu'ils voient tout ce qu'il leur faut abandonner par celui-ci : Cambrai, Valenciennes, tant d'autres places fameuses, de grandes provinces, ou, pour mieux dire, des royaumes entiers, et surtout cette Bourgogne qui leur donnait voix dans les diètes de l'empire. Mais cependant les armées de France sont aux portes de Bruxelles : il n'est pas temps de délibérer. Le roi d'Espagne envoie à Nimègue le traité ratifié de sa main, avec ordre à ses ministres d'obtenir des conditions meilleures s'ils peuvent, sinon de le publier tel qu'il était.

Que fera désormais l'empereur, destitué du secours des Hollandais et des Espagnols? Il croit d'abord, en traînant la négociation, rendre son traité plus avantageux ; mais, à mesure qu'il retarde, le roi lui fait de nouvelles demandes. Il se hâte donc de conclure; et, sans s'arrêter aux vaines protestations de ceux de ses alliés qui différaient de souscrire, il accepte la paix aux conditions qu'on lui avait prescrites [2].

Ainsi le roi, qui avait vu tous les princes de l'Europe se déclarer l'un après l'autre contre lui, voit ces mêmes princes rechercher son amitié, recevoir en quelque sorte la loi de lui, et signer une paix qui laisse à douter s'il a plus glorieusement fait la guerre, ou s'il l'a terminée avec plus d'éclat.

Voilà, en abrégé, une partie des actions d'un prince que

[1] Le 17 septembre.
[2] Le 5 février 1679.

la fortune a pris, ce semble, plaisir à élever au plus haut degré de la gloire où puissent monter les hommes ; si toutefois on peut dire que la fortune ait eu quelque part dans ses succès, qui n'ont été que la suite infaillible d'une conduite toute merveilleuse. En effet, jamais capitaine n'a été plus caché dans ses desseins, ni plus clairvoyant dans ceux de ses ennemis. Il a toujours vu en toute chose ce qu'il fallait voir, toujours fait ce qu'il fallait faire. Avant que la guerre fût commencée, il avait aguerri ses troupes dès longtemps par de continuels exercices, par l'exacte discipline qu'il leur faisait observer. Il a toujours prévenu ses ennemis par la promptitude de ses exploits. Dans le temps qu'ils faisaient des préparatifs pour l'attaquer, il les a souvent réduits à la nécessité de se défendre, et leur a quelquefois enlevé trois villes pendant qu'ils délibéraient d'en assiéger une.

Il ne s'est point trompé dans ses mesures. Quand il entra dans la Franche-Comté, il avait pris ses précautions si justes du côté de l'Allemagne, qu'en une province ouverte de toutes parts les ennemis ne purent, dans une occasion si pressante, se faire un passage pour y jeter le moindre secours. Il n'a point fait de conquêtes qu'il n'ait méditées longtemps auparavant, et où il ne se soit acheminé comme par degrés. En prenant Condé et Bouchain, il se mit en état d'assiéger Valenciennes et Cambrai ; par la prise d'Aire, il s'ouvrit le chemin de Saint-Omer ; et c'est en partie à la conquête de Saint-Guillain qu'il doit la conquête de Gand et d'Ypres.

Jamais prince n'observa si religieusement sa parole ; il l'a toujours exactement tenue à ses ennemis mêmes : et, dans la paix d'Aix-la-Chapelle, il aima mieux, en rendant la Franche-Comté, renoncer à la plus glorieuse et à la plus utile de ses conquêtes que de manquer à la parole qu'il avait donnée de la rendre. Ce n'est pas une chose concevable que, dans la fidélité qu'il a gardée à ses alliés, il a toujours eu plus de soin de leurs intérêts que des siens propres.

Dans le projet de paix qu'il envoya à Nimègue, il y avait

pour premier article qu'avant toutes choses on restituerait aux Suédois tout ce qui avait été pris sur eux : et quoiqu'il vît toute l'Europe en armes contre lui, ce ne fut qu'à l'instante prière des mêmes Suédois qu'il souffrit que la paix se fît avec la Hollande avant la restitution. Jamais un mouvement de colère ne lui a fait faire une fausse démarche. Quand l'Angleterre, qui s'était liée avec lui, se détacha tout à coup de ses intérêts, il ne s'emporta ni en plaintes ni en reproches; il n'en témoigna au roi d'Angleterre aucune froideur ; et en lui montrant au contraire qu'il était toujours persuadé de son amitié, il l'engagea à demeurer toujours son ami.

Il a appelé aux emplois de la guerre les hommes qui étaient les plus dignes, et n'a jamais laissé une belle action sans récompense : aussi jamais prince ne fut servi avec tant d'ardeur par ses soldats. Cette ardeur a passé à de tels excès, qu'il a eu besoin de toute son autorité pour la réprimer. Quand il a pu voir une chose par ses yeux, il ne s'est point fié aux yeux d'autrui. Il a toujours reconnu lui-même les places qu'il a voulu attaquer ; et en cette noble fonction de capitaine, il a eu plusieurs fois des hommes tués et blessés à côté de lui. Judicieux dans toutes ses entreprises, intrépide dans le péril, infatigable dans le travail, on ne saurait rien lui reprocher que d'avoir souvent exposé sa personne avec trop peu de précaution.

Cependant il est merveilleux que, parmi les soins d'une guerre qui a dû, ce semble, l'occuper tout entier, ce prince soit encore entré dans le détail du gouvernement de son État, et qu'on l'ait vu aussi appliqué aux besoins particuliers de ses sujets que si toutes ses pensées avaient été renfermées au dedans de son royaume. De là vient que, dans un temps que toute l'Europe était en feu, la France ne laissait pas de jouir de toute la tranquillité et de tous les avantages d'une paix profonde : jamais elle ne fut si florissante, jamais la justice ne fut exercée avec tant d'exactitude, jamais les sciences, jamais les beaux-arts n'y ont été cultivés avec tant de soin. Il a lui seul plus fait bâtir de somptueux édifices que tous les rois qui l'ont précédé. Il n'est pas croyable combien de citadelles il a fait construire, combien il en a réparé, de combien de nouveaux bastions il a fortifié ses places. Les Français, il y a quinze ans, passaient pour n'avoir aucune connaissance de la navigation ; ils pouvaient à peine mettre en mer six vaisseaux de guerre et quatre galères ; maintenant la France compte dans ses ports vingt-six galères, et cent vingt gros vaisseaux, et un nombre prodigieux d'autres bâtiments : elle s'est rendue si savante dans la marine, qu'elle donne aujourd'hui aux étrangers et des pilotes et des matelots.

Il n'y a point de génie un peu élevé au-dessus des autres, dans quelque profession que ce soit, que le roi, par ses largesses, n'ait excité à travailler. Aussi la France, sous son règne, ne se ressent en rien ni de l'air grossier de nos pères, ni de la rudesse qu'une longue guerre apporte d'ordinaire avec soi : on y voit briller une politesse que les nations étrangères prennent pour modèle et s'efforcent d'imiter. Mais ce ne sont point les seuls bienfaits du roi qui ont produit tant de miracles, et qui ont porté toutes choses à ce degré de perfection : la finesse de son discernement y a plus contribué que ses libéralités ; les plus grands génies, les plus savants artistes ont remarqué que, pour trouver le plus haut point de leur art, il leur suffisait d'étudier le goût de ce prince. La plupart des chefs-d'œuvre qu'on admire dans ses palais doivent leur naissance aux idées qu'il en a fournies. Toutes ces grâces, toute cette disposition si merveilleuse, qui surprend, qui enchante dans ses magnifiques jardins, n'est bien souvent que l'effet de quelque ordre qu'il a donné en les visitant.

Il est donc juste que les sciences, que les beaux-arts s'emploient à éterniser la mémoire d'un prince à qui ils sont tant redevables : il est juste que les écrivains les plus illustres le prennent pour objet de toutes leurs veilles ; que les peintres et les sculpteurs s'exercent sur un si noble sujet. Mais tandis qu'ils travaillent à remplir les places et les édifices publics d'excellents ouvrages où ses victoires sont représentées, quelques personnes zélées plus particulièrement pour sa gloire ont voulu avoir dans leur cabinet un abrégé en tableaux des plus grandes actions de ce prince : c'est ce qui a donné occasion à ce volume. Elles ont choisi un pinceau délicat qui pût renfermer tant de merveilles en très-peu d'espace, et leur mettre à tout moment devant les yeux ce qui fait la plus chère occupation de leurs pensées.

FIN DU PRÉCIS HISTORIQUE.

RELATION

DE CE QUI S'EST PASSÉ AU SIÉGE DE NAMUR.

Il y avait près de quatre ans que la France soutenait la guerre contre toutes les puissances, pour ainsi dire, de l'Europe, avec un succès bien différent de celui dont ses ennemis s'étaient flattés. Elle avait non-seulement renversé tous les projets de la fameuse ligue d'Augsbourg, mais même, par la sagesse de sa conduite et par la vigueur de sa résistance, elle avait réduit les confédérés, d'agresseurs qu'ils étaient, à la honteuse nécessité de se défendre. Tout le monde voyait avec étonnement qu'une nation attaquée par tant de peuples conjurés contre elle, et dont ils avaient par avance partagé la dépouille, eût si heureusement fait retomber sur eux les malheurs qu'ils lui préparaient; qu'elle eût vaincu dans tous les lieux où ils l'avaient obligée de porter ses armes; et qu'enfin tant de puissances réunies pour l'accabler n'eussent fait que fournir partout de la matière à ses conquêtes et à ses triomphes.

En effet, depuis cette dernière guerre, sans parler des célèbres journées de Fleurus, de Staffarde et de Leuse, où ils avaient perdu leurs meilleures troupes, sans compter aussi plusieurs de leurs places prises et rasées, ils avaient vu passer sous la domination de la France Philisbourg en Allemagne,

Nice et Montmélian en Savoie, et enfin Mons, dans les Pays-Bas.

Mais, malgré les avantages continuels que le roi remportait sur eux, ils se flattaient tous les ans de quelque révolution en leur faveur; ils croyaient que la fortune se lasserait de suivre toujours le même parti, et qu'enfin la France serait contrainte de succomber et à la force ouverte qu'ils lui opposaient au dehors, et aux atteintes secrètes qu'ils tâchaient de lui porter au dedans.

La principale espérance de leur ligue était fondée sur la haute opinion que tous ceux qui la composent avaient du grand génie du prince d'Orange, qui en est comme le chef et le premier mobile; et lui-même ne manquait pas de les flatter par toutes les illusions dont il les croyait capables de se laisser prévenir. Il leur avait fait espérer d'abord que le premier effet de son établissement sur le trône d'Angleterre serait l'abaissement de la France; il s'était depuis excusé du peu de secours qu'ils avaient reçu de lui, sur la nécessité où il s'était vu d'employer à la réduction de l'Irlande la meilleure partie de ses forces. Mais enfin, se voyant paisible possesseur des trois royaumes, et en état de se donner tout entier à la cause commune, il avait marqué l'année 1692 comme l'année fatale à la France, et où les révolutions si longtemps attendues devaient arriver. Pour joindre l'exécution aux promesses, il employait aux grands apprêts de la campagne prochaine les sommes excessives qu'il tirait des Anglais et des Hollandais; et, à son exemple, ses alliés faisaient aussi tous les efforts possibles pour profiter d'une si favorable conjoncture.

Le roi, vers la fin de l'année 1691, instruit de leurs préparatifs, jugea qu'il fallait non-seulement opposer la force à la force, pour parer les coups dont ils le menaçaient, mais qu'il fallait même leur en porter auxquels ils ne s'attendissent pas, et les forcer, par quelque entreprise éclatante, ou à faire la paix, ou à ne pouvoir faire la guerre qu'avec d'extrêmes difficultés. Il était exactement informé de l'état de leurs forces, tant de terre que de mer. Il n'ignorait pas que le prince d'Orange, dans les Pays-Bas, pouvait, avec ses troupes et avec celles de ses alliés, mettre ensemble jusqu'à six-vingt mille hommes; mais, connaissant ses propres forces, il crut que ce nombre, quelque grand qu'il fût, ne serait pas capable d'arrêter ses progrès; et, résolu d'ailleurs de combattre ses ennemis s'ils se présentaient, il ne douta point de les vaincre.

Il ne crut pas même devoir se borner à une médiocre conquête; et Namur étant la plus importante place qui leur restât, et celle dont la prise pouvait le plus contribuer à les affaiblir et à rehausser la réputation de ses armes, il résolut d'en former le siége.

Namur, capitale de l'une des dix-sept provinces des Pays-Bas, à laquelle elle a donné le nom, avait été regardée de tout temps par nos ennemis comme le plus fort rempart non-seulement du Brabant, mais encore du pays de Liége, des Provinces-Unies, et d'une partie de la basse Allemagne. En effet, outre qu'elle assurait la communication de toutes ces provinces, on peut dire que, par sa situation au confluent de la Sambre et de la Meuse, qui la rend maîtresse de ces deux rivières, elle était également bien placée et pour arrêter les entreprises que la France pourrait faire contre les pays que je viens de nommer, et pour faciliter celles qu'on pourrait faire contre la France même. Ajoutez à ces avantages l'assiette merveilleuse de son château, escarpé et fortifié de toutes parts, et estimé imprenable, mais surtout la disposition du pays, aussi inaccessible à ceux qui voudraient attaquer la place que favorable pour les secours; et enfin le grand nombre de toutes sortes de provisions que les confédérés y avaient jetées, et qu'ils avaient dessein d'y jeter encore pour la subsistance de leurs armées.

Le roi, après avoir examiné toutes les difficultés qui se présentaient dans cette entreprise, donna ses ordres, tant pour établir de grands magasins de vivres et de munitions le long de la Meuse et dans ses places frontières des Pays-Bas, que pour faire hiverner commodément, dans les provinces voisines, de grands corps de troupes, sous prétexte d'observer celles des ennemis, qui y grossissaient continuellement. Il fit aussi des augmentations considérables de cavalerie et d'infanterie, et disposa enfin toutes choses avec sa prévoyance ordinaire. Mais en même temps il préparait une puissante diversion du côté de l'Angleterre, où il prenait des mesures pour y rétablir sur le trône le légitime souverain.

Les alliés, de leur côté, ne formaient pas, comme j'ai dit, de petits projets. Le prince d'Orange, en passant la mer, l'avait aussi fait repasser à ses meilleures troupes, et en assemblait de toutes parts un grand nombre d'autres, qu'il établissait dans toutes les places de son parti les plus proches de celles de France. Il avait soin surtout d'en remplir les places des Espagnols, desquelles, par ce moyen, il se proposait de se rendre insensiblement le maître.

Il se tenait de continuelles conférences à la Haye, entre lui et les autres confédérés, sur l'emploi qu'ils devaient faire de leurs forces, ne se promettant pas moins que de faire une irruption en France au commencement du printemps. Dans cette vue, ils faisaient travailler à un prodigieux amas de tout ce qui est nécessaire pour une grande expédition, et se tenaient tellement sûrs du succès, qu'ils ne daignaient pas même cacher les délibérations qui se prenaient dans leurs assemblées.

Ces conférences finies, le prince d'Orange s'était retiré à Loo, maison de plaisance qu'il a dans le pays de Gueldre : lieu solitaire et conforme à son humeur sombre et mélancolique, où d'ailleurs il trouvait le plus de facilité pour entretenir ses correspondances secrètes. Le déplaisir qu'il avait eu l'année précédente de voir prendre Mons en sa présence, sans avoir pu rien faire pour le secourir, donnait lieu de croire qu'il prendrait des mesures pour se mettre hors d'état de recevoir un pareil affront. Et, en effet, il prétendait avoir si bien disposé toutes choses, qu'il pouvait assembler en peu de jours toutes les forces de son parti, ou pour tomber sur les places dont il jugerait à propos de faire le siége, ou pour courir au secours de celles que la France entreprendrait d'attaquer.

Ainsi, en attendant la saison propre pour agir, il affectait de mener à Loo une vie fort tranquille, y prenant presque tous les jours le divertissement de la chasse, et paraissant aussi peu ému de tous les avis qu'il recevait des grands préparatifs de la France sur mer et sur terre que si elle eût été hors d'état de rien entreprendre, ou qu'il eût été le maître des événements. Cette tranquillité apparente, à la veille d'une campagne si importante pour les deux partis, était fort vantée par ses admirateurs, qui l'attribuaient à une grandeur d'âme extraordinaire; et ses alliés, la croyant un effet de sa pénétration et de la justesse des mesures qu'il avait prises pour assurer le succès de ses desseins, se moquaient eux-mêmes de toutes les inquiétudes qu'on leur voulait donner, et demeuraient dans une pleine confiance qu'il ne leur pouvait arriver aucun mal.

Au commencement du mois de mai, ils apprirent que le roi, suivi de toute sa cour, était arrivé auprès de Mons, où était le rendez-vous de ses armées de Flandre. En même temps, ils surent qu'une autre armée était sur les côtes de Normandie, prête à passer la mer avec le roi d'Angleterre; qu'un grand nombre de bâtiments de charge étaient à la Hogue, avec toutes les provisions nécessaires pour faire une descente dans ce royaume; et qu'enfin une flotte de soixante gros vaisseaux, destinée pour appuyer le passage et le débarquement des troupes, n'attendait à Brest, et dans les autres ports, qu'un vent favorable pour entrer dans la Manche.

Le prince d'Orange commença alors à se repentir de sa fausse confiance. D'un côté, il prévit l'orage qui allait fondre dans les Pays-Bas, et jugea dès lors qu'il lui serait fort difficile de l'empêcher : de l'autre, il n'ignorait pas que tous les ports de l'Angleterre étaient ouverts; qu'il n'avait encore ni flottes pour couvrir les côtes du royaume, ni armée pour combattre les Français à la descente; qu'il leur serait aisé d'aller jusqu'à Londres, où ils trouveraient la plupart des seigneurs mécontents de lui, et les peuples fatigués des grandes sommes qu'il exigeait d'eux; en un mot, il appréhendait que le roi son beau-père ne trouvât autant de facilité à se rétablir sur le trône qu'il lui avait été facile de l'en chasser. Dans cet embarras, il feignit pourtant de ne songer qu'à sauver la Flandre, et assembla en diligence, et avec grand bruit, un corps de troupes sous Bruxelles. Mais en même temps, il dépêcha le lord Portland à Londres, pour concerter avec la princesse d'Orange et avec son conseil les moyens de garantir l'Angleterre de l'invasion des Français. Il donna ordre qu'on armât toutes les milices du royaume, et qu'on y fît repasser les troupes restées en Écosse et en Irlande; qu'on arrêtât toutes les personnes soupçonnées d'intelligence avec les ennemis, et qu'enfin on assemblât la plus nombreuse armée qu'on pourrait, tant pour contenir le dedans du royaume que pour border les côtes où l'on soupçonnait que les Français voudraient tenter la descente; surtout il pressa l'armement de ses flottes, et voulut qu'on y travaillât nuit et jour, n'épargnant pour cela ni l'argent des Anglais et des Hollandais ni celui de tous ses alliés. Non content de ces précautions, il fit remarcher à Willemstadt, entre l'embouchure de l'Escaut et de la Meuse, une partie des régiments qu'il avait amenés d'Angleterre, pour être en état d'y repasser au premier ordre, et commanda qu'on lui tînt un vaisseau tout prêt pour y repasser lui-même. Toutes ces précautions étaient un peu tardives, et couraient risque de lui être absolument inutiles, si les vents eussent été alors aussi favorables aux Français qu'ils leur étaient contraires.

Sur ces entrefaites, le roi, durant cinq jours, ayant assemblé ses armées dans les plaines de Gevries, entre les rivières de Haisne et de Trouille, il en fit, le vingt et unième de mai, la revue générale. Il les trouva complètes, et dans le meilleur état qu'il pouvait souhaiter ; il trouva aussi que, conformément à ses ordres, on avait chargé à Mons, de munitions de guerre et de bouche, plus de six mille chariots tirés des pays conquis : tellement qu'il se vit en état de se mettre en marche deux jours après cette revue.

L'armée destinée pour faire le siége de Namur, et qu'il avait résolu de commander en personne, était de quarante bataillons et de quatre-vingt-dix escadrons. L'autre armée, commandée par le maréchal duc de Luxembourg, composée de soixante-six bataillons et de deux cent neuf escadrons, devait tenir la campagne et observer les ennemis, qui, à cause de cela, l'ont depuis appelée l'armée d'observation.

Les lieutenants généraux de l'armée du roi étaient le duc de Bourbon, le comte d'Auvergne, le duc de Villeroi, le prince de Soubise, les marquis de Tilladet et de Boufflers, et le sieur de Rubentel. Le marquis de Boufflers était aussi nommé pour commander une autre armée que dans ce temps-là même il assemblait dans le Condros. Les maréchaux de camp étaient le duc de Roquelaure, le marquis de Montrevel, le sieur de Congis, les comtes de Montchevreuil, de Gassé et de Guiscar, et le baron de Bressé. Au reste, le dauphin de France, le duc d'Orléans, le prince de Condé et le maréchal d'Humières avaient le principal commandement sous le roi. Le sieur de Vauban, lieutenant général, était chargé de la direction des attaques.

Le maréchal de Luxembourg avait pour lieutenants généraux le prince de Conti, le duc du Maine, le duc de Vendôme, le duc de Choiseul, le comte de Montal, et le comte de Roses, mestre de camp général de la cavalerie légère ; et pour maréchaux de camp, le chevalier de Vendôme, grand prieur de France, les marquis de la Valette et de Coigny, les sieurs de Vatteville et de Polastron. Le baron de Busca, aussi maréchal de camp, commandait particulièrement la maison du roi. Le corps de réserve était commandé par le duc de Chartres.

Ces deux armées partirent donc le vingt-troisième de mai. Celle du maréchal, qui était campée le long du ruisseau des Estines, alla passer la Haisne entre Marlanwelz sous Marimont et Mouraige, et campa le soir à Féluy et à Arquennes, proche de Nivelle. Celle du roi traversa la plaine de Binche, et, ayant passé la Haisne à Carnières, alla camper à Capelle d'Herlaymont, le long du ruisseau de Piéton. Le roi menait avec lui une partie de son artillerie et de ses munitions; l'autre partie, accompagnée d'une grosse escorte, alla passer la Sambre à la Bussière, pour marcher à Philippeville, et de là au siége qui devait être formé.

Le lendemain vingt-quatrième, le maréchal alla camper entre l'abbaye de Villey et Marbais, proche de la grande chaussée; et le roi, dans la plaine de Saint-Amand, entre Ligny et Fleurus.

La nuit suivante, il détacha le prince de Condé avec six mille chevaux et quinze cents hommes de pied, pour aller investir Namur entre le ruisseau de Risne et la Meuse, du côté de la Hesbaye. Le sieur Quadt, avec sa brigade de cavalerie, l'investit depuis ce ruisseau jusqu'à la Sambre. Le marquis de Boufflers, avec quatorze bataillons et quarante-huit escadrons, faisant partie de l'armée qu'il assemblait, parut en même temps devant la place, de l'autre côté de la Meuse; et enfin le sieur de Ximénès, avec les troupes qu'il venait de tirer de Philippeville et de Dinant, auxquelles le marquis de Boufflers ajouta encore douze escadrons, investit la place du côté du château, occupant tout le terrain qui est entre Sambre et Meuse, en telle sorte que Namur se trouva en même temps entouré de tous côtés.

Le vingt-cinquième, l'armée du maréchal de Luxembourg alla camper sur le ruisseau d'Aurenault, dans la plaine de

Gemblours, et celle du roi auprès de Milmont et de Golzenne, au-delà des Mazis, d'où il envoya ordre au maréchal de détacher le comte de Montal, avec quatre mille chevaux, pour aller se poster à Lonchamp et à Genevoux, proche des sources de la Méhaigne; et le comte de Coigny, avec un pareil détachement, pour aller se poster à Chasselet, près de Charleroi. Le premier devait couvrir le camp du roi du côté du Brabant, et l'autre favoriser les convois de Maubeuge, de Philippeville et de Dinant, et tenir en bride la garnison de Charleroi et les corps de troupes que les ennemis y pourraient envoyer.

Le vingt-sixième, le roi arriva sur les 6 heures du matin devant Namur. Il reconnut d'abord les environs de la place depuis la Sambre jusqu'au ruisseau de Wédrin, examina la disposition du pays, les hauteurs qu'il fallait occuper, et les endroits par où il fallait faire passer les lignes. Il donna ses ordres pour la construction des ponts de bateaux sur la Sambre et la Meuse, et régla enfin tout ce qui concernait l'établissement et la sûreté des quartiers. Il choisit le sien entre le village de Flawine et une métairie appelée la Rouge-Cens, un peu au-dessus de l'abbaye de Salzenne. Ensuite il s'avança sur la hauteur de cette abbaye, pour considérer la situation de la place et les ouvrages qui la couvraient de ce côté-là. En reconnaissant tous ces endroits, il admira sa bonne fortune et le peu de prévoyance des ennemis, et confessa lui-même qu'en postant seulement de bonne heure quinze mille hommes ou sur les hauteurs du château, ou sur celle du ruisseau de Wédrin, ils auraient pu faire avorter tous ses desseins, et mettre Namur hors d'état d'être attaqué. Il ordonna au comte d'Auvergne de se saisir de l'abbaye de Salzenne et des moulins qui en sont proches : ce qui fut aussitôt exécuté. Le marquis de Tilladet eut aussi ordre de visiter tous les gués qu'il pouvait y avoir dans la Sambre, depuis le quartier du roi jusqu'à la place; et le marquis d'Alègre, avec un corps de dragons, fut envoyé pour se saisir du passage de Gerbizé, poste important sur le chemin de Huy et de Liége, du côté de la Hesbaye.

Cependant l'alarme était parmi les ennemis. Comme ils ignoraient encore où aboutirait la marche du roi, ils se hâtèrent de renforcer les garnisons de toutes leurs places; ils craignaient surtout pour Charleroi, pour Ath, pour Liége, et pour Bruxelles même. Mais, à l'égard de Namur, l'électeur de Bavière, se confiant et à la bonté de la place et à la grosse garnison qui était dedans, souhaitait qu'il prît envie au roi de l'assiéger. Le rendez-vous de leur armée était aux environs de Bruxelles, et il y arrivait tous les jours un fort grand nombre de troupes de toute sorte de nations; elles faisaient déjà près de cent mille hommes, dont le principal commandement et la direction presque absolue étaient entre les mains du prince d'Orange, l'électeur de Bavière n'ayant dans cette armée qu'une autorité comme subalterne. On peut juger combien des forces si prodigieuses enflaient le cœur des confédérés. Ils demandaient qu'on les fît marcher au plus vite, et se tenaient sûrs de rechasser le roi jusque dans le cœur de son royaume. Il était d'heure en heure exactement informé et de leur marche et de leur nombre, et se mettait de son côté en état de les bien recevoir.

L'armée devant Namur était séparée, par les deux rivières, en trois principaux quartiers, dont le premier, c'est à savoir celui du roi, occupait tout le côté du Brabant, depuis la Sambre jusqu'à la Meuse; le second, qui était celui du marquis de Boufflers, s'étendait dans le Condros, depuis la Meuse, au-dessous de Namur, jusqu'à cette même rivière au-dessus; et le troisième, sous le sieur de Ximénès, tenait le pays d'entre Sambre et Meuse. Au reste, le quartier du roi était divisé en plusieurs autres quartiers : car, outre le Dauphin et le duc d'Orléans, qui campaient tout auprès de sa personne, il avait aussi dans son quartier le prince de Condé, le maréchal d'Humières, et tous les lieutenants généraux, à la réserve du marquis de Boufflers ; et ils y avaient chacun leur poste ou leur quartier le long des lignes de circonvallation.

Le roi, dès le premier jour, donna ses ordres pour faire tracer ces lignes sur un circuit au moins de 5 lieues; elles commençaient à la Sambre du côté du Brabant, un peu au-dessus du village de Flawine, et traversant un fort grand nombre de bois, de villages et de ruisseaux, en-deçà et au-delà de la Meuse, passaient dans la forêt de Marlagne, et revenaient finir à la Sambre, entre l'abbaye de Malogne et une espèce de petit château qu'on appelait *la Blanche-Maison*.

Le vingt-septième, c'est-à-dire le lendemain de l'arrivée du roi devant la place, il alla visiter le quartier du prince de Condé, entre le ruisseau de Wédrin et la Meuse, et il y vit les parcs d'artillerie et de munitions. De là, s'étant avancé avec le sieur Vauban sur la hauteur du Quesne de Bouge, qui commande d'assez près la ville, entre la porte de Fer et celle de Saint-Nicolas, la résolution fut prise d'attaquer cette dernière porte. Ce même jour les ponts de bateaux furent partout achevés, et la communication des quartiers entièrement établie.

Il restait encore les quartiers de Boufflers et de Ximénès à visiter. Le roi s'y transporta donc le vingt-huitième, et ayant passé la Sambre à la Blanche-Maison, et la Meuse au-dessous du village de Huépion, reconnut tout le côté de la place qui regarde le Condros, reconnut aussi le faubourg de Jambe, où les ennemis s'étaient retranchés au bout du pont de pierre qu'ils y avaient sur la Meuse ; et ayant remarqué le long de cette rivière une petite hauteur d'où on voyait à revers les ouvrages de la porte de Saint-Nicolas, qui est de l'autre côté, il commanda qu'on y élevât des batteries. Ces derniers jours et les suivants, les convois d'artillerie et de toute sorte de munitions arrivèrent de Philippeville par terre, et de Dinant par la Meuse ; et on commença à cuire le pain dans le camp pour la subsistance des deux armées.

Ce fut vers ce temps-là que plusieurs dames de qualité de

la province, qui s'étaient réfugiées dans Namur, et plusieurs des dames mêmes de la ville, firent demander par un trompette la permission d'en sortir; ce qu'on ne jugea pas à propos de leur accorder. Mais ces pauvres dames, se confiant à la générosité du roi, et la peur des bombes l'emportant en elles sur toute autre considération, elles sortirent à pied par la porte du château, suivies seulement de quelques-unes de leurs femmes qui portaient leurs hardes et leurs enfants, et se présentèrent à la garde prochaine. Les soldats les menèrent d'abord à la Blanche-Maison, près des ponts qu'on avait faits sur la Sambre, d'où le roi, qui eut pitié d'elles, et qui les fit traiter favorablement, les fit conduire le lendemain à l'abbaye de Malogne, et de là à Philippeville.

Vingt mille pionniers, commandés dans les provinces conquises, étant arrivés alors à l'armée, ils furent aussitôt employés aux lignes de circonvallation, aux abatis de bois et aux réparations de chemins.

Les assiégés avaient encore quelque infanterie dans les bois, au-dessus des moulins à papier de Saint-Gervais; mais le roi ayant ordonné qu'on l'en chassât, elle ne tint point et se renferma fort vite dans la ville.

La garnison était de neuf mille deux cent quatre-vingts hommes en dix-sept régiments d'infanterie de plusieurs nations, savoir : cinq allemands des troupes de Brandebourg et de Lunebourg, cinq hollandais, trois espagnols, quatre wallons, et en un régiment de cavalerie et quelques compagnies franches. Le prince de Brabançon, gouverneur de la province, l'était aussi de la ville et du château, et toutes ces troupes avaient ordre de lui obéir. On ne doutait pas qu'étant pourvue de toutes les choses nécessaires pour soutenir un long siége, et ayant à défendre une place de cette réputation, également bien fortifiée et par l'art et par la nature, une garnison si nombreuse ne se signalât par une vigoureuse résistance, d'autant plus qu'elle n'ignorait pas les grands apprêts qui se faisaient pour la secourir.

Le roi, pour ne point accabler ses troupes de trop de travail, n'attaqua d'abord que la ville seule. On y fit deux attaques différentes ; mais il y en avait une qui n'était proprement qu'une fausse attaque ; et c'était celle qui était de delà la Meuse : la véritable était en deçà. Il fut résolu d'y ouvrir trois tranchées, qui se rejoindraient ensuite par des lignes parallèles : la première le long du bord de la Meuse, la seconde à mi-côte de la hauteur de Bouge, et la troisième par un grand fond qui aboutissait à la place du côté de la porte de Fer.

Toutes choses étant donc préparées, la tranchée fut ouverte la nuit du vingt-neuvième au trentième mai. Trois bataillons, avec un lieutenant général et un brigadier, montèrent à la véritable attaque, et deux à la fausse, avec un maréchal de camp : ce qui fut continué jusqu'à la prise de la ville. Le comte d'Auvergne, comme le plus ancien lieutenant général, monta la première garde. Dès cette nuit on avança le travail jusqu'à 80 toises du glacis ; on travailla en même temps avec tant de diligence aux batteries, tant sur la hauteur de Bouge que de l'autre côté de la Meuse, que les unes et les autres se trouvèrent bientôt en état de tirer, et de prendre la supériorité sur le canon de la place.

La nuit suivante, le travail qu'on avait fait fut perfectionné.

La nuit du trente et unième mai on travailla à s'étendre du côté de la Meuse, pour resserrer d'autant plus les assiégés, et les empêcher de faire des sorties.

Le premier de juin on continua les travaux à la sape : l'artillerie ruinant cependant les défenses des assiégés, qui, étant vus de front et à revers de plusieurs endroits, n'osaient déjà plus paraître dans leurs ouvrages.

La nuit du premier au deuxième juin, on se logea sur un avant-chemin couvert, en-deçà de l'avant-fossé que formaient les eaux des ruisseaux de Wédrin et de Risnes. On tira ensuite une ligne parallèle pour faire la communication de toutes les attaques, et on éleva de l'autre côté de la Meuse, sur le bord de l'eau, deux batteries qui commencèrent à tirer, dès la pointe du jour, contre la branche du demi-bastion et contre la muraille qui règne le long de cette rivière. Ce même jour, sur les 8 heures du matin, le marquis de Boufflers fit attaquer le faubourg de Jambe, que les ennemis occupaient encore, et s'en rendit maître. Sur le midi, l'avant-fossé de la porte de Saint-Nicolas se trouvant comblé, et toutes choses disposées pour attaquer la contrescarpe, les gardes suisses et le régiment de Stoppa, de la même nation, qui étaient de tranchée sous le marquis de Tilladet, lieutenant général de jour, y marchèrent l'épée à la main et l'emportèrent. Ils prirent aussi une petite lunette revêtue, qui défendait la contrescarpe, et se logèrent en très-peu de temps sur ces dehors, sans que les ennemis, qui faisaient de leurs autres ouvrages un fort grand feu, osassent faire aucune tentative pour s'y rétablir. On leur tua beaucoup de monde en cette action.

Le soir du deuxième juin, le marquis de Boufflers étant de garde à la tranchée, on s'aperçut que les assiégés avaient aussi abandonné une demi-lune de terre qui couvrait la porte de Saint-Nicolas. Comme le fossé n'en était pas fort profond, il fut bientôt comblé. Quoique la demi-lune fût fort exposée, et que les ennemis tirassent sans discontinuer de dessus le rempart, on se logea encore dans cette demi-lune sans beaucoup de perte.

Les batteries basses de la Meuse continuaient cependant à battre en ruine la branche du demi-bastion et la muraille, qui étaient, comme j'ai dit, le long de cette rivière. Comme ses eaux étaient alors assez basses, on s'était flatté de pouvoir conduire une tranchée le long d'une langue de terre qu'elle laissait à découvert au pied du rempart, et on aurait ainsi attaché bientôt le mineur au corps de la place. Mais la Meuse s'étant enflée tout à coup par les grandes pluies qui survinrent, et qui ne discontinuèrent presque plus jusqu'à la fin du siége, on fut obligé d'abandonner ce dessein, et de s'attacher uniquement aux ouvrages que l'on avait devant soi.

L'artillerie ne cessa, pendant le troisième et le quatrième juin, de battre en brèche la face et la branche du demi-bastion de la Meuse, et y fit enfin une ouverture considérable. Les assiégés témoignaient à leur air beaucoup de résolution, et travaillaient même à se retrancher en dedans ; mais on les voyait qui, dans la crainte vraisemblablement d'un assaut, transportaient dans le château leurs munitions et leurs meilleurs effets. A la fin, comme ils virent qu'on était déjà logé sur la pointe du demi-bastion, le cinquième de juin au matin, le duc de Bourbon étant de jour, ils battirent tout à coup la chamade, et demandèrent à capituler. Après quelques propositions qui furent rejetées par le roi, on convint, entre autres articles, que les soldats de la garnison entreraient dans le château avec leurs familles et leurs effets ; qu'il y aurait pour cela une trêve de deux jours, et que pendant tout le reste du siége on ne tirerait point ni de la ville sur le château ni du château sur la ville, avec liberté aux deux partis de rompre ce dernier article lorsqu'ils le jugeraient à propos, en avertissant néanmoins qu'ils ne le voulaient plus tenir.

La capitulation signée, le régiment des gardes prit aussitôt possession de la porte de Saint-Nicolas. Ainsi la fameuse ville de Namur, défendue par neuf mille hommes de garnison, fut, en six jours d'attaque, rendue à trois ou quatre bataillons de tranchée, ou, pour mieux dire, à un seul bataillon, puisqu'il n'y en eut jamais plus d'un à la tranchée le long de la Meuse, qui fut celle par où la place fut emportée. On peut même remarquer qu'on n'eut pas le temps de perfectionner les lignes de circonvallation, et qu'à peine on achevait d'y mettre la dernière main, que, la ville étant prise, l'on fut obligé de les raser pour transporter les troupes de l'autre côté de la Sambre.

Pendant que la ville capitulait, on eut nouvelle qu'enfin les alliés s'avançaient tout de bon pour faire lever le siége.

Au premier bruit que le roi était devant Namur, ils s'étaient hâtés d'unir ensemble toutes leurs forces; ils avaient dépêché aux généraux Flemming et Serclaës, dont le premier assemblait les troupes de Brandebourg aux environs d'Aix-la-Chapelle, et l'autre celles de Liége dans le voisinage de cette ville, avec ordre de les venir joindre; et le prince d'Orange avec l'électeur de Bavière, à la tête de l'armée confédérée, ayant passé le canal de Bruxelles, était venu camper à Dighom, puis à Lefdaël et à Wossem, de là à l'abbaye du Parc et au château d'Heverle, près de Louvain. Il séjourna quelque temps dans ce dernier camp, ou pour donner le temps à toutes ses forces de le joindre, ou n'osant s'engager trop avant dans le pays ni s'éloigner de la mer, dans l'inquiétude où il était de la descente dont l'Angleterre était menacée. Il apprit enfin que sa flotte, jointe à celle de Hollande, faisant ensemble quatre-vingt-dix vaisseaux de guerre, était à la mer avec un vent favorable; et qu'au contraire le comte de Tourville, n'ayant pu être joint par les escadres du comte d'Estrées, du comte de Château-Regnaut et du marquis de la Porte, n'avait que quarante-quatre vaisseaux, avec lesquels il s'efforçait d'entrer dans la Manche. Alors voyant ses affaires vraisemblablement en sûreté de ce côté-là, il feignit de n'y plus songer, et ne parla plus que d'aller secourir Namur.

Il partit des environs de Louvain le cinquième juin, et vint camper à Meldert et à Bauechem. Il campa le lendemain sixième auprès de Hougaerde et de Tirlemont; le septième, entre Orp et Montenackem, au-delà de la rivière de Ghete; et enfin le huitième, sur la grande chaussée entre Thinnes et Breff, à la vue du maréchal de Luxembourg. La prise de la ville ayant mis le roi en état de faire des détachements de son armée, il avait envoyé à ce maréchal le comte d'Auvergne et le duc de Villeroi, lieutenants généraux, avec une partie des troupes qui se trouvaient campées du côté du Brabant.

Pour lui, la trêve qu'il avait accordée aux assiégés étant expirée, il avait passé de l'autre côté de la Sambre, avec ce qui lui était resté de troupes au-delà de cette rivière. C'était le septième de juin qu'il quitta son premier camp pour en venir prendre un autre entre Sambre et Meuse, dans la forêt de Marlagne. Voici de quelle manière ce nouveau camp était disposé : le quartier du roi était auprès d'un couvent de carmes, qu'on appelait *le Désert*; il y avait une ligne de troupes qui s'étendait, depuis l'abbaye de Malogne sur la Sambre jusqu'au pont construit sur la Meuse à Huépion; une autre ligne de dix bataillons, qui composaient la brigade du régiment du roi, eut son camp marqué sur les hauteurs du château, pour en occuper tout le front, qui est fort resserré par les deux rivières, et pour rejeter ainsi les ennemis dans leurs ouvrages. Mais il n'était pas facile de les déposter de ces hauteurs, et moins encore des retranchements qu'ils y avaient faits à la faveur de quelques maisons, et entre autres d'un ermitage qu'ils avaient fortifié en forme de redoute. Néanmoins la brigade du roi eut ordre de les aller attaquer.

Les troupes, qui avaient cru ce jour-là n'avoir autre chose à faire qu'à s'établir paisiblement dans leur nouveau camp, et qui, dans ce moment-là, portaient leurs tentes et leurs autres hardes sur leurs épaules, jetèrent aussitôt à terre tout ce qui les embarrassait, pour ne garder que leurs armes, et grimpant en bon ordre, et sur un même front, malgré l'extrême roideur d'un terrain raboteux et inégal, arrivèrent sur la crête de la montagne, au travers d'une grêle de coups de mousquet que les ennemis leur tiraient avec tout l'avantage qu'on peut s'imaginer. Le soldat, quoique tout hors d'haleine, renversa leurs postes avancés, et les poursuivit jusqu'à une seconde hauteur, non moins escarpée que la première, où leurs bataillons étaient rangés en bon ordre pour les soutenir ; mais rien ne put arrêter la furie des Français. Les bataillons furent aussi chassés de ce second poste, et menés battant, l'épée dans les reins, jusqu'à leurs retranchements, qui même couraient risque d'être forcés, si le prince de Soubise, lieutenant général de jour, et le sieur de Vauban, rappelant les troupes, ne les eussent obligées de se contenter du poste qu'elles avaient occupé. Cette action, qui fut fort vive et fort brillante dans toutes ses circonstances, coûta à la brigade du roi douze ou quinze officiers, et quelque cent ou six-vingts soldats, ou tués ou blessés.

Aussitôt on travailla à se bien établir sur cette hauteur, et on y ouvrit une tranchée, laquelle fut, tous les jours, relevée par sept bataillons. Il ne fut pas possible les jours suivants d'avancer beaucoup le travail, tant à cause du terrain pierreux et difficile qu'on rencontra en plusieurs endroits que des orages effroyables et des pluies continuelles qui rompirent tous les chemins, et les mirent presque hors d'état d'y pouvoir conduire le canon. On ne put aussi achever les batteries qu'avec d'extrêmes difficultés. Cependant les assiégés profitèrent peu de tous ces obstacles, et firent seulement quelques sorties sans aucun effet.

Enfin, le treizième juin, les travaux ayant été poussés jusqu'aux retranchements, il fut résolu de les attaquer. La contenance fière des ennemis, qu'on voyait en bataille en plusieurs endroits derrière ces retranchements, et qui avaient tout l'air de se préparer à une résistance vigoureuse, obligea le roi de leur opposer ses meilleures troupes, et de se transporter lui-même sur la hauteur, pour régler l'ordre de l'attaque.

Le signal donné sur le midi, deux cents mousquetaires du roi à la droite, les grenadiers à cheval à la gauche, et huit compagnies de grenadiers d'infanterie au milieu, marchèrent aux ennemis l'épée à la main, soutenus des sept bataillons de tranchée et des dix de la brigade du roi, qu'il avait fait mettre en bataille sur la hauteur, à la tête de leur camp. Les assiégés, jusqu'alors si fiers, s'effrayèrent bientôt; ils firent seulement leur décharge, et, abandonnant la redoute et les retranchements, se retirèrent en désordre dans les chemins couverts des ouvrages qu'ils avaient derrière eux. Ils perdirent plus de quatre cents hommes, la plupart tués de coups de main, et entre autres plusieurs officiers et plusieurs gens de distinction. Les Français eurent quelque cent trente hommes, et quarante, tant officiers que mousquetaires, tués ou blessés.

Le comte de Toulouse, amiral de France, jeune prince âgé de quatorze ans, reçut une contusion au bras, à côté du roi, et plusieurs personnes de la cour furent aussi blessées autour de lui. Le duc de Bourbon, qui était lieutenant général de jour, donna ses ordres avec non moins de sagesse que de valeur. Les troupes, animées par la présence du roi, se signalèrent à l'envi l'une de l'autre ; et les moindres grenadiers de l'armée disputèrent d'audace avec les mousquetaires, de l'aveu des mousquetaires mêmes. On accorda aux assiégés une suspension pour venir retirer leurs morts ; mais on ne laissa pas, pendant cette trêve, d'assurer le logement et dans la redoute et dans tous les retranchements qu'on venait d'emporter.

Entre ces retranchements et la première enveloppe du château, nommée par les Espagnols *Terra-Nova*, on trouvait, sur le côté de la montagne qui descend vers la Sambre, un ouvrage irrégulier que le prince d'Orange avait fait construire l'année précédente, et qu'on appelait, à cause de cela, le *Fort-Neuf*, ou le *Fort-Guillaume* : il était situé de telle façon, que, bien qu'il parût moins élevé que les hauteurs qu'on avait gagnées, il n'en était pourtant point commandé, et il semblait se dérober et au canon et à la vue des assiégeants à mesure qu'ils s'en approchaient. Ce fut, de toutes les fortifications de la place, celle dont la prise coûta le plus de temps et de peine, à cause de la grande quantité de travaux qu'il fallait faire pour l'embrasser.

La nuit qui suivit l'attaque dont nous venons de parler, le travail fut avancé plus de cinq cents pas vers la gorge de ce fort. Le quatorzième, on s'étendit sur la droite, et l'on y dressa deux batteries, tant contre le Fort-Neuf que contre le vieux château. Ce même jour les assiégés abandonnèrent une maison retranchée, qui leur restait encore sur la montagne ; et ainsi on n'eut plus rien devant soi que les ouvrages que je viens de dire.

Le quinzième, les nouvelles batteries démontèrent presque entièrement le canon des assiégés ; mais elles ne firent que très-peu d'effet contre le Fort-Neuf.

La nuit suivante on ouvrit, au-dessus de l'abbaye de Salzenne, une nouvelle tranchée pour embrasser ce fort par la gauche, et le travail fut poussé environ quatre cents pas.

Pendant qu'on pressait avec cette vigueur le château de Namur, le prince d'Orange était, comme j'ai dit, arrivé sur la Méhaigne. Il donna d'abord toutes les marques d'un homme qui voulait passer cette rivière et attaquer l'armée du maréchal de Luxembourg, pour s'ouvrir un chemin à Namur. Plusieurs raisons ne laissaient pas lieu de douter qu'il n'eût ce dessein : son intérêt et celui de ses alliés, l'état de ses forces, sa réputation, à laquelle la prise de Mons avait déjà donné quelque atteinte, en un mot les vœux unanimes de son parti et surtout les pressantes sollicitations de l'électeur de Bavière, qui ne pouvait digérer l'affront de se voir, à son arrivée dans les Pays-Bas, enlever la plus forte place du gouvernement qu'il venait d'accepter.

Ajoutez à toutes ces raisons les bonnes nouvelles que les alliés avaient reçues de la bataille qui s'était donnée sur mer ; car bien que le combat n'eût pas été fort glorieux pour les Hollandais et pour les Anglais, mais surtout pour ces derniers, et qu'il fût jusqu'alors inouï qu'une armée de quatre-vingt-dix vaisseaux, attaquée par une autre de quarante-quatre, n'eût fait, pour ainsi dire, que soutenir le choc, sans pouvoir, pendant douze heures, remporter aucun avantage ; néanmoins, comme le vent, en séparant la flotte de France, leur avait en quelque sorte livré quinze de ses vaisseaux qui avaient été obligés de se faire échouer, et où ils avaient mis le feu, il y avait toute sorte d'apparence que le prince d'Orange saisirait le moment favorable où il semblait que la fortune commençât à se déclarer contre les Français. Il reconnut donc, en arrivant, tous les environs de la Méhaigne, fit sonder les gués, posta son infanterie dans les villages et dans tous les endroits qui pouvaient favoriser son passage, et enfin fit jeter une infinité de ponts sur cette rivière. On remarqua pourtant avec surprise que, dans le temps qu'il faisait construire cette quantité de ponts de bois, il faisait démolir tous les ponts de pierre qui se trouvaient sur la Méhaigne.

Une autre circonstance fit encore mieux voir qu'il n'avait pas grande envie de combattre. Le roi, qui ne voulait point qu'on engageât, d'un bord de rivière à l'autre, un combat où sa cavalerie n'aurait point eu de part, manda au duc de Luxembourg de se retirer un peu en arrière, et de laisser le passage libre aux ennemis : et la chose fut ainsi exécutée. C'était en quelque sorte les défier, et leur ouvrir le champ pour donner bataille s'ils voulaient; mais le prince d'Orange demeura toujours dans son premier poste, tantôt s'excusant sur les pluies qui firent déborder la Méhaigne pendant deux jours, tantôt publiant qu'il ferait périr l'armée du maréchal sans la combattre, ou du moins qu'il la réduirait à décamper faute de subsistances.

Il forma néanmoins un projet qui aurait été de quelque éclat s'il eût réussi. Il détacha le comte Serclaës de Tilly, avec cinq ou six mille chevaux, du côté d'Huy. Ce général ayant pris encore dans cette place un détachement considérable de l'infanterie de la garnison, passa la Meuse, qu'il fit remonter à son infanterie, dans le dessein de couper le pont de bateaux qui était sous Namur, et qui faisait la communication de nos deux armées. Lui cependant marcha avec sa cavalerie pour attaquer le quartier du marquis de Boufflers, et brûler le pont de la haute Meuse, avec toutes les munitions qui se trouveraient sur le port, et qu'on avait fait descendre par cette rivière. Le roi eut bientôt avis de ce dessein : il fit fortifier la garde des ponts et le quartier de Boufflers ; et ayant rappelé un corps de cavalerie de l'armée du maréchal, il fit sortir ses troupes hors des lignes, et les rangea lui-même en bataille. Mais Serclaës, qui en eut le vent, retourna fort vite passer la Meuse, et alla rejoindre l'armée confédérée.

Le prince d'Orange, après avoir demeuré inutilement quelques jours sur la Méhaigne, en décampa tout à coup, et, remontant le long de cette rivière jusque vers sa source, vint camper sa droite à la cense de Gline, près du village d'Asche, et sa gauche au-dessus de celui de Branchon.

Le maréchal de Luxembourg, qui observait tous les mouvements des ennemis pour régler les siens, ne le vit pas plus tôt en marche, que de son côté il remonta aussi la rivière : en telle sorte que ces deux grandes armées, séparées seulement par un médiocre ruisseau, marchaient à la vue l'une de l'autre, éloignées seulement d'une demi-portée de canon. Celle de France campa la droite à Hanrech, la gauche à Temploux, ayant à peu près dans son centre le village de Saint-Denis.

Le prince d'Orange fit encore en cet endroit des démonstrations de vouloir décider du sort de Namur par une bataille. Il fit élargir les chemins qui étaient entre les deux armées, et envoya l'électeur de Bavière pour reconnaître lui-même le camp des Français. L'électeur passa la rivière à l'abbaye de Bonneff, et se mit en devoir d'observer l'armée du maréchal ; mais on ne lui laissa pas le temps de satisfaire sa curiosité, et il fut obligé de repasser fort brusquement la Méhaigne, à l'approche de quelques troupes de carabiniers qu'on avait détachées pour l'éloigner de la vue des lignes.

A dire vrai, le maréchal ne fut pas fâché d'ôter aux

ennemis la connaissance de la disposition de son camp, coupé de plusieurs ruisseaux et de petits marais, qui rendaient la communication de ses deux ailes fort difficile, et d'ailleurs commandé de la hauteur de Saint-Denis, d'où les ennemis auraient pu incommoder de leur canon le centre de son armée, et engager enfin, dans un pays serré et embarrassé de bois, un combat particulier d'infanterie, où ils auraient eu tout l'avantage du lieu. Le roi, qui sut l'inquiétude où il était, lui envoya proposer un autre poste, que le maréchal alla reconnaître : et il le trouva si avantageux, que, sans attendre de nouveaux ordres, il fit aussitôt marcher son armée; il n'attendit pas même son artillerie, dont les chevaux se trouvaient alors au fourrage, et se contenta de laisser une partie de son infanterie pour la garder. Il plaça sa gauche au château de Milmont, la couvrant du ruisseau d'Aurenault, et étendit sa droite par Temploux, et par le château de la Falise, jusqu'auprès du ruisseau de Wédrin, au-delà duquel il jeta son corps de réserve : de sorte qu'il se trouvait tout proche de l'armée du roi, et tout proche aussi de la Sambre et de la Meuse, dont il tirait la subsistance de sa cavalerie, couvrait entièrement la place, et réduisait les ennemis à venir l'attaquer dans son front par des plaines ouvertes et propres à faire mouvoir sa cavalerie, qui était supérieure en toutes choses à celle des ennemis.

Il fit en plein jour cette marche, sans qu'ils se missent en devoir de l'inquiéter, et sans qu'ils se présentassent seulement pour charger son arrière-garde. Le prince d'Orange décampa quelques jours après. Il passa, le vingt-deuxième de juin, le bois des Cinq-Étoiles, et, ayant fait faire à ses troupes une extrême diligence, alla se poster, la droite à Sombreff, et la gauche proche de Marbais, sur la grande chaussée.

Cette démarche, qui le mettait en état de passer en un jour la Sambre pour tomber sur le camp du roi, aurait pu donner de l'inquiétude à un général moins vigilant et moins expérimenté. Mais comme il avait pensé de bonne heure à tous les mouvements que les ennemis pourraient faire pour l'inquiéter, il ne les vit pas plus tôt la tête tournée vers Sombreff, qu'il envoya le marquis de Boufflers avec un corps de troupes dans le pays d'entre Sambre et Meuse ; et après avoir fait reconnaître les plaines de Saint-Gérard et de Fosse, qui étaient les seuls chemins par où ils auraient pu venir à lui, il ordonna à ce marquis de se saisir du poste d'Auveloy, sur la Sambre. Il fit en même temps jeter un pont sur cette rivière, entre l'abbaye de Floreff et Jemeppe, vers l'embouchure du ruisseau d'Aurenault, où la gauche du maréchal de Luxembourg était appuyée. Par ce moyen, il mettait ce général en état de passer aisément la Sambre, dès que les ennemis voudraient entreprendre la même chose du côté de Charleroi et de Farsiennes. La seule chose qui était à craindre, c'est que le corps de troupes qu'il avait donné au marquis de Boufflers ne fût pas suffisant pour disputer aux ennemis le passage de la Sambre, et que, s'ils le tentaient si près de lui, on n'eût pas le temps de faire passer d'autres troupes pour le soutenir.

Pour obvier à cet inconvénient, le maréchal eut ordre de lui envoyer son corps de réserve, qui fut suivi, peu de temps après, des brigades d'infanterie de Champagne et du Bourbonnais, et enfin de l'aile droite de sa seconde ligne, commandée par le duc de Vendôme. Toutes ces troupes furent postées sur le bord de la Sambre, proche des ponts de bateaux, à portée ou de passer en très-peu de temps dans les plaines de Fosse et de Saint-Gérard, ou de repasser à l'armée du maréchal, selon le parti que prendraient les ennemis.

Pendant ces différents mouvements des armées, les attaques du château de Namur se continuaient avec toute la diligence que les pluies pouvaient permettre, les troupes ne témoignant pas moins de patience que de valeur. Depuis le seizième de juin, les assiégés se trouvaient extrêmement resserrés dans le Fort-Neuf, où ils commençaient même d'être enveloppés. Le matin du dix-septième, ils firent une sortie de quatre cents hommes de troupes espagnoles et du Brandebourg sur l'attaque gauche, et y causèrent quelque désordre. Mais les Suisses, qui y étaient de garde, les repoussèrent aussitôt, et rétablirent en très-peu de temps le travail. Il y eut quarante ou cinquante hommes tués de part et d'autre.

Le dix-huitième et le dix-neuvième, les communications du Fort-Neuf avec le château furent presque entièrement ôtées aux assiégés, et leur artillerie rendue inutile ; et enfin le vingtième, toutes les communications des tranchées étant achevées, on se vit en état d'attaquer tout à la fois et le fort et le château. Mais comme vraisemblablement on y aurait perdu beaucoup de monde, le roi voulut que les choses se fissent plus sûrement. Ainsi on employa toute la nuit du vingtième, et le jour suivant, à élargir et à perfectionner les travaux ; et le soir du vingt et unième, toutes choses étant prêtes pour l'attaque, on résolut de la faire, mais seulement au-dehors de l'ouvrage neuf.

Huit compagnies de grenadiers, commandées avec les sept bataillons de la tranchée, commencèrent sur les 6 heures à occuper tous les boyaux qui enveloppaient les deux ouvrages. Le duc de Bourbon se trouvait encore à cette attaque lieutenant général de jour, se croyant fort obligé à la fortune de ce qu'en un même siége elle lui donnait tant d'occasion de s'exposer. Le signal donné un peu avant la nuit, il fit avancer les détachements soutenus des corps entiers. Ils marchèrent en même temps au premier chemin couvert, et en ayant chassé les assiégés, les forcèrent encore dans le second, et, le fossé n'étant pas fort profond, les poursuivirent jusqu'au corps de l'ouvrage, dans lequel même quelques soldats étant montés par une fort petite brèche, les ennemis battirent à l'instant la chamade, et leurs otages furent envoyés au roi. Mais pendant qu'ils faisaient leur capitulation, on ne laissa pas de travailler dans les dehors de l'ouvrage, et d'y commencer des logements contre le château.

Le lendemain, ils sortirent du fort au nombre de quatre-vingts officiers et de quinze cent cinquante soldats en cinq régiments, pour être conduits à Gand. De ce nombre était un ingénieur hollandais nommé Coëhorn, sur les dessins duquel le fort avait été construit; et il en sortit blessé d'un éclat de bombe. Quelques officiers des ennemis demandèrent à entrer dans le vieux château, pour y servir encore jusqu'à la fin du siége. Mais cette permission ne fut accordée qu'au seul Wimberg, qui commandait les troupes hollandaises.

Le fort Guillaume pris, on donna un peu plus de relâche aux troupes, et la tranchée ne fut plus relevée que par quatre bataillons. Mais le château n'en fut pas moins vivement pressé, et les attaques allèrent fort vite, n'étant plus inquiétées par aucune diversion.

Dès le vingt-troisième, on éleva dans la gorge du Fort-Neuf des batteries de bombes et de canon.

Le vingt-quatrième et le vingt-cinquième, on embrassa tout le front de l'ouvrage à cornes, qui faisait, comme j'ai dit, la première enveloppe du château, et on acheva la communication de la tranchée, qu'on avait conduite par la droite sur la hauteur qui regarde la Meuse, avec la tranchée qui regardait la gauche du côté de la Sambre.

Le roi alla le vingt-cinquième visiter le Fort-Neuf et les travaux. Comme il avait remarqué que sa présence les avançait extrêmement, il fit la même chose presque tous les jours suivants, malgré les incommodités du temps et l'extrême difficulté des chemins, s'exposant non-seulement au mousquet des ennemis, mais encore aux éclats de ses propres bombes, qui retombaient souvent de leurs ouvrages avec violence, et qui tuèrent ou blessèrent plusieurs personnes à ses côtés et derrière lui.

Le vingt-sixième, les sapes furent poussées jusqu'au pied de la palissade du premier chemin couvert. A mesure qu'on s'approchait, la tranchée devenait plus dangereuse à cause des bombes et des grenades que les ennemis y faisaient rouler à toute heure, surtout du côté du fond qui allait tomber vers la Sambre, et qui séparait les deux forts.

Le vingt-septième, les travaux furent perfectionnés. On dressa deux nouvelles batteries pour achever de ruiner les défenses des assiégés, pendant que les autres battaient en ruine les pointes et les faces des deux demi-bastions de l'ouvrage; et on disposa enfin toutes choses pour attaquer à la fois tous leurs dehors.

Tant d'attaques, qui se succédaient de si près, auraient dû, ce semble, lasser la valeur des troupes; mais plus elles fatiguaient, plus il semblait qu'elles redoublassent de vigueur; et, en effet, cette dernière action ne fut pas la moins hardie ni la moins éclatante de tout le siége. Le roi voulut encore y être présent, et se plaça entre les deux ouvrages.

Ainsi, le vingt-huitième à midi, le signal donné par trois salves de bombes, neuf compagnies de grenadiers, commandées avec quatre des bataillons de la tranchée, marchèrent avec leur bravoure ordinaire, l'épée à la main, aux chemins couverts des assiégés. Le premier de ces chemins se trouvant presque abandonné, elles passèrent au second sans s'arrêter, tuèrent tout ce qui osa les attendre, et poursuivirent le reste jusqu'à un souterrain qui les déroba à leur furie.

Les ennemis ainsi chassés reparurent en grand nombre sur les brèches : quelques-uns même, avec l'épée et le bouclier, s'efforcèrent, à force de grenades et de coups de mousquet, de prendre leur revanche sur nos travailleurs. Cependant quelques grenadiers de la compagnie de Saillant, du régiment des gardes, ayant été commandés pour reconnaître la brèche qui était au demi-bastion gauche, ils montèrent jusqu'en haut avec beaucoup de résolution. Il y en eut un, entre autres, qui y demeura fort longtemps, et y rechargea plusieurs fois son fusil avec une intrépidité qui fut admirée de tout le monde. Mais la brèche se trouvant encore trop escarpée, on se contenta de se loger dans les chemins couverts, dans la contre-garde du demi-bastion gauche, dans une lunette qui était au milieu de la courtine, vis-à-vis du chemin souterrain ; et, en un mot, dans tous les dehors. La perte des assiégés monta à quelque trois cents hommes, partie tués dans les dehors, partie accablés par les bombes dans l'ouvrage même. Les assiégeants n'eurent guère moins de deux ou trois cents, tant officiers que soldats, tués ou blessés, la plupart après l'action, et pendant qu'on travaillait à se loger.

Peu de temps après, les sapeurs firent la descente du fossé ; et, dès le soir, les mineurs furent attachés en plusieurs endroits, et on se mit en état de faire sauter tout à la fois les deux demi-bastions, la courtine qui les joignait, et la branche qui regardait le Fort-Neuf, et de donner un assaut général.

Néanmoins, comme on se tenait alors sûr d'emporter la place, on résolut de ne faire jouer qu'à la dernière extrémité les fourneaux, qui, en ouvrant entièrement le rempart, auraient obligé à y faire de fort grandes réparations. On espéra qu'il suffirait que le canon élargît les brèches qu'il avait déjà faites aux deux faces et aux pointes des demi-bastions ; et c'est à quoi on travailla le vingt-neuvième.

La nuit du trentième, le sieur de Rubentel, lieutenant général de jour, fit monter sans bruit au haut de la brèche du demi-bastion gauche quelques grenadiers du régiment Dauphin pour épier la contenance des ennemis. Ces soldats ayant remarqué qu'ils n'étaient pas fort sur leurs gardes, et qu'ils s'étaient même retirés au-dedans de l'ouvrage, appelèrent quelques autres de leurs camarades qui, étant aussitôt montés, chargèrent avec de grands cris les assiégés, et s'emparèrent d'un retranchement qu'ils avaient commencé à la gorge du demi-bastion, où ils commencèrent à se retrancher eux-mêmes. Ceux des ennemis qui gardaient le demi-bastion de la droite, voyant les Français dans l'ouvrage, et craignant d'être coupés, cherchèrent, comme les autres, leur salut dans la fuite, et laissèrent les assiégeants entièrement maîtres de cette première enveloppe. Il restait encore deux autres ouvrages à peu près de même espèce, non moins difficiles à attaquer que les premiers, et qui avaient de grands fossés très-profonds et taillés dans le roc. Derrière tout cela, on trouvait le corps du château capable lui seul d'arrêter longtemps un ennemi, et de lui faire acheter bien cher les derniers pas qui lui resteraient à faire.

Mais le gouverneur, qui vit sa garnison intimidée tant par le feu continuel des bombes et du canon que par la valeur infatigable des assiégeants, reconnaissant d'ailleurs le peu de fond qu'il y avait à faire sur les vaines promesses de secours dont le prince d'Orange l'entretenait depuis un mois, ne songea plus qu'à faire sa composition à des conditions honorables, et demanda à capituler.

Le roi accorda sans peine toutes les marques d'honneur qu'on lui demanda : et, dès ce jour, une porte fut livrée à ses troupes.

Le lendemain, premier jour de juillet, la garnison sortit, partie par la brèche, qu'on accommoda exprès pour leur en faciliter la descente, partie par la porte vis-à-vis du Fort-Neuf. Elle était d'environ deux mille cinq cents hommes, en douze régiments d'infanterie, un de cavalerie, et quelques compagnies franches de dragons, lesquels, joints aux seize cents qui sortirent du Fort-Neuf, faisaient le reste des neuf mille deux cents hommes qui, comme j'ai dit, se trouvaient dans la place au commencement du siége. Ils prétendaient qu'ils en avaient perdu huit ou neuf cents par la désertion;

tout le reste avait péri par l'artillerie ou dans les attaques.

Quelques jours avant que les assiégés battissent la chamade, les confédérés étaient partis tout à coup de Sombreff; et, au lieu de faire un dernier effort, sinon pour sauver la place, du moins pour sauver leur réputation, ils avaient en quelque sorte tourné le dos à Namur, et étaient allés camper dans la plaine de Brunehault, la droite à Fleurus, et la gauche du côté de Frasne et de Liberchies. Pendant le séjour qu'ils y firent, le prince d'Orange ne s'était appliqué qu'à ruiner les environs de Charleroi; comme si dès lors il n'avait plus pensé qu'à empêcher le roi de passer à de nouvelles conquêtes.

Enfin, le soir du dernier jour de juin, ils apprirent par trois salves de l'armée du maréchal de Luxembourg et de celle du marquis de Boufflers, la triste nouvelle que Namur était rendu : ils en tombèrent dans une consternation qui les rendit comme immobiles durant plusieurs jours, jusque-là que le maréchal de Luxembourg s'étant mis en devoir de repasser la Sambre, ils ne songèrent ni à le troubler dans sa marche ni à le charger dans sa retraite. Il vint donc tranquillement se poster dans la plaine de Saint-Gérard, tant pour favoriser les réparations les plus pressantes de la place, et les remises d'artillerie, de munitions et de vivres qu'il y fallait jeter, que pour donner aux troupes fatiguées par des mouvements continuels, par le mauvais temps, et par une assez longue disette de toutes choses, les moyens de se rétablir.

Le roi employa les deux jours qui suivirent la reddition du château à donner tous les ordres nécessaires pour la sûreté d'une si importante conquête; il en visita tous les ouvrages, et en ordonna les réparations. Il alla trouver à Floreff le maréchal de Luxembourg, qu'il laissait avec une puissante armée dans les Bays-Bas, et lui expliqua ses intentions pour le reste de la campagne. Il détacha différents corps pour l'Allemagne, et pour assurer ses frontières de Flandre et de

Luxembourg. Il avait déjà quelque quarante escadrons dans le pays de Cologne, sous les ordres du marquis de Joyeuse, et il les y avait fait rester pendant tout le siége de Namur, tant pour faire payer les restes des contributions qui étaient dues que pour obliger les souverains de ce pays-là à y laisser aussi un corps de troupes considérable : ce qui diminuait d'autant l'armée du prince d'Orange.

Enfin, tous ses ordres étant donnés, il partit de son camp le troisième jour de juillet pour retourner, à petites journées, à Versailles ; d'autant plus satisfait de sa conquête que cette grande expédition était uniquement son ouvrage ; qu'il l'avait entreprise sur ses seules lumières, et exécutée, pour ainsi dire, par ses propres mains, à la vue de toutes les forces de ses ennemis ; que par l'étendue de sa prévoyance il avait rompu tous leurs desseins, et fait subsister ses armées ; et qu'en un mot, malgré tous les obstacles qu'on lui avait opposés, malgré la bizarrerie d'une saison qui lui avait été entièrement contraire, il avait emporté, en cinq semaines, une place que les plus grands capitaines de l'Europe avaient jugée imprenable : triomphant ainsi non-seulement de la force des remparts, de la difficulté des pays et de la résistance des hommes, mais encore des injures de l'air et de l'opiniâtreté, pour ainsi dire, des éléments.

On a parlé fort diversement dans l'Europe sur la conduite du prince d'Orange pendant ce siége ; et bien des gens ont voulu pénétrer les raisons qui l'ont empêché de donner bataille dans une occasion où il semblait devoir hasarder tout pour prévenir la prise d'une ville si importante, et dont la perte lui serait à jamais reprochée. On a même allégué des motifs qui ne lui font pas honneur. Mais, à juger sans passion d'un prince en qui l'on reconnaît de la valeur, on peut dire qu'il y a eu beaucoup de sagesse dans le parti qu'il a pris, l'expérience du passé lui ayant fait connaître combien il était inutile de s'opposer à un dessein que le roi conduisait lui-même : et il a jugé Namur perdu, dès qu'il a su qu'il l'assiégeait en personne. Et d'ailleurs, le voyant aux portes de Bruxelles avec deux formidables armées, il a cru qu'il ne devait point hasarder un combat dont la perte aurait entraîné la ruine des Pays-Bas, et peut-être sa propre ruine, par la dissolution d'une ligue qui lui a tant coûté de peine à former.

FIN DE LA RELATION DU SIÉGE DE NAMUR.

FRAGMENTS HISTORIQUES.

LE CARDINAL DE RICHELIEU.

Le cardinal de Richelieu se fit donner la commission de chef et surintendant de la marine, parce que le duc de Guise, comme gouverneur de la Provence, prétendait être amiral du Levant, et ne point céder à l'amiral dans la Méditerranée. Il y a même encore des ancres à la porte de l'hôtel de Guise. Le gouverneur de Bretagne a aussi des droits de naufrage, etc.; mais le cardinal de Richelieu avait ce gouvernement.

Il avait des traits de folie. Un jour Schomberg dit à Villeroi, au sortir de sa chambre : « Le cardinal voudrait pour 100,000 écus que nous ne l'eussions point vu ce matin. » Il s'était fort emporté.

M. le comte de Soissons ne voulait point aller voir le cardinal de Richelieu, parce que ce ministre, suivant l'usage de Rome, ne voulait point donner chez lui la main aux princes du sang. Enfin le comte fut obligé d'y aller.

LE CARDINAL MAZARIN.

Chavigny avait été l'ami intime du cardinal Mazarin, qui lui faisait bassement sa cour sous le ministère du cardinal de Richelieu. Puis il vit que Chavigny voulait partager la faveur avec lui, et il le trompa, lui faisant pourtant de grandes caresses. Chavigny fut averti par Senneterre que Mazarin le jouait, et, pour se venger, chercha à précipiter la reine dans des conseils violents qui fissent enfin chasser le cardinal. Il conseilla l'emprisonnement de Broussel, et en même temps il assistait à des conférences secrètes avec des frondeurs, chez Pierre Longuei.

Le cardinal Mazarin avait connu le Tellier en Piémont, et le mit à la place de des Noyers. Le Tellier devait donner 200,000 francs, et le roi 100,000. Des Noyers voulut un évêché pour sa démission, et mourut. Le Tellier eut les 100,000 écus.

Quand le cardinal Mazarin sortit de France, il demanda un homme de confiance à M. le Tellier, qui lui donna Colbert, en priant le cardinal que, quand il recevrait de lui des lettres secrètes, il ne les gardât point, mais les rendît à Colbert. Un jour le cardinal en voulut garder une, Colbert lui résista jusqu'à le mettre en colère : ensuite le cardinal le prit pour son intendant.

Siri, en cherchant les raisons pourquoi le cardinal abandonna le duc de Guise, dit que peut-être ce cardinal songeait à se faire roi de Naples. Cela est d'autant plus vraisemblable qu'il avait quelque pratique pour se faire roi de Sicile : témoin une lettre qu'un certain Antoine d'Aglié lui écrivait de Rome, le 1er juin 1648, qui lui mandait qu'on avait fort délibéré en Sicile de mettre la couronne de ce royaume sur la tête du prince Thomas, ou du connétable Colonne, mais que le cardinal avait été préféré à tout autre; que, sans partir de Paris, il n'avait qu'à envoyer une armée pour donner cœur au peuple et à la noblesse, et qu'on lui enverrait aussitôt des ambassadeurs pour le couronner; que, s'il ne voulait point quitter la France, il pourrait laisser en Sicile ou son frère, ou le cardinal Grimaldi, avec la qualité de vice-roi. L'auteur croit, pour lui, que le cardinal avait dessein d'envoyer à Naples M. le Prince, afin de l'éloigner de France, avec tous les petits-maîtres, et quantité d'autres gens capables de remuer. Cela est si vrai qu'après la disgrâce et l'emprisonnement du duc de Guise le cardinal envoya l'abbé Bentivoglio en Flandre, à l'armée de M. le Prince, un peu devant qu'il assiégeât Ypres, pour le tâter, non pas en traitant directement avec lui, mais avec Châtillon, la Moussaye, et les autres petits-maîtres, qui l'écoutèrent fort volontiers, se remplissant déjà l'esprit d'idées, l'un se flattant de se faire duc de Calabre, l'autre prince de Tarente. Le cardinal offrait à M. le Prince tous les régiments de Condé et de Conti, et de sa maison, avec une armée navale équipée aux dépens du roi. Mais les cabales commençaient déjà à éclore; et M. le Prince, se défiant et de la proposition et de celui qui la faisait, ne put se résoudre à quitter Paris et la cour.

Le même auteur dit que le cardinal était maître de toutes ses passions, excepté de l'avarice. (T. XII, p. 924).

Le cardinal de Sainte-Cécile, son frère, étant en mauvaise humeur contre lui, disait à tous les gens de la cour qui venaient lui recommander leurs intérêts que le moyen le plus sûr d'obtenir de son frère tout ce qu'on voulait, c'était de faire du bruit, parce que son frère était un coïon. Ces paroles ne tombèrent pas à terre, et bien des courtisans se résolurent dès lors de le prendre de hauteur avec le cardinal, et commencèrent à le menacer pour obtenir de lui ce qu'ils voulaient. Ce cardinal de Sainte-Cécile s'en alla à Rome au sortir de son gouvernement de Catalogne, plein de mauvaise volonté contre son frère, et résolu d'embrasser les intérêts des Espagnols, qui ne manquaient pas de leur côté de lui faire des offres avantageuses. Il mourut peu de jours après qu'il fut arrivé à Rome, où il tomba malade d'une grosse fièvre que lui avait causée la fatigue du chemin et les grandes chaleurs de l'automne.

Les secrets du cardinal Mazarin étaient souvent trahis et révélés aux ennemis par des domestiques infidèles et intéressés. Le cardinal fermait les yeux pour ne pas voir leurs friponneries; et c'était là la plus grande récompense dont il payait leurs services, comme il punissait leurs infidélités en ne les payant point de leurs gages. (T. XIII, p. 866.)

La raison pourquoi le cardinal différait tant à accorder les grâces qu'il avait promises, c'est qu'il était persuadé que l'espérance est bien plus capable de retenir les hommes dans le devoir que non pas la reconnaissance.

Il ne donna pas un sou au courrier qui apporta la nouvelle de la paix de Munster, et ne lui paya pas même son voyage, là où l'empereur donna un riche présent, et 1,000 écus de pension à celui qui la lui apporta. La reine de Suède fit noble son courrier. Servien était au désespoir de cette vilenie.

Le même Siri (t. XIII, p. 930) dit que ce cardinal avait l'artifice de trouver toujours quelque défaut aux plus belles actions des généraux d'armée, non pas tant pour les rendre plus vigilants à l'avenir, que pour diminuer leurs services et délivrer le roi de la nécessité de les récompenser. Il dit cela à l'occasion de la prise de Tortose par le maréchal de Schomberg.

Le cardinal Mazarin destinait à Turenne, s'il eût voulu se faire catholique, les plus grands emplois et les premières dignités du royaume, avec une de ses nièces. Mais Mlle de Bouillon, que la conversion de son frère aîné avait mortellement affligée, fit son possible pour traverser cette seconde conversion; et elle aurait mieux aimé voir Turenne sur un échafaud que devenu catholique.

Le cardinal Mazarin dit à Villeroi, quatre jours avant sa mort : « On fait bien des choses en cet état qu'on ne fait pas se portant bien. Celui qui a les finances peut toujours tromper quand il veut : on a beau tenir les registres. »

Le cardinal Mazarin avait recommandé au roi trois hommes : Colbert, Lescot, joaillier, et Rabaton, des bâtiments.

Deux jours avant sa mort, il vit M. le prince, M..., leur parla fort longtemps et fort affectueusement ; et ils reconnurent après qu'il ne leur avait pas dit un mot de vrai.

M. COLBERT.

M. Colbert disait qu'au commencement que le roi prit connaissance des affaires, ce prince lui dit et aux autres ministres : « Je vous avoue franchement que j'ai un fort grand penchant pour les plaisirs ; mais si vous vous apercevez qu'ils me fassent négliger mes affaires, je vous ordonne de m'en avertir. »

On prétend que M. Colbert est mort malcontent ; que le roi lui ayant écrit peu de jours avant sa mort, pour lui commander de manger et de prendre soin de lui, il ne dit pas un mot après qu'on lui eut lu cette lettre. On lui apporta un bouillon, là-dessus ; et il le refusa. Mme Colbert lui dit : « Ne voulez-vous pas répondre au roi ? » Il lui dit : « Il est bien temps de cela : c'est au Roi des rois qu'il faut que je songe à répondre. » Comme elle lui disait une autre fois quelque chose de cette nature, il lui dit : « Madame, quand j'étais dans ce cabinet à travailler pour les affaires du roi, ni vous ni les autres n'osiez y entrer ; et, maintenant qu'il faut que je travaille aux affaires de mon salut, vous ne me laissez point en repos. »

Le vicaire de Saint-Eustache dit à M. Colbert qu'il avertirait les paroissiens au prône de prier Dieu pour sa santé : « Non pas cela, dit M. Colbert, mais bien qu'ils prient Dieu de me faire miséricorde. »

Deux jours après sa mort, les bouchers de Paris et les marchands forains avaient abandonné Sceaux, et allaient à Poissy : lettre de cachet, puis arrêt du conseil, pour les obliger de retourner à Sceaux.

M. Mansard prétend qu'il y a trois ans que Colbert était à charge au roi pour les bâtiments ; jusque-là que le roi lui dit une fois : « Mansard, on me donne trop de dégoûts, je ne veux plus songer à bâtir. »

La dépense des bâtiments, en 1685, a monté à seize millions.

M. FOUQUET.

La reine mère savait qu'on arrêterait M. Fouquet. On l'avait dit à Laigues, pour le dire à Mme de Chevreuse, afin qu'elle y disposât la reine : ce qui se fit à Dampierre. Villeroi le sut aussi. Le roi voulait l'arrêter dans Vaux ; mais la reine lui dit : « Voulez-vous l'arrêter au milieu d'une fête qu'il vous donne ? »

Le roi, peu avant le jugement de M. Fouquet, dit à la reine, dans son oratoire, qu'il voulait qu'elle lui promît une chose qu'il lui demandait : c'était, si Fouquet était condamné, de ne lui point demander sa grâce. Le jour de l'arrêt, il dit chez Mlle de la Vallière : « S'il eût été condamné à mort, je l'aurais laissé mourir. »

Il dit aussi à Turenne, très-fortement, de ne plus se mêler de cette affaire.

M. DE TURENNE.

M. de Turenne espérait gagner à la disgrâce de Fouquet, et se flattait d'être chef du conseil des affaires étrangères, comme Villeroi des finances ; et, voyant qu'il n'en était rien, ne le pardonna jamais à M. le Tellier.

Un peu avant la guerre de Lille, on ôta à la charge de colonel général de la cavalerie légère la nomination de toutes les charges ; et Turenne n'osa souffler, de peur de dégoûter le roi de lui, et qu'on ne fît point la guerre. Un peu après la revue de Mouchi, le roi dit à Turenne : « On compte à Paris que voilà la soixantième revue. »

On pensa commencer la guerre dès le commencement de 1666, mais il n'y avait rien de prêt. Le roi en avait fort envie. Lorsqu'on la commença, l'artillerie n'était pas prête, et ce fut une des raisons qui fit qu'on s'arrêta à réparer Charleroi, où les Espagnols avaient laissé des demi-lunes entières. De là, le roi alla à Avesnes, où on fit venir la reine et Mme de Montespan. Feu Madame persuada à Mlle de la Vallière, qui était à Mouchi, de suivre la reine, et lui prêta un carrosse. M. l'amiral était de cette armée-là[1]. On aurait pu prendre Gand et Ypres; mais M. de Turenne eut peur d'attirer les Anglais et les Hollandais, et que la guerre ne finît. Il était haï de tout le monde, surtout des ministres, qu'il insultait tous les jours. M. le Tellier envoyait toujours demander à Humières où on allait camper. Il avait décrié tous les maréchaux dans l'esprit du roi, surtout le maréchal de Gramont, qui était au désespoir, et qui monta la tranchée à la tête des gardes. Il poussait Duras, et le favorisait en toutes rencontres. Il voulut faire attaquer le château de Tournai par Lauzun, déjà favori, quoique Humières fût de jour. Bellefonds était aussi fort favorisé du roi et de M. de Turenne. Bellefonds ne voulut point du gouvernement de Lille, pour ne pas quitter la cour; et Turenne le fit donner à Humières, qui se remit en grâce avec lui. Humières se plaignait aussi de Duras, à qui, au siége de Tournai, on avait donné une brigade fort bonne, qui était au quartier d'Humières, et qui ne voulut pas laisser aller la brigade de la Vallette, et les garda toutes deux.

Pradelle servait aussi de lieutenant général, brave homme, mais pas plus capable qu'il est aujourd'hui. Le roi l'aimait assez.

---

[1] Le duc de Beaufort.

Après la paix, Turenne eut bien du dessous. Il demanda quartier au comte de Gramont, qui l'accablait de plaisanteries. Un jour le roi pensa dire des rudesses là-dessus à ce comte, à ce que disait Turenne.

M. le Prince entend bien mieux les siéges que M. de Turenne.

Le marquis de Créqui ne parut que sur la fin de la campagne, à l'affaire de Marsin[1].

On ne fortifia point Alost, place importante, et qui avait coupé tous les Pays-Bas, parce qu'on avait trop peu de troupes pour en mettre dans tant de places.

M. de Turenne aurait bien voulu aller reconnaître Termonde avant que de l'attaquer; mais le roi voulait être partout. On y alla donc avec l'armée. On n'a jamais conçu l'état des places du Pays-Bas aussi pitoyable qu'il était, même à ce dernier voyage.

Si, avant la guerre de Flandre, on eût donné au roi Cambrai, ou même Bergues, il se serait peut-être contenté. Lionne, surtout, était au désespoir de la guerre.

La duchesse de Bouillon était aussi zélée catholique que Mlle de Bouillon, sa belle-sœur, était zélée huguenote. Celle-ci, extrêmement fière, ne pouvait digérer de voir sa maison dépouillée de la principauté de Sedan, et voulait toujours marcher d'égale avec les maisons souveraines. Aussi fut-elle une des principales causes de tous les partis que le duc de Bouillon et Turenne, son frère, prirent contre la cour.

La verita si era ancora que les deux frères Bouillon et Turenne, tous deux grands maîtres en fait de guerre, et le premier principalement, joignant aux qualités militaires celles de fin courtisan et de très-habile négociateur, avaient hérité *la torbidezza dell' animo* du père, chef de la faction huguenote : de sorte qu'ayant sucé tous deux avec le lait un

---

[1] Le 31 août 1667.

esprit de faction et d'ambition, il ne fallait pas grand art ni grande rhétorique pour les engager dans un parti d'où ils attendaient des avantages, comme *la riscossa di Sedano*, et beaucoup d'autres qu'ils espéraient pêcher en eau trouble.

MM. de Bouillon sont princes par brevet, mais ce brevet ne fut point enregistré, comme l'échange l'a été. Ce fut depuis ce brevet que M. de Turenne ne voulut plus prendre la qualité de maréchal de France; et ce fut Mlle de Bouillon, sa sœur, qui l'en détourna. Il ne se trouva plus aux assemblées des maréchaux, et envoyait même leur recommander les affaires pour lesquelles on le sollicitait. Les maréchaux furent sur le point de le citer, mais n'osèrent.

M. DE SCHOMBERG.

Son grand-père amena des troupes au service de Henri IV, lorsque le prince Casimir en amena; et M. de Schomberg prétend qu'il lui en est encore dû de l'argent.

Son père fut gouverneur de l'électeur palatin, depuis roi de Bohême; ce fut lui qui alla en Angleterre négocier le mariage avec la princesse Élisabeth.

Le roi d'Angleterre lui donna une pension de 10,000 écus, dont il fut payé toute sa vie.

Il eut beaucoup de part aux partis qui se formèrent en Bohême pour l'électeur, et mourut à trente-trois ans, avant que ce prince fût élu roi.

M. de Schomberg n'avait que sept ou huit mois à la mort de son père. Il dit que l'électeur voulut être son tuteur, et nomma quatre commissaires pour administrer son bien. Il prétend de grandes sommes de M. l'électeur palatin pour cette administration, dont on ne lui a pas rendu compte.

Il se trouva à seize ans à la bataille de Nortlingue, où le duc de Veymar fut défait. Il se trouva aussi à la fameuse retraite de Mayence; M. de Rantzau lui donna une compagnie d'infanterie dans son régiment. Il se trouva à la retraite de devant Dôle, sous le même M. de Rantzau. Il fut fait commandant dans Verdun-sur-Saône, avec un bataillon, et se trouva au secours de Saint-Jean-de-Lône, assiégé par Galas, la même année du siége de Dôle.

Hermenstein ayant été pris par les ennemis, le cardinal de Richelieu, piqué au vif de cette perte, donna ordre à M. de Rantzau de lever en Allemagne douze mille hommes. Rantzau fit cette levée fort lentement, s'amusa vers Hambourg, se maria à sa cousine, et se laissa enlever un quartier. Pour avoir sa revanche, il envoya Schomberg avec des troupes pour enlever un quartier des ennemis qui étaient dans Northausen. Il tomba sur une garde de dragons qui étaient hors de la place, et entra dedans pêle-mêle avec les fuyards. Il était alors major du régiment de cavalerie de Rantzau, et avait, outre cela, une compagnie franche de dragons. Vers ce temps-là, le cardinal de Richelieu, mécontent de Rantzau, le congédia.

Schomberg se maria; et, parce que l'empereur avait fait confisquer tous ses biens, il quitta le service de la France. Ennuyé d'être sans rien faire, il alla en Hollande, où le prince Henri-Frédéric lui donna une compagnie de cavalerie. M. de Turenne avait alors un régiment d'infanterie. Il entra dans la confidence du prince Guillaume, malgré l'aversion de la princesse douairière, fille du prince de Solms, que le père de Schomberg refusa d'épouser, et qui était venue en Hollande avec la reine de Bohême, dont elle était fille d'honneur. Le prince Guillaume lui communiqua son dessein sur Amsterdam, qui fut entrepris de concert avec la France et la Suède. Schomberg donnait avis de toutes choses à Servien. Ce fut lui qui arrêta dix ou douze membres des États, du nombre desquels était le père de Witt, et il les remit entre les mains du capitaine des gardes du prince.

Le prince de Galles, peu de temps après, avait résolu de faire une descente à Yarmont, et Schomberg devait le suivre. Le prince d'Orange avait proposé pour cela des troupes et des vaisseaux. Mais le prince de Galles n'osa exécuter ce dessein, de peur d'irriter le Parlement, qui tenait le roi prisonnier dans l'île de Wight. Le prince d'Orange, épuisé et par la dépense qu'il avait faite pour cette entreprise, et par l'argent qu'il envoyait souvent à la reine mère réfugiée à Paris, déclara au prince qu'il ne pouvait plus se mêler de ses affaires.

Le prince Guillaume mourut peu de temps après. Schomberg avait promis de mener des troupes en Écosse au service du roi d'Angleterre; mais ce prince, ayant perdu la bataille de Worcester, vint à Paris, où il conseilla à Schomberg, qu'on regardait comme Anglais, et dont la mère était Anglaise en effet, d'acheter la compagnie des gardes écossaises du comte de Grey. Schomberg en donna 20,000 francs, avec 600 écus de pension viagère à ce comte.

Au commencement des guerres civiles, le cardinal Mazarin l'envoya en Poitou avec trois régiments de cavalerie et quelques compagnies franches, pour dissiper les levées que le prince de Tarente assemblait dans cette province; de là, il vint au siège de Réthel, où M. de Turenne lui donna le commandement de l'infanterie, en l'absence des officiers généraux qui n'étaient pas encore arrivés.

Lorsque M. le Prince eut passé la Somme et vint jusqu'à Montdidier, Schomberg eut ordre d'aller se jeter dans Corbie, avec quatre cents chevaux, chacun un fantassin en croupe : ce qu'il fit, et passa pour cela derrière l'armée ennemie. Il eut quelque rencontre auprès d'Ancre.

Au secours d'Arras, il commandait la gendarmerie; ensuite le cardinal le choisit pour aller surprendre Gueldres, que Plettemberg promettait de livrer au roi. Schomberg avait ordre d'aller faire des levées en Westphalie, et de se venir jeter dans cette place. Mais Plettemberg, mal satisfait du cardinal, qui ne lui donnait pas assez d'argent, voulut livrer

Schomberg aux Espagnols. Schomberg échappa, alla faire ses levées, et les amena à Thionville.

L'archiduc s'étant plaint aux Hollandais de ce qu'une partie de ces levées s'était faite dans leur pays, les États cassèrent la compagnie de cavalerie que Schomberg avait à leur service, et qu'il avait toujours conservée jusqu'alors, comme Estrade a toujours conservé sa compagnie d'infanterie jusqu'à la dernière guerre.

Le cardinal lui avait donné une commission de lieutenant général pour cette expédition de Gueldres. Il servit en cette qualité au siége de Landrecies, puis au siége de Saint-Guillain, où il fut blessé; il eut le gouvernement de la place.

Il servit encore au siége de Valenciennes, en qualité de lieutenant général. Son fils aîné fut tué tout roide dans la tranchée, à sa vue, et comme il lui commandait de poser une fascine à un endroit découvert; il commanda qu'on l'emportât, et continua à donner ses ordres.

Il était de jour, lorsque M. le Prince attaqua les lignes; il pensa être prisonnier, et fit enfin sa retraite jusqu'au Quesnoy, avec un bon nombre de régiments, M. de Turenne n'ayant donné aucun ordre pour la retraite. M. le Prince vint se présenter à la vue du Quesnoy. M. de Turenne ne doutant point qu'il ne s'allât jeter sur Condé ou sur Saint-Guillain, mais plutôt sur Condé, Schomberg fut détaché avec six cents chevaux pour porter des sacs de farine dans ces deux places; ce qu'il exécuta à la vue de l'armée ennemie. Il revint dans Saint-Guillain. Après la prise de Condé, M. le Prince ne manqua pas d'assiéger Saint-Guillain; la place était dépourvue de tout, par la faute du cardinal Mazarin, qui se fiait à de mauvais avis que lui donnait Navarre, secrétaire à Bruxelles pour les affaires de la guerre, gagné par le cardinal.

Entre le peu de troupes qu'il y avait à Saint-Guillain, il y avait un régiment irlandais qui s'entendait avec le roi d'Angleterre, alors dans l'armée d'Espagne, et qui livra aux ennemis une redoute et une demi-lune.

L'année suivante, on assiégea Montmédy, contre l'intention des Anglais, qui voulaient qu'on fît des siéges sur la côte. De là, on prit Saint-Venant, puis Mardick. L'hiver, Schomberg eut ordre de se tenir dans Bourbourg. Il boucha deux fois le canal par où Marsin entreprit de faire passer des vivres dans Gravelines.

A la bataille des Dunes, il commandait la seconde ligne de l'aile gauche. Comme il vit que les Anglais de la première ligne étaient maltraités sur les dunes par les Espagnols, il vint prendre le second bataillon des Anglais dans la seconde ligne, et les mena au secours des autres, qui chassèrent et défirent les Espagnols.

Ensuite on assiégea Bergues, dont il eut le gouvernement; de là, il fut commandé pour les siéges d'Oudenarde et de Gravelines. Il employait volontiers Vauban dans tous les siéges, parce que le chevalier de Clerville n'allait point lui-même voir les travaux, et que Vauban se trouvait partout.

Après la défaite du prince de Ligne, Schomberg eut ordre de marcher vers Knoque, et d'investir Ypres. On lui avait promis que toutes les places qu'on prendrait de ce côté-là seraient de son gouvernement de Bergues. Cependant M. de Turenne fit donner Ypres à M. d'Humières, qui était dans ses bonnes grâces. Schomberg sut encore que M. de Turenne avait écrit à la cour pour faire que M. de Lillebonne commandât en qualité de capitaine général : ainsi, il n'aurait été que subalterne. Voilà les premiers mécontentements qu'il eut de M. de Turenne.

Durant qu'on traitait la paix aux Pyrénées, quelques Anglais de Dunkerque s'offrirent de lui donner les clefs d'une des portes de la ville, comme en effet ils les lui mirent entre les mains. Il en écrivit au cardinal qui rejeta cette affaire, de peur de se brouiller avec les Anglais, quoique Cromwell fût mort. Schomberg proposa la chose au roi d'Angleterre, qui n'y voulut point entendre, parce qu'il était alors d'accord avec Monck.

Prédictions de Campanella *sur la grandeur future du Dauphin*[1], *page* 489. — *Présages sur la même chose,* Grotius, *page* 485.

La constellation du Dauphin, composée de neuf étoiles, les neuf Muses, comme l'entendent les astrologues; environnée de l'Aigle, grand génie; du Pégase, puissant en cavalerie; du Sagittaire, infanterie; de l'Aquarius, puissance maritime; du Cygne, poëtes, historiens, orateurs, qui le chanteront. Le Dauphin touche l'équateur, justice. Né le dimanche, jour du soleil. *Ad solis instar, beaturus suo calore ac lumine Galliam Galliæque amicos. Jam nonam nutricem sugit : aufugiunt omnes quod mammas earum male tractet.* 1er janvier 1639[2].

VOYAGE DU ROI[3].

Sézanne. On y séjourna deux jours.

Vitry. Affection des habitants; feux de joie; lanternes à toutes les fenêtres. Ils arrachèrent de l'église, où le roi devait entendre la messe, la tombe d'un de leurs gouverneurs qui avait été dans le parti de la Ligue, de peur que le roi ne vit dans leur église le nom et l'épitaphe d'un rebelle.

Sermaise, vilain lieu. Le fauteuil du roi pouvait à peine tenir dans sa chambre.

Commercy. Le bruit de la cour, ce jour-là, était qu'on retournait à Paris.

---

[1] Depuis Louis XIV.

[2] « Le Dauphin, comme le soleil, par sa chaleur et sa lumière fera le » bonheur de la France et des amis de la France. Déjà il tette sa neu- » vième nourrice : elles le fuient toutes, parce qu'il maltraite leurs ma- » melles. »

[3] En 1678. Le roi partit de Saint-Germain-en-Laye le 7 février (*Note de Racine.*)

Toul. On séjourna un jour. Le roi fit le tour de la ville, visita les fortifications, et ordonna deux bastions du côté de la rivière.

Metz. On séjourna deux jours. Le maréchal de Créqui s'y rendit, et eut ordre de partir le lendemain. Quantité d'officiers eurent ordre de marcher vers Thionville. Le roi visita encore les fortifications, qu'il fit réparer. Grand zèle des habitants de Metz pour le roi.

Verdun. Le roi y trouva Monsieur qui avait une grosse fièvre. Il alla visiter la citadelle, où on travaille du côté de la prairie.

Stenay. Le roi y arriva avant la reine, et alla voir les fortifications de la citadelle, qui est assez bonne, mais un peu commandée par la hauteur. Le bas de la ville, c'est-à-dire le côté de la Meuse, est inondé. Le roi quitta la reine, et partit le matin à cheval. Il ne trouva point son dîner en chemin : il mangea sous une halle et but le plus mauvais vin du monde.

Aubigny, méchant village. Le roi coucha dans une ferme; il voulait aller le lendemain à Landrecies, mais tout le monde s'écria qu'il y avait trop loin. Il envoya les maréchaux des logis à Guise; il dîna le lendemain à une abbaye, et fit jaser un moine pour se divertir.

Guise. Grand nombre de charités que le roi faisait en chemin. A une lieue de Guise, une vieille femme demanda où était le roi; on le lui montra, elle dit : « Je vous ai déjà vu une fois, vous êtes bien changé. »

Le roi, approchant de Valenciennes, reçut la nouvelle que Gand était investi, et qu'il n'y avait dans la ville et dans le château que cent cinquante hommes d'infanterie et cinq cents chevaux. A une lieue de Valenciennes, le roi m'a montré sept villes tout d'une vue, qui sont maintenant à lui; il me dit : « Vous verrez Tournai, qui vaut bien que je hasarde quelque chose pour le conserver. »

Saint-Amand. Le roi, en arrivant, se trouva si las, qu'il ne pouvait se résoudre à monter jusqu'à sa chambre.

Gand, 4 mars. Le roi, en arrivant, à 11 heures du matin, trouva Gand investi par le maréchal d'Humières. Il dîna et alla donner les quartiers, et faire le tour de la place. Le quartier du roi était depuis le petit Escaut jusqu'au grand Escaut; M. de Luxembourg, depuis le grand Escaut jusqu'au canal du Sas-de-Gand; la Durne, petite rivière, passait au milieu de son quartier; M. de Schomberg, entre le canal du Sas-de-Gand et le canal de Bruges; M. de Lorge, entre le canal de Bruges et le petit Escaut; la Lys passait au travers de son quartier. M. le maréchal d'Humières était dans le quartier du roi. Les lignes de circonvallation étaient commencées, et le roi commanda qu'on les achevât; elles étaient de 7 lieues de tour. On travailla dès le soir à préparer la tranchée. M. de Maran fit faire un boyau, dont on s'est servi depuis, et qui a été l'attaque de la droite, qu'on a appelée *l'attaque de Navarre.* Le lendemain, 5 mars, la tranchée fut ouverte sur la gauche par le régiment des gardes, et fut conduite jusqu'auprès d'un fort.

Le roi a dit, après la prise de Gand, qu'il y avait plus de trois mois que le roi d'Angleterre avait mandé à Villa-Hermosa qu'il avait surtout à craindre pour Gand.

Misérable état des troupes espagnoles : ils se sont rendus faute de pain. Le gouverneur, vieil et barbu, ne dit au roi que ces paroles : « Je viens rendre Gand à Votre Majesté; c'est tout ce que j'ai à lui dire. »

Pendant que les armes du roi prospéraient en Allemagne, ses forces maritimes s'accroissaient considérablement, jusqu'à donner de l'inquiétude à ses alliés. Ils s'étaient moqués de tous les projets qu'on faisait en France pour se rendre puissants sur la mer, s'imaginant qu'on se rebuterait bientôt par les difficultés qui se rencontreraient dans l'exécution, et par les horribles dépenses qu'il fallait faire. Ils ne voyaient dans les ports que deux galères et une douzaine de vaisseaux de guerre, dont plus de la moitié tombait, pour ainsi dire, par pièces; les arsenaux et les magasins entièrement dégarnis, etc.

BONS MOTS DU ROI.

Le nonce lui dit que si le doge de Gênes et quatre des principaux sénateurs venaient, la république demeurerait sans chef pour la gouverner; il répondit : « Il n'est pas mal à propos qu'ils les envoient ici pour apprendre à gouverner mieux qu'ils ne font. »

L'évêque de Metz revenant, disait-il, d'un séminaire où il avait demeuré dix jours, parlait avec exagération du désintéressement de tous ces ecclésiastiques, qui ne faisaient aucun cas ni de bénéfices ni de richesses, et s'en moquaient même; le roi dit : « Ils s'en moquent? vous vous moquez donc bien d'eux? »

L'archevêque d'Embrun louait fort, au lever, la harangue de l'abbé Colbert. Le roi dit à M. de Maulevrier : « Promettez-moi de ne pas dire un mot à M. Colbert de tout ce que va dire l'archevêque d'Embrun ; » et ensuite il dit à l'archevêque : « Continuez tant qu'il vous plaira. »

Lorsque le chevalier de Lorraine fut obligé un jour de se retirer, il dit au roi, en prenant congé de lui, qu'il ne voulait plus songer qu'à son salut. Quand il fut sorti, le roi dit : « Le chevalier songe à faire une retraite, et emmène avec lui le père Nantouillet. »

Quand je lui eus récité mon discours, il me dit devant tout le monde : « Je vous louerais davantage si vous ne me louiez pas tant. »

En donnant l'agrément et la dispense d'âge à M. Chopin pour la charge de lieutenant criminel, le roi lui dit : « Je vous exhorte à suivre plutôt les maximes de vos ancêtres que les exemples de vos prédécesseurs. »

PATIENCE DU ROI.

Le roi se nettoyait les pieds; un valet de chambre qui tenait la bougie lui laissa tomber sur le pied de la cire toute brûlante; il dit froidement : « Tu aurais aussi bien fait de la laisser tomber à terre. »

A un autre valet de chambre, qui, en hiver, apporta la chemise toute froide, il dit encore, sans gronder : « Tu me la donneras brûlante à la canicule. »

Un portier du parc, qui avait été averti que le roi devait sortir par la porte où il était, ne s'y trouva pas, et se fit longtemps chercher. Comme il venait tout en courant, c'était à qui le gronderait et lui dirait des injures; le roi dit : « Pourquoi le grondez-vous? Croyez-vous qu'il ne soit pas assez affligé de m'avoir fait attendre? »

ANECDOTES.

Le Parlement complimenta, par députés, le roi Henri IV sur la mort de Mme Gabrielle. Le premier président de Harlay, rendant compte de sa députation, dit : *laqueus contritus est, et nos liberati sumus*[1].

Plusieurs choses extravagantes furent trouvées après la mort de Mézerai dans son inventaire; entre autres, dans un sac de 1,000 francs, ce billet : « C'est ici le dernier argent » que j'ai reçu du roi : aussi, depuis ce temps-là, n'ai-je » jamais dit du bien de lui. »

Dans un sac d'écus d'or, il y avait un écu d'or enveloppé seul dans un papier où était écrit : « Cet écu d'or est du

---

[1] « Le filet a été brisé, et nous avons été délivrés. » (Ps. CXXIII.)

» bon roi Louis XII, et je l'ai gardé pour louer une place » d'où je puisse voir pendre le plus fameux financier de » notre siècle. » On lui trouva plus de 50,000 francs en argent derrière des livres et de tous côtés. Il fit un cabaretier de la Chapelle son légataire universel.

M. Feuillet regardait Monsieur faire collation en carême. Monsieur, en sortant de table, lui montra un petit biscuit qu'il prit encore sur la table, en disant : « Cela n'est pas rompre le jeûne, n'est-il pas vrai? » M. Feuillet lui répondit : « Mangez un veau et soyez chrétien. »

Un officier espagnol, à qui Beauregard avait demandé quartier quand on fut repoussé de l'ouvrage à cornes de Mons, non-seulement le lui donna, mais le défendit, l'épée à la main, contre les Brandebourgeois qui le voulaient tuer, se fit blesser, lui, et l'ayant conduit dans la ville, mit une garde devant la maison. Cet officier sortit de Mons dans une litière, à cause du coup qu'il avait reçu dans cette dispute.

Le comte de la Motte, lieutenant général, ne voulut jamais quitter le service de M. le Prince; et, quand M. de Louvois lui fit entendre, pour le débaucher, qu'il pourrait même dans la suite être maréchal de France, il fit réponse que « d'être à M. le Prince, ce n'est pas un titre pour être maréchal de France. »

Au siége de Cambrai, Vauban n'était pas d'avis qu'on attaquât la demi-lune de la citadelle avant qu'il eût bien assuré cette attaque. Du Metz, brave homme, mais chaud et emporté, persuada au roi de ne pas différer davantage. Ce fut dans cette contestation que Vauban dit au roi : « Vous perdrez peut-être à cette attaque tel homme qui vaut mieux que la place. » Du Metz l'emporta, la demi-lune fut attaquée et prise; mais les ennemis y étant revenus avec un feu épouvantable, ils la reprirent; et le roi y perdit plus de quatre cents hommes et quarante officiers. Vauban, deux jours après, l'attaqua dans les formes, et s'en rendit maître, sans y perdre que trois hommes. Le roi lui promit qu'une autre fois il le laisserait faire.

C'était M. d'Espenan que M. le Prince et M. de Turenne firent gouverneur de Philisbourg, et qui, dans le temps même qu'ils lui déclaraient qu'ils l'avaient choisi pour cela, et qu'ils lui recommandaient de bien faire son devoir, les interrompait pour aller chasser une chèvre qui mangeait du chou sur un bastion.

En Hongrie, Coligni écrivait en cour tous les jeudis, et donnait ses lettres au courrier ordinaire de l'armée, pour les porter à Vienne. La Feuillade écrivait tous les samedis, et les faisait porter par un homme exprès ; il feignait de prévoir tout ce que les Turcs avaient fait depuis le jeudi jusqu'au samedi.

On prétend que M. de Lauzun avait une extrême passion d'avoir le régiment des gardes, mais qu'à cause du maréchal de Gramont, il eût bien voulu que le roi l'en eût pressé. On dit donc qu'il en parla à Mme de Montespan, et qu'ensuite il se cacha pour voir comme elle en parlerait au roi ; qu'ayant vu qu'elle s'était moquée de lui, il lui chanta pouille et la menaça.

Le roi reconnut, dans le régiment de Hautefeuille, un passe-volant qui était valet de chambre de M. de Hautefeuille. Il le reconnut à ses souliers, que son maître avait portés.

Le nonce Roberti disait : *Bisogna infarinarsi di teologia, e farsi un fondo di politica*[1].

Le même nonce disait à M. l'abbé le Tellier, depuis archevêque de Reims, qui lui soutenait l'autorité du concile au-dessus du pape : « Ou n'ayez qu'un bénéfice, ou croyez à l'autorité du pape. »

M. l'archevêque de Reims répondit à l'évêque d'Autun, qui lui montrait un beau buffet d'argent en lui disant qu'il était

---

[1] « Il faut s'enfariner de théologie, et se faire un fonds de politique. »

pour les pauvres : « Vous pouviez leur en épargner la façon. »

Quand il fut coadjuteur, sous le titre de Nazianze, les révérends pères.... lui vinrent demander sa protection ; il leur dit : « Je n'ai pas de pouvoir à Reims ; mais à Nazianze, tant que vous voudrez. »

On dit qu'à Strasbourg, quand le roi y fit son entrée, les députés des Suisses l'étant venu voir, l'archevêque de Reims, qui vit parmi eux l'évêque de Bâle, dit à son voisin : « C'est quelque misérable apparemment que cet évêque ? — Comment ? lui dit l'autre, il a 100,000 livres de rente. — Oh, oh ! dit l'archevêque, c'est donc un honnête homme ! » Et il lui fit mille caresses.

Milord Roussel, qui a eu depuis peu le cou coupé à Londres, en montant à l'échafaud, donna sa montre au ministre qui l'exhortait à la mort : « Tenez, dit-il, voilà qui sert à marquer le temps ; je vais compter par l'éternité. » Ce ministre était M. Burnet.

Dikfeld a avoué à un Danois, nommé M. Schell, que ce Grandval, qui fut exécuté en Hollande pour avoir voulu assassiner le prince d'Orange, avait déclaré en mourant que jamais le roi de France n'avait eu connaissance de son dessein ; et que s'étant même voulu adresser à M. de Louvois, celui-ci lui dit que si le roi savait qu'il eût une pareille pensée, il le ferait pendre.

En 1667, on effaça toutes les couleuvres ou serpents des ornements qui étaient au Louvre.

En 1672, le roi voulut que messieurs de Malte se déclarassent aussi contre les Hollandais ; ils dirent qu'ils ne se déclaraient jamais que contre le Turc. Néanmoins, l'ambassadeur demandait qu'on les comprît dans le traité qu'on pensa faire à Utrecht.

Alexandre VIII, n'étant encore que monsignor Ottobon, et ayant grande envie d'être cardinal, sans qu'il lui en coûtât rien, avait un jardin près duquel la dona Olympia[1] venait souvent. Il avait à la cour de cette dame un ami, par le moyen duquel il obtint d'elle qu'elle viendrait un jour faire collation dans son jardin. Il l'attendit en effet avec une collation fort propre, et un très-beau buffet tout aux armes d'Olympia. Elle s'aperçut bientôt de la chose, et compta déjà que le buffet était à elle : car c'était la mode de lui envoyer des fleurs ou des fruits dans des bassins de vermeil doré, qui lui demeuraient aussi. Au sortir de chez Ottobon, l'ami commun dit à ce prélat qu'Olympia était charmée, et qu'elle avait bien compris le dessein galant d'Ottobon. Celui-ci mena son ami dans son cabinet, et lui montra un très-beau fil de perles, en disant : *Ceci ira encore avec la credenze*, c'est-à-dire avec le buffet. Quinze jours après, il y eut une promotion dans laquelle Ottobon fut nommé; et il renvoya le fil de perles chez l'orfévre, avec la vaisselle, d'où il fit ôter les armes d'Olympia.

M. Pignatelli[2], maintenant pape, au retour de sa nonciature de Pologne, n'était guère mieux instruit des affaires de ce pays-là que s'il n'eût jamais sorti de Rome. Un jour qu'on parlait du siége de Belgrade, le pape Innocent X, qui avait fort à cœur la guerre du Turc, dit à M. Pignatelli qu'il vînt l'après-dînée l'entretenir sur le siége et la situation de Belgrade. Le bon prélat, fort embarrassé, se confia à un capitaine suisse de la garde du pape, qui avait servi quelques années en Hongrie. Ce capitaine fit ce qu'il put pour lui faire comprendre la situation de cette place; et lui ouvrant les deux doigts de la main, lui disait : *Eccovi la Sava, ecco il Danubio;* et dans la fourche des deux doigts, *ecco Belgrada.* Pignatelli s'en alla à l'audience, tenant ses deux doigts ouverts, et répétant la leçon du Suisse, mais sur le point d'entrer, il oublia lequel de ses deux doigts était la Save ou le

---

[1] Olympia Maldachini, belle-sœur d'Innocent X.
[2] Innocent XII.

Danube, et revint au Suisse lui redemander la position de ces deux rivières. Du reste, homme de grande piété, et aimant l'Église.

M. le cardinal de Bouillon n'a point marié M. de Bourbon parce qu'il prétendait se mettre à table à dîner avec MM. les princes du sang. On envoya au plus vite quérir M. l'évêque d'Orléans.

TAILLES.

En 1658, cinquante-six millions.
En 1678, quarante millions.
En 1679, trente-quatre millions.
En 1680, trente-deux millions.
En 1681, trente-cinq millions.
En 1685, trente-deux millions.

DÉPENSES EXTRAORDINAIRES.

Depuis l'année 1689 jusqu'au 10 octobre 1693, on a fait pour quatre cent soixante-dix millions d'affaires extraordinaires. Le clergé, entre autres, dans ces quatre années, a donné soixante-cinq millions.

Le roi avait cette année près de cent mille chevaux et quatre cent cinquante mille hommes de pied; c'était quarante mille chevaux de plus qu'il n'avait dans la guerre de Hollande.

M. de Feuquières avait parlé tout l'hiver à M. de Pomponne de l'avantage qu'on trouverait à porter le fort de la guerre en Allemagne; lorsqu'on fut arrivé au Quesnoi, et qu'on sut la prise de Heidelberg, ces discours furent remis sur le tapis. Le roi demanda à Chamlai un Mémoire où il expliquât les raisons pour la Flandre et pour l'Allemagne. Chamlai a avoué qu'il appuya un peu trop pour l'Allemagne. Ainsi, on résolut dès lors de pousser de ce côté-là ; et le détachement de Monseigneur fut résolu. On espérait en quelques négociations avec les princes d'Allemagne. Le roi apprit cette résolution à M. de Luxembourg près de Mons.

M. le maréchal de Lorges dit qu'il avait proposé tout l'hiver le siége de Mayence, l'estimant beaucoup plus important et plus aisé même que celui de Heidelberg.

Il prétend aussi que Monseigneur lui ayant demandé, en arrivant au-delà du Rhin, ce qu'il y avait à faire, il lui répondit qu'il fallait faire ce que César avait fait en Espagne contre les lieutenants de Pompée, c'est-à-dire faire périr l'armée de M. de Bade, en lui coupant les vivres et les fourrages. M. de Boufflers fut de son avis. M. de Choiseul dit : *Cela me passe.* La chose aurait pourtant pu être exécutée, mais les nouvelles d'Italie firent prendre d'autres résolutions. Il assure que les prisonniers ont dit que si on eût pris le parti de bloquer M. de Bade dans Hailbron, ce général avait résolu de commencer par égorger tous les chevaux de son armée.

CATHERINE DE MÉDICIS.

Catherine de Médicis était fille de Laurent de Médicis, duc d'Urbin, et de Magdeleine de la Tour, de la maison de Boulogne. Le pape Clément VII, son oncle, la dota, en la mariant, d'une somme de 100,000 écus comptant, et Magdeleine de la Tour déclara dans le contrat de mariage qu'elle lui donnait et substituait son droit de succession aux comtés d'Auvergne et de Lauraguais, baronnie de la Tour, et autres terres possédées alors par Anne de la Tour, sa sœur aînée, laquelle n'avait point d'enfants.

En effet, après la mort d'Anne de la Tour, Catherine,

comme unique héritière de la maison de Boulogne, entra en possession de toutes ses terres, en l'année 1559. Le roi Henri II, son mari, étant mort, le duché de Valois lui fut assigné. En 1582, elle détacha de ce duché la terre de la Ferté-Milon, et l'engagea à Mme de Sauve, depuis marquise de Noirmoutier, pour une somme de 10,000 écus d'or, que la reine Catherine lui avait accordée pour récompense de services. Le roi Henri III, son fils, continua depuis et la donation et l'engagement. Catherine mourut en 1589, et le roi Henri III lui survécut de huit ou neuf mois. Ainsi, ce prince a été ou a dû être son héritier. Il est vrai que Catherine fit don, par son testament, des comtés d'Auvergne et de Lauraguais à feu M. le duc d'Angoulême, qui en prit même alors le nom de comte d'Auvergne. Mais, en 1606, la fameuse reine Marguerite, restée seule des enfants, fit déclarer ce testament nul; et, en vertu de la donation par forme de substitution stipulée dans le contrat de mariage de Catherine, se fit adjuger par le parlement de Paris toutes les terres que la reine sa mère avait possédées, et aussitôt en fit présent au dauphin, qui depuis a été Louis XIII, père de Sa Majesté; de telle façon que ces comtés et cette baronnie ont été réunis à la couronne.

PIERRE DE MARCA.

Il fut nourri de lait de chèvre les quatre premiers mois. Il se maria, eut plusieurs enfants, et demeura veuf en 1632. Il était alors conseiller au conseil de Pau; et lorsqu'en 1640 Louis XIII érigea ce conseil en parlement, il fit Marca président.

On disait que le cardinal de Richelieu, dans le dessein de se faire patriarche en France, avait fait faire par M. Dupuy le livre des *Libertés de l'Église gallicane*. Il parut un livre intitulé *Optatus Gallus*, contre le livre de M. Dupuy. Marca répondit à ce livre par ordre du cardinal, et ce fut le sujet qui lui fit faire son livre *de Concordia sacerdotii et imperii*, l'an 1641. La même année, le roi le nomma à l'évêché de Couserans. On lui refusa assez longtemps ses bulles, à cause de ce livre, dont plusieurs endroits avaient choqué la cour de Rome. Après la mort d'Urbain VIII, Innocent X fit encore examiner ce livre, et apportait bien des longueurs aux bulles de Marca, qui, en ce temps-là même, fit un écrit pour expliquer son dessein sur la publication du livre *de Concordia*, etc., le soumettre à l'autorité et à la censure du saint-Siège, et prouver que les rois étaient les défenseurs et non pas les auteurs des canons ; que les libertés de l'Église gallicane consistaient dans la pratique des canons et des décrétales, et beaucoup d'autres choses peu avantageuses aux rois. Il envoya ce dernier livre à Innocent X, avec une lettre où il désavouait beaucoup de choses qu'il avait avancées dans le premier, demandait pardon des fautes où il était tombé, et déclarait qu'à l'avenir il soutiendrait de toute sa force les droits de l'Église : tout cela, comme il l'avouait lui-même dans une autre lettre, pour avoir ses bulles, qu'il eut en 1647. Il n'était que tonsuré ; il se fit ordonner prêtre après avoir reçu ses bulles à Barcelone, où autrefois saint Paulin fut ordonné prêtre, mais malgré lui.

Peu de temps après, il écrivit *de Singulari primatu Petri*, pour faire plaisir à Innocent X, ensuite une lettre sur l'autorité des papes envers les conciles généraux.

En 1644, il avait été fait visiteur général de la Catalogne, avec une juridiction sur les troupes, et avec le soin des finances. En 1651, il partit de Barcelone, et fit son entrée à Couserans. L'année d'après, il fut nommé à l'archevêché de Toulouse. Il écrivit fort humblement à Innocent X pour avoir ses bulles, et se comparait à un Exupère qui, ayant été, disait-il, président en Espagne, fut élevé par Innocent Ier à l'évêché de Toulouse. Sur quoi, Baluze remarque que son Mécénas (car c'est ainsi qu'il appelle toujours Marca) fit un mensonge de dessein formé pour chatouiller les oreilles du pape : car l'Exupère qui fut évêque de Toulouse n'était point l'Exupère qui exerça la magistrature en Espagne. Baluze rapporte qu'ayant appris qu'un auteur l'avait accusé de s'être trompé sur ce fait d'histoire, il riait de la simplicité de cet auteur, qui n'avait pas pris garde qu'il s'agissait d'avoir ses bulles, et qu'il fallait tromper le pape, qui ne lui était pas d'ailleurs fort favorable.

Le pape le soupçonnait fort mal à propos d'être janséniste, et ne lui envoyait point ses bulles; mais heureusement ce pape ayant publié alors sa constitution contre Jansénius, et Marca l'ayant reçue avec grande joie, on lui envoya ses bulles.

En 1656, il fut député à l'assemblée du clergé, où il soutint si vigoureusement les intérêts du saint-Siége, que le pape Alexandre VII l'en remercia par un bref. C'était lui qui écrivait toutes les lettres du clergé au pape.

Comme il avait honte d'être si longtemps absent de son diocèse, pour lever son scrupule, on le fit ministre d'État. Durant les conférences de la paix, il fut un des commissaires pour régler les limites des deux royaumes du côté des Pyrénées. Ses décisions furent suivies, c'est-à-dire que les comtés de Roussillon, de Conflans, le Capsir et le Val-de-Quérol, avec une grande partie de la Cerdagne, demeurèrent à la France. Après la mort du cardinal, le roi le mit dans son conseil de conscience, avec l'archevêque d'Auch, l'évêque de Rodez, et le P. Annat. Peu de temps après, il fit un traité de l'infaillibilité du pape, qui est son dernier ouvrage.

Le 25 février 1662, la duchesse de Retz apporta au roi la démission du cardinal de Retz pour l'archevêché de Paris, qu'il avait signée à Commercy, le 13 février. Le jour même, le roi appela Marca dans son cabinet et lui dit qu'il le faisait archevêque de Paris, et écrivit lui-même au pape pour avoir ses bulles. Marca tomba malade le 10 mai suivant, reçut, le 12 juin, des lettres de Rome qui l'assuraient de sa translation à l'archevêché de Paris, en témoigna une grande joie, et mourut le 28 juillet, laissant un fils, qui avait sa charge de premier président, et l'abbaye de Saint-Albin d'Angers. Marca mourut à soixante-deux ans, et fut enterré dans le chœur de Notre-Dame, au-dessous du trône archiépiscopal.

FRA-PAOLO.

Dans le premier volume des *Memorie recondite*, page 434, Siri charge Fra-Paolo de n'avoir pas été bon catholique. J'ai relu avec attention cet endroit de son histoire : sa narration m'a paru fort embarrassée; et de tout ce qu'il dit, je ne vois pas qu'on puisse tirer aucune démonstration contre la pureté de la foi de Fra-Paolo.

Il dit même deux choses qui semblent se contredire : l'une, ue Fra-Paolo, dans le cœur, était luthérien; l'autre, qu'il entretenait commerce avec des huguenots de France. Il avance le premier fait sur un simple ouï-dire. Il appuie le second sur des dépêches de M. Brulart, ambassadeur de France à Venise, qui sont dans la bibliothèque du Roi. Ces dépêches portent, dit Siri, que le nonce du pape en France, ayant surpris des lettres de Fra-Paolo à des huguenots, forma le dessein de le déférer à l'inquisition de Venise, afin qu'on lui fît son procès, et en même temps de donner avis de la chose au sénat, afin que la république connût de quel théologien elle se servait : car Fra-Paolo avait la qualité de théologien de la république. Mais le nonce ayant fait réflexion qu'étant ministre du pape, le sénat n'aurait pas grand égard à son témoignage, il s'adressa à M. Brulart pour le prier de se charger de la chose, et de se plaindre, tant au nom du roi son maître que pour l'intérêt de la religion, des cabales que Fra-Paolo faisait avec les calvinistes de France. M. Brulart, connaissant à quel point la république était prévenue pour Fra-Paolo, jugea à propos de ne point intenter cette accusation, qui, au lieu de perdre Fra-Paolo, ne servirait qu'à rendre sa personne et son mérite plus recommandables en ce pays-là. Du reste, M. Brulart savait, il y a longtemps, ce prétendu commerce, qui lui avait été révélé en France par un lieutenant de Laval nommé la Motte. Siri ajoute que cet ambassadeur, en arrivant à Venise, eut la curiosité de connaître un homme si fameux, et voulut lui rendre visite; mais que Fra-Paolo, qui était devenu fort circonspect, et se tenait sur ses gardes, fit dire à l'ambassadeur qu'étant théologien de la république, il ne lui était pas permis d'avoir commerce avec les ministres des princes sans permission de ses supérieurs, c'est-à-dire du sénat; que l'ambassadeur, sachant d'ailleurs que c'était un homme sans foi, sans religion, sans conscience, et qui ne croyait pas à l'immortalité de l'âme, ne se soucia pas trop de faire habitude avec lui; et que la chose en demeura là. Siri dit encore que l'ambassadeur avait apporté à Fra-Paolo des lettres de M. de Thou et de M. l'Échassier, avocat au Parlement, comme voulant insinuer que c'étaient des calvinistes; mais que Fra-Paolo, qui se croyait épié, ne leur fit point de réponse. Tout cela, ce me semble, ne prouve pas grand'chose contre Fra-Paolo. Il faudrait rapporter quelques-unes de ces lettres pour juger si elles étaient hérétiques. Un homme peut écrire à des huguenots sans être huguenot lui-même, d'autant plus que Siri, comme j'ai déjà remarqué, l'accuse d'avoir été de la confession d'Augsbourg. Siri aurait mieux fait, ou de bien prouver la chose, ou de ne pas noircir légèrement la mémoire d'un homme qui vaut infiniment mieux que lui, et qui, peut-être, avait plus de religion que Siri même. Je ne sais si ce n'est pas même faire quelque tort à la religion de dire qu'un homme si généralement estimé n'a point eu de religion. Les impies peuvent abuser de cet exemple.

DE WITT.

C'était sur le pensionnaire de Witt que roulait la principale conduite des affaires des États : homme zélé pour la république, et ennemi de la maison d'Orange, qu'il tenait le plus bas qu'il pouvait. Il avait hérité ces sentiments de son père, vieux magistrat de Dort, qu'on regardait autrefois comme le chef du parti opposé au prince Guillaume. Ce prince, jeune et entreprenant, fier de l'alliance du roi d'Angleterre, qui lui avait donné sa fille, regardait le titre de gouverneur et de capitaine général des États comme trop au-dessous de lui, et aspirait assez ouvertement à la monarchie. Il fit arrêter Witt dans son hôtel, à la Haye, et l'envoya prisonnier, avec cinq des principaux de ce parti, dans son château de Louvestein. En même temps, il marcha vers Amsterdam, qu'il avait fait investir, et ne manqua que de quelques heures la prise de cette grande ville. On peut dire, avec assez de certitude, qu'il n'y avait plus de république de Hollande, si la mort de ce prince, qu'on croit même avoir été avancée par quelque breuvage, n'eût interrompu tous ses desseins. Il laissa sa femme enceinte du prince qui vit aujourd'hui, dont elle accoucha deux mois après la mort de son mari. La Zélande et quelques autres provinces voulaient qu'il succédât à toutes les dignités de son père, mais la province de Hollande, où la faction de Witt était la plus forte, empêcha que cette bonne volonté n'eût aucun effet. La charge de gouverneur et capitaine général ne fut point remplie ; et les États s'emparèrent et de la nomination des magistrats, et de tous les autres priviléges attachés à cette charge. On prétend que le vieil Witt, avant que de mourir, ne cessait d'encourager son fils à l'abaissement de cette maison, dont il regardait l'élévation comme la ruine de la liberté, et qu'il répétait souvent ces paroles : « Souviens-toi, mon fils, de la prison de Louvestein. »

LES TURCS.

Saint Louis fut le premier qui traita et prit des sûretés pour le commerce avec le soudan d'Égypte, et fit établir des consuls à Alexandrie en Égypte, et à Tripoli de Syrie. Les Circassiens et les Mameluks étaient bien plus traitables et moins injustes que les Turcs. Depuis ce temps-là, les rois de France ont toujours eu un ambassadeur ou un agent à la Porte, et pour l'intérêt du commerce, et pour détourner les Turcs d'attaquer les terres de l'Église.

Tous les chrétiens d'Europe, que depuis saint Louis on a appelés Francs dans le Levant, y ont négocié sous la bannière de France. Les Ragusains sont les premiers qui s'en sont tirés, se prétendant sujets ou sous la protection du Grand Seigneur : les autres ont tâché successivement de faire leurs affaires à part.

Le roi Charles IX pria la Porte d'envoyer recommander en Pologne les intérêts du duc d'Anjou. Le premier balla y envoya un chiaoux pour recommander publiquement ce prince, et secrètement un grand seigneur polonais, au cas que la chose pût réussir; sinon, ordre à lui d'appuyer de tout son pouvoir le duc, et de menacer même de la guerre, si on élisait un Moscovite ou un Autrichien.

L'évêque de Noailles, ambassadeur à la Porte, écrivait ainsi à Monseigneur, car on appelait de la sorte le duc d'Anjou :

« Ramenez bientôt les Français voir les Palus-Méotides,
» d'où ils sortirent lorsqu'ils vinrent s'établir en Franconie,
» avant que de passer le Rhin. »

Cet évêque conseillait fortement à Charles IX de ne point faire de ligue avec les Espagnols et les Vénitiens contre le

Turc, mais bien plutôt d'entretenir avec lui bonne correspondance, afin de reprendre sur les Espagnols ce qu'ils avaient pris à la France.

Le duc d'Anjou avait eu dessein de se faire roi d'Alger, à quoi les Turcs ne voulurent point entendre; mais au lieu de cela, ils offraient à la France, si elle se voulait joindre à eux, de donner au duc tout ce qu'ils prendraient en Italie : et l'évêque d'Ax était de cet avis.

Les Turcs disaient que le duc d'Anjou ne voudrait jamais être leur tributaire : car ils appellent tribut les présents que l'empereur leur fait, et ceux que la Pologne leur faisait encore.

ALLEMAGNE.

La Transylvanie est divisée en sept comtés, sept villes et sept siéges. Les sept comtés sont les Saxons, qui se prétendent originaires de Saxe, et suivent les mêmes coutumes et les mêmes changements de religion; les sept villes sont les originaires du pays; les sept siéges sont les seclers, ainsi appelés de chek, qui, en langue du pays, signifie siége. Quelques uns les font mal à propos descendre des Siciliens qui vinrent en Hongrie avec un roi de Naples.

Le Grand Seigneur prétendait nommer lui seul à la principauté de Transylvanie; mais il renonça, par le traité de 1664, au droit qu'il prétendait avoir d'y nommer, et il fut dit que les États du pays nommeraient leur prince.

Soliman fut appelé en Hongrie par Jean Zapolia, qui s'était fait élire par les peuples, malgré les prétentions de Ferdinand, qui prétendait succéder au droit de Ladislas. Soliman vint en Hongrie, la conquit, et la rendit tout entière à Zapolia. Mais comme ce Zapolia était encore opprimé par l'empereur, Soliman vint, qui s'empara de toute la haute Hongrie, la retint pour lui, et investit Zapolia de la principauté de

Transylvanie, qui faisait partie du royaume de Hongrie, et qui était gouvernée par un vayvode qu'y mettaient les rois de Hongrie.

L'Allemagne, par la paix de Munster, a logé deux puissances formidables à ses deux extrémités : les Suédois dans la Poméranie, et les Français dans l'Alsace : dangereux voisins qui balancent, à la vérité, la maison d'Autriche, mais qui épuisent aussi la plupart des princes de l'Empire, par l'inquiétude que leur cause un voisinage si redoutable.

Dans toute la guerre d'Allemagne, la France et la Suède ont plus combattu l'Empire avec des soldats allemands qu'avec leurs propres soldats. Et du temps même de Charles-Quint, tout grand et puissant qu'il était, François Ier avait dans ses troupes tout autant d'Allemands qu'il voulait. Car, outre l'argent que la France peut répandre en abondance, les Allemands s'accommodent mieux avec les Français qu'avec les Espagnols.

Le titre d'excellence était inconnu en Allemagne avant l'assemblée de Munster, et les Allemands ne voulaient point l'introduire comme étranger, et qui sonnait mal dans leur langue. Mais comme ils virent que les étrangers se le donnaient les uns aux autres, ils souhaitèrent d'être traités comme eux, pour ne leur pas paraître inférieurs en rien. Les ambassadeurs de l'empereur le prirent, et eurent ordre de le donner à ceux des électeurs. Le seul électeur de Saxe défendit à ses ministres de le prendre, et leur ordonna de laisser aux étrangers leurs cérémonies. Les ministres des princes d'Allemagne non électeurs, jaloux de ce qu'on le donnait aux députés des électeurs, et non point à eux, évitaient avec soin de le donner à personne, et mirent au nombre de leurs griefs cette nouvelle coutume, comme contraire à l'usage de l'empire germanique.

STRASBOURG.

Un édit de Ferdinand II ordonne aux magistrats et aux habitants de Strasbourg, *senatui populoque argentinensi*, de restituer l'église cathédrale, et toutes les églises paroissiales qu'eux ou leurs pères ont usurpées sur les catholiques, et de restituer aussi tous les revenus, décimes, droits, priviléges, meubles, ornements, et généralement toutes choses appartenant légitimement à l'évêque ou aux ecclésiastiques, de rétablir les catholiques dans le droit de bourgeoisie, et tous leurs autres droits et honneurs. L'archiduc Léopold, fils de Ferdinand, était alors évêque de Strasbourg et de Passau. Il paraît, par cet édit, que, dans les premiers troubles d'Allemagne, causés par l'hérésie de Luther, ceux de Strasbourg, ayant de bonne heure embrassé la religion protestante, s'étaient emparés des églises et de la maison épiscopale, avaient ensuite privé les catholiques de tous droits de bourgeoisie, et usurpé tous les biens et revenus ecclésiastiques dans leur ville.

Par l'édit de pacification de Passau, en 1550, il était ordonné que les deux religions seraient librement exercées dans toutes les villes, tant libres qu'impériales, et que les protestants ne troubleraient et n'offenseraient en aucune sorte les catholiques. Il était même arrivé qu'en l'an 1529 et en l'an 1549, les catholiques à Strasbourg avaient commencé de se remettre en possession de ce qui leur appartenait. Mais depuis, sans avoir égard à l'édit de Passau, les protestants, en 1559 et 1561, s'emparèrent tout de nouveau de l'église et de la maison épiscopale, et de toutes les autres paroisses, y mettant des ministres de leur religion ; en un mot, défendirent absolument l'usage de la religion catholique, et exclurent tous les catholiques du droit de bourgeoisie et de l'entrée aux charges.

L'édit de Ferdinand est de 1627, au mois d'avril. L'auteur parle de grands troubles excités vers l'an 1600, entre les chanoines de Strasbourg, catholiques et protestants, pour l'église cathédrale, jusqu'à l'an 1604, qu'on fit une transaction par laquelle toutes choses demeuraient suspendues pour quinze ans. En 1620, cette transaction fut encore prolongée à Haguenau pour sept ans, lesquels étant expirés, le grand vicaire, le doyen et le chapitre de Strasbourg, en l'absence de l'archiduc leur évêque, présentèrent une requête à l'empereur, en conséquence de laquelle il leur fit intimer l'édit dont il est question.

VIENNE.

Comme le roi de Pologne fut monté à cheval pour aller secourir Vienne, la reine le regardait en pleurant, et embrassant un jeune fils qu'elle avait. Le roi lui dit : « Qu'avez-vous à pleurer, Madame? » Elle répondit : « Je pleure de ce que cet enfant n'est pas en état de vous suivre comme les autres. » Le roi s'adressant au nonce, lui dit : « Mandez au pape que vous m'avez vu à cheval, et que Vienne est secourue. »

Après la levée du siége, il a écrit au pape : « Je suis venu, j'ai vu, et Dieu a vaincu. » Il avait mandé à l'empereur, lorsqu'il était encore en chemin, qu'il n'y avait qu'à ne point craindre les Turcs, et aller à eux.

J'ai ouï dire à M. le Prince, aux premières nouvelles de ce siége, que si la tête n'avait point entièrement tourné aux Allemands, le plus grand bonheur pour l'empereur était que les Turcs eussent assiégé Vienne.

La première nouvelle de la levée du siége a été que les

Turcs avaient été battus. Le jour d'après, on a dit qu'ils s'étaient retirés.

Les cardinaux ont envoyé à l'empereur 100,000 écus, les dames romaines autant, et le pape deux fois autant.

Le roi, dès qu'il eut reçu la nouvelle du siége levé, l'envoya dire au nonce.

Le roi de Pologne joue tous les soirs à colin-maillard : on dit qu'on le fait jouer de peur qu'il ne s'endorme.

Insolence des bourgeois d'Anvers : à leur feu d'artifice, ils ont représenté le Grand Turc, un prince d'Europe, et le diable, ligués tous trois, qu'on a fait sauter, disent-ils, en l'air, avec l'applaudissement de tous les spectateurs.

POLOGNE.

Les Cosaques commencèrent à se soulever en 1648, un peu avant la mort du roi Ladislas.

Ce prince avait dessein de faire la guerre aux Tartares jusque dans leur pays, et voulait mettre à la tête de l'armée des Cosaques Kmielnischi. La république n'approuva point cette guerre, et le roi fut obligé de licencier, malgré lui, ses troupes : il en eut tant de dépit, qu'on prétend qu'il excita en secret Kmielnischi à faire révolter les Cosaques, afin d'obliger la république d'avoir, malgré elle, sur pied une armée, et de lui en donner le commandement, bien résolu de se joindre avec les Cosaques quand il serait proche d'eux, et de marcher non-seulement contre les Tartares, mais contre les Turcs. Kmielnischi, se voyant sans emploi, et de plus ayant été maltraité dans un grand procès qu'il avait eu pour des terres qui lui appartenaient, commença à cabaler parmi les Cosaques, à qui la paix était insupportable, et surtout au peuple de Russie, à cause des duretés et des vexations de la noblesse polonaise. Kmielnischi était fils d'un noble polonais, et dans sa jeunesse s'était enrôlé dans la milice cosaque, où il s'était distingué, et était monté à la charge de capitaine. Les Cosaques étaient des brigands sans loi et sans discipline, qui s'amassaient sur les frontières de Russie, pour faire des courses sur les Turcs, par la mer Noire. Étienne Bathori leur donna des lois pour s'en servir dans le besoin de la guerre, et pour garder les avenues de la Russie. Il les plaça dans les îles du Borysthène ; ce qui les a fait appeler Cosaques Zaporouschi. Kosa signifie chèvre, et Porohi, en langage esclavon, signifie écueils, à cause du grand nombre d'écueils qui sont dans le lit du Borysthène, et qui le séparent en plusieurs petits bras.

Le courrier de l'évêque de Marseille, M. de Forbin, qui apporta en France la nouvelle de l'élection de Sobieski pour roi de Pologne, alla descendre chez M. le Tellier, et fut renvoyé en Pologne avec une lettre du cardinal de Bonzy pour la reine. Ce cardinal lui mandait que, si le roi son mari voulait, on lui donnerait 100,000 écus pour nommer au cardinalat un sujet qui aurait tout l'appui qu'on pouvait désirer pour faire réussir cette nomination ; et ce sujet était M. l'archevêque de Reims.

Le roi de Pologne, Sobieski, ne songeait point à reconnaître le prince d'Orange pour roi d'Angleterre, n'ayant ni besoin de lui, ni affaire à lui. Un Polonais qui avait besoin en Hollande d'une recommandation auprès du prince d'Orange, donna 300 pistoles à un jésuite allemand qui était auprès du roi de Pologne ; et le roi se laissa gagner par ce jésuite.

Vesselini était d'abord chef des mécontents ; après lui Teleki, premier ministre de Transylvanie ; puis celui-ci s'étant tiré adroitement d'affaire, Tekeli prit sa place : homme de fort bonne maison, seigneur d'Huniade, et des descendants du fameux Huniade. Son père était chevalier de la Toison. Il était tout jeune quand on fit le procès à Nadasti et au comte de Sérim, et s'enfuit de Vienne pour se retirer en Transylvanie.

Le Grand Seigneur ne songeait rien moins qu'à la réduction des Cosaques, quand ils lui envoyèrent demander sa protection. Il était à la chasse à Larisse, vers la fin du siége de Candie. Ce fut le général Tétéra, chef des Cosaques, qui s'y en alla pour se venger des Polonais, qui avaient pris le parti de..., son secrétaire, révolté contre lui. Le Grand Seigneur leur donna un étendard pour marque qu'il les prenait en sa protection.

Vers le même temps, les Hongrois, irrités de la mort du comte de Sérim, envoyèrent aussi demander au Grand Seigneur sa protection.

L'empereur, pour ramener les mécontents, leur écrivait pour les exhorter à venir partager avec lui les grands butins qu'il faisait en France.

HOLLANDE.

Celui qui contribua le plus à séparer la Hollande des intérêts de la France, en 1648, ce fut un député de Hollande à Munster, nommé Knut. La France lui avait promis une pension de 2,000 écus en 1635, et il n'en toucha jamais que la première année. C'est ce qui l'irrita contre la France, dont il ruina les affaires autant qu'il put; et il goûta, dit Siri, la vengeance la plus douce qu'un particulier puisse goûter, qui est de se venger d'un grand prince qui l'a offensé.

On manqua aussi de payer à la princesse d'Orange quelques sommes promises à son mari, qui les lui avait cédées; et de là vint cette inimitié qu'elle eut toujours depuis contre la France.

La duchesse de Mantoue en usa de même, parce qu'on ne lui paya plus sa pension.

Ces sortes de manquements de parole que les rois font à

des particuliers leur sont quelquefois rendus avec de grosses usures.

Les Hollandais n'ont aucune religion, et ne connaissent de dieu que leur intérêt. Leurs propres écrivains confessent que dans le Japon, où l'on punit des plus cruels supplices tout ce qu'on y trouve de chrétiens, il suffit de se dire Hollandais pour être en sûreté; et lorsqu'ils approchaient des côtes de ce royaume, le premier soin de leurs capitaines de vaisseaux était de cacher jusqu'aux monnaies où la croix était empreinte.

La ville d'Amsterdam était celle qui avait le plus conspiré à faire un traité séparé avec l'Espagne, dans l'envie d'attirer à elle tout le commerce d'Espagne, durant la guerre entre les deux couronnes, et d'en priver les marchands français; et ce fut là le principal but des Hollandais.

Les priviléges dont les Hollandais jouissaient en France n'étaient fondés que sur les traités de confédération qu'ils avaient violés.

La haine qu'ils avaient contre les Portugais, et les hostilités même qui s'exerçaient de part et d'autre dans le Brésil, n'avaient pu faire résoudre les États à rompre ouvertement avec le Portugal, pour n'être pas privés du commerce de ce royaume, qui aurait passé en d'autres mains. En ce temps-là même, en 1648, ils apprirent la défaite entière de leurs troupes dans le Brésil.

Brasset, dans ce même temps, négocie à la Haye pour la paix entre le Portugal et les États. La compagnie des Indes, insolente dans la prospérité et basse dans l'adversité, demande la paix; mais les États croient qu'il y va de leur honneur.

La France avait intérêt à cette paix dans le Brésil, afin que les Portugais n'eussent plus d'ennemis que les Espagnols.

Les Hollandais, aussitôt après qu'ils eurent traité avec l'Espagne, envoyèrent des ministres dans les terres qui leur étaient cédées, et en firent chasser rigoureusement les ecclésiastiques, sans que les Espagnols osassent protéger le moins du monde les catholiques.

Brasset, après le traité des Hollandais avec l'Espagne, leur déclara, de la part de la reine, qu'elle ne pouvait plus observer le traité de marine fait avec eux en 1646, par lequel ils pouvaient porter sur leurs vaisseaux des blés et autres denrées aux Espagnols.

Ils auraient voulu que toute l'Europe fût en guerre lorsqu'ils se virent en paix avec l'Espagne, et quelques-uns d'entre eux n'osèrent accepter la commission de plénipotentiaires à Munster, de peur que, si la paix générale venait à se faire, ils n'en fussent blâmés par les États.

Le commandeur de Souvray arriva à la Haye le 19 septembre 1648, en qualité d'ambassadeur extraordinaire du grand maître de Malte, pour demander la restitution des commanderies usurpées par les Hollandais. Les États déclarèrent qu'ils ne reconnaissaient point le grand maître; et par conséquent qu'ils ne reconnaissaient point Souvray pour ambassadeur. Grand nombre de chevaliers voulaient qu'on s'emparât des vaisseaux hollandais qu'on trouverait dans la Méditerranée; mais les autres, plus modérés, furent d'avis de remettre à un autre temps à prendre leur résolution, pour ne pas s'engager dans une guerre dont ils ne sortiraient pas quand ils voudraient.

Charnacé fut le premier qui traita d'altesse le capitaine général des Provinces-Unies.

D'Avaux et la Thuillerie, étant à Venise, ne donnèrent jamais l'excellence aux ambassadeurs des États, quoiqu'ils leur donnassent la main chez eux.

Plainte des plénipotentiaires de France contre les demandes des Hollandais, qui voulaient qu'on les traitât de pair avec Venise.

PORTUGAL.

En 1500, les Portugais découvrirent le Brésil, distant de la Guinée d'environ 450 lieues. Péralverez Cabral, capitaine du roi de Portugal, en prit possession pour le roi son maître, sept ans après la découverte du nouveau monde par Christophe Colomb. Le pape, pour conserver la paix entre les couronnes de Castille et de Portugal, ordonna que chacune jouirait des terres qu'elle pourrait découvrir, en tirant une ligne d'un pôle à l'autre, qui les séparât des îles Açores et des îles du Cap-Vert, à la distance de 100 lieues.

Les Castillans se rendirent maîtres du Brésil lorsque le Portugal tomba sous la puissance de Philippe II, et tuèrent tout ce qui leur osa faire résistance.

Les Hollandais, vers l'an 1623, non contents de faire la guerre en Europe au roi d'Espagne, voulurent encore la lui faire dans le nouveau monde. Ils passèrent la ligne, et, étant abordés au Brésil, s'emparèrent de Fernambouc, du Récif, du cap de Saint-Augustin, en un mot, de toute la côte, depuis Siara jusqu'à la baie de Tous-les-Saints, qui demeura toujours aux Castillans. Cette conquête s'était faite aux dépens de quelques particuliers, et non point de l'État. Ces particuliers, voyant les grandes richesses qu'ils pouvaient tirer du Brésil, tant par le débit du sucre que par le débit du bois de Brésil, demandèrent aux États qu'il leur fût permis d'établir une compagnie, avec pouvoir de nommer des officiers de justice, guerre et marine, dans les Indes, pour trente ans; après quoi, tout ce pays qu'ils auraient conquis appartiendrait aux États, auxquels cependant la compagnie prêterait serment de fidélité. Cela fut approuvé : et ainsi fut établie la compagnie des Indes occidentales, en 1624. Elle composa un conseil de directeurs, au nombre de dix-neuf, entre lesquels ils mirent par honneur le prince d'Orange. Cette compagnie ne tarda guère à étendre ses conquêtes, et ils s'emparèrent de toute la côte qui est depuis la capitainerie de Siara jusqu'à la baie de Tous-les-Saints, c'est-à-dire de plus de 300 lieues de côtes. Ils établirent un conseil politique qui résidait au Récif, qui jugeait souverainement de toutes les affaires. Ils exigeaient de grands tributs des Portugais, leurs vassaux, qui travaillaient à faire le sucre, descendus de ces premiers Portugais qui découvrirent le Brésil; et, de crainte qu'ils ne se révoltassent contre eux, ils leur ôtèrent toutes les armes à feu.

En 1641, la baie de Tous-les-Saints suivit la révolution de Portugal : les Castillans en furent chassés, et on y reconnut dom Jean IV. Le gouverneur fit part de ce changement aux Hollandais dans le Récif, avec promesse de bien vivre avec eux. Les Hollandais furent bien aises de la perte que les Castillans faisaient, et cette même année ils firent un traité de trêve pour dix ans avec les Portugais; et la compagnie des Indes voulut que le Brésil fût compris dans ce traité. Dès qu'il fut signé, ils envoyèrent des vaisseaux dans le Brésil, qui, au lieu d'aller droit au Récif, pour y faire publier la trêve, allèrent en Guinée (mai 1642), et se saisirent d'Angola, de Loanda et de quelques autres places des Portugais. Ils crièrent contre cette mauvaise foi, et, voyant qu'on ne leur faisait point de justice, ils résolurent de s'en venger à la première occasion.

Le vice-roi de la baie de Tous-les-Saints commença à faire des pratiques parmi ceux de sa nation qui étaient au Récif, à Fernambouc, et aux autres places de la domination des Hollandais. Il gagna surtout Jean-Fernandez Viera, Portugais, qui, de simple garçon boucher s'étant mis au service des Hollandais, s'était extrêmement enrichi, et qui avait grand nombre d'esclaves sous lui, qu'il faisait travailler au sucre, dans plusieurs ingénions ou manufactures qui lui appartenaient. Cet homme, qui avait beaucoup d'esprit, conspira avec ceux de sa nation pour secouer le joug des Hollandais. Ils gardèrent longtemps ce dessein sans en rien faire paraître. Au contraire, ils flattaient plus que jamais les Hollandais par leur extrême soumission, s'endettant exprès envers eux de grosses sommes, achetant cher toutes les choses que les Hollandais leur vendaient, comme les viandes et l'eau-de-vie. Enfin ils firent si bien qu'ils persuadèrent aux Hollandais de leur donner des armes qu'ils achetaient bien cher, pour se défendre, disaient-ils, contre les Tapuyes et les Brésiliens, qui les haïssaient naturellement, parce qu'ils les avaient autrefois traités avec beaucoup de dureté. Les Hollandais se laissent endormir par leurs belles paroles, et surtout par les artifices de ce Viera, qui se rendait fort nécessaire à la compagnie par son intelligence dans le commerce, et par les grands services qu'il leur rendait.

Enfin toutes choses étant préparées, et les Portugais étant convenus du jour qu'ils devaient faire éclater leur conspiration, et assassiner les chefs du conseil, les Hollandais en eurent avis de plusieurs endroits, et envoyèrent des gardes pour arrêter Viera, qui, s'étant sauvé dans les bois, amassa autour de lui un grand nombre de Portugais, s'empara de quelques places qui n'étaient point en défense. Les Hollandais, qui ne s'attendaient point à cette révolte, et qui, au contraire, pour épargner de la dépense, avaient envoyé en Hollande la meilleure partie de leurs garnisons, avec les officiers et le comte de Nassau, se trouvèrent fort embarrassés. Ils envoyèrent à la baie se plaindre au vice-roi de la révolte de ceux de sa nation. Le vice-roi, feignant de la désapprouver, envoya un grand vaisseau, chargé de douze cents hommes, qui mirent pied à terre, et se joignirent aux révoltés. Le fort Saint-Augustin leur fut rendu pour de l'argent; ils prirent aussi Fernambouc, et il ne restait presque plus que le Récif, qu'ils assiégèrent. Les Hollandais, qui n'avaient que peu de vivres, envoyèrent porter ces tristes nouvelles à la Haye, et demander du secours.

Les États firent grand bruit, ne menaçant pas moins que d'exterminer le roi de Portugal. Le peuple de la Haye se voulut jeter sur l'ambassadeur de ce prince, et le prince d'Orange eut beaucoup de peine à le sauver de leurs mains. Les ministres de France voulurent s'entremettre d'accommodement, disant que les Hollandais et les Portugais ne devaient point rompre pour cela, mais imiter les Français et les Anglais, qui ne laissaient pas d'être en bonne intelligence en Europe, quoiqu'ils fussent presque toujours aux mains à Terre-Neuve en Amérique.

Les Hollandais envoient une flotte au Brésil, au commencement de 1646, sous la conduite de Baucher, amiral de Zélande, qu'ils déclarèrent amiral des mers du Brésil et d'Angola. Cette flotte ne fit pas grand'chose, quoiqu'elle fût de cinquante-deux vaisseaux. La plupart de ceux qui étaient dessus périrent de chaud ou de maladie sous la ligne, où ils furent retenus par un calme de six jours. Baucher, l'amiral, fut contremandé peu de temps après son arrivée; et les États, voyant que la compagnie était désormais trop faible pour soutenir cette grande guerre, entreprirent en même temps de la soutenir en leur nom et aux dépens du public.

Cependant l'ambassadeur de Portugal tâchait, à la Haye, par ses négociations, de les amuser et d'empêcher qu'une nouvelle flotte ne mît à la voile. Il faisait plusieurs offres, qui toutes furent refusées.

Cette guerre du Brésil fut une des principales raisons qui déterminèrent les États à faire leur paix avec l'Espagne. En effet, ils firent comprendre, dans leur traité avec les Espagnols, toutes les places que les Portugais avaient prises sur eux dans le Brésil, parmi les places qui appartenaient aux États.

La flotte partit, et les Hollandais assiégés dans le Récif, pour faire diversion, envoyèrent le colonel Scop s'emparer de Taparica, île à 3 lieues de la baie. Il s'y fortifia, et s'y défendit longtemps; mais enfin il fut obligé de l'abandonner, sur la fin de 1647, après y avoir perdu beaucoup de monde. La flotte portugaise arriva en ce même temps à la baie. La flotte de Hollande, forte de trente-deux vaisseaux et de quatre mille soldats, arrive au Récif le 18 mars 1648. Après s'être rafraîchis un mois, les Hollandais se mettent en campagne, au nombre de six mille hommes. Les Portugais révoltés, commandés par Jean Viera et André Vidal, les attendent de pied ferme, quoiqu'ils ne fussent que deux mille hommes. Le combat se donne le 19 avril; les Portugais gagnent la bataille avec un grand butin. Les Hollandais y perdent douze cents hommes; leur général Scop, autrement dit Sigismond, y est blessé d'un coup de mousquet à la cuisse. Les Portugais continuent à les tenir enfermés dans le Récif, étant maîtres de tous les forts qui étaient au-dessus et au-dessous. D'un autre côté, la flotte hollandaise, commandée par l'amiral Wittens, tenait la flotte portugaise enfermée dans le port de la baie; mais, vers le mois d'août, cette flotte trouve moyen de sortir à l'insu des Hollandais.

Sur la fin de la même année 1648, les Portugais reprennent Angola sur les Hollandais, le roi de Portugal feignant de désapprouver le gouverneur de la rivière de Janeiro, dans le Brésil, qui a fait cette entreprise dans un temps où l'on négociait un accommodement entre les deux nations pour les affaires du Brésil[1] : car, quelques sujets de plainte que les Hollandais eussent contre les Portugais, ils ne pouvaient pourtant se résoudre à une guerre ouverte, tant ils craignaient de perdre les avantages que leur rapportait leur commerce avec ce royaume. Surtout la province de Hollande insistait à ne point rompre avec le Portugal, et ne voulait point qu'on exerçât d'hostilités dans les ports de ce royaume, mais seu-

---

[1] Les Portugais gagnent encore une bataille en 1649, près de Fernambouc, où plus de deux mille Hollandais demeurent sur la place. *(Note de Racine.)*

lement en pleine mer. Mais enfin, les affaires n'ayant pu s'accommoder, et la trêve de dix ans expirant l'onzième juin 1651, l'ambassadeur de Portugal s'en retourne, et on se prépare à la guerre des deux côtés.

Néanmoins toute l'année 1652 et celle de 1653 se passent sans aucune hostilité en Europe, et sans aucune expédition considérable dans le Brésil. Enfin, au mois de janvier 1654, François Beretto, qui commandait les Portugais révoltés de Fernambouc, ayant reçu quelque petit renfort de la flotte de la compagnie de Lisbonne, qui vint mouiller auprès du Récif, attaque l'un après l'autre tous les forts qui étaient au-devant du Récif, attaque enfin le Récif même, qui lui est rendu avec toutes les places que les Hollandais occupaient sur les côtes du Brésil; et ils s'en retournent en Hollande avec les meubles et les autres choses que les Portugais leur avaient permis d'emporter, par la capitulation du 16 janvier 1654.

Voyez un Mémoire présenté au roi, de la part du roi de Portugal, en 1648, par un Français qui servait en Portugal.

L'état où était alors le Portugal est dépeint dans ce Mémoire, et surtout le grand besoin qu'ils avaient d'un secours de cavalerie.

« Le roi de Portugal, depuis les cinq dernières années, a
» fait une distraction de cinq ou six mille chevaux, et de
» quinze ou vingt mille hommes de pied, que les Espagnols
» auraient envoyés contre la France, et qui ont été occupés
» sur les frontières de Portugal. Il me souvient, dit celui
» qui présente le Mémoire, qu'en 1638, lorsque j'apportai au
» feu roi Louis XIII la nouvelle de l'intention des Portugais,
» il me commanda d'envoyer un homme exprès, pour les
» assurer que, s'ils voulaient s'aider eux-mêmes, et faire roi
» le duc de Bragance, la France leur enverrait cinq cents
» cavaliers bien montés et tout armés, mille autres avec
» selles, brides, armes, et pistolets, et dix ou douze mille
» fantassins. Sur cette parole, qui leur fut portée par Tillac,

» ils m'écrivirent, au commencement de novembre 1640,
» qu'ils étaient prêts à se déclarer, et qu'il était temps de
» faire souvenir le roi de sa promesse. Je mis cette lettre
» à Rueil, entre les mains de M. des Noyers, sur les
» 10 heures du soir. M. des Noyers la fit voir au cardinal-duc,
» qui le lendemain, de grand matin, la porta au roi à Saint-
» Germain, qui l'a toujours gardée depuis; et il commanda
» au cardinal d'assurer les Portugais de toute sorte de se-
» cours, quand il devrait engager la moitié de son royaume.
» Les Portugais ne manquèrent pas de se déclarer au bout
» d'un mois, c'est-à-dire au commencement de décembre;
» et le roi promit qu'il ne ferait jamais de traité avec les
» Espagnols que le Portugal n'y fût compris. »

Les Portugais, durant qu'on était assemblé à Munster, s'étaient bien gardés de presser les Espagnols avec toutes leurs forces, de peur qu'ils ne fissent leur traité avec la France, et qu'ils ne retombassent sur le Portugal.

Un peu avant que la reine de Portugal se séparât du roi son mari, elle avait oublié sous son chevet une longue lettre du comte de Schomberg, où était tout le projet de la révolution qui se devait faire. Elle se souvint de sa lettre à la messe, fit l'évanouie, et se fit reporter sur son lit, où elle retrouva sa lettre.

Toute l'affaire fut entreprise et conduite par le P. Lami, jésuite, son confesseur.

Un peu avant la séparation, elle avait écrit à Mme de Vendôme qu'elle était grosse. Celle-ci en montra la lettre à l'ambassadeur de Savoie, afin qu'il fît part de la bonne nouvelle en son pays.

On fait en Portugal des comtes pour la vie, quelquefois pour deux races, quelquefois pour tous les aînés. M. de Schomberg a été fait comte pour tous les aînés qui descendront de lui.

Trois François de Mello : le premier, celui qui perdit la bataille de Rocroi; le second qui, en 1661, fit le mariage du roi d'Angleterre, et qui fut ensuite assassiné ; le troisième, qui a été depuis en ambassade aussi en Angleterre. Ils n'étaient point parents : le premier, Portugais de grande maison ; les deux autres, de médiocre noblesse.

ANGLETERRE.

Il n'y a pas plus de cinquante millions d'argent en Angleterre, soit dans le commerce, soit dans les coffres des particuliers.

La France tire tous les ans quelque douze millions d'Angleterre, tant par les vins que par les toiles de Bretagne, etc.; et l'Angleterre ne tire pas de France plus de quatre millions.

La milice d'Angleterre, appelée Trainbands, peut faire quelque cent cinquante mille hommes. Chacun les paye à proportion de ses biens. Un homme qui a huit cents pièces de revenu entretient un cavalier, et ainsi du reste. Ces milices ne peuvent être assemblées et demeurer armées plus de six semaines, pour remédier aux invasions ou aux rébellions, et donner temps au roi d'assembler son Parlement. On en fait des revues quatre fois l'an.

FIN DES FRAGMENTS HISTORIQUES.

LE

BANQUET DE PLATON.

LETTRE DE RACINE

A BOILEAU,

En le chargeant de remettre la traduction du Banquet à l'abbesse de Fontevrault [1].

18 décembre [2]. . . .

Puisque vous allez demain à la cour, je vous prie d'y porter les papiers ci-joints : vous savez ce que c'est. J'avais eu dessein de faire, comme on me le demandait, des remarques sur les endroits qui me paraîtraient en avoir besoin ; mais comme il fallait les raisonner, ce qui aurait rendu l'ouvrage un peu long, je n'ai pas eu la résolution d'achever ce que j'avais commencé, et j'ai cru que j'aurais plus tôt fait d'entreprendre une traduction nouvelle [3]. J'ai traduit jusqu'au dis-

---

[1] Marie-Madeleine-Gabrielle de Rochechouart, abbesse de Fontevrault, sœur du maréchal de Vivonne et de Mme de Montespan, ayant traduit le *Banquet de Platon*, avait envoyé sa traduction à Racine, en lui demandant ses conseils. Racine avait préféré faire une traduction nouvelle ; mais il interrompit bientôt ce travail.

[2] On ignore la date précise de cette lettre ; on suppose qu'elle a été écrite entre 1678 et 1686.

[3] Peut-être est-il permis de supposer que cette traduction, que Racine appelle ici une traduction nouvelle, est une œuvre de sa jeunesse. L. Racine, dans ses Mémoires sur la vie de son père, nous apprend que Jean Racine avait traduit le commencement du *Banquet de Platon*, soit à Port-Royal, soit pendant son séjour à Uzès, alors qu'il étudiait la théologie sous la direction de son oncle.

cours du médecin exclusivement. Il dit, à la vérité, de très-belles choses, mais il ne les explique point assez; et notre siècle, qui n'est pas si philosophe que celui de Platon, demanderait que l'on mît ces mêmes choses dans un plus grand jour. Quoi qu'il en soit, mon essai suffira pour montrer à Mme de Fontevrault que j'avais à cœur de lui obéir. Il est vrai que le mois où nous sommes[1] m'a fait souvenir de l'ancienne fête des Saturnales, pendant laquelle les serviteurs prenaient avec leurs maîtres des libertés qu'ils n'auraient pas prises dans un autre moment. Ma conduite ne ressemble pas trop mal à celle-là : je me mets sans façon à côté de Mme de Fontevrault, je prends des airs de maître; je m'accommode sans scrupules de ses termes et de ses phrases; je les rejette quand bon me semble. Mais, Monsieur, la fête ne durera pas toujours, les Saturnales passeront; et l'illustre dame reprendra sur son serviteur l'autorité qui lui est acquise. J'y aurai peu de mérite en tout sens : car il faut convenir que son style est admirable; il a une douceur que nous autres hommes n'attrapons point; et si j'avais continué à refondre son ouvrage, vraisemblablement je l'aurais gâté. Elle a traduit le discours d'Alcibiade, par où finit le *Banquet de Platon*; elle l'a rectifié, je l'avoue, par un choix d'expressions fines et délicates, qui sauvent en partie la grossièreté des idées; mais avec tout cela je crois que le mieux est de le supprimer : outre qu'il est scandaleux, il est inutile; car ce sont les louanges non de l'amour dont il s'agit dans ce dialogue, mais de Socrate, qui n'y est introduit que comme un des interlocuteurs. Voilà, Monsieur, le canevas de ce que je vous supplie de vouloir dire pour moi à Mme de Fontevrault. Assurez-la qu'enrhumé au point où

---

[1] Le mois de décembre.

je le suis depuis trois semaines, je suis au désespoir de ne point aller moi-même lui rendre ses papiers; et si par hasard elle demande que j'achève de traduire l'ouvrage, n'oubliez rien pour me délivrer de cette corvée. Adieu, bon voyage; et donnez-moi de vos nouvelles dès que vous serez de retour.

RACINE.

LE BANQUET DE PLATON.

APOLLODORE, L'AMI D'APOLLODORE, GLAUCON, ARISTODÈME, SOCRATE, AGATHON, PHÈDRE, PAUSANIAS, ÉRYXIMAQUE, ARISTOPHANE, ALCIBIADE.

APOLLODORE.

Je crois que je n'aurai pas de peine à vous faire le récit que vous me demandez; car hier, comme je revenais de ma maison de Phalère, un homme de ma connaissance, qui venait derrière moi, m'aperçut, et m'appela de loin. « Hé quoi! s'écria-t-il en badinant, Apollodore ne veut pas m'attendre? » Je m'arrêtai, et je l'attendis.

« — Je vous ai cherché longtemps, me dit-il, pour vous demander ce qui s'était passé chez Agathon le jour que Socrate et Alcibiade y soupèrent. On dit que toute la conversation roula sur l'amour, et je mourais d'envie d'entendre ce qui s'était dit de part et d'autre sur cette matière. J'en ai bien su quelque chose par le moyen d'un homme à qui Phénix avait raconté une partie de leur discours; mais cet homme ne me disait rien de certain : il m'apprit seulement que vous saviez le détail de cet entretien; contez-le-moi donc, je vous prie : aussi bien, à qui peut-on mieux s'adresser qu'à vous pour entendre le discours de votre ami? Mais dites-moi, avant toutes choses, si vous étiez présent à cette conversation.

— Il paraît bien, lui répondis-je, que votre homme ne vous a rien dit de certain, puisque vous parlez de cette conversation comme d'une chose arrivée depuis peu, et comme si j'avais pu y être présent.

— Je le croyais, me dit-il.

— Comment, lui dis-je, Glaucon, ne savez-vous pas qu'il y a plusieurs années qu'Agathon n'a mis le pied dans Athènes? Pour moi, il n'y a pas encore trois ans que je fréquente Socrate, et que je m'attache à étudier toutes ses paroles, toutes ses actions. Avant ce temps-là, j'errais de côté et d'autre; et croyant mener une vie raisonnable, j'étais le plus malheureux de tous les hommes. Je m'imaginais alors, comme vous faites maintenant, qu'un honnête homme devait songer à toute autre chose qu'à ce qui s'appelle philosophie.

— Ne m'insultez point, répliqua-t-il ; dites-moi plutôt quand se tint la conversation dont il s'agit.

— Nous étions bien jeunes, vous et moi, lui dis-je; ce fut dans le temps qu'Agathon remporta le prix de sa première tragédie; tout se passa chez lui, le lendemain du sacrifice qu'il avait fait avec ses acteurs pour rendre grâce aux dieux du prix qu'il avait gagné.

— Vous parlez de loin, me dit-il; mais de qui savez-vous ce qui fut dit dans cette assemblée? Est-ce de Socrate?

— Non, lui dis-je; je tiens ce que j'en sais de celui-là même qui l'a conté à Phénix, je veux dire d'Aristodème, du bourg de Cydathène, ce petit homme qui va toujours nu-pieds. Il se trouva lui-même chez Agathon. C'était alors un des hommes qui étaient le plus attachés à Socrate. J'ai quelquefois interrogé Socrate sur les choses que cet Aristodème m'avait récitées, et Socrate avouait qu'il m'avait dit la vérité.

— Que tardez-vous donc, me dit Glaucon, que vous ne

me fassiez ce récit? Pouvons-nous mieux employer le chemin qui nous reste d'ici à Athènes? »

Je le contentai, et nous discourûmes de ces choses le long du chemin. C'est ce qui fait que, comme je vous disais tout à l'heure, j'en ai encore la mémoire fraîche; et il ne tiendra qu'à vous de les entendre : aussi bien, outre le profit que je trouve à parler ou à entendre parler de philosophie, c'est qu'il n'y a rien au monde où je prenne tant de plaisir, tout au contraire des autres discours. Je me meurs d'ennui quand je vous entends, vous autres riches, parler de vos intérêts et de vos affaires; je déplore en moi-même l'aveuglement où vous êtes : vous croyez faire merveilles, et vous ne faites rien d'utile. Peut-être vous, de votre côté, vous me plaignez et me regardez en pitié. Peut-être même avez-vous raison de penser cela de moi; et moi, non-seulement je pense que vous êtes à plaindre, mais je suis très-convaincu que j'ai raison de le penser.

L'AMI D'APOLLODORE.

Vous êtes toujours le même, cher Apollodore; vous ne cessez point de dire du mal de vous et de tous les autres. Vous êtes persuadé qu'à commencer par vous, tous les hommes, excepté Socrate, sont des misérables. Je ne sais pas pour quel sujet on vous a donné le nom de *furieux*; mais je sais bien qu'il y a quelque chose de cela dans tous vos discours. Vous êtes toujours en fureur contre vous et contre tout le reste des hommes, excepté contre Socrate.

APOLLODORE.

Il vous semble donc qu'il faut être un furieux et un insensé pour parler ainsi de moi et de tous tant que vous êtes?

L'AMI D'APOLLODORE.

Une autre fois nous traiterons cette question. Souvenez-vous maintenant de votre promesse, et redites-nous les discours qui furent tenus chez Agathon.

APOLLODORE.

Les voici ; ou plutôt il vaut mieux vous faire cette narration de la même manière qu'Aristodème me l'a faite :

« Je rencontrai Socrate, me disait-il, qui sortait du bain, et qui était chaussé plus proprement qu'à son ordinaire. Je lui demandai où il allait si propre et si beau : « Je vais
» souper chez Agathon, me répondit-il. J'évitai de me trou-
» ver hier à la fête de son sacrifice, parce que je craignais
» la foule ; mais je lui promis en récompense que je serais
» du lendemain, qui est aujourd'hui. Voilà pourquoi vous
» me voyez si paré. Je me suis fait beau pour aller chez un
» beau garçon. Mais vous, Aristodème, seriez-vous d'hu-
» meur à venir aussi, quoique vous ne soyez point prié?
» — Je ferai, lui dis-je, ce que vous voudrez.
» — Venez, dit-il, et montrons, quoi qu'en dise le proverbe,
» qu'un galant homme peut aller souper chez un galant
» homme sans en être prié. J'accuserais volontiers Homère
» d'avoir péché contre ce proverbe, lorsque, après nous
» avoir représenté Agamemnon comme un grand homme
» de guerre, et Ménélas comme un médiocre guerrier, il
» feint que Ménélas vient au festin d'Agamemnon sans être
» invité, c'est-à-dire qu'il fait venir un homme de peu de
» valeur chez un brave homme qui ne l'attend pas[1].
» — J'ai bien peur, dis-je à Socrate, que je ne sois le
» Ménélas du festin où vous allez. C'est à vous de voir
» comment vous vous défendrez : car, pour moi, je dirai
» franchement que c'est vous qui m'avez prié.
» — Nous sommes deux, répondit Socrate, et nous étu-
» dierons en chemin ce que nous aurons à dire. Allons
» seulement. »

« Nous allâmes vers le logis d'Agathon, en nous entretenant de la sorte. Mais à peine eûmes-nous avancé quelques

---

[1] *Iliade*, ch. II.

pas, que Socrate devint tout pensif, et demeura en la même place sans bouger. Je m'arrêtai pour l'attendre; mais il me dit d'aller toujours devant, et qu'il me suivrait. Je trouvai la porte ouverte; et il m'arriva même une assez plaisante aventure. Un esclave d'Agathon me mena sur-le-champ dans la salle où était la compagnie, qui était déjà à table, et qui attendait que l'on servît. Agathon s'écria en me voyant :

« O Aristodème, soyez le bienvenu si vous venez pour
» souper! Que si c'est pour affaires, je vous prie, remettons
» les affaires à un autre jour. Je vous cherchai hier partout
» pour vous prier d'être des nôtres. Mais que fait Socrate? »

« Alors je me retournai, croyant certainement que Socrate me suivait. Je fus bien surpris de ne voir personne. Je dis que j'étais venu avec lui, et qu'il m'avait même invité.

« Vous avez bien fait de venir, reprit Agathon; mais où
» est-il?

» — Il marchait sur mes pas, lui répondis-je, et je ne
» conçois point ce qu'il peut être devenu.

» — Petit garçon, dit Agathon, courez vite voir où est So-
» crate; dites-lui que nous l'attendons. Et vous, Aristodème,
» placez-vous à côté d'Éryximaque. »

« Un esclave eut ordre de me laver les pieds; et cependant celui qui était sorti revint annoncer qu'il avait trouvé Socrate sur la porte de la maison voisine, mais qu'il n'avait point voulu venir, quelque chose qu'on lui eût pu dire.

« Vous me dites là une chose étrange, dit Agathon. Re-
» tournez, et ne le quittez point qu'il ne soit entré.

» — Non, non, dis-je alors, ne le détournez point : il lui
» arrive assez souvent de s'arrêter ainsi, en quelque endroit
» qu'il se trouve. Vous le verrez bientôt, si je ne me trompe :
» il n'y a qu'à le laisser faire.

» — Puisque c'est là votre avis, dit Agathon, je m'y rends.

» Et vous, mes enfants, apportez-nous donc à manger :
» donnez-nous ce que vous avez ; on vous abandonne l'or-
» donnance du repas, c'est un soin que je n'ai jamais pris ; ne
» regardez ici votre maître que comme s'il était du nombre
» des conviés. Faites tout de votre mieux, et tirez-vous-en à
» votre honneur. »

« On servit. Nous commençâmes à souper, et Socrate ne venait point. Agathon perdait patience, et voulait à tout moment qu'on l'appelât ; mais j'empêchais toujours qu'on ne le fît. Enfin, il entra comme on avait à moitié soupé. Agathon, qui était seul sur un lit au bout de la table, le pria de se mettre auprès de lui.

« Venez, dit-il, Socrate, venez, que je m'approche de
» vous le plus que je pourrai, pour tâcher d'avoir ma part
» des sages pensées que vous venez de trouver ici près : car
» je m'assure que vous avez trouvé ce que vous cherchiez :
» autrement vous y seriez encore. »

« Quand Socrate se fut assis, « Plût à Dieu, dit-il, que la
» sagesse, bel Agathon, fût quelque chose qui se pût verser
» d'un esprit dans un autre, comme l'eau se verse d'un
» vaisseau plein dans un vaisseau vide ! Ce serait à moi de
» m'estimer heureux d'être auprès de vous, dans l'espérance
» que je pourrais me remplir de l'excellente sagesse dont
» vous êtes plein : car pour la mienne, c'est une espèce de
» sagesse bien obscure et bien douteuse ; ce n'est qu'un
» songe : la vôtre, au contraire, est une sagesse magnifique,
» et qui brille aux yeux de tout le monde ; témoin la gloire
» que vous avez acquise à votre âge, et les applaudissements
» de plus de trente mille Grecs, qui ont été depuis peu les
» admirateurs de votre sagesse.

» — Vous êtes toujours moqueur, reprit Agathon, et vous
» n'épargnez point vos meilleurs amis. Nous examinerons
» tantôt quelle est la meilleure, de votre sagesse ou de la
» mienne ; et Bacchus sera notre juge : présentement ne
» songez qu'à souper. »

« Pendant que Socrate soupait, les autres conviés achevèrent de manger. On en vint aux libations ordinaires, on chanta un hymne en l'honneur du dieu Bacchus ; et, après toutes ces petites cérémonies, on parla de boire. Pausanias prit la parole :

« Voyons, nous dit-il, comment nous trouverons le secret
» de nous réjouir. Pour moi, je déclare que je suis encore
» incommodé de la débauche d'hier ; je voudrais bien qu'on
» m'épargnât aujourd'hui. Je ne doute pas que plusieurs de
» la compagnie, surtout ceux qui étaient du festin d'hier,
» ne demandent grâce aussi bien que moi. Voyons de quelle
» manière nous passerons gaiement la nuit.

» — Vous me faites plaisir, dit Aristophane, de vouloir
» que nous nous ménagions : car je suis un de ceux qui se
» sont le moins épargnés la nuit passée.

» — Que je vous aime de cette humeur ! dit le médecin
» Éryximaque. Il reste à savoir dans quelle intention se
» trouve Agathon.

» — Tant mieux pour moi, dit Agathon, si vous autres
» braves vous êtes rendus ; tant mieux pour Phèdre et pour
» les autres petits buveurs, qui ne sont pas plus vaillants
» que nous. Je ne parle pas de Socrate, il est toujours prêt
» à faire ce qu'on veut.

» — Mais, reprit Éryximaque, puisque vous êtes d'avis de
» ne point pousser la débauche, j'en serai moins importun si
» je vous remontre le danger qu'il y a de s'enivrer. C'est
» un dogme constant dans la médecine, que rien n'est plus
» pernicieux à l'homme que l'excès du vin : je l'éviterai tou-
» jours tant que je pourrai, et jamais je ne le conseillerai
» aux autres, surtout quand ils se sentiront encore la tête
» pesante du jour de devant.

» — Vous savez, lui dit Phèdre en l'interrompant, que je
» suis volontiers de votre avis, surtout quand vous parlez
» médecine ; mais vous voyez heureusement que tout le monde
» est raisonnable aujourd'hui. »

« Il n'y eut personne qui ne fût de ce sentiment. On résolut de ne point s'incommoder, et de ne boire que pour son plaisir.

» Puisque ainsi est, dit Éryximaque, qu'on ne forcera
» personne, et que nous boirons à notre soif, je suis d'avis,
» premièrement, que l'on renvoie cette joueuse de flûte;
» qu'elle s'en aille jouer là-dehors tant qu'elle voudra, si
» elle n'aime mieux entrer où sont les dames, et leur donner
» cet amusement. Quant à nous, si vous m'en croyez, nous
» lierons ensemble quelque agréable conversation. Je vous
» proposerai même la matière, si vous le voulez. »

« Tout le monde ayant témoigné qu'il ferait plaisir à la compagnie, Éryximaque continua ainsi :

« Je commencerai par ce vers de la *Ménalippe* d'Euripide[1] :
» *Les paroles que vous entendez, ce ne sont point les miennes*;
» ce sont celles de Phèdre. Car Phèdre m'a souvent dit avec
» une espèce d'indignation : « O Éryximaque ! n'est-ce pas
» une chose étrange que, de tant de poëtes qui ont fait des
» hymnes et des cantiques en l'honneur de la plupart des
» dieux, aucun n'ait fait un vers à la louange de l'Amour,
» qui est pourtant un si grand dieu? Il n'y a pas jusqu'aux
» sophistes, qui composent tous les jours de grands discours
» à la louange d'Hercule et des autres demi-dieux. Passe
» pour cela. J'ai même vu un livre qui portait pour titre :
» *L'Éloge du Sel*, où le savant auteur exagérait les merveil-
» leuses qualités du sel, et les grands services qu'il rend à
» l'homme. En un mot, vous verrez qu'il n'y a presque rien au
» monde qui n'ait eu son panégyrique. Comment se peut-il
» donc faire que, parmi cette profusion d'éloges, on ait oublié
» l'Amour, et que personne n'ait entrepris de louer un dieu
» qui mérite tant d'être loué? » Pour moi, continua Éryxi-
» maque, j'approuve l'indignation de Phèdre. Il ne tiendra pas
» à moi que l'Amour n'ait son éloge comme les autres. Il me

---

[1] Cette tragédie d'Euripide est perdue.

» semble même qu'il siérait très-bien à une si agréable com-
» pagnie de ne se point séparer sans avoir honoré l'Amour.
» Si cela vous plaît, il ne faut point chercher d'autre
» sujet de conversation. Chacun prononcera son discours à
» la louange de l'Amour. On fera le tour à commencer par la
» droite. Ainsi, Phèdre parlera le premier, puisque c'est son
» rang, et puisque aussi bien il est le premier auteur de la
» pensée que je vous propose.

» — Je ne doute pas, dit Socrate, que l'avis d'Éryximaque
» ne passe ici tout d'une voix. Je sais bien au moins que je
» ne m'y opposerai pas, moi qui fais profession de ne savoir
» que l'amour. Je m'assure qu'Agathon ne s'y opposera pas
» non plus, ni Pausanias, ni encore moins Aristophane,
» lui qui est tout dévoué à Bacchus et à Vénus. Je puis éga-
» lement répondre du reste de la compagnie, quoique, à
» dire vrai, la partie ne soit pas égale pour nous autres,
» qui sommes assis les derniers. En tout cas, si ceux qui
» nous précèdent font bien leur devoir, et épuisent la matière,
» nous serons quittes pour leur donner notre approbation.
» Que Phèdre commence donc, à la bonne heure, et qu'il
» loue l'Amour. »

« Le sentiment de Socrate fut généralement suivi. De vous rendre ici mot à mot tous les discours que l'on prononça, c'est ce que vous ne devez pas attendre de moi : Aristodème, de qui je les tiens, n'ayant pu me les rapporter si parfaitement, et moi-même ayant laissé échapper quelque chose du récit qu'il m'en a fait : mais je vous redirai l'essentiel. Voici donc à peu près, selon lui, quel fut le discours de Phèdre.

DISCOURS DE PHÈDRE.

« C'est un grand dieu que l'Amour, et véritablement digne d'être honoré des dieux et des hommes. Il est admirable par beaucoup d'endroits, mais surtout à cause de son ancienneté; car il n'y a point de dieu plus ancien que lui. En voici la preuve : on ne sait point quel est son père ni sa mère, ou plutôt il n'en a point. Jamais poëte, ni aucun autre homme ne les a nommés. Hésiode, après avoir parlé du chaos, ajoute :

> La Terre au large sein, le fondement des cieux;
> Après elle l'Amour le plus charmant des dieux.

Hésiode, par conséquent, fait succéder au chaos la Terre et l'Amour. Parménide a écrit que l'Amour est sorti du chaos :

> L'Amour fut le premier enfanté de son sein.

» Acusilaüs a suivi le sentiment d'Hésiode. Ainsi, d'un commun consentement, il n'y a point de dieu qui soit plus ancien que l'Amour. Mais c'est même de tous les dieux celui qui fait le plus de bien aux hommes; car quel plus grand avantage peut arriver à une jeune personne, que d'être aimée d'un homme vertueux; et à un homme vertueux, que d'aimer une jeune personne qui a de l'inclination pour la vertu ? Il n'y a ni naissance, ni honneurs, ni richesses, qui soient capables, comme un honnête amour, d'inspirer à l'homme ce qui est le plus nécessaire pour la conduite de sa vie : je veux dire la honte du mal, et une véritable émulation pour le bien. Sans ces deux choses, il est impossible que ni un particulier, ni même une ville, fasse jamais rien de beau ni de grand. J'ose même dire que, si un homme qui aime avait ou commis une mauvaise action ou enduré un outrage sans le repousser, il n'y aurait ni père, ni parent, ni personne au monde, devant qui il eût tant de honte de paraître que devant ce qu'il aime. Il en est de même de celui qui est aimé : il n'est jamais si confus que lorsqu'il est surpris en quelque faute par celui dont il est aimé. Disons donc que, si par quelque enchantement, une ville ou une armée pouvait n'être composée que d'amants, il n'y aurait point de félicité pareille à celle d'un peuple qui aurait tout ensemble et cette horreur pour le vice et cet amour pour la vertu. Des hommes ainsi unis, quoique en petit nombre, pourraient, s'il faut ainsi dire, vaincre le monde entier ; car il n'y a point d'honnête homme qui osât jamais se montrer devant ce qu'il aime après avoir abandonné son rang ou jeté ses armes, et qui n'aimât mieux mourir mille fois que de laisser ce qu'il aime dans le péril : ou plutôt il n'y a point d'homme si timide qui ne devînt alors comme le plus brave, et que l'amour ne transportât hors de lui-même. On lit dans Homère que les dieux inspiraient l'audace à quelques-uns de ses héros ; c'est ce qu'on peut dire de l'Amour plus justement que d'aucun des dieux. Il n'y a que parmi les amants que l'on sait mourir l'un pour l'autre.

» Non-seulement des hommes, mais des femmes mêmes, ont donné leur vie pour sauver ce qu'elles aimaient. La Grèce parlera éternellement d'Alceste, fille de Pélias : elle donna sa vie pour son époux, qu'elle aimait, et il ne se trouva qu'elle qui osât mourir pour lui, quoiqu'il eût son père et sa mère. L'amour de l'amante surpassa de si loin leur amitié, qu'elle les déclara pour ainsi dire des étrangers à l'égard de leur fils; il semblait qu'ils ne lui fussent proches que de nom. Aussi, quoiqu'il se soit fait dans le monde un grand nombre de belles actions, celle d'Alceste a paru si belle aux dieux et aux hommes, qu'elle a mérité une récompense qui n'a été accordée qu'à un très-petit nombre de personnes ; les dieux, charmés de son courage, l'ont rappelée à la vie, tant il est vrai qu'un amour noble et généreux se fait estimer des dieux mêmes !

» Ils n'ont pas ainsi traité Orphée : ils l'ont renvoyé des enfers, sans lui accorder ce qu'il demandait. Au lieu de lui rendre sa femme qu'il venait chercher, ils ne lui en ont montré que le fantôme; car il manqua de courage, comme un musicien qu'il était. Au lieu d'imiter Alceste, et de mourir pour ce qu'il aimait, il usa d'adresse, et chercha l'invention de descendre vivant aux enfers. Les dieux, indignés de sa lâcheté, ont permis enfin qu'il pérît par la main des femmes.

» Combien, au contraire, ont-ils honoré le vaillant Achille ! Thétis, sa mère, lui avait prédit que, s'il tuait Hector, il mourrait aussitôt après; mais que, s'il voulait ne le point combattre, et s'en retourner dans la maison de son père, il parviendrait à une longue vieillesse. Cependant Achille ne balança point : il préféra la vengeance de Patrocle à sa propre vie : il voulut non-seulement mourir pour son ami, mais même mourir sur le corps de son ami. Aussi les dieux l'ont-ils honoré par-dessus tous les autres hommes, et lui ont su bon gré d'avoir sacrifié sa vie pour celui dont il était aimé.

» Eschyle se moque de nous, quand il nous dit que c'était Patrocle qui était l'aimé. Achille était le plus beau des Grecs, et par conséquent plus beau que Patrocle. Il était tout jeune, et plus jeune que Patrocle, comme dit Homère. Mais véritablement si les dieux approuvent ce que l'on fait pour ce qu'on aime, ils estiment, ils admirent, ils récompensent tout autrement ce que l'on fait pour la personne dont on est aimé. En effet, celui qui aime est quelque chose de plus divin que celui qui est aimé; car il est possédé d'un dieu : de là vient qu'Achille a été encore mieux traité qu'Alceste, puisque les dieux l'ont envoyé, après sa mort, dans les îles des bienheureux.

» Je conclus que, de tous les dieux, l'Amour est le plus

ancien, le plus auguste, et le plus capable de rendre l'homme vertueux durant sa vie, et heureux après sa mort. »

Phèdre finit de la sorte. Aristodème passa par-dessus quelques autres dont il avait oublié les discours, et il vint à Pausanias, qui parla ainsi :

DISCOURS DE PAUSANIAS.

« Je n'approuve point, ô Phèdre, la simple proposition qu'on a faite de louer l'Amour; cela serait bon s'il n'y avait qu'un Amour. Mais, comme il y en a plus d'un, je voudrais qu'on eût marqué, avant toutes choses, quel est celui que l'on doit louer. C'est ce que je vais essayer de faire. Je dirai quel est cet Amour qui mérite qu'on le loue, et je le louerai le plus dignement que je pourrai.

» Il est constant que Vénus ne va point sans l'Amour. S'il n'y avait qu'une Vénus, il n'y aurait qu'un Amour; mais, puisqu'il y a deux Vénus, il faut nécessairement qu'il y ait deux Amours. Qui doute qu'il y ait deux Vénus? L'une, ancienne fille du Ciel, et qui n'a point de mère; nous la nommons *Vénus Uranie*. L'autre, plus moderne, fille de Jupiter et de Dioné; nous l'appelons *Vénus populaire*. Il s'ensuit que de deux Amours, qui sont les ministres de ces deux Vénus, il faut nommer l'un céleste, et l'autre populaire. Or, tous les dieux, à la vérité, sont dignes d'être honorés; mais distinguons bien les fonctions de ces deux Amours.

» Toute action est de soi indifférente comme ce que nous faisons présentement, boire, manger, discourir. Aucune de ces actions n'est ni bonne ni mauvaise par elle-même; mais elle peut devenir bonne ou mauvaise par la manière dont on la fait. Elle devient honnête si on la fait selon les règles de l'honnêteté, et vicieuse si on la fait contre ces règles. Il en est de même de l'amour : tout amour, en général, n'est point louable ni vertueux, mais seulement celui qui fait que nous aimons vertueusement.

» L'amour de la Vénus populaire inspire des passions basses et populaires : c'est proprement l'amour qui règne parmi les gens du commun. Ils aiment sans choix, plutôt les femmes que les hommes, plutôt le corps que l'esprit ; et même, entre les esprits, ils s'accommodent mieux des moins raisonnables, car ils n'aspirent qu'à la jouissance ; pourvu qu'ils y parviennent, il ne leur importe par quels moyens. De là vient qu'ils s'attachent à tout ce qui se présente, bon ou mauvais : car ils suivent la Vénus populaire, qui, parce qu'elle est née du mâle et de la femelle, joint aux bonnes qualités de l'un les imperfections de l'autre.

» Pour la Vénus Uranie, elle n'a point eu de mère, et par conséquent il n'y a rien de faible en elle. De plus, elle est ancienne, et n'a point l'insolence de la jeunesse. Or, l'amour céleste est parfait comme elle. Ceux qui sont possédés de cet amour ont les inclinations généreuses : ils cherchent une autre volupté que celle des sens ; il faut une belle âme et un beau naturel pour leur plaire et pour les toucher ; on reconnaît dans leur choix la noblesse de l'amour qui les inspire ; ils s'attachent non point à une trop grande jeunesse, mais à des personnes qui sont capables de se gouverner : car ils ne s'engagent point dans la pensée de mettre à profit l'imprudence d'une personne qu'ils auront surprise dans sa première innocence, pour la laisser aussitôt après, et pour courir à quelque autre ; mais ils se lient dans le dessein de ne se plus séparer, et de passer toute leur vie avec ce qu'ils aiment. Il serait effectivement à souhaiter qu'il y eût une loi par laquelle il fût défendu d'aimer des personnes qui n'ont pas encore toute leur raison, afin qu'on ne donnât point son temps à une chose si incertaine : car qui sait ce que deviendra un jour cette trop grande jeunesse, quel pli prendront et le corps et l'esprit, de quel côté ils tourneront, vers le vice ou vers la vertu ? Les gens sages s'imposent eux-mêmes une loi si juste. Mais il faudrait la faire observer rigoureusement par les amants populaires dont nous parlions, et leur défendre ces sortes d'engagements comme on leur défend l'adultère. Ce sont eux qui ont déshonoré l'Amour; ils ont fait dire qu'il était honteux de bien traiter un amant; leur indiscrétion et leur injustice ont seules donné lieu à une semblable opinion, qui, à la prendre en général, est très-fausse, puisque rien de ce qui se fait par des principes de sagesse et d'honneur ne saurait être honteux.

» Il n'est pas difficile de connaître l'opinion que les hommes ont de l'Amour dans tous les pays de la terre, car la loi est claire et simple. Il n'y a que les seules villes d'Athènes et de Lacédémone où la loi est difficile à entendre, où elle est sujette à explication. Dans l'Élide, par exemple, et dans la Béotie, où les esprits sont pesants, et où l'éloquence n'est pas ordinaire, il est dit simplement qu'il est permis d'aimer qui nous aime. Personne ne va parmi eux à l'encontre de cette ordonnance, ni jeunes ni vieux; il faut croire qu'ils ont ainsi autorisé l'amour pour en aplanir les difficultés, et afin qu'on n'ait pas besoin, pour se faire aimer, de recourir à des artifices que la nature leur a refusés.

» Les choses vont autrement dans l'Ionie, et dans tous les pays soumis à la domination des barbares : car là on déclare infâme toute personne qui souffre un amant. On traite sur un même pied l'amour, la philosophie, et tous les exercices dignes d'un honnête homme. D'où vient cela? C'est que les tyrans n'aiment point à voir qu'il s'élève de grands courages, ou qu'il se lie dans leurs États des amitiés trop fortes : or, c'est ce que l'amour sait faire parfaitement. Les tyrans d'Athènes en firent autrefois l'expérience : l'amitié violente d'Harmodius et d'Aristogiton renversa la tyrannie dont. Athènes était opprimée. Il est donc visible que, dans les États où il est honteux d'aimer qui nous aime, cette trop grande sévérité vient de l'injustice de ceux qui gouvernent et de la lâcheté de ceux qui sont gouvernés; mais que, dans les pays, au contraire, où il est honnête de rendre amour pour amour, cette indulgence est un effet de la grossièreté des peuples qui ont craint les difficultés.

» Tout cela est bien plus sagement ordonné parmi nous. Mais, comme j'ai dit, il faut bien examiner l'ordonnance pour la concevoir : car, d'un côté, on dit qu'il est plus honnête d'aimer aux yeux de tout le monde que d'aimer en cachette, surtout quand on aime des personnes qui ont elles-mêmes de l'honneur et de la vertu, et encore plus quand la beauté du corps ne se rencontre point dans ce qu'on aime. Tout le monde s'intéresse pour la prospérité d'un homme qui aime; on l'encourage; ce qu'on ne ferait point si l'on croyait qu'il ne fût pas honnête d'aimer. On l'estime quand il a réussi dans son amour; on le méprise quand il n'a pas réussi. On permet à son amant de se servir de mille moyens pour parvenir à son but; et il n'y a pas un seul de ces moyens qui ne fût capable de le perdre dans l'esprit de tous les honnêtes gens, s'il s'en servait pour toute autre chose que pour se faire aimer : car si un homme, dans le dessein de s'enrichir, ou d'obtenir une charge, ou de se faire quelque autre établissement de cette nature, osait avoir pour un grand seigneur la moindre des complaisances qu'un amant a pour ce qu'il aime; s'il employait les mêmes supplications, s'il avait la même assiduité, s'il faisait les mêmes serments, s'il couchait à sa porte, s'il descendait à mille bassesses où un esclave aurait honte de descendre, il n'aurait ni un ennemi ni un ami qui le laissât en repos : les uns lui reprocheraient publiquement sa turpitude, ses bassesses; les autres en rougiraient, et s'efforceraient de l'en corriger. Cependant tout cela sied merveilleusement à un homme qui aime; tout lui est permis : non-seulement ses bassesses ne le déshonorent pas, mais on l'en estime comme un homme qui fait très-bien son devoir. Et, ce qui est le plus merveilleux, c'est qu'on veut que les amants soient les seuls parjures que les dieux ne punissent point; car on dit que les serments n'engagent point en amour : tant il est vrai que les hommes et les dieux donnent tout pouvoir à un amant ! Il n'y a donc personne qui, là-dessus, ne demeure persuadé qu'il est très-louable, en cette ville, et d'aimer et de vouloir du bien à ceux qui nous aiment.

» Mais ne croira-t-on pas le contraire, si l'on regarde, d'un autre côté, avec quel soin un père met auprès de ses enfants une personne qui veille sur eux, et que le plus grand soin de ces personnes est d'empêcher qu'ils ne parlent à ceux qui les aiment? S'il arrive même qu'on les voie entretenir de pareils commerces, tous leurs camarades les accablent de railleries, et les gens plus âgés ni ne s'opposent à ces railleries ni ne querellent ceux qui les font. Encore une fois, à examiner cet usage de notre ville, ne croira-t-on pas que nous sommes dans un pays où il y a de la honte à aimer et à se laisser aimer? Voici comme il faut accorder toutes ces contrariétés. L'amour, comme je disais d'abord, n'est de soi-même ni bon ni mauvais : il est louable, si l'on aime avec honneur ; il est condamnable, si l'on aime contre les règles de l'honnêteté. Il y a de la honte à se laisser vaincre à l'amour d'un malhonnête homme ; il y a de l'honneur à se rendre à l'amitié d'un homme qui a de la vertu. J'appelle malhonnête homme cet amant populaire qui aime le corps plutôt que l'esprit ; son amour ne saurait être de durée, car il aime une beauté qui ne dure point ; dès que la fleur de cette beauté est passée, vous le voyez qui s'envole ailleurs, sans se souvenir de ses beaux discours et de toutes ses belles promesses. Il n'en est pas ainsi de l'amant honnête : comme il s'est épris d'une belle âme, son amitié est immortelle, car ce qu'il aime est solide et ne périt point.

» Telle est donc l'intention de la loi qui est établie parmi nous : elle veut qu'on examine avant de s'engager, et qu'on honore ceux qui aiment pour la vertu, tandis qu'on aura en horreur ceux qui ne recherchent que la volupté ; elle encourage les jeunes gens à se donner aux premiers et à fuir les autres ; elle examine quelle est l'intention de celui qui aime, et quel est le motif de celui qui se laisse aimer. Il s'ensuit de là qu'il y a de la honte à s'engager légèrement ; car il n'y a que le temps qui découvre le secret des cœurs.

» Il est encore honteux de céder à un homme riche, ou à un homme qui est dans une grande fortune, soit qu'on se rende par timidité, ou qu'on se laisse éblouir par l'argent, ou par l'espérance d'entrer dans les charges : car, outre que des raisons de cette nature ne peuvent jamais lier une amitié véritable et généreuse, elles portent d'ailleurs sur des fondements trop peu durables.

» Reste un seul motif, pour lequel, selon l'esprit de notre loi, on peut accorder son amitié à celui qui la demande : car tout de même que les bassesses et la servitude volontaire d'un homme qui aspire à se faire aimer ne lui sont point odieuses, et ne lui sont point reprochées, aussi y a-t-il une espèce de servitude volontaire qui ne peut jamais être blâmée : c'est celle où l'on s'engage pour la vertu. Tout le monde s'accorde en ce point, que si un homme s'attache à en servir un autre, dans l'espérance de devenir honnête homme par son moyen, d'acquérir la sagesse, ou quelque autre partie de la vertu, cette servitude n'est point honteuse, et ne s'appelle point une bassesse.

» Il faut que l'amour se traite comme la philosophie, et que les lois de l'un soient les mêmes que les lois de l'autre, si l'on veut qu'il soit honnête de favoriser celui qui nous aime ; car si l'amant et l'aimé s'aiment tous deux à ces conditions, savoir, que l'amant, en reconnaissance des honnêtes faveurs de celui qui l'aime, sera prêt à lui rendre tous les services qu'il pourra lui rendre avec honneur ; que l'aimé, de son côté, pour reconnaître le soin que son amant aura pris de le rendre sage et vertueux, aura pour lui toutes les complaisances que l'honneur lui permettra ; et si l'amant est véritablement capable d'inspirer la vertu et la prudence à ce qu'il aime, et que l'aimé ait un véritable désir de se faire instruire ; si, dis-je, toutes ces conditions se rencontrent, c'est alors uniquement qu'il est honnête d'aimer qui nous aime.

» L'amour ne peut point être permis pour quelque autre raison que ce soit. Alors il n'est point honteux d'être trompé ; partout ailleurs il y a de la honte, soit qu'on soit trompé, soit qu'on ne le soit point : car si, dans l'espérance du gain, on s'abandonne à un amant que l'on croyait riche, et qu'on reconnaisse que cet amant est pauvre en effet, et qu'il ne peut tenir parole, la honte est égale de part et d'autre. On a découvert ce que l'on était, et on a montré que, pour le gain, on pouvait tout faire pour tout le monde. Et qu'y a-t-il de plus éloigné de la vertu que ce sentiment ? Au contraire, si, après s'être confié à un amant que l'on aurait cru honnête homme, dans l'espérance d'acquérir la vertu par le moyen de son amitié, on vient à reconnaître que cet amant n'est point un honnête homme, et qu'il est lui-même sans vertu, il n'y a point de déshonneur à être trompé de la sorte ; car on a fait voir le fond de son cœur, on a montré que pour la vertu, et dans l'espérance de parvenir à une plus grande perfection, on était capable de tout entreprendre ; et il n'y avait rien de plus glorieux que d'avoir cette passion pour la vertu.

» Il s'ensuit donc qu'il est beau d'aimer pour la vertu. C'est cet amour qui fait la Vénus céleste, et qui est céleste lui-même, utile aux particuliers et aux républiques, et digne de leur principale étude, qui oblige l'amant et l'aimé de veiller sur eux-mêmes, et d'avoir soin de se rendre mutuellement vertueux. Tous les autres amours appartiennent à la Vénus populaire.

» Voilà, ô Phèdre, tout ce que j'avais à vous dire présentement sur l'amour. »

« Pausanias ayant fait ici une pause (car voilà de ces allusions que nos sophistes enseignent), c'était à Aristophane à parler ; mais il en fut empêché par un hoquet qui lui était survenu, apparemment pour avoir trop mangé. Il s'adressa donc à Éryximaque, médecin, auprès de qui il était, et lui dit :

« Il faut ou que vous me délivriez de ce hoquet, ou que
» vous parliez pour moi jusqu'à ce qu'il ait cessé.

» — Je ferai l'un et l'autre, répondit Éryximaque ; car je
» vais parler à votre place, et vous parlerez à la mienne,
» quand votre incommodité sera finie : elle le sera bientôt,
» si vous voulez retenir votre haleine, et vous gargariser la
» gorge avec de l'eau. Il y a encore un autre remède qui fait
» cesser infailliblement le hoquet, quelque violent qu'il puisse
» être ; c'est de se procurer l'éternuement en se frottant le
» nez une ou deux fois.

» — J'aurai exécuté vos ordonnances, dit Aristophane,
» avant que votre discours soit achevé. Commencez[1]. »

FIN DU BANQUET DE PLATON.

[1] Ici finit la traduction de Racine.

FRAGMENTS

DU PREMIER LIVRE

DE LA POÉTIQUE D'ARISTOTE.

FRAGMENTS

DU PREMIER LIVRE

DE LA POÉTIQUE D'ARISTOTE [1].

. . . .
. . . .

La tragédie est donc l'imitation d'une action grave et complète, et qui a sa juste grandeur. Cette imitation se fait par un discours, un style composé pour le plaisir, de telle sorte que chacune des parties qui la composent subsiste et agisse séparément et distinctement. Elle ne se fait point par récit, mais par une représentation vive, qui, excitant la pitié et la terreur, purge et tempère ces sortes de passions : c'est-à-dire qu'en émouvant ces passions, elle leur ôte ce qu'elles ont d'excessif et de vicieux, et les ramène à un état modéré et conforme à la raison.

J'appelle discours composé pour le plaisir, un discours qui marche avec cadence, harmonie et mesure. Et quand je dis que chacune des parties doit agir séparément, je veux dire qu'il y a des choses qui se représentent par les vers tout seuls, et d'autres par le chant.

---

[1] Ces passages étaient écrits de la main de Racine sur les marges d'un exemplaire du *Commentaire de la Poétique* d'Aristote par Victorius, déposé par Louis Racine à la bibliothèque du Roi.

Or, puisque c'est en agissant que se fait l'imitation, il faut d'abord poser qu'il y a une des parties de la tragédie qui n'est que pour les yeux (comme la décoration, les habits, etc.); ensuite il y a le chant et la diction : car c'est avec ces choses qu'on imite. J'appelle diction la composition des vers; et pour le chant, il s'entend assez sans qu'il soit besoin de l'expliquer.

La tragédie est l'imitation d'une action. Or toute action suppose des gens qui agissent, et les gens qui agissent ont nécessairement un caractère, c'est-à-dire des mœurs et des inclinations qui les font agir : car ce sont les mœurs et l'inclination, c'est-à-dire la disposition de l'esprit, qui rendent les actions telles ou telles; et par conséquent les mœurs et le sentiment, ou la disposition de l'esprit, sont les deux principes des actions. Ajoutez que c'est par ces deux choses que tous les hommes viennent ou ne viennent pas à bout de leur dessein et de ce qu'ils souhaitent.

La fable est proprement l'imitation de l'action. J'entends par le mot de *fable* le tissu ou le contexte des affaires. Les mœurs, ou autrement le caractère, c'est ce qui rend un homme tel ou tel, c'est-à-dire bon ou méchant; et le sentiment marque la disposition de l'esprit, lorsqu'il se déclare par des paroles qui font connaître dans quels sentiments nous sommes.

Il faut donc nécessairement qu'il y ait six parties de la tragédie, lesquelles constituent sa nature et son essence : la fable, les mœurs, la diction, le sentiment, la décoration, et tout ce qui est pour les yeux, et le chant : car il y a deux choses par lesquelles on imite, qui sont le chant et la diction; une manière d'imiter qui est la représentation du théâtre, c'est-à-dire la décoration, les habits, le geste, etc.; et il y a trois choses qu'on imite, au-delà desquelles il n'y a rien de plus, c'est-à-dire l'action, les mœurs et les sentiments.

. . . .
. . . .

Un tout est ce qui a un commencement, un milieu et une fin. Le commencement est ce qui n'est point obligé d'être après une autre chose, et après quoi il y a ou il y doit avoir d'autres choses. La fin, au contraire, est ce qui est nécessairement ou ce qui a coutume d'être après une autre chose, et après quoi il n'y a plus rien. Le milieu est ce qui est après une autre chose, et après quoi il y a encore d'autres choses.

Il faut qu'une fable bien constituée ne commence et ne finisse point au hasard, mais qu'elle soit selon les règles que nous en venons de donner. . . . .
. . . .
. . . .

Voilà pourquoi la poésie est quelque chose de plus philosophique et de plus parfait que l'histoire. La poésie est occupée autour du général, et l'histoire ne regarde que le détail. J'appelle le général ce qu'il est convenable qu'un tel homme dise ou fasse vraisemblablement ou nécessairement : et c'est là ce que traite la poésie, jetant son idée sur les noms qui lui plaisent, c'est-à-dire empruntant les noms de tels ou de tels pour les faire agir ou parler selon son idée. L'histoire, au contraire, ne traite que le détail ; par exemple, ce qu'a fait Alcibiade, ou ce qui lui est arivé . . . .
. . . .
. . . .

Le prologue est toute cette partie de la tragédie qui précède l'entrée du chœur. L'épisode est toute cette partie de la tragédie qui est entre deux cantiques du chœur ; l'exode, toute cette partie de la tragédie après laquelle le chœur ne chante plus. Les parties du chœur sont, 1° l'entrée, πάροδος, c'est-à-dire lorsque le chœur parle tout entier la première fois ; la seconde, le repos, στάσιμον, c'est-à-dire ce chant du chœur qui est sans anapeste et sans trochée, et où le chœur demeure fixe en sa place ; et enfin la lamentation, κόμμος, ce chant lugubre du chœur et des acteurs ensemble. . . . .
. . . .

Puis donc qu'il faut que la constitution d'un excellente tragédie soit, non pas simple, mais composée, et pour ainsi dire nouée, et qu'elle soit une imitation de choses terribles et dignes de compassion (car c'est là le propre de la tragédie), il est clair, premièrement, qu'il ne faut point introduire des hommes vertueux qui tombent du bonheur dans le malheur : car cela ne serait ni terrible, ni digne de compassion, mais bien cela serait détestable et digne d'indignation.

Il ne faut pas non plus introduire un méchant homme qui, de malheureux qu'il était, devienne heureux : car il n'y a rien de plus opposé au but de la tragédie, cela ne produisant aucun des effets qu'elle doit produire; c'est-à-dire qu'il n'y a rien en cela de naturel ou d'agréable à l'homme, rien qui excite la terreur et qui émeuve la compassion. Il ne faut pas non plus qu'un très-méchant homme tombe du bonheur dans le malheur : car il y a bien à cela quelque chose de juste et de naturel ; mais cela ne peut exciter ni pitié ni crainte : car on n'a pitié que d'un malheureux qui ne mérite point son malheur, et on ne craint que pour ses semblables. Ainsi cet événement ne sera ni terrible ni digne de compassion.

Il faut donc que ce soit un homme qui soit entre les deux, c'est-à-dire qui ne soit pas extrêmement juste et vertueux, et qui ne mérite point aussi son malheur par un excès de méchanceté et d'injustice. Mais il faut que ce soit un homme qui, par sa faute, devienne malheureux, et tombe d'une grande félicité et d'un rang très-considérable dans une grande misère : comme Œdipe, Thyeste, et d'autres personnages illustres de ces sortes de familles. . . . .
. . . .
. . . .

Puis donc que c'est par l'imitation que le poëte peut produire en nous ce plaisir qui naît de la compassion et de la terreur, il est visible que c'est de l'action et pour ainsi dire du sein de la chose que doit naître ce plaisir.

Voyons maintenant quelles sortes d'événements peuvent produire cette terreur et cette pitié. Il faut de nécessité que ce soient des actions qui se passent entre amis ou entre ennemis, ou entre des gens qui ne soient ni l'un ni l'autre. Si un ennemi tue un ennemi, nous ne ressentons aucune pitié ni à lui voir faire cette action, ni lorsqu'il se prépare à la faire. Il n'y a que le moment même où nous lui voyons répandre du sang où nous pouvons ressentir cette simple émotion que la nature ressent en voyant tuer un homme. Nous n'aurons point non plus une grande pitié pour des gens indifférents qui voudront se tuer les uns les autres. Il reste donc que ces événements se passent entre des personnes liées ensemble par les nœuds du sang et de l'amitié : comme, par exemple, lorsqu'un frère ou tue ou est près de tuer son frère, un fils son père, une mère son fils, ou un fils sa mère ; et ce sont de ces événements que le poëte doit chercher.

On ne peut changer et démentir les fables qui sont reçues : on ne peut point faire, par exemple, que Clytemnestre ne soit point tuée par Oreste ; qu'Ériphile ne soit point tuée par Alcméon. Il faut donc que le poëte ou invente lui-même un sujet nouveau, ou qu'il songe à bien traiter ceux qui sont déjà inventés. Expliquons ce que nous entendons par bien traiter. On peut faire comme faisaient les anciens, que ceux qui agissent, agissent avec connaissance de cause ; comme Euripide fait que Médée tue ses enfants, quelle connaît pour ses enfants : ou on peut faire en sorte que ceux qui commettent une action de cette nature la commettent, à la vérité, mais sans savoir ce qu'ils font, et qu'ils reconnaissent ensuite la personne contre qui ils l'ont commise : par exemple, OEdipe dans Sophocle. Il est vrai que, dans cette tragédie, l'action s'est faite hors de la tragédie, c'est-à-dire longtemps avant la reconnaissance : mais, dans la tragédie même, Alcméon, chez le poëte Astydamas, tue sa mère avant que de la connaître, et Télégonus blesse son père avant que de le connaître, dans la tragédie d'*Ulysse blessé*. Il y a encore une troisième manière, qui est de faire que celui qui va commettre quelque action horrible par ignorance reconnaisse, avant l'action même, l'horreur de son action. Et il n'y a que ces trois manières, car il faut de nécessité ou que l'action s'achève ou qu'elle ne s'achève point ; et que ceux qui agissent ou connaissent ou ignorent ce qu'ils veulent faire.

La plus mauvaise de ces trois manières, c'est lorsqu'un homme veut faire une action horrible avec connaissance de cause, et qu'il ne l'achève pourtant pas : car il n'y a rien en cela que de scélérat, et il n'y a point de tragique, n'y ayant point de sang répandu. Aussi il arrive peu qu'on représente rien de cette nature. On en peut voir un exemple dans l'Antigone, où Hémon veut tuer son père Créon, et ne le tue point. La seconde de ces trois manières, et qui est meilleure que l'autre dont je viens de parler, c'est lorsqu'un homme agit avec connaissance, et qu'il achève l'action ; mais le meilleur de bien loin, c'est lorsqu'un homme commet quelque action horrible sans savoir ce qu'il fait, et qu'après l'action, il vient à reconnaître ce qu'il a fait : car il n'y a rien là de méchant et de scélérat, et cette reconnaissance a quelque chose de terrible qui fait frémir.

Cette dernière manière est infiniment la meilleure. En voici des exemples : dans le *Cresphonte*, Mérope, mère de Cresphonte, le veut faire mourir, et ne le tue point, parce qu'elle le reconnaît pour son fils. Dans *Iphigénie*, la sœur reconnaît son frère, et ne le tue point ; et dans *Hellé*, le fils reconnaît sa mère au moment qu'il l'allait livrer.

C'est pour cela que l'on a souvent dit que les tragédies ne mettent sur la scène qu'un petit nombre de familles : car les poëtes qui cherchaient à traiter des actions de cette nature en sont redevables à la fortune, et non pas à leur invention. Ainsi ils sont contraints de revenir à ces mêmes familles où ces sortes d'événements se sont passés. Voilà tout ce qu'on peut dire de la constitution de l'action et de la fable, et de la nature dont les fables doivent être.

Venons maintenant aux mœurs. Il y a quatre choses qu'il faut y chercher : 1° qu'elles soient bonnes. Un personnage a des mœurs lorsqu'on peut reconnaître, ou par ses actions ou par ses discours, l'inclination et l'habitude qu'il a au vice ou à la vertu. Ses mœurs seront mauvaises si son inclination est mauvaise, et elles seront bonnes si son inclination est bonne. Les mœurs, ou le caractère, se rencontrent en toutes sortes de conditions : car une femme peut être bonne, un esclave peut l'être aussi, quoique d'ordinaire la femme soit d'une moindre bonté que l'homme, et que l'esclave soit presque absolument mauvais. La seconde qualité que doivent avoir les mœurs, c'est d'être convenables : car la valeur tient rang parmi les mœurs, mais elle ne convient pas aux mœurs d'une femme, qui naturellement n'est point brave et intrépide. Troisièmement, elles doivent être semblables (c'est-à-dire que les personnages qu'on imite doivent avoir au théâtre les mêmes mœurs que l'on sait qu'ils avaient durant leur vie); et cette qualité de semblables est différente des deux premières, qui sont d'être bonnes et convenables. En quatrième lieu, il faut qu'elles soient uniformes : car, quoique le personnage qu'on représente paraisse quelquefois changer de volonté et de discours, il faut néanmoins qu'il soit toujours le même dans le fond, que tout parte d'un même principe, et qu'il soit inégalement inégal et uniforme.

On peut apporter pour exemples de mauvaises mœurs qui le sont sans nécessité, le Ménélas de *l'Oreste*; de mœurs messéantes, et qui ne conviennent pas au personnage, les lamentations d'Ulysse dans la *Scylla*, et les discours philosophiques de Ménalippe; et de mœurs inégales et qui se démentent, l'*Iphigénie en Aulide* : car Iphigénie timide, et qui a peur de mourir, ne ressemble en rien à l'Iphigénie qui s'offre généreusement à la mort et qui veut mourir malgré tout le monde.

Or, il faut toujours chercher dans les mœurs, aussi bien que dans la constitution de la fable, ou le nécessaire, ou le vraisemblable : c'est-à-dire qu'il faut que celui qui parle ou qui agit fasse et dise tout nécessairement ou vraisemblablement ; qu'une chose n'arrive point après l'autre que par nécessité, ou parce qu'il est vraisemblable qu'elle arrive ainsi.

Il est donc manifeste que le dénouement de la fable doit être tiré de la fable même, et non point du secours d'une machine, comme dans *Médée* et dans l'embarquement des Grecs après la prise de Troie. Le secours d'une machine ne peut être bon que pour les choses qui sont hors de la fable, ou qui se sont passées devant la fable (comme sont les choses qu'il est impossible que l'homme sache sans le secours des dieux), ou pour les choses qui doivent arriver après la fable, et qu'on ne peut savoir que par révélation ou par prophétie : car nous accordons aux dieux la connaissance de toutes choses. Il ne faut pas non plus qu'il y ait rien d'absurde et de peu vraisemblable dans l'action ; cela ne se souffre que dans les choses qui sont hors de la tragédie : ce qu'on peut voir dans l'*OEdipe* de Sophocle[1].

La tragédie étant une imitation des mœurs et des personnes les plus excellentes, il faut que nous fassions comme les bons peintres, qui, en gardant la ressemblance dans leurs portraits, peignent en beau ceux qu'ils font ressembler. Ainsi le poëte, en représentant un homme colère ou un homme patient, ou de quelque autre caractère que ce puisse être, doit non-seulement les représenter tels qu'ils étaient, mais il les doit représenter dans un tel degré d'excellence, qu'ils puissent servir de modèle, ou de colère, ou de douceur, ou d'autre chose. C'est ainsi qu'Agathon et Homère ont su représenter Achille.

---

[1] Peut-être il veut dire qu'il n'était pas vraisemblable que l'on n'eût point fait une recherche plus exacte des meurtriers de Laïus. Cette absurdité se peut souffrir, selon Aristote, parce qu'elle est dans les choses qui précèdent la tragédie. *(Note de Racine.)*

Le poëte doit observer toutes ces choses, et prendre garde surtout de ne rien faire qui choque les sens qui jugent de la poésie, c'est-à-dire les oreilles et les yeux : car il y a plusieurs manières de les choquer; j'en ai parlé dans d'autres discours où je traite de cette matière.

Nous avons dit ce que c'est que reconnaissance. Il y en a de plusieurs sortes. La première, qui est la plus grossière, et dont la plupart se servent faute d'invention, est celle qui se fait par les signes. De ces signes, les uns sont naturels et attachés dès la naissance à la personne, comme cette lance dont les enfants de la terre sont marqués (c'était une famille de Thèbes), ou de petites étoiles, comme dans le *Thyeste* de Carcinus. Les autres sont acquis et venus depuis; et de ceux-là, il y en a qui sont encore attachés au corps de la personne, comme sont les cicatrices; ou sont tout à fait extérieurs comme les colliers, et ce petit berceau dans la *Tyro*.

On peut faire même de bonnes ou de médiocres reconnaissances avec ces sortes de signes. Ulysse, par exemple, à la faveur de sa cicatrice, est reconnu d'une façon par sa nourrice, et d'une autre façon par les porchers : car il y a moins d'art dans cette dernière, où Ulysse découvre exprès sa cicatrice pour se faire reconnaître, et pour vérifier son discours. Au lieu que dans l'autre, c'est sa nourrice qui le reconnaît d'elle-même en voyant cette cicatrice. Ainsi, il n'y a point de dessein dans cette reconnaissance; il y a, au contraire, une surprise qui fait une péripétie; et les reconnaissances de cette nature sont bien meilleures que ces autres qui se font avec dessein . . . .
. . . .
. . . .

La plus belle des reconnaissances est celle qui, étant tirée du même sein de la chose, se forme peu à peu d'une suite vraisemblable des affaires, et excite la terreur et l'admiration : comme celle qui se fait dans l'*OEdipe* de Sophocle

et dans l'*Iphigénie* : car qu'y a-t-il de plus vraisemblable à Iphigénie, que de vouloir faire tenir une lettre dans son pays? Ces reconnaissances ont cet avantage par-dessus toutes les autres, qu'elles n'ont point besoin de marques extérieures et inventées par le poëte, de colliers et autres sortes de signes. Les meilleures, après celles-ci, sont celles qui se font par raisonnement. . . . .
. . . .
. . . .

Homère est admirable par beaucoup de choses, mais surtout en ce qu'il est le seul des poëtes qui sache parfaitement ce qui convient au poëte : car le poëte doit rarement parler comme poëte : il n'imite point lorsqu'il parle, mais lorsqu'il fait parler les autres. Tous les autres poëtes parlent partout et n'imitent presque jamais. Homère, au contraire, lorsqu'il a dit quelques paroles pour préparer ses personnages, amène aussitôt ou un homme, ou une femme, ou quelque autre personnage, qui parlent chacun selon leurs mœurs et leur caractère : car tout a son caractère chez lui, et il n'y a point de personnage sans caractère. . . . .
. . . .
. . . .

On demandera peut-être laquelle imitation est la plus parfaite, ou celle qui se fait par le poëme épique, ou celle qui se fait par la tragédie. Ceux qui donnent l'avantage au poëme épique disent que la meilleure des imitations est celle qui se fait avec le moins d'embarras, et qui ne se propose que les honnêtes gens pour spectateurs. Ils appellent une imitation qui se fait avec embarras, celle qui veut tout imiter, et qui, craignant de n'être pas assez entendue et de ne point faire son effet, s'efforce de s'imprimer elle-même, s'agite, et emprunte le secours du geste et du mouvement des acteurs[1].

Tels sont ces mauvais joueurs de flûte qui tournent autour

---

[1] Le Commentaire n'a rien entendu à ce passage. *(Note de Racine.)*

d'eux-mêmes pour mieux représenter un disque, une pierre qui tourne, et qui ne se fient pas à la cadence de leur chant, et ceux encore qui, pour exprimer l'action de Scylla qui attire à elle les vaisseaux, attirent à eux celui qui chante auprès d'eux, *soit le maître de musique ou quelque autre.*

La tragédie, disent-ils, ressemble en cela aux acteurs modernes, et elle est, à l'égard du poëme épique, ce que ces nouveaux acteurs sont à l'égard des anciens : car Mynisque, ancien acteur, accusant Callipides de faire trop de gestes, l'appelait un singe. On disait la même chose du comédien Pindare.

Au lieu que le poëme épique, n'ayant que les honnêtes gens pour spectateurs, n'a point besoin de tous ces secours empruntés, dont la tragédie se sert pour faire son effet sur ses spectateurs, qui sont d'ordinaire une vile populace : et de là, on conclut qu'elle est la moindre imitation, puisqu'elle se fait avec le plus d'embarras.

Je réponds à cela premièrement[1].

FIN DE LA POÉTIQUE D'ARISTOTE.

---

[1] Ici Racine a cessé de traduire, page 299 des *Commentaires* de P. Victorius sur le premier livre de la *Poétique* d'Aristote.

TABLE DES MATIÈRES.

	Pages
Le Paysage, ou Promenade de Port-Royal des champs	3
Louange de Port-Royal en général	3
Le Paysage en gros	5
Description des bois	8
L'Étang	11
Les Prairies	13
Des Troupeaux et d'un combat de Taureaux	16
Les Jardins	19
Odes. — I. La Nymphe de la Seine. A la Reine	23
II. Sur la convalescence du Roi	29
III. La Renommée aux Muses	33
IV. Tirée du psaume XVII	38
Idylle sur la Paix	43
Hymnes traduites du Bréviaire romain	48
Cantiques spirituels	81
Épigrammes	91
Sonnets	95
Madrigal	97
Impromptu	97
Portrait d'Antoine Arnauld	98
Épitaphe du même	98
Chanson à Mme de Fougères, attribuée à J. Racine	99
Chanson contre Fontenelle	100

TABLE DES MATIÈRES.

	Pages
Couplets sur la réception de Fontenelle à l'Académie française....	100
Stances à Parthénisse...	103
Ad Christum	104
Élégie sur un Chien	106
Urbis et ruris differentia	106
Épigramme contre l'abbé Abeille, poëte tragique...................	107
Stance à la louange de la charité.................................	108
Épitaphes..	109
Lettre de Racine à l'auteur des Hérésies imaginaires et des deux Visionnaires..	113
Première Réponse, par M. Dubois	121
Seconde Réponse, par M. Barbier d'Aucourt..................	139
Seconde Lettre de Racine...................................	157
Abrégé de l'Histoire de Port-Royal................................	173
Pièces relatives à l'Histoire de Port-Royal........................	309
Épitaphe de Mlle de Vertus...................................	325
Reflexions pieuses sur quelques passages de l'Écriture sainte......	327
Précis historique des campagnes de Louis XIV.....................	331
Relation de ce qui s'est passé au siége de Namur.................	375
Fragments historiques	407
Le cardinal de Richelieu	407
Le cardinal Mazarin...	407
M. Colbert...	411
M. Fouquet	412
M. de Turenne...	412
M. de Schomberg...	415
Prédictions de Campanella	420
Voyage du roi...	420
Bons mots du roi...	423
Patience du roi...	424
Anecdotes..	424
Tailles...	429
Dépenses extraordinaires	429
Catherine de Médicis.......................................	430

TABLE DES MATIÈRES.

	Pages
Pierre de Marca	431
Fra-Paolo	434
De Wit	436
Les Turcs	437
Allemagne	438
Strasbourg	440
Vienne	441
Pologne	442
Hollande	444
Portugal	447
Angleterre	454
Le banquet de Platon	455
Fragments du premier livre de la poétique d'Aristote	481

LA BIBLIOTHÈQUE UNIVERSELLE DES FAMILLES

SE COMPOSE DE 500 BEAUX VOLUMES

DES MEILLEURS OUVRAGES ANCIENS ET MODERNES.

Prix, par série, 2 francs le volume. — Séparément, 2 fr. 50 c.

Voici les Ouvrages compris dans la première Série, classés par ordre de matière :

RELIGION.

LES ÉVANGILES 1
L'IMITATION DE JÉSUS-CHRIST. . . 1
LA VIE DE JÉSUS-CHRIST 1
BOSSUET. — Traité de la Connaissance de Dieu et de soi-même. — Traité du libre arbitre. — Oraisons funèbres. — Elév. à Dieu sur les Myst. de la Relig. 3
BOURDALOUE. — Avent. — Carême . . 3
FÉNELON. — Traité de l'Existence de Dieu. — Lettres sur divers sujets de métaphysique et de religion . . . 4
SAINT FRANÇOIS DE SALES. — Introduction à la vie dévote 1
FLÉCHIER. — Oraisons funèbres. — Sermons. — Discours de piété 3
MASSILLON. — Avent. — Carême. — Petit Carême. — Oraisons funèbres. . . 5

MORALE.

LA ROCHEFOUCAULD. — Maximes . . 1
BRUYÈRE. — Caractères. 1
PASCAL. — Pensées 1
VAUVENARGUES. — Pensées. 1

PHILOSOPHIE.

DESCARTES. — Discours sur la Méthode. — Les Méditations. — Les Objections. — Réponses aux Objections. — Passions de l'Ame 4
MALEBRANCHE. — Recherche de la vérité. — Entretiens métaphysiques. — Méditations. — Traité de l'amour de Dieu. Entretiens d'un philosophe chrétien et d'un philosophe chinois 2

HISTOIRE.

BOSSUET. — Discours sur l'Hist. univ. . 1
FLECHIER. — Hist. de Théodose le Grand. 1
MONTESQUIEU. — Considérations sur les Causes de la grandeur et de la décadence des Romains. 1
RETZ (CARDINAL DE). — Mémoires . . 2
VOLTAIRE. — Siècle de Louis XIV. — Siècle de Louis XV.—Hist. de Charles XII 4

POÉSIE.

BOILEAU. — Œuvres complètes. . . . 3
CORNEILLE (PIERRE). — Œuvres complètes. 7
CORNEILLE (THOMAS.) — Œuvres . . . 1

POÉSIE.

CHÉNIER (ANDRÉ). — Poésies 1
DELILLE. — L'Imagination. — Les Géorgiques. — Malheur et Piété. — Les Jardins. — l'Homme des champs. — Pièces diverses 4
MALHERBE. — Œuvres 1
MOLIÈRE. — Œuvres complètes. . . . 5
RACINE (JEAN). — Œuvres complètes . 2
RACINE (LOUIS). — Poëme de la Religion. — Poëme de la Grâce. — Odes sacrées. — Pièces diverses . . . 1
REGNARD. — Œuvres choisies . . . 1
VOLTAIRE. — Théâtre choisi. — La Henriade. — Choix de poésies. . . . 4

LITTÉRATURE.

BERNARDIN DE SAINT-PIERRE. — Études de la nature 5
FÉNELON. — Éducation des Filles. — Dialogues sur l'Éloquence. — Opuscules littéraires. — Poésies 4
FONTENELLE. — Entretiens sur la pluralité des mondes 1
Mme DE SÉVIGNÉ. — Œuvres complètes . 8
Mme DE STAEL. — L'Allemagne. — De la Littérature 3
VOLTAIRE. — Choix de Correspondance. 2

ROMANS.

BERNARDIN DE SAINT-PIERRE. — Paul et Virginie. — La Chaumière indienne. — Le Café de Surate 1
FÉNELON. — Télémaque 1
Mme DE STAEL. — Corinne. — Delphine . 4

FABLES.

LA FONTAINE. — Fables 1
FÉNELON. — Fables 1
FLORIAN. — Fables 1

VOYAGES.

BARTHÉLEMY. — Voyage d'Anacharsis. . 4
BERNARDIN DE SAINT-PIERRE. — Voyage à l'Ile de France 1

DROIT PUBLIC.

MONTESQUIEU. — Esprit des lois . . . 2
D'AGUESSEAU. — Mercuriales 1

www.ingramcontent.com/pod-product-compliance
Lightning Source LLC
Chambersburg PA
CBHW051132230426
43670CB00007B/776